AF642812

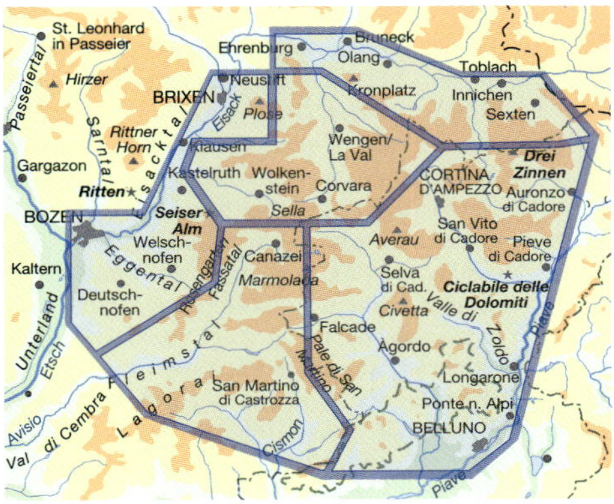
St. Leonhard in Passeier
Passeiertal
Hirzer
Ehrenburg
Bruneck
Olang
Toblach
Neustift
BRIXEN
Eisack
Plose
Kronplatz
Innichen
Sexten
Sarntal
Eisacktal
Rittner Horn
Klausen
Wengen/ La Val
Drei Zinnen
Gargazon
Kastelruth
Wolkenstein
Corvara
CORTINA D'AMPEZZO
Auronzo di Cadore
Ritten
BOZEN
Seiser Alm
Sella
Welschnofen
San Vito di Cadore
Averau
Pieve di Cadore
Kaltern
Eggental
Rosengarten
Fassatal
Canazei
Marmolada
Selva di Cad.
Ciclabile delle Dolomiti
Deutschnofen
Civetta
Valle di Zoldo
Unterland
Etsch
Falcade
Piave
Fleimstal
Pale di San Martino
Agordo
Longarone
Lagorai
San Martino di Castrozza
Ponte n. Alpi
Avisio
Val di Cembra
Cismon
BELLUNO

Unterwegs mit

Florian und Sibylle Fritz

Beide Jahrgang 1967, von Beruf Sozialpädagoge und Erzieherin, er freiberuflicher Autor und Fotograf, sie Co-Autorin und Recherche-Weltmeisterin.

Noch mehr „Fritz" finden Sie auf flofritz.de

Erste Begegnungen mit den Dolomiten: Bei Florian mit sechs Jahren die Rosengarten-Umwanderung (großteils auf den Schultern seines Vaters), Nächte unter Lärchen im alten VW-Bus und das Fertigmenü auf dem Gaskocher (würde er heute nicht mehr essen!). Bei Sibylle als junge Erwachsene der Santnersteig im Rosengarten, Beginn einer Klettersteigleidenschaft bis heute.

Seit wir die Dolomiten beruflich bereisen, hat sich manches verschoben: Köstliche vier Gänge in komfortablen Hütten mit Übernachtungen im Lärchenzimmer inklusive Sprudelbad, moderne Großraumseilbahnen mit 150 anderen, immer mehr biologische und regionale Produkte in einer qualitativ immer besseren Küche. Aber auch das einfache Leben gelingt noch: Beim Schlafen im Dachzelt oder vor einer dampfenden Gerstsuppe auf dem Bergbauernhof. Das UNESCO-Weltkulturerbe ist dazugekommen, der Tourismus viel mehr geworden und das Bewusstsein für die Bedeutung der ladinischen Kultur ist gestiegen. Anders als im wirtschaftlich dynamischen Südtirol geht es im Trentino und Belluno italienisch entspannt und lässig zu. Und gekrönt wird alles vom rot strahlenden Dolomit des schönsten Gebirges weit und breit.

Was haben Sie entdeckt?

Haben Sie ein besonderes Restaurant, ein neues Museum oder ein nettes Hotel entdeckt? Wenn Sie Ergänzungen, Verbesserungen oder Tipps zum Buch haben, lassen Sie es uns bitte wissen!

Schreiben Sie an: Florian Fritz, Stichwort „Dolomiten"
c/o Michael Müller Verlag GmbH | Gerberei 19 | D – 91054 Erlangen
florian.fritz@michael-mueller-verlag.de

Dolomiten

Florian und Sibylle Fritz

8. komplett überarbeitete und aktualisierte Auflage 2024

Inhalt

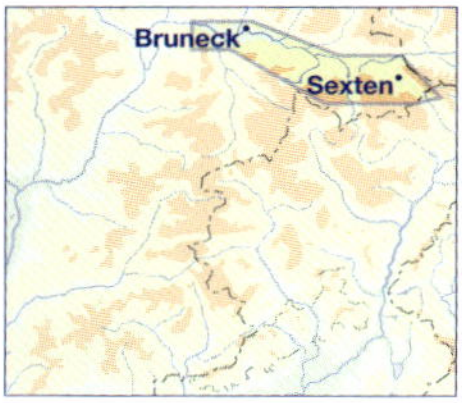

Im und über dem Tal der schäumenden Rienz drängeln sich die Hochkaräter: Drei Zinnen, Zwölferkofel, Pragser Wildsee, die Stiftskirche von Innichen ... Spektakulär sind die beiden Museen auf dem Gipfel des Kronplatz.

Im Eisacktal sind mit Brixen, Klausen und Bozen alte Städte voller Leben zu entdecken. Traumhafte Natur und viel Sportliches bieten Villnösser Tal, Seiser Alm und die Täler der Rosengartengruppe.

Ins Herz Ladiniens locken mächtige Felswände, bunte Blumenwiesen, tausende Wanderkilometer, geheimnisvolle Sagengestalten und eine deftige Knödel- und Pastaküche.

Fassatal und Fleimstal punkten mit spektakulären Gipfeln sowie reizvolle Wander- und Radtouren an dicht bewaldeten Hängen – immer inklusive kulinarischem Vergnügen.

GPS-kartierte Touren sind mit dem Symbol GPS gekennzeichnet. Download der GPS-Tracks inkl. Waypoints unter mmv.me/52708

Was haben Sie entdeckt?

Haben Sie ein besonderes Restaurant, ein neues Museum oder ein nettes Hotel entdeckt? Wenn Sie Ergänzungen, Verbesserungen oder Tipps zum Buch haben, lassen Sie es uns bitte wissen!

Schreiben Sie an: Florian Fritz, Stichwort „Dolomiten"
c/o Michael Müller Verlag GmbH | Gerberei 19, D – 91054 Erlangen
florian.fritz@michael-mueller-verlag.de

Preise Übernachten
(DZ mit Halbpension in der Hauptsaison)

€	bis 80 Euro
€€	81–140 Euro
€€€	141–200 Euro
€€€€	ab 201 Euro

Preise Essen
(ein 3-Gänge-Menü)

€	bis 30 Euro
€€	bis 50 Euro
€€€	bis 80 Euro
€€€€	ab 81 Euro

nachhaltig, ökologisch, regional

MeinTipp Die besondere Empfehlung unserer Autoren

Abendstimmung am Lagazuoi

Immer gut beschildert: Wanderwege in den Dolomiten

Orientiert

in den Dolomiten

Die Region im Profil

Die Dolomiten sind …

Dieses einzigartige Gebirge ist Teil des UNESCO-Welterbes: ein Reich der zerklüfteten Kalk- und Dolomitspitzen, der riesigen Plateaus, der Kontraste zwischen grünen Almwiesen und grellweißem Gestein – eines der großen Wunder unserer Erde.

Die Königin der Dolomiten ist die 3342 m hohe Marmolada mit ihrer Gletscherflanke und der gewaltigen Südwand.

… ein außergewöhnliches Gebirge

Die Dolomiten sind nicht wie die meisten Gebirge der Erde ein Kettengebirge, sondern bestehen aus isolierten Gruppen und Einzelerhebungen, zwischen denen oft tiefe Täler verlaufen. Die Gestalt dieser Berggruppen ist häufig so einmalig, dass sie sich ins Gedächtnis einprägen: die Drei Zinnen, der Peitlerkofel, der Monte Pelmo, die Tofanen oder der Steilabfall des Schlern mit den vorgelagerten Türmen. Außergewöhnlich ist auch, wie gut die Dolomiten zu erreichen und wie gut sie erschlossen sind. Welches Gebirge kann man schon bis in seine Mitte über Straßen erfahren, über Bergbahnen, Gebirgssteige, versicherte Klettersteige, Radrouten und Skipisten bis in den letzten Winkel erforschen? Und am Ende des Tages lässt einen das legendäre Alpenglühen staunen, wenn die Abendsonne die mächtigen Dolomitwände des Rosengartens in warmen, zunehmend rötlichen Farbtönen anstrahlt – die *Enrosadüra,* wie es die Ladiner nennen.

… ein Traumrevier zum Bergwandern und Bergsteigen

Die Fülle der Wege, Steige, versicherten Klettersteige und Felsrouten ist zu groß, um von einem Menschen in nur einem Leben bewältigt werden zu können. Für jeden Geschmack und alle Leistungsklassen gibt es ein schier grenzenloses Angebot: sanfte Spazierwege unten im Tal und oben auf der Alm, schwierige Routen auf die Schleierkante und auf die Kleine Zinne, Weitwanderwege durch die Dolomiten z. B. vom Pustertal zum Piavetal, Hüttenwanderungen oder Gipfelrouten für einigermaßen Geübte, spektakuläre Klettersteige aller Schwierigkeitsgrade und Längen – 160 Jahre alpiner Tourismus haben die Wege und die Hütten hervorgebracht, die in einem der besterschlossenen Berggebiete der Erde die Voraussetzung für die Verwirklichung jedes Bergtraumes sind.

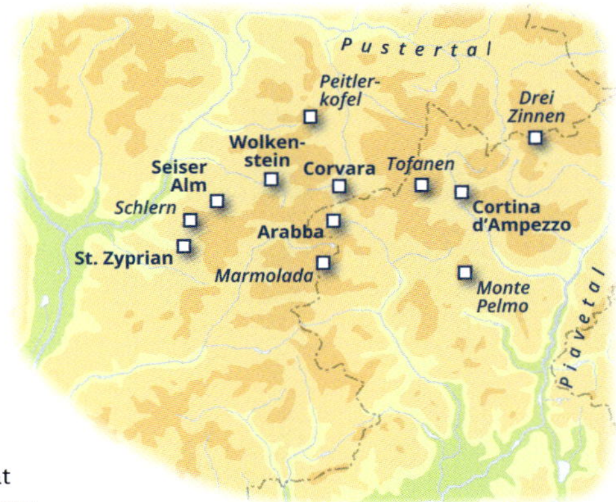

… die Heimat der Ladiner

In Canazei, Wolkenstein, Corvara, Arabba und Cortina d'Ampezzo wird untereinander Ladinisch gesprochen. Wer im Café oder Restaurant bzw. beim Wandern aufmerksam lauscht, dem wird der weich und melodisch klingende Sprachduktus nicht entgehen. Ladinisch hat sich wie Italienisch, Spanisch und Französisch aus dem Spätlatein entwickelt, es gehört zu den rätoromanischen Sprachen. Dabei kann sich die Sprache von Tal zu Tal erheblich unterscheiden. Buchensteiner und Wolkensteiner mögen zwar in langer Tradition verbunden sein, aber in der Alltagssprache und auch der Schriftform gibt es erhebliche Abweichungen, und manchmal versteht man sich auch einfach nicht. Ladiner sind Alt-Tiroler, bis 1914 gehörte ihr Land zu Altösterreich, und als Tiroler fühlen sich viele noch heute.

… ein Ort traditioneller und moderner Bergbauernkultur

Die Almwirtschaft war eine Grundbedingung des Halbnomadentums, das fast alle Bergvölker praktizieren. In den Dolomiten ist dieses System noch vital. Der Tourismus gefährdet es einerseits, schafft andererseits aber neue Aufmerksamkeit und ermöglicht eine Transformation in die Moderne. Almen und Hochweiden für Ziegen und Schafe weit über der Baumgrenze sind weiter existent, auch Almprodukte wie Milch, Butter und Käse. Neu hinzu kommen interessierte Gäste, die bei der Almarbeit und Käseproduktion mithelfen. Traditionelle Gerichte werden auch in der gehobenen Gastronomie gekocht und somit nicht nur erhalten, sondern neuen Kundenkreisen erschlossen. Traditionelle Musik wird von jungen Künstlern als Crossover in die Gegenwart geführt. Um zu überleben, muss sich die Kultur nicht aufgeben, aber offen sein für Neues und kreative Impulse.

… kulinarisch überraschend vielfältig

Traditionen zwischen Strudel, Polenta und Pasta, angereichert mit ladinischer Note – das macht einen hochinteressanten Mix. Die beliebten Schlutzkrapfen sind z. B. bei den Ladinern leicht variiert als Casunziei bekannt. Überall gilt: Man nehme lokale Produkte, verwende Buchweizen und Mohn, Äpfel und Pflaumen, Milch, Butter und Käse von der Alm, Pilze aus den hiesigen Wäldern, Wildbret, Lamm und Schwein, der Wein darf schon mal aus der Tiefebene stammen. Die Zubereitungen sind manchmal ähnlich und nur die Namen verschieden. Also: *Knödel* und *canederli*, *Schlutzkrapfen/mezzelune/casunziei*, *Nockerl/gnocchi*, *Buchweizentorte/torta di grano sarazeno* oder auch ganz einer bestimmten Tradition verbunden: *Bauernkrapfen* (Südtirol), *strozzapreti* (Trentino).

Vom Berg bis in die Täler

Erlebnis Natur und Kultur

Kirchturmspitzen vor blendenden Gipfeln, Alm-Abtriebe und die Mahler-Musikwochen – in den Dolomiten gehen Natur und Kultur stets eine enge Verbindung ein.

Das Kirchlein von Ranui vor den Geislerspitzen: Instagram-Renner und einer der schönsten Orte der Dolomiten.

Geschützte Traumlandschaft

Das UNESCO-Welterbe Dolomiten, entstanden vor 240 Mio. Jahren, war früher ein Meeresgrund. Deshalb finden sich noch heute Fossilien auf vielen Hochflächen, wie z. B. der Puez-Hochebene (→ S. 119), und selbst in Gipfelhöhen. Vorherrschendes Gestein ist der im Abendlicht rötlich glänzende Dolomit. Diese einmalige Felskulisse ist durch vier Naturparks besonders geschützt und sanft touristisch erschlossen: Sextener Dolomiten (→ S. 41), Puez-Geisler (→ S. 79, 152), Schlern-Rosengarten (→ S. 101), Fanes-Sennes-Prags (→ S. 138).

Alpen-Architektur

Die Architektur ist geprägt von österreichischen, italienischen, ladinischen, venezianischen und unterschiedlichen bergbäuerlichen Einflüssen. So gibt es in Bozen, Bruneck und Brixen stattliche **Palazzi und Laubengänge.** Diese findet man in venezianischer Ausprägung in Àgordo und Belluno, meist gruppiert um einen großen zentralen Platz. Im ladinischen Sprachraum dominieren die **Viles,** kleine Ansammlungen von teils mächtigen Bergbauernhöfen wie in La Val (→ S. 127) oder Longiarü (→ S. 132). Im Agordino und Zoldano sind die Häuser mit Holzbalkonen gern mindestens vierstöckig, denn im Laufe der Zeit setzte jede Generation ein neues Stockwerk obendrauf. Daneben haben sich zahlreiche **Tabià,** mittelalterliche Scheunen, erhalten, besonders in Mezzano (→ S. 201) und Fornesighe (→ S. 225).

Zur Demonstration herrschaftlicher Macht und Sicherung von Wegen dominieren **Burgen** strategische Punkte, wie die mittelalterliche Ruine der Burg Andraz bei Buchenstein (→ S. 210) oder das mächtige Schloss Prösels bei Völs (→ S. 84).

Und heute? Ganz Südtirol ist eine beliebte Spielwiese innovativer Architekten, was zahlreiche spektakuläre Bauten demonstrieren, u. a. die einem holzverkleideten dreischiffigen Kirchenbau ähnelnde Hütte Oberholz am Latemar (→ S. 110), das den Tofanen nachempfundene, kaskadenförmige Hotel Tofana in St. Kassian oder im Fassatal den Agriturismo Fiores mit seiner filigranen Holzkonstruktion (→ S. 166).

Highlights – nicht verpassen!

Messner-Mountain-Museen: Das Verhältnis von Mensch und Berg beleuchten die Museen von Reinhold Messner unter jeweils anderen Aspekten, z. B. im MMM Ripa in Bruneck (→ S. 48), im MMM Corones auf dem Gipfelplateau des Kronplatz (→ S. 55) und ab Herbst 2024 im MMM Roca auf dem Helm (→ S. 40).

Fotomuseum Lumen: Interaktives Museum in spektakulärer Architektur mit tollen Bildern zur Geschichte der Bergfotografie. → S. 56

Gletschermumie Ötzi: Der berühmte Mann aus dem Eis liegt in einer Kühlkammer im Archäologiemuseum in Bozen – ein Muss! → S. 94

Stiftskirche in Innichen: Die mächtige romanische Kirche ist die größte ihrer Art in den Dolomiten. → S. 34

San Giovanni und Santa Giuliana: In Vigo di Fassa sollten Sie das schöne spätgotische Netzrippengewölbe der Ur-Pfarrkiche des Fassatals nicht verpassen. Über dem Ort thront die gotische Wallfahrtskirche Santa Giuliana mit einer Kapelle von 1297. → S. 164

Magnifica Comunità di Fiemme: Im bischöflichen Renaissancepalast in Cavalese sieht man holzgetäfelte, freskengeschmückte Säle und düstere Gefängniszellen. → S. 186

Santa Barbara in Tolpei: In La Val/ Wengen liegt hoch oben an einem steilen Hang diese gotische Kapelle mit schönen Fresken. → S. 128

Aussichtsplätze: Einen der schönsten Ausblicke der Dolomiten genießt man vom Pez, dem Gipfel des Schlern (→ S. 295), aber auch der Blick vom Bindelsteig im Fassatal (→ S. 303) auf den Fedaia-Stausee und die Marmolada sucht seinesgleichen.

Gipfelerlebnisse: Eine Nacht auf dem Monte Rite im ehemaligen Bunker und dabei den Sonnenuntergang auf dem Dach des MMM Dolomites mit Blick auf Monte Pelmo und Civetta erleben – mehr Dolomiten geht nicht! → S. 241

Dorfperlen: Zu den Schätzen gehört Mezzano (→ S. 201) im südlichen Primiero mit seinem intakten Ortsbild, ebenso wie Cibiana di Cadore (→ S. 240) mit seinen zahlreichen Häuserfresken.

Feste (mit-)feiern: Ein Erlebnis sind der Oskar-von-Wolkenstein-Ritt auf dem Plateau von Seis (→ S. 81), das Internationale Fest der Chöre im Hochpustertal (→ S. 28), die Gustav-Mahler-Wochen in Toblach (→ S. 25), der Almabtrieb der Ziegen in Cavalese (→ S. 189), das Musikfestival Suoni delle Dolomiti in den Trentiner Dolomiten (→ S. 279).

Outdoor-Vergnügen

Aktiv in den Dolomiten

Panoramahöhenwege, Klettertouren, Radeln, Skifahren, Rodeln, Schneeschuhwandern, Langlaufen – in den Dolomiten nicht aktiv zu sein, ist eigentlich unmöglich!

Autofrei aktiv: in den Dolomiten kein Wunsch, sondern Wirklichkeit dank verschiedener Gästekarten, Pendel- und Shuttlebussen, mehrerer Bahnlinien und zahlreicher zusammenhängender Bergbahngebiete.

Wanderlust

Die Dolomiten sind *das* Wandergebiet schlechthin. Ob entlang plätschernder Wasserläufe, unterbrochen nur von zahlreichen Almhütten am Weg, ob auf einem **Spaziergang** rund um den Fedaiasee (→ S. 178), einer **mehrtägigen Panoramatour** in den spektakulären Pale di San Martino (→ S. 196), ob auf breitem **Forstweg** zum Monte Rite (→ S. 241) oder auf den **Steigen** der Aferer Geisler (→ S. 293), ob auf der Suche nach Adlerpärchen hoch über dem Langental (→ S. 154) oder auf einsamen **Pfaden** in den Belluneser Dolomiten wie ins Valle Vescova (→ S. 215) – ausgestattet mit Rucksack, Wanderstöcken und Sonnenschutz sind Lust und Laune keinerlei Grenzen gesetzt.

Wanderungen **in allen Schwierigkeitsgraden,** stets akkurat beschildert auf in der Regel gut gepflegten Wegen, mit Sitzbänken, Einkehrmöglichkeiten, Aussichtsplätzen. Am Ende des Buches finden Sie im **kleinen Wanderführer** eine Auswahl an Wanderungen und weitere Infos (→ S. 286).

Mountainbiken und Familienradeln

Ein **Mountainbike** ist in den Dolomiten ein ideales Fortbewegungsmittel. Mit Pässen deutlich über der 2000er-Grenze, aber auch mit vielen niedrigeren Sätteln, mit Holperstrecken für Bikefreaks und netten Abfahrten für weniger Geübte. Die Fanes- und die Sennes-Hochebene (→ S. 138) lassen sich z. B. hervorragend mit dem MTB erreichen, ebenso die herrliche Plätzwiese (→ S. 31), die einsam gelegene Alm Pramper (→ S. 225) in den Belluneser Dolomiten oder auch das langgezogene Durontal (→ S. 182), das Richtung Plattkofelhütte führt. Die Seiser Alm (→ S. 80) ist ein MTB-Paradies für Anfänger und Fortgeschrittene.

Achtung auf den Straßen, hier herrscht Konkurrenz mit Motorrad- und Autofahrern. Für die gesamten Dolomiten gilt, dass die Trennung bzw. wo nötig Zusammenführung von Wanderern und Radlern gut geglückt ist und erheblich mehr gegenseitige Toleranz herrscht als z. B. in den bayerischen Alpen.

Aber auch Familien finden in den Dolomiten zahlreiche gepflegte Radwege – vorrangig am Gebirgsrand, aber auch mitten durch das Gebirge. Man muss nicht mal ein Gefährt dabeihaben, denn es gibt Verleihstellen, und auch für den Rücktransport ist gesorgt. Der Pustertalradweg (→ S. 38) von Franzensfeste bis Toblach führt teilweise malerisch an der Rienz entlang und stets mäßig bergan, zurück geht es auch mit dem Zug. Von Toblach nach Cortina fährt man auf einer alten Bahnstrecke durch wildromantische Felslandschaft (→ S. 32).

Klettern – am Fels und indoor

In den Dolomiten reihen sich 2000er und 3000er Zacke an Zacke, Grat an Grat. Unendlich ist die Auswahl an hochalpinen Bergtouren und Klettersteigen (Vie Ferrate) aller Schwierigkeitsgrade (und in sehr unterschiedlich gewarteter Qualität). Spektakulär senkrecht nach oben führend, aber technisch nicht schwierig ist der Pisciadù-Steig an der Sellagruppe. Auf den Sass Rigais, höchsten Gipfel der Geislerspitzen, führt ein langer, mittelschwerer Steig mit garantiertem Rundumblick vom Gipfel. In natürlichem Fels errichtete Klettergärten gibt es z. B. am Dürrensee oder am Adolf-Munkel-Weg im Villnösser Tal. Und bei Regenwetter kann man sich in modernsten Kletterhallen austoben, z. B. in Bruneck, Wolkenstein, Sexten, Corvara und Bozen (beim Salewa-Firmensitz).

Ski, Snowboard, Schneeschuh

In der ersten Februarhälfte ein Quartier in Wolkenstein, Canazei, Corvara, Seis oder Eggental zu bekommen, ist mit einiger Sucharbeit verbunden und garantiert kein Schnäppchen. Massen von Skilustigen aus Italien und Osteuropa, Snowboarder von überallher und immer mehr Schneeschuhläufer und Winterwanderer lassen die Zahl der freien Betten schrumpfen.

Kein Wunder: Rund um die Sella (→ S. 119) winkt ein Skizirkus von einer Dichte und Anspruchsvielfalt, die seinesgleichen sucht. Skischaukeln befördern vom einen ins andere Tal, Abfahrten jeder Schwierigkeitsklasse und Snow Parks für die Snowboarder, z. B. in Alta Badia, Canazei, Grödnertal, am Kronplatz und in Sexten, lassen keine Wünsche offen. Was dann noch vorhanden sein muss, ist der Schnee. Aufgrund ihrer Höhenlage sind die meisten Dolomitenorte allerdings auf absehbare Zeit, dem Klimawandel zum Trotz, als schneesicher einzustufen. Gegebenenfalls hilft, obwohl ökologisch umstritten, die künstliche Beschneiung nach.

Entspannter Familienurlaub

Dolomiten mit Kindern

Die Dolomiten sind eine Region, die großteils auf Familienurlaub eingestellt ist und zur bestehenden Palette an Freizeit- und Spezialangeboten jährlich neue hinzufügt – ein Paradies für Kinder!

„Speziell für Kinder" weist im Reiseteil bei den praktischen Infos der Orte auf Aktionen und Attraktionen hin, die dem Nachwuchs den Urlaub so richtig versüßen.

Kinder willkommen

Kinder und Jugendliche aller Altersgruppen finden in den Dolomiten Spaß und Action. Fassalandia nennt sich z. B. der Zusammenschluss kindgerechter Angebote im Fassatal (→ S. 162). Vom Besuch beim Bergbauernhof über Puppentheater bis zu geführten Berg- und MTB-Touren ist alles dabei, passend für jedes Alter.

In großen Hotels (es gibt zudem nicht wenige Familienhotels) und auf vielen Campingplätzen sind in der Hochsaison Kinderprogramme und -animation selbstverständlich, in den italienischsprachigen Tälern ist das besonders ausgeprägt, weil italienische Familien es lieben! Im Winter gibt es flächendeckend Skikindergärten und Kinderskikurse.

Familienfreundliche Preise

Billig ist Familienurlaub zwar nie, aber er fällt nicht so ins Gewicht, wenn die ganz Kleinen gar nichts zahlen und die Heranwachsenden Rabatte bis zu 50 % bei Eintritten und Unterkünften bekommen. Mit der Seilbahn fahren Kinder unter 6 J. in der Regel umsonst, und Jugendliche häufig ermäßigt. Halbe Portion? In vielen Gastbetrieben gibt es Gerichte in kindgerechter Menge zu reduziertem Preis.

Wandern mit Kindern

Fast jede Wanderung in den Dolomiten führt an mindestens einer Almhütte vorbei, die neben deftigem Essen oftmals auch Streichelzoos zu bieten hat.

Zahlreiche Themenwanderungen verbinden Spaß und jede Menge Interessantes miteinander, z. B. der Oswald-von-Wolkenstein-Weg (→ S. 82) verbindet bei Seis am Schlern zwei mittelalterliche Burgruinen, am Buffaure im Fassatal (→ S. 170) gibt es einen Zauberpfad und einen Geologie-

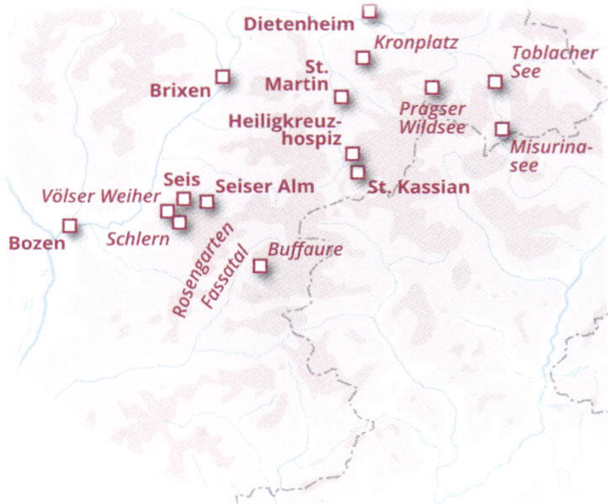

pfad, das Latemarium am Latemar (→ S. 191) lockt mit dem leicht zu begehenden Kunstinstallationsweg RespirArt am Monte Agnello (→ S. 188) und auf der Seiser Alm warten am Puflatsch die Hexenbänke (→ S. 92).

Uralte Sagen und Geschichten lenken auf zähen Wegstrecken ab: Vom berühmten König Laurin am Rosengarten über die Schlernhexen bis zur geheimnisvollen Königin von Fanes gibt es unterwegs viel zu erzählen (Kurzfassungen unter suedtirol.info). Viele Tourismusbüros verfügen über Info- und Malmaterial zu den Sagen. Im Buchhandel gibt es zahlreiche kindgerechte Ausgaben, bis hin zum Bilderbuch „Meine Südtiroler Sagenwelt".

Spaß am und im Wasser

Im Sommer bieten sich der Völser Weiher (→ S. 86) und für Hartgesottene der Toblacher See (→ S. 32) für einen relaxten und erfrischenden Badetag an. Die übrigen Seen, meist Bergseen, sind in der Regel zu kalt zum Baden. Boot fahren kann man hingegen neben dem Völser Weiher z. B. auch auf dem See von Àlleghe (Tret- und Ruderbootverleih, Windsurfen), dem Toblacher See, dem Pragser Wildsee und dem Misurinasee. Ein richtiger Wassererlebnispark ist die Acquarena in Brixen (→ S. 64).

Und Action!

Hochseilgärten: Es gibt Dutzende und jährlich kommen neue hinzu, ein billiges Vergnügen ist das aber nicht. Besonders attraktiv für alle Altersgruppen sind jene in Campitello (→ S. 183) und Pera (→ S. 168), beide im Fassatal.

Freizeitparks: An der Bergstation nahezu jeder größeren Gondelanlage sind mittlerweile Freizeitparks eingerichtet, wie der Park an der Seilbahn unterhalb vom Heiligkreuzhospiz im Gadertal (→ S. 123) und die ausgedehnte Spielarena an der Bahn zur Alpe Lusia (→ S. 174). Das Outdoorcenter Kronplatz bietet Kletterkurse für die Größeren und Trampolinkurse für die Kleineren (4 bis 9 J.). Wer den Nachwuchs die ganze Woche versorgt sehen will, kann ihn bei einer Wander- bzw. Kletterwoche anmelden (→ S. 57).

Museen

Wer in Bozen ist, muss Ötzi (→ S. 94) einen Besuch abstatten, da ist das Wetter dann nachrangig!

In den Dolomiten ragen drei der sechs Messner-Mountain-Museen heraus: MMM Ripa im Schloss von Bruneck (→ S. 48), ab Herbst 2024 MMM Roca am Helm (→ S. 40) und MMM Corones auf dem Gipfelplateau des Kronplatz (→ S. 55), wo es auch das spektakuläre Fotomuseum Lumen (→ S. 56) gibt.

Ein Muss im Pustertal ist das Volkskundemuseum in Dietenheim (→ S. 52). Besonders sehenswert sind auch das Museum Ladin Ursus ladinicus in St. Kassian mit Teilen eines 40.000 Jahre alten Bärenskeletts (→ S. 120) und das Museum Ladin in St. Martin (→ S. 130).

Chillig ist's im Blumengarten unterm Langkofel

Unterwegs

in den Dolomiten

Das Pustertal

Einige der idealtypischen Dolomiten-Ikonen kann man im Pustertal entdecken: Drei Zinnen, Zwölferkofel – hier in der Bildmitte –, Pragser Wildsee, die Stiftskirche von Innichen, den Blick von der Sennesalpe zum Monte Cristallo. Und das sind nur die bekanntesten!

Offizielle Infos zur Region gibt es unter kronplatz.com und dreizinnen.info.

Puschtra nennen sich die Pustertaler umgangssprachlich. Ihr in west-östlicher Richtung verlaufendes Tal wird von der schäumenden Rienz durchflossen und ist die Hauptverkehrsachse nach Osttirol (Österreich). Ganz im Westen unweit von Franzensfeste ist das Unterpustertal schmal, wird später breiter, ist von waldreichen, grünen Hängen begrenzt und weitet sich bei Bruneck zu einem großen Kessel. Ab Niederdorf verläuft es als Hochpustertal von saftigen Wiesen durchzogen bis Innichen und wirkt durch die nahende Silhouette der Sextner Dolomiten zunehmend alpin.

Das **Unterpustertal** besteht aus drei sehr unterschiedlichen Talabschnitten. Während der obere Teil zwischen Welsberg und Olang ein recht breites Becken bildet, in das sich die Rienz scharf eingeschnitten hat, ist der untere Teil zwischen Kiens und Mühlbach ein enges, schattiges Tal. Dazwischen liegt die Talweitung von Bruneck, dem größten Ort des Pustertales.

Drei Täler ziehen vom **Hochpustertal** nach Süden. Von Niederdorf reicht das Pragser Tal weit in die Dolomiten hinein, es ist übrigens neben dem Sextener Tal das einzige deutschsprachige Tal der Dolomiten, alle anderen sind ladinisch- oder italienischsprachig! Von Toblach führt das schmale, von steilen Wänden begrenzte Höhlensteintal zum romantischen Dürrensee. In Innichen, dem historisch bedeutendsten all dieser Orte, biegt nochmals ein Tal vom Pustertal ab, es ist das Sextener Tal, an dessen Südrand die Sextener Dolomiten und die Drei Zinnen wachen und an dessen Nordrand die Karnischen Alpen die Grenze zu Österreich bilden.

Im Hochpustertal kann man sogar baden, im Pragser Wildsee, Dürrensee

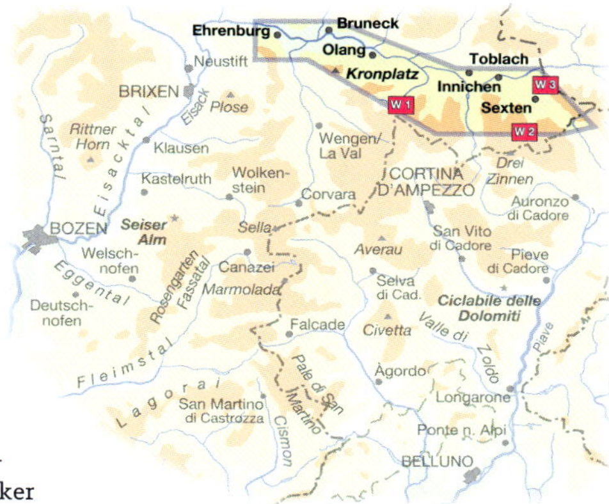

oder Toblacher See – wenn man abgehärtet ist. Alternativ gibt es das Acquafun in Innichen, es soll ja auch mal regnen …

Was anschauen?

Südtiroler Volkskundemuseum: Das Bauernhofmuseum in Dietenheim liegt malerisch am Eingang des Antholzer Tals, Dutzende historischer Höfe gruppieren sich locker auf dem weiten Gelände, ein spannender Ausflug in die bäuerliche Geschichte Südtirols! → **S. 52**

MMM Corones und Lumen: Zwei Museen auf dem Gipfel des Kronplatz bei Bruneck, eines spektakulärer als das andere. Reinhold Messners Bergphilosophie trifft die Geschichte der Bergfotografie. Im Kombiticket mit Gondelfahrt und einem Spaziergang um das Gipfelplateau ein perfekter Tagesausflug! → **S. 55** und **S. 56**

Mansio Sebatum: Das modern gestaltete Museum in St. Lorenzen widmet sich der Siedlungsgeschichte im Pustertal, mit einem Schwerpunkt auf der Zeit der Römer. → **S. 53**

Stiftskirche Innichen: Dieser größte romanische Kirchenbau Südtirols darf ohne Einschränkung auch als einer der schönsten bezeichnet werden. Ein Muss! → **S. 34**

Bruneck: Die historische Altstadt, durch die die temperamentvolle Rienz fließt, erkundet man am besten bei einem idyllisch-entspannten Einkaufs- und Kulturbummel. → **S. 47**

Was unternehmen?

Pragser Wildsee und Plätzwiese: Der tiefgrüne, vom Felsmassiv des Seekofels dominierte See lässt sich gut und leicht umwandern. Tipp: Meiden Sie den August und kommen Sie möglichst frühmorgens oder in der Abenddämmerung, sonst ist es sehr voll. Wer mit Auto, Bus oder Rad unterwegs ist, fährt weiter auf das malerische, von Bergspitzen eingerahmte Hochplateau Plätzwiese. → **S. 29** und **S. 31**

Drei Zinnen: Nicht gerade ein einsamer Spot. Wer den spektakulären Anblick genießen möchte, muss zu Fuß los. Entweder über das Fischleintal auf toller Bergwanderung (→ S. 291) oder vom Misurinasee die Umrundung in Angriff nehmen (→ S. 33, 310). Autoreisende brauchen vom touristischen Aussichtspunkt im Höhlensteintal (→ S. 32) eher ein Teleobjektiv …

Radweg Toblach–Cortina: Die ehemalige Bahntrasse führt über 35 km erst gemächlich, später spektakulär durch das Höhlensteintal und zwischen den mächtigen Gebirgsstöcken von Cristallo und Tofanen hindurch und gleitet dann in langer Abfahrt nach Cortina hinab. Sportliche schaffen es hin und zurück, alle anderen nehmen den Bus. → **S. 32**

Pustertaler Radweg: Die familienfreundliche Route von Franzensfeste bis nach Lienz in Österreich (59 km bis Innichen, weitere 44 km bis Lienz) ist jederzeit mit dem Zug kombinierbar. Man kommt an allen zentralen Orten und Sehenswürdigkeiten vorbei und erlebt die unterschiedliche Vegetation und Erscheinung von Unter- und Hochpustertal. → **S. 38**

Toblach

Wo die Alemagna, die alte Handelsachse von Venedig nach Süddeutschland, auf das Pustertal trifft, liegt Toblach. Um das kleine Zentrum mit der spätbarocken Pfarrkirche ist ein Kranz von Neubauten gewachsen – Toblach ist einer der wichtigsten Fremdenverkehrsorte Südtirols.

Und das seit Langem: Schon im 19. Jh. entstanden Hotels wie das Grandhotel in Neutoblach, ja eine ganz neue Siedlung, wie das „Neu“ besagt. Im Ersten Weltkrieg lag Toblach in der Schusslinie der italienischen Stellungen auf dem Cristallino, Neutoblach ging – bis auf das geschützt liegende Grandhotel – in Flammen auf, auch die Pfarrkirche erhielt mehrere Treffer. Die Feinde von damals sind heute im August, um Weihnachten/Neujahr und im Februar die wichtigsten Gäste, dann spricht man in *Dobbiaco*, wie der Ort nach 1919 getauft wurde, ganz selbstverständlich Italienisch.

Die Umgebung ist das Kapital von Toblach. Einmal natürlich die *Drei Zinnen* im Hintergrund (man sieht sie vom Dorf Wahlen oberhalb des Orts) und dann das *Höhlensteintal* mit dem *Toblacher See* und dem *Dürrensee*. Die Alemagna passiert das Höhlensteintal

in ganzer Länge in Richtung Cortina, das nur eine knappe Autostunde entfernt liegt. Toblach liegt verkehrsgünstig: Nicht nur Cortina, auch das nahe Innichen, Bruneck und das österreichische Lienz sind leicht zu erreichen, selbst mit Bus und/oder Bahn. Also Wanderungen, Spaziergänge, Langlauf, Ausflüge zuhauf – was will man mehr?

Sehenswertes/Ausflüge

Pfarrkirche und Kreuzweg: Restauriert nach den Schäden des Ersten Weltkriegs, präsentiert sich die 1764 bis 1774 errichtete Pfarrkirche in der überquellenden Pracht des Spätbarocks. Baumeister war der Toblacher Rudolf Schraffl. Deckengemälde (Leben des hl. Johannes des Täufers) und Altarbilder sind Werke von Franz Anton Zeiller. Alles ist stuckiert und vergoldet und erstickt doch nicht in Schnörkeln. Der Kreuzweg entlang der zur Kirche und zum Friedhof führenden Maximilianstraße ist der älteste Tirols. Von den 1519 errichteten Passionskapellen haben sich fünf erhalten. Zusammen mit der ehemaligen görzischen Kapelle in der Pfarrkirche und der auf dem Hügel weitum sichtbaren Rundkapelle am Ostausgang des Orts im Lerschach bildeten sie einen kompletten Kalvarienberg.

Naturparkhaus: Ein Kulturzentrum, die Jugendherberge und das Naturparkhaus sind im früheren *Grandhotel* in Neutoblach zu Hause. Das Naturparkhaus informiert über die beiden Parks, die an Toblach grenzen und große Teile der Dolomiten umfassen, den *Naturpark Sextener Dolomiten* und den *Naturpark Fanes-Sennes-Prags*. Natur und Kultur, Geologie und Tierwelt, Pflanzen und Almwirtschaft werden in modernem Ambiente und z. T. interaktiv multimedial vorgestellt.

Ende Dez. bis März und Mai bis Okt. Di–Sa 9.30–12.30/14.30–18 Uhr, Do bis 22 Uhr, im Juli/Aug. auch So. Eintritt frei! ✆ 0474/973017, naturparks.provinz.bz.it.

Nach Wahlen: Am Sonnenhang des bei Toblach mündenden Silvestertals liegt das Bauerndorf Wahlen mit einigen Pensionen und großen Bauernhöfen. Vom Dorf führt ein für motorisierte Fahrzeuge gesperrter Fahrweg auf gleicher Höhe talauswärts, nach 5 Min. erreicht man eine *Kapelle* mit Traumaussicht auf die Sextener Dolomiten samt Drei Zinnen. Im Ort ist die *Nikolauskirche* sehenswert, sie hat ein schönes spätgotisches Netzgewölbe. Interessant auch das Fresko neben dem Portal mit den armen Seelen im Fegefeuer.

Nach Aufkirchen und St. Peter im Kofl: Das Dorf Aufkirchen liegt zwischen Toblach und Niederdorf hoch oben auf der Sonnenseite. Hier dominiert die *Marienwallfahrtskirche*, die in der Spätgotik (1475) an der Stelle einer älteren, zu klein gewordenen Kirche errichtet wurde. Unübersehbar das überdimensionale Fresko an der Südwand, es ist ein Werk des Simon von Taisten. Herrlicher Ausblick für Christophorus und Christuskind – und für uns. Im Ort empfehlenswertes Hotel mit ebendieser Aussicht (→ „Toblach/Übernachten"). Wer den an der Kirche beginnenden „Besinnungsweg" mit seinen sieben Stationen verfolgt, gelangt zum Kirchlein *St. Peter im Kofl* auf 1450 m, angeblich die älteste Kirche des Pustertals.

Wanderung zur Bonner Hütte: Die 1897 erbaute, 2340 m hoch gelegene Hütte hat eine wechselhafte Geschichte hinter sich und war über Jahrzehnte dem Verfall preisgegeben. Von Kandellen (Parkmöglichkeit an der Silvesterkapelle) aus erreicht man sie in knapp 2 Std. auf einem (mittlerweile) breiten Fahrweg. 2006 übernahmen Alfred und Mina diese historische Ruine, ursprünglich eine 1897 erbaute DAV-Hütte und später ein Zollhaus, auf 25 Jahre unentgeltlich in Pacht von der Gemeinde Toblach. Dafür mussten sie das Gebäude in Eigenregie renovieren. Das Ergebnis ist ein gemütliches Kleinod mit grandiosem Blick auf die Sextner Dolomiten, umgeben von Kälbern, Alpenrosen und einem Netz von Wanderwegen, geführt von einem freundlichen Hüttenehepaar, das überzeugt ist, die richtige Entscheidung getroffen zu haben. Alfred kocht selbst, und das hervorragend und nachhaltig, sein Strommix stammt aus Solarzellen, einem kleinen Windrad und Wasserkraft. Der stimmungsvolle Sonnenuntergang bei einem Gläschen selbst gebranntem Heuschnaps auf der Terrasse ist selbst in Südtirol einzigartig.

In 45 Min. erreicht man von hier aus das Pfannhorn mit Panoramablick, Villgraten und den Alpenhauptkamm. Eine grandiose Tagestour führt weiter entlang des Grenzkamms auf dem Toblacher Höhenweg zur *Marchhütte*, einem umgebauten Bunker, und über die Silvesterquelle durch Alpenrosenhänge zurück (5 Std., 15 km, 800 Höhenmeter). Auf dem bereits 1904 angelegten Bonner Höhenweg gelangt man bis ins Gsieser Tal.

mein Tipp **Bonner Hütte,** 2340 m, 14 Betten, 11 Lager, Ende Mai bis Okt. ✆ 340/9428264, bonnerhuette.it. **€€**

Nach Altschluderbach – Gustav-Mahler-Haus (Trenkerhof) und Wildpark: Die *Toblacher Mahlerfestspiele* erinnern an drei Sommerbesuche des großen Komponisten Gustav Mahler in Toblach. Der viel beschäftigte Direktor der Wiener Staatsoper erholte sich auf dem Trenkerhof in Altschluderbach, gleichzeitig arbeitete er an seiner Neunten und der unvollendeten Zehnten Symphonie sowie am „Lied von der Erde". Im angrenzenden *Wildpark* befindet sich ein *Komponierhäuschen* aus Holz, das sich Mahler errichten ließ, um ungestört arbeiten zu können. Auf einer Fläche von ca. 11 ha leben hier verschiedene Alpentiere wie Rotwild, Wildschweine, Eulen oder Murmeltiere, aber auch Esel, Ponys und Schafe. Einen kleinen Spielplatz gibt es auch.

Wildpark/Mahler-Komponierhäuschen: erreichbar über Rienz (von der Straße ins Höhlensteintal unmittelbar nach der Bahnüberführung auf das Sträßchen nach rechts abzweigen), im Sommer tgl. außer Do 9–18 Uhr, im Winter Zeiten erfragen unter ✆ 0474/972347.

Basis-Infos

Information **Tourismusverein Toblach,** 39034 Toblach/Dobbiaco, Dolomitenstr. 3, ✆ 0474/792132, toblach.it.

Verbindungen **Pkw:** großer Parkplatz am Mittelweg. **Bahn:** Bhf. in Neutoblach, Fahrkartenautomat (kein Schalterdienst). **Bus:** Busbhf. am oberen Ende der Dolomitenstraße.

Einkaufen Guter Überblick über die Geschäfte unter toblachshopping.it.

Produkte der **Sennerei Toblach:** Am westlichen Ortsrand befindet sich die **Schaukäserei Drei Zinnen,** Pustertaler Str. 3 C. Neben einem Laden mit einer großen Auswahl an Käse und Molkereiprodukten gibt es ein kleines Museum über die Käseherstellung und eine Schaugalerie mit Blick in jeden der Produktionsräume – sehr kindgerecht! Eintritt 5 €, mit Verkostung 8/10 €, Mo geschl. ✆ 0474/971317, 3zinnen.it.

Wachtler Specialitá, Peter-Paul-Reiner-Str. 9, mit Café und Bistro, Geschenkeladen, wachtler.com.

Metzgerei Nocker, Dolomitenstr. 19 a, zarter Speck, Tiroler Bergkäse, nocker.it.

Trachtenstüberl, St.-Johannes-Str. 69, Loden und Trachten, kompetente Beratung.

Bottazzi, St.-Johannes-Str. 12 a, individuelles Schmuckdesign, große Auswahl an Steinketten, Mineralien und Fossilien.

Markt: 1. und 3. Mo des Monats im Dorfzentrum.

Veranstaltungen **Gustav-Mahler-Musikwochen,** drei Wochen ab Mitte Juli, Konzerte regionaler und ausländischer Orchester und Ensembles, meist im Mahlersaal des Grandhotels. Infos unter gustav-mahler.it.

Im Aug./Sept. finden die **Festspiele Südtirol** statt, die ebenfalls v. a. dem Werk Gustav Mahlers gewidmet sind. Das Haydn-Orchester unter Arvo Volmer ist Hauptträger des Festivals. Infos unter festspiele-suedtirol.it.

Am **Nikolaustag** (6. Dez.) oder am Tag vorher, dem **Krampustag** (5. Dez.), geht in Toblach wie in vielen anderen Orten Südtirols der Krampus um. Der schwarze Begleiter des Nikolaus trägt eine furchteinflößende Teufelsmaske und ein schweres Fellkostüm. Am Krampuslauf nehmen rund 600 maskierte Teilnehmer mit ihren Glocken und Reisigbesen teil und ziehen

So lagert Käse: Schaukäserei Drei Zinnen in Toblach

Das Pustertal → Karte S. 22/23

lärmend ins Dorfzentrum zur Krampusparty. Wer Angst hat, beobachtet den Umzug von der „krampusfreien Zone" aus bei einem Glühwein.

Baden/Schwimmen Naturbadesee in der Sportzone Gries.

Radfahren Toblach ist ein idealer Ausgangspunkt für Radwanderer, **Radwege** nach Lienz (Osttirol/Österreich), Cortina und Calalzo di Cadore (Provinz Belluno) und nach Mühlbach im Pustertal (mit Anschluss an Wipptal- und Eisacktalradweg). **Verleih** bei Papin Sport am Bahnhof (papinsport.com) und bei Fun Active Rent, Dolomitenstr. 27a, ✆ 0474/862047, funactive.rent.

Klettern/Wandern/Bergsteigen Neue Kletterhalle mit Boulderraum in der Nordic Arena (→ Wintersport), Klettergarten in Landro, Dürrensee (Höhlensteintal). **Bergführerbüro** Globo Alpin, Bahnhofstr. 3, ✆ 0474/976139, globoalpin.com. Bergführerbüro Toblach, Dolomitenstr. 5, ✆ 0474/979065, bergfuehrer toblach.com.

Wintersport Toblach veranstaltet Anfang Februar den populären **Volkslanglauf** Toblach–Cortina (2024 zum 47. Mal), Infos unter dobbiacocortina.org. **Skischule Toblach,** Dolomitenstr. 5, ✆ 0474/972581, scuolasci-dobbiaco.com, **Langlaufskischule Azzurra,** ✆ 379/1202087, azzurra-ski.com. **Langlaufstadion** am Eingang des Höhlensteintales, ab hier mehrere Rundloipen, teils nachts beleuchtet, nordicarena-toblach.it. **Naturrodelbahn** in Ratsberg, 2 km mit Flutlicht. Überdachtes **Eisstadion** mit Schlittschuhverleih in der Sportzone Gries, sport-toblach.com. **Alpin-Ski** für Familien im Skicenter Rienz, 2 Lifte, 3 Pisten, ski-rienza.it.

Speziell für Kinder Ein Muss ist der **Wildpark Altschluderbach,** aber auch der **Acquapark** in Innichen und der dortige große **Spielpark Burg** kommen immer gut an (→ S. 37). Die nicht mehr ganz so Kleinen werden den Besuch im **Naturparkhaus Drei Zinnen** schätzen (→ Sehenswertes), ebenso den Besuch der Schaukäserei.

Direkt hinter dem Naturparkhaus lockt die **WaldWunderWelt,** ein amüsanter Lernparcours für Kinder. Am Eingang zum Höhlensteintal (beim Langlaufcenter) gibt es einen **Abenteuerpark** mit einem Riesennetz zwischen Bäumen: Mai bis Okt., genaue Öffnungszeiten besser im Internet checken, ✆ 333/2491500, abenteuerpark.it/toblach.

Übernachten/Camping

Toblach ist mit der Ausnahme von „Santer", „Bellevue" und „Cristallo" ein 3-Sterne-Ort. Im August ist alles fest in italienischer Hand. Wer dem Trubel entgehen will, kann auf Aufkirchen oder Niederdorf ausweichen.

Das Grandhotel: Charme des 19. Jh.

In Alt-Toblach *****S Villa Monica,** kinderfreundliches Hotel im Stil eines Ansitzes mit großzügigen Balkonen und seitlichem Erkertürmchen, bemerkenswerte Tirolerstube. Neuer Wellnessbereich mit Aussicht im rustikalen Alpin-Stil. Gebr.-Baur-Str. 8, ✆ 0474/972216, hotel-monica.com. **€€€–€€€€**

Villa Bachmann, freundliche, sehr angenehme Pension, großer Frühstücksraum mit Glasveranda, Sauna und Liegewiese. Gemütliche Atmosphäre, ansprechende Apartments (2–3 Pers.). Gustav-Mahler-Str. 28, ✆ 0474/972224, villabachmann.it. **€€**

In Neutoblach ****** Parkhotel Bellevue,** sehr gutes Traditionshotel nahe dem Bahnhof mit schönem, großem Park. Hallenbad, Sauna, Whirlpool, Massage, Radverleih. Dolomitenstr. 23, ✆ 0474/972101, parkhotel-bellevue.com. **€€€–€€€€**

Jugendherberge im Grandhotel Toblach, Schlafsäle? Von wegen! Doppel- und Mehrbett-Zimmer, z. T. mit Dusche, Parkettböden – Hotel-

Wintersport im Pustertal

Die **Skiregion Drei Zinnen** ist Teil des Skiverbunds Dolomiti Superski (→ S. 277), sie umfasst 6 Skigebiete, 115 km Pisten und 31 Aufstiegshilfen. Das größte Skigebiet Helm-Stiergarten-Rotwand bietet allein 65 km. Für Snowboarder gibt's u. a. den Drei-Zinnen Snowpark am Helm. In Ergänzung zu den kostenlosen Skibussen verbindet der Pustertal-Express die Skiregionen Helm und Kronplatz im 30-Min.-Takt.

Langlauf ist äußerst populär, es gibt 200 km gespurte Loipen (Loipenmaut Hochpustertal 8€/Tag). Der Pustertaler Skimarathon im Januar findet 2024 zum 48. Mal statt (ski-marathon.com), der Volkslauf Toblach–Cortina im Februar wird seit 1977 veranstaltet (dobbiacocortina.org).

Schneeschuhwandern ist – wie überall – im Kommen. Es werden geführte Touren über die Alpinschule Drei Zinnen (alpinschule dreizinnen.com) angeboten.

Rodeln auf folgenden Rodelbahnen: Haunold (2,1 km), Rotwand (5 km) und Signaue (2,2 km).

▪ Infos zum gesamten Wintersport unter drei-zinnen.info.

atmosphäre. Und das Schönste: kein Mindestaufenthalt, keine Altersbegrenzung. Was noch? Fitnessraum, Waschmaschine, TV-Raum, Restaurant. Dolomitenstr. 29, ✆ 0474/976216, jugendherberge.bz. **€**

Umgebung ***** Kirchenwirt,** gemütlich eingerichtete Zimmer, Vollholzmöbel, meist Balkon, kleiner Wellnessbereich mit Sauna und Hallenbad. Aufkirchen 5, ✆ 0474/972195, kirchenwirt.it. **€€–€€€**

Toninghof, familien- und hundefreundlicher Urlaub auf dem Bauernhof im neu errichteten Haus mit seinen 4 geräumigen, modern eingerichteten Wohnungen. Netter Service: Frühstückskörbe mit leckeren Produkten. Zahlreiche Wanderwege direkt vor der Tür. Apt. (2–4 Pers. Kandellen 8a, ✆ 334/2150074, toninghof.it. **€€–€€€**

Camping ****** Camping Olympia,** an der Pustertaler Straße in Richtung Niederdorf, einer der besten Plätze der Region, alle Schikanen, Schwimmbad, Sauna, Pool, Kinderbecken, sehr gute Sanitäranlagen, Fahrradverleih, angeschlossen sind Hotel, Restaurant, Pizzeria Samyr am Eingang (Mi zu), abends Tanz und Animation während der Hochsaison. Ganzjährig geöffnet. Stellplatz und 2 Pers. 37–52 €, Apt. (2–6 Pers.) 100–120 €. Campingstr. 1, ✆ 0474/972147, camping-olympia.com.

***** Camping Toblacher See,** Toblacher See 3, hübsch nahe am See im Waldbereich, mit relativ viel Platz, Fahrradverleih, das Restaurant Seeschupfe bietet regionale Küche, der Shop ein umfangreiches Angebot. Für Glamper wurden kürzlich schicke Chalets mit Blick in den Sternenhimmel errichtet. Stellplatz und 2 Pers. 33–46 €, Chalet ab 304 €. Geöffnet Dez. bis Okt. ✆ 0474/973138, toblachersee.com.

Essen & Trinken

Was das Essen betrifft, ist Toblach keine Offenbarung. Ausnahmen bestätigen die Regel, etwa die Sterne-Küche von Chris Oberhammer oder die rustikale Küche des Seiterhofs in Kandellen.

Winkelkeller, alter Hof, rustikale Atmosphäre, dazu passendes traditionelles Essen und gute Stimmung. Gemütliche Stuben. Mi geschl. Graf-Künigl-Str. 8, ✆ 0474/836668, winkelkeller.it.

Bar-Konditorei-Café Annelies, kleine Konditorei hinter der Pfarrkirche, gute Eiskarte. Mo zu. Josef-Walch-Str. 2.

Tilia, das Restaurant im Glaskubus im Park vor dem Grand Hotel ist Toblachs erste Gourmetadresse. Dort hat Chefkoch Chris Oberhammer ein eher kleines Gourmetreich geschaffen, in dem er seine inspirierte, moderne franko-italienische Küche pflegt, ausgezeichnet mit einem Michelin-Stern und 3 Hauben im Gault-Millau. Menü ab 80 €. Nur wenige Tische. Di–Sa mittags, Fr–So auch abends, Mo Ruhetag. Dolomitenstr. 31b, ✆ 335/8127783, tilia.bz.

Pizzeria Dolomiten, wenige Schritte von der Jugendherberge entfernt befindet sich im gleichnamigen Hotel eine empfehlenswerte Pizzeria, knuspriger Teig, fairer Preis. Alemagnastr. 3, ✆ 0474/972136, hotel-dolomiten.com.

Mein Tipp **Seiterhof,** im Bergweiler Kandellen liegt dieser alte Bauernhof, dessen Wirtschaftsgebäude zu einem Gasthof mit einigen hübschen Gästezimmern umgebaut wurde. Herrliche Aussichtslage! Die Tiroler Gerichte des Pustertals sind hier so authentisch wie wohl nirgendwo sonst: Speck, Spinatnocken, Marillenstrudel, Krapfen. Erreichbar über die Straße ins Tal von Wahlen, Schilder am Talschluss. Di Ruhetag. Kandellen 7, ✆ 0474/976 330, seiterhof.info. **€–€€**

Niederdorf

Die Pustertaler Straße in Richtung Toblach heißt in der Gemeinde Niederdorf Frau-Emma-Straße. „Frau Emma", das war die weit über Tirol hinaus bekannte Emerentia Hausbacher (1817–1904), die zusammen mit ihrem Mann von Niederdorf aus ein frühes Hotelimperium aufbaute. Der „Schwarze Adler" am Rathausplatz war der erste Schritt, es folgte ein Hotel am Pragser Wildsee, dann Häuser in Meran, in Innsbruck und im Vinschgau. Ihre Kochkünste waren so berühmt wie ihr Geschäftsgeist. Der Brief eines Amerikaners, so eine Anekdote, der an sie mit „Frau Emma in Europe, Autriche" adressiert war, wurde problemlos zugestellt. Das **Fremdenverkehrsmuseum Hochpustertal** mit seiner Ausstellung zum frühen Tourismus zwischen Niederdorf und Sexten ist sicher ihretwegen hier eingerichtet worden. Ausstellungsort ist das spätmittelalterliche *Haus Wassermann* mit schönen Kassettendecken, alter Täfelung und Kachelöfen (Hans-Wassermann-Str. 8, Juli/Aug. Mo–Sa 16–18, Sept. Di, Do 16–18, Okt. Di, Fr 16–18 Uhr; Eintritt 5 €, erm. 3 €).

Einen Besuch lohnen das Gebäudeensemble am Rathausplatz (Von-Kurz-Platz) mit Gerichtshaus und Spitalkirche sowie die *Pfarrkirche* mit Annakapelle am anderen Ufer der Rienz, außerdem die etwas außerhalb liegende Kirche *St. Magdalena im Moos* (Mai bis Ende Sept. bei schönem Wetter tgl. geöffnet), in der gelegentlich Konzerte stattfinden. Sie wurde 1491 gestiftet und bewahrt Fresken aus der Entstehungszeit von Simon von Taisten.

Information **Tourismusverein Niederdorf,** Niederdorf/Villabassa, Bahnhofstr. 3, ✆ 0474/745136, niederdorf.it.

Veranstaltungen Niederdorf ist in der ersten Julihälfte Austragungsort des traditionsreichen Mountainbike-Bergrennens **Dolomiti Superbike.** Die kurze Distanz geht über 60 km und 1570 hm, die lange Strecke über 123 km und 3400 hm. Infos unter dolomitisuperbike.com.

Das **Internationale Festival der Chöre** findet in der letzten Juniwoche mit Aufführungen in allen 5 Gemeinden des Hochpustertals statt, u. a. auch im neuen Kurpark von Niederdorf. Über das Programm, das Kirchenmusik, Volksmusik, Spirituals und Jazz beinhaltet, informiert festivalpusteria.org.

Einkaufen **Monatsmarkt** März bis Nov. jeden 1. Sa im Monat 8–14 Uhr.

Kneipp Der Ort vermarktet sich seit Kurzem als Italiens erstes „Kneipp-für-mich-Erlebnisdorf". Im Kurpark befindet sich die wahrlich bemerkenswerte Kneippanlage, die in den Sommermonaten (gebührenpflichtig) von 10–18 Uhr geöffnet ist. In der HS betreut eine geschulte Gesundheitstrainerin die Anlage und gibt Tipps (tgl. außer dienstags 14–18). Anmeldung erforderlich. Im Park Gradieranlage und Trinkbrunnen.

Speziell für Kinder **Kurpark** heißt der große Spielplatz im östlichen Teil des Kurparks, das **Adventureland** am Ortsrand spricht auch größere Kinder an.

Übernachten/Essen ****** Adler,** das Hotel am zentralen Rathausplatz ist Nachfolger eines bereits im 17. Jh. bezeugten Gasthauses, man versteht sich also auf die Gastronomie. Angenehme Atmosphäre mit Kaminzimmer und schöner Stube, kleine Hausbibliothek, Radverleih. Im Restaurant guter Service, recht gute Karte, Di zu. Von-Kurz-Platz 3, ✆ 0474/745128, hoteladler.com. **€€€€**

***** Weiherbad,** schöner Gasthof mit großzügigen, teils im Naturstil renovierten Zimmern, kleinem Wellnessbereich, neuem Hallenbad und Mountainbikeverleih. Küche mit guter traditioneller Kost (Tirtlan und Schlutzer etc.), Tiroler Abende mit Livemusik. Weiherweg 7, ✆ 0474/745197, weiherbad.com. **€€€–€€€€**

 → Karte S. 22/23

Pragser Tal und Pragser Wildsee

Das Pragser Tal hat ein recht flaches unteres Talstück, **Außerprags** genannt, dann gabelt es sich bei *Schmieden* in einen zur Plätzwiese führenden Ast und in den eigentlichen Pragser oder Innerpragser Ast, der zum Pragser Wildsee hinaufführt. In **Innerprags** liegen die Bauernhöfe auf den Hängen der Sonnenseite, einige in Gruppen wie am Schweinberg, andere einzeln wie Marer, Weidach, Gruber. Die frühe touristische Erschließung – Frau Emmas Hotel am Pragser Wildsee! – hat Hotels und Gaststätten ins Tal gebracht, die sich vor allem entlang der Straße zum See angesiedelt haben. Das Pragser Tal ist so richtig für eine klassische Sommerfrische geeignet.

Eines der mittlerweile allerdings überlaufenen Juwelen der Dolomiten ist der **Pragser Wildsee,** ein bis zu 36 m tiefer, auf 1489 m liegender See unter der gewaltigen Nordwand des Seekofels (2810 m), des nördlichsten Gipfels der

Pragser Wildsee im Abendlicht

Fanesgruppe. Das Wasser ist immer wieder von anderer Farbe, einmal smaragdgrün, dann blau und dann wieder milchig, manchmal schwarz, durchsichtig bis zum Boden und kalt, kalt, kalt. Genau richtig für Forellen und die köstlichen Saiblinge. Auf Ruderbooten (Verleih am Bootshaus beim Hotel Pragser Wildsee) kann man zum Südende schippern, wo ein besonders schöner Kiesstrand zum Sonnenbaden lockt. Oder man macht die große Seerunde zu Fuß: 1–1:30 Std. ist man unterwegs, auf der Westseite auf (gesperrtem) Fahrweg, unter dem Seekofel auf einem guten Weg und dann an der Ostseite mit ihren fast senkrecht ins Wasser stürzenden Wänden auf einem gesicherten, an allen heiklen Stellen mit Geländer versehenen Steig, der bis zu 30 m über dem Wasser verläuft. Übrigens ist der See nicht nur im Sommer einen Besuch wert, sondern auch im Winter, wenn er von einer dicken Eisschicht bedeckt friedlich daliegt, oder im Frühjahr, wenn die gewaltige Eisdecke bei steigenden Temperaturen knarzt und ächzt.

Information **Tourismusverein Pragser Tal,** 39030 Prags/Braies, Außerprags 78, ✆ 0474/748660, pragsertal.info.

Verbindungen Der Autoverkehr zum Pragser Wildsee ist im Sommer stark eingeschränkt. Es besteht eine Straßensperrung zwischen Schmieden und Pragser Wildsee von Mitte Juli bis Mitte Sept. 9.30–16 Uhr, sobald die vorhandenen Parkplätze belegt sind. Kostenpflichtiger Parkplatz in Schmieden, ab dort Wanderung (1:30 Std.), alternativ mit den Buslinien 442 oder 439 (Tickets nur unter prags.bz). Das Kombiticket kostet 40 € (Parkplatz plus 20-€-Gutschein für Geschäfte und Gastro). Sobald alle Busplätze belegt sind, ist der Zugang nur noch zu Fuß oder mit dem Rad möglich. Gäste der Beherbergungsbetriebe und Restaurants erhalten gegen Voranmeldung eine Durchfahrtsgenehmigung.

Einkaufen **Hof Alpe Pragas,** Himbeeren, Erd- und Stachelbeeren als Fruchtaufstrich, Smoothie oder Chutney – die späten Beeren auf 1250 m sind besonders schmackhaft. Im Sommer Führungen, 10 €. Außerprags 38, ✆ 0474/749400, alpepragas.com.

Hofkäserei Patzleitner, Ziegen-, Kuh- und Schafmilch werden direkt am Hof zu Rohmilchkäse verarbeitet, köstlich! Freitags ist der Käse auch auf dem Brunecker Bauernmarkt zu erhalten. Führungen durch den Bauernhof. Lechnerhof 37, Prags, ✆ 0474/748652, pragserkaese.com.

Übernachten/Essen *****S Edelweiß,** familiäres Hotel im Tirolerstil mit blumengeschmückten Balkonen, reichlich, aber nicht zu viel Holz, Saunen, Dampfbad, Whirlpool, gute Zimmer mit allem Komfort. Außerprags 65, ✆ 0474/748664, hotel-edelweiss.info. **€€€€**

***** Pragser Wildsee,** 1897 erbautes Hotel in romantischer Lage direkt am See, das 1945 vorübergehend von der SS verschleppten prominenten KZ-Häftlingen Schutz bot. Grandhotel-Ambiente im historischen Speisesaal mit viel Holz und Fresken von 1899, Zimmer teilweise mit Seeblick, Balkon und Originalmöbeln von 1900. St. Veit 27, ✆ 0474/748602, pragserwildsee.com. **€€€–€€€€**

***** S Brückele,** Traditionshaus am Beginn der Straße zur Plätzwiese, nach Renovierung helle und moderne Zimmer, Wellnessbereich mit innovativer Sauna. Traditionelle Südtiroler Küche und Pizza, Mo zu. Außerprags 4, ✆ 0474/748613, hotel-brueckele.it. **€€€–€€€€**

Moserhof, Paarhof in Panoramalage, eindrucksvolles Ensemble, großartig erhaltener Wirtschaftstrakt, Balkonzimmer gemütlich mit viel Naturholz eingerichtet, gute Küche, Mo Ruhetag Innerprags 31, ✆ 0474/748653, moserhof-prags.com. **€€€**

Camperstellplatz, Großparkplatz am See mit Übernachtungsmöglichkeit, Schrankenregelung. Sanitäranlagen. Ticket 20 €/Nacht.

Wanderung 1: Die Seekofelrunde → S. 289
Lange, anstrengende Bergwanderung um den Seekofel

Plätzwiese im Hochsommer: satte Farben!

Die Plätzwiese

Die riesige gewellte Almwiese zwischen dem Pragser Tal und dem Höhlensteintal mit ihren vom Wind zerzausten und vom Blitz halb zerstörten Zirben ist ein Panoramabalkon. Rechts liegt die *Fanesgruppe* mit der Hohen Gaisl, vor dem Betrachter die *Cristallogruppe* (so nah scheint sie, dass man jedes Gletscherchen und jeden Firnrest erkennt), nach links ziehen sich die Almen zum *Dürrenstein* hinauf. Das Vieh hier oben weidet auf Gemeinschaftsalmen, im Gegensatz zu anderen Gebieten Südtirols und der Dolomiten gehen hier nicht die Bauern auf die Alm, sondern sie vertrauen ihre Tiere bezahlten Hirten an. Die Straße vom Brückele herauf ist gut in Schuss, hinunter zur Straße Toblach – Cortina führt eine alte Militärstraße (beliebte Mountainbikestrecke). Für Mountainbiker bietet sich als sportliche Alternative eine Rundfahrt an: Ins Höhlensteintal bis Schluderbach, dann auf der Militärstraße kehrenreich zur Plätzwiese, diese überqueren und auf der anderen Seite auf der Mautstraße in flotter Fahrt bergab nach Prags und zurück ins obere Pustertal. Als Ausgangspunkt bietet sich Niederdorf an. Die Tour geht auch andersherum, allerdings kann man es dann bei der Abfahrt auf der Militärstraße nicht annähernd so laufen lassen wie auf der Mautstraße (850 hm, 42 km, 3 Std.)!

Verbindungen **Bus 443** von Welsberg bis zu 15x tgl. Straßensperrung für Pkw zur Plätzwiese von Mitte Juni bis Mitte Okt. 10–15 Uhr, in der übrigen Zeit gilt das Kombiticket für 40 € wie zum Pragser Wildsee (prags.bz). Bis maximal 100 Pkw/Tag (keine Womos).

Übernachten/Essen **Berggasthof Plätzwiese,** ganzjährig geöffnet. Mo Ruhetag. E-Bike-Ladestation. Außerprags 58, ✆ 0474/748 650, plaetzwiese.com. **€€€**

Durch das Höhlensteintal

Ein Gletscher schürfte das tief eingeschnittene Höhlensteintal südlich von Toblach aus. Es führt über einen niedrigen Talpass mit Namen *Im Gemärk* bis hinüber ins Ladinische nach Cortina (→ S. 228) und weiter nach Calalzo di Cadore (→ S. 243). Die Gebirgsriesen zu beiden Seiten, Dürrenstein, Drei Zinnen, Cristallo, können nur auf steilen und für normale Wanderer Dürrensteinnicht geeigneten Steigen erklommen werden. Bis in die 1960er-Jahre verlief durch das Tal außer der Straße noch die Zweigbahn nach Cortina und weiter ins Cadore. Als sie eingestellt wurde, entstand eine ungenutzte Trasse, die heute als **Radweg** ausgebaut ist – einer der angenehmsten und leichtesten, aber auch landschaftlich reizvollsten der Dolomiten.

Blick vom Dürrensee auf die Cristallogruppe

Gleich am Anfang liegt der **Toblacher See** mit immerhin 14,3 ha Fläche (aber nur max. 3,5 m Tiefe). Er ist Schutzgebiet, sein südlicher, verlandeter Bereich ist ein wichtiger Lebensraum für Lurche und Vögel. Fast flach geht es weiter bis zu einem *österreichischen Militärfriedhof* am Hang zur Rechten (großer Parkplatz, Hinweisschilder).

Der **Dürrensee** kündigt sich mit dem Hotel Drei Zinnen und dem neu gestalteten Aussichtspunkt Dreizinnenblick an. Der See ist sehr flach, im Herbst oft nur halb so groß wie im Frühjahr, wenn er mit Schmelzwasser gefüllt ist. Genau südlich liegt die gewaltige Burg des *Monte Cristallo* (3221 m), die Kanonen der italienischen Stellungen auf dem Monte Cristallino (2786 m) zu seiner Linken waren es, die Neutoblach in Schutt und Asche legten. Die wilden Wände an der Ostflanke des Sees gehören zum *Monte Piana*, der zum Großteil auf Belluneser Territorium liegt. Auf dem 1915–1917 hart umkämpften Berg befinden sich zahlreiche alte Stellungen, die in einem Freilichtmuseum zugänglich gemacht wurden. In **Schluderbach** errichtete der Bauer Ploner aus Alt-Schluderbach bei Toblach einen Einkehrgasthof, heute befinden sich an dieser Stelle das Ploner heißende Hotel sowie eine Apartmentsiedlung und ein Restaurant.

Nur Autofahrer passieren den Pass **Im Gemärk** (oder Passo di Cimabanche). Der Berg halb rechts darüber ist die *Hohe Gaisl* (3146 m), von den Italienern aufgrund ihrer roten Gesteinsfarbe Croda Rossa genannt. Bei der Fahrt hinunter passiert man das **Ospitale,** ein altes Hospiz an der Alemagna, von dem heute noch die kleine gotische Kapelle auf der anderen Straßenseite zeugt. An der Haarnadelkurve der Straße 3 km unterhalb haben Autofahrer einen Panoramablick auf die Fanesgruppe, die man sonst nur von ihrer West- oder Nordseite kennt.

Essen & Trinken Ausschließlich Laufkundschaft und doch vorzügliche Qualität? Das und sehr freundliche, effiziente Bedienung bietet das **Restaurant Dürrensee** mit Terrasse und Traumblick auf See und Berge. Knödeltris besonders zart und schmackhaft. ✆ 0474/972399.

Über den Misurinasee zu den Drei Zinnen

Von Schluderbach führt eine gute Straße (11 % Steigung) über ein niedriges Joch zum berühmten Misurinasee, der sich bereits im Cadore befindet (Provinz Belluno). Der Blick vom Parkplatz am Nordufer über den See hinweg zur Dolomiten-Gebirgsgruppe des Sorapis (3205 m) gehört zu den großen Eindrücken nicht nur der Dolomiten, sondern der Alpen überhaupt. Das *Grandhotel Misurina* am Südufer ist eines der ältesten Hotels der gesamten Region und heute wieder ein fashionabler Standort für Sommer- wie Winteraufenthalte.

Vom Nordufer führt eine im oberen Abschnitt (ab der Alm *Rin Bianco*) mautpflichtige Straße in Richtung der Drei Zinnen, sie endet an Großparkplätzen etwas unterhalb der *Auronzohütte* (im Winter lässt sich diese Hütte in etwa 2 Std. ab Misurina auf einer einsamen Schneewanderung erreichen – oder man lässt sich mit dem Motorschlitten zur Hütte bringen, um dann die 5 km hinabzurodeln, Infos unter trecimeservice.com). Von dort aus wandert man zur *Dreizinnenhütte*. Wer aber der auf S. 291 beschriebenen Wanderung folgt, wird möglicherweise mehr von seinem Ausflug haben. Den berühmten Dreizinnenblick hat man nur von der Dreizinnenhütte und damit von der Südtiroler Seite, nicht von Süden aus!

Verbindungen **Mautstraße** (30 €) Drei Zinnen/Auronzohütte, Ende Mai bis Ende Okt. Oben gibt es 700 Parkplätze, die in der HS oft schon um 9 Uhr belegt sind. **Bus-Shuttle** 444 ab Bahnhof Toblach, Juni bis Mitte Okt., Erw. 18 € (hin und zurück).

Essen & Trinken **Malga Rin Bianco,** auf 1900 m an der Zufahrtsstraße zur Auronzohütte gelegen, schöne Aussichtsterrasse und hausgemachte Deftigkeiten, kleiner Hofladen, der Ricotta, Butter, Käse und Speck anbietet. Im Winter vom Parkplatz vor der Mautstelle (bis hierhin geräumt) in 15 Min. zu Fuß erreichbar, im Sommer großer Parkplatz vor der Hütte. Im Herbst 2023 geschlossen, vorher anrufen (✆ 320/5699375), rinbianco.com.

Dreizinnenblick im Höhlensteintal

Das Pustertal → Karte S. 22/23

Innichen

Innichen muss seine Position unter den Orten des Pustertals nur mit Bruneck und Lienz teilen, im Hochpustertal ist es konkurrenzlos. Innichen hat städtischen Charakter und kann auch ohne Tourismus leben, von dem es aber gern profitiert.

Mit der Stiftskirche in Innichen begann die Christianisierung und Germanisierung des Pustertals – so liest man es in Geschichtsbüchern. Im dunklen Inneren der romanischen Stiftskirche fühlt man sich in diese Zeit versetzt, als in den dichten Wäldern um die winzige Siedlung noch Bären, Wölfe und Luchse lebten. Die Sonnenhänge im Rücken von Innichen, auf denen heute die Tirolerhöfe inmitten ihrer Wiesen und Weiden wie in einem Amphitheater aufgebaut stehen, waren damals noch nicht gerodet. Die Errichtung des Vorgängers der heutigen Kirche in der absoluten Wildnis muss für die wenigen slawischen Siedler des Tals, allesamt noch Heiden, ein epochales Ereignis gewesen sein.

Das neue große *Erlebnisbad Acquafun* soll den heutigen Vorsprung in Sachen Infrastruktur zementieren, wie auch die Bergbahnen auf den Hausberg Haunold und von Vierschach auf den Helm in der Karnischen Hauptkette.

Sehenswertes/Ausflüge

Stiftskirche: Sie liegt am belebten Pflegplatz, ist aber durch den Friedhof von ihm getrennt. Mit dem Auftrag, hier ein Kloster zu gründen, hatte Herzog Tassilo III. von Bayern dem Abt Atto von Scharnitz im Jahr 769 ein großes Gebiet um das heutige Innichen geschenkt. Die Stiftskirche ist der dritte Bau an dieser Stelle. Die erste Kirche wurde noch vor dem Jahr 1000 durch einen größeren Bau ersetzt, von dem

Romanik in der Stiftskirche von Innichen

sich die Krypta unter dem heutigen Chor erhalten hat. Ort und Kirche brannten um 1200 ab, Anlass für eine dritte Kirche. Diese wurde in romanischen Formen errichtet und 1284 geweiht – die heutige Stiftskirche. Das Südportal, das man vom Pflegplatz aus betritt, ist ein Trichterportal mit einem großartigen Relief (Christus und die Evangelistensymbole) im Tympanon. In der flachen Zone darüber bemerkt man das ganz frisch wirkende Fresko, es ist ein Werk Michael Pachers. Das Innere ist ein eindrucksvoller romanischer Kirchenraum mit drei Schiffen. Das Mittelschiff ist weit gespannt, eine Kreuzigungsgruppe von 1240 zieht die Blicke auf sich. Der Chor ist erhöht, darunter liegt die von beiden Seiten zugängliche Krypta. Die Stiftskirche besitzt eine 1628/29 von Andreas Putz gebaute Orgel, die sich in der Originalfassung mit bemalten Flügeln und dekorativen Holzschnitzereien erhalten hat. Auch für das neu eingerichtete Orgelwerk mit 24 Registern und 1242 Pfeifen wurde der Bestand der Putz-Orgel verwendet.

Pfarrkirche St. Michael: Runder romanischer Turm, gotischer Bau, der 1760 barockisierten Kirche, Hauptfassade wie eine Altararchitektur – das ist Innichens schönste Kirche. Ein Fernglas ist hilfreich für die Deckenmalereien von Christoph Anton Mayr.

Stiftsmuseum: Von der Attostraße aus betritt man das Museum mit dem Domschatz, sakraler Kunst und der Handschriftensammlung. Die Räume sind in einigen Fällen genauso spektakulär wie die Exponate: Im Kapitelsaal, in dem der Domschatz ausgestellt ist, zeigen Fresken die Wappen der Chorherren, und die Schulstube der Chorknaben mit Täfelung und riesigem grünem Kachelofen (um 1550) ist eine einzige Augenweide. Durch seine Größe kann das Innicher Bergkristallkreuz nicht imponieren, wohl aber durch seine Schönheit und die Seltenheit des Werkstoffes –

Im Zentrum von Innichen

eben purer Bergkristall. Das Kreuz kam aus Oberitalien nach Innichen, wahrscheinlich aus einer venezianischen Kristallschleiferei, wo es wohl um 1500 entstanden ist. Wie und warum es kam, ist nicht geklärt.

▪ Juli bis Mitte Sept. Di–Sa 14–19 Uhr. Eintritt 4 €.

Altöttinger und Heiliggrabkapelle: Eingezwängt zwischen Straße und Bahnlinie und tief unter dem heutigen Straßenniveau liegt dieser kuriose und in seiner Art einmalige Kirchenbau. Drei Türmchen deuten schon auf die drei Räume hin. Drinnen besteht der komplexe Bau aus einem Achteck mit aufgesetztem Turm *(Altöttinger Kapelle)*, dem angebauten Kirchenschiff mit Türmchen *(Passionskapelle)* sowie dem Rundbau mit Türmchen und dem Heiligen Grab *(Grabeskirche)*. Entstanden ist der Komplex zwischen 1633 und 1653. Der Stifter war ein gläubiger Innicher Bürger, der fleißig Pilgerfahrten machte. Aus Altötting brachte er eine Kopie des Gnadenbilds und den Plan der dortigen Gnadenkapelle mit, die hier in kleinem Maßstab kopiert wurde. Aus Jerusalem brachte er den Plan der Grabeskirche und des Heiligen Grabes mit, auch diese wurden kopiert. In Nischen und auf Konsolen stehen Statuen und ganze Szenen, das Marienleben in der Altöttinger Kapelle, im Eingang zum Grab eine Holzstatue des toten Christus. Frappierend!

▪ Nur Juli bis Sept. Mi–So 10–12/16–18 Uhr, im Juni nur Fr, Sa, So; freiwillige Spende.

Franziskanerkloster und -kirche: Im Westen des alten Orts nimmt das Kloster eine große Fläche ein. Die Kirche ist schlicht, dafür sind die Altäre barock verspielt mit einem sehr guten Gemälde von 1764, das die Gottesmutter mit Kind mit dem hl. Franziskus und dem vor ihr knienden hl. Leopold (von Österreich) zeigt. Es stammt von dem bedeutenden Barockmaler Christoph Unterberger. Der Kreuzgang wurde im Barock von einem bäuerlichen Künstler mit mehr als 70 Szenen aus dem Leben des hl. Franziskus ausgemalt. Ganz naiv schildert der Maler die Realität seiner eigenen Zeit um 1700, von den modischen Kleidern der Damen bis zur Ausstattung der Räume.

▪ Kirche Di–So 7.30–18.30 Uhr, Kreuzgang nur auf Anfrage.

Auf den Haunold: Direkt vor Innichens Haustür liegt der wenig auffallende bewaldete Berg. Im Sommer sind hier zahlreiche einfache Wanderungen möglich. Vor allem bei Kindern und Jugendlichen beliebt ist die 1,7 km lange, bis 40 % geneigte Funbob-Sommerrodelbahn, die an der Bergstation beginnt und auf der man bis zu 36 km/h erreichen kann.

▪ **Bergbahn,** Sessellift Haunold Juni bis Mitte Okt. 9–17.30 Uhr, im Sommer bis 18.30 Uhr, Berg 17,50 €, Berg/Tal 26,50 €, Kinder 12,50/18,50 € (online günstiger), dreizinnen.com.

Für Kinder → S. 37.

Hütten **Riese Haunoldhütte,** große Almhütte an der Bergstation mit Spielplatz.

Mein Tipp **Jora Mountain Dining,** seit Markus Holzer das Zepter in der Hand hält, wurde nicht nur der Name der ehemaligen Jorahütte veredelt. Die Küche setzt auf regionale Produkte, meist in Bio-Qualität. Traditionelle und vegetarische Gerichte finden sich auf der Karte, die Nudelgerichte sind unbedingt zu empfehlen. Es gibt Events wie „Pasta on the rocks“ mit wechselnden Pasta-Kreationen (Do) und Gourmet-Abende (Sa), beide nur nach Reservierung. Mo Ruhetag. ✆ 335/6561256, jora.it. **€€€**

Basis-Infos

Information **Tourismusverein Innichen,** 39038 Innichen/San Candido, Pflegplatz 1, ✆ 0474/913149, innichen.it.

Verbindungen **Pkw:** einige seitliche Gratisparkplätze am Südende der Freisinger Straße. **Bahn:** Bhf. Innichen. **Bus:** Busbhf. an der Mantingerstraße (Westende des großen Parkplatzes an der P.-P.-Rainer-Straße, oberhalb der Draubrücke), einige Busse gehen auch vom Bahnhofsvorplatz ab! Gute bis sehr gute Direktverbindungen mit Bruneck, Brixen, Sexten.

Einkaufen Febr. bis Nov. 1x monatl. **Krämermarkt** von 8–14 Uhr am Pflegplatz oder am Parkplatz des Haunoldlifts. **Feinkost und Bistro Senfter,** Senfter Platzl 2/F, zum Metzger-Unternehmen Senfter gehörender Feinkostmarkt mit großem Wurst- und Fleischangebot (auch Öl, Wein etc.) sowie einem Café-Bistro. Infos unter zinsenfter.com.

Sennerei Drei Zinnen, Burgweg 1, im Verkaufsladen guter Innicher Bergkäse und andere Käsesorten.

Baden/Schwimmen Im modernen **Erlebnisbad Acquafun** mit lichtdurchfluteter Architektur und Wellnessbereich samt Beautyfarm (Heubäder, Massage etc.), Tageskarte Bad 12 €, Sauna 25 €. Gratisparkplatz an der Herzog-Tassilo-Straße, von dort 2 Min. M.-H.-Hueber-Str. 2, ✆ 0474/916200, acquafun.com.

Radfahren **Radverleih** und Werkstatt bei Papin Sport, Freisingerstr. 9, oder in der Filiale am Bahnhof, ✆ 0474/913450, papinsport.com. Verleih hochwertiger Bikes für alle Bereiche im bei Südtirol Rad an der Talstation in Vierschach, Schattenweg 2f, ✆ 0474/705320.

Wandern/Bergsteigen **Alpinschule Pustertal,** umfangreiches Sommer- und Winterprogramm, geführte Touren und Kurse, Bahnhofstr. 2, ✆ 0474/944660, alpinschule.com.

Wintersport **Ski & Snowboard Schule Innichen,** Kurse und Kinderbetreuung, Sextnerstr. 6A und Talstation Haunold, ✆ 348/3523 135, skibaranci.com. **Rodelbahn Haunold** (3 km), Rodelverleih an der Talstation.

Speziell für Kinder Großer **Kinderspielpark Burg** oberhalb des Sextnerbachtals, zu erreichen vom Parkhotel Sole Paradiso (Schilder, Markierung) oder über die Freisinger Straße (Querstraße zum Alten Markt) aus dem Ortszentrum.

Wenn's regnet, und nicht nur dann, ist **Dolo-Mythos** ein kindgerechter Platz. Die abwechslungsreiche Sammlung zu allen möglichen Themen, die mit den Dolomiten zu tun haben, ist beliebt bei Kindern (und ihren Eltern). Ganzjährig 8–19 Uhr geöffnet, Eintritt 10 €, Familien 25 €, Kinder 6 €, Peter-Paul-Rainer-Str. 11, ✆ 0474/913462, dolomythos.com.

Auch der **Funbob** von der Haunold-Bergstation ist vor allem etwas für die Kleinen, man saust auf Mini-Wägelchen auf einer Metalltrasse ins Tal hinunter. Ende Mai bis Mitte Okt., Erw. 16,50 €, Kinder 11,50 €. Juli bis Aug. am Mi **Funbob by night** bis 22 Uhr auf der erleuchteten Almwiese.

Riesenreich Haunold an der Bergstation mit Hüpfburg, einem Zwergendorf mit kleinen Hütten, Wasserbecken in Form von Fußabdrücken, Tubingbahn und einem Geschicklichkeitsparcour. 2 km Rundweg mit Stationen. Im Sommer am Fr kindgerechte Führungen durch das Riesenreich (2 Std.).

Riese-Haunold-Kinderfeste mit Bastelwerkstatt, Gruppenspielen und Hüpfburg. Sie finden von Juli bis Anf. Sept. freitags an der Bergstation der Haunold-Bahn statt.

Und – nicht zu vergessen – **Acquafun** (→ Baden)!

Das Pustertal → Karte S. 22/23

Übernachten

Ferienwohnungen bestimmen das Angebot in Innichen, die Liste scheint unerschöpflich zu sein ... jedoch nicht, „wenn die Italiener kommen" – in der ersten Augusthälfte ist der Ort ausgebucht!

******S Posthotel,** im Zentrum gelegener, freundlicher Familienbetrieb, gepflegt und gediegen, mit unterschiedlich gestalteten Zimmern – von klassisch gediegen bis stylisch. Edel designter Wellnessbereich mit Hallenbad, Sauna, Dampfbad und Beautybehandlungen. Das Angebot des Hotels richtet sich an „Erwachsene über 14 Jahre" – für Familien mit Kindern gibt es das Almdorf Post Alpina mit Chalets in Vierschach. Benediktiner Str. 10c, ✆ 0474/913 133, posthotel.it. **€€€€**

****** Joas,** direkt am Skigebiet in Vierschach gelegenes, lichtes, filigran wirkendes Naturhotel und B & B mit viel hellem Holz innen und außen, Sauna, Dampfbad. Behagliche, geräumige Zimmer und Apt. (2–4 Pers.). Helmweg 22, ✆ 0474/910013, joas.it. **€€€**

Mein Tipp ****** Leitlhof,** Natur- und Wanderhotel, das seinen Energiebedarf zu 100 % durch ein eigenes Hackschnitzelkraftwerk in Kombination mit Solarzellen deckt. Geführte Wanderungen, Radtouren, Sonnenaufgangstour auf den Strudelkopf. Herausragende Küche, die lokale Speisen mit mediterranen Einflüssen verbindet, ein Gedicht ist das am Tisch zubereitete Tatar vom Angusrind (die Rinder leben auf dem eigenen Mühlhof in der Nähe). Aufmerksamer, freundlicher Service. Moderne und gemütliche Zimmer und Suiten mit viel Holz und großen Bädern. Wellnessbereich mit Innen- und Außenpool und mehreren Innen- und Außensaunen mit Tauchbecken, Fitnessraum, Ruheraum. Panoramaterrasse mit Blick auf Innichen und den Haunold – was will man mehr? Pustertalerstr. 29, ✆ 0474/913440, leitlhof.com. **€€€€**

***** Burghügel,** angenehmes Garni, zentral und dennoch ruhige Lage. Ansprechende, moderne Zimmer und neue Apartments mit Balkon, auch größere, für Familien geeignete Zimmer, außerdem Apt. (2–4 Pers.). Freisingerstr. 6a, ✆ 0474/913604, burghuegel.it. **€€–€€€**

Essen & Trinken

Wiesthaler, das Lokal mit seiner schönen Stube geht auf das Jahr 1550 zurück, es gibt feine Nudel- und Knödelgerichte, Gerichte vom lokalen Lamm, gute Mehlspeisen. Die Stube

Der Pustertal-Radweg zwischen Mühlbach und Lienz (Osttirol)

Der grenzüberschreitende Radweg von Toblach nach Lienz ist im Sommer ungemein populär. Ganze italienische Großfamilien radeln mit Leihrädern die Drau entlang und lassen sich von der ÖBB, die dafür bis zu vier Radwaggons an ihre Züge hängt, abends wieder nach Innichen oder Toblach zurücktransportieren. Dieser Radweg ist nur die östlichste Teilstrecke (44 km) eines großen Radweges, der das gesamte Pustertal erschließt, von Franzensfeste im Westen, wo er vom Eisacktalradweg abzweigt, bis zur Europäischen Hauptwasserscheide bei Toblach (hier fließt die Rienz nach Westen zur Etsch und zur Adria und die Drau nach Osten zur Donau und zum Schwarzen Meer) und über die Grenze nach Lienz, wo das Pustertal endet. Der Weg ist komplett ausgebaut, sehr gut beschildert und in großen Teilen asphaltiert, also leicht zu fahren. Da der Radweg durch ein Tal mit Bahn- und Buslinie führt, ist ein Abbruch der Tour überall möglich. An mehreren Orten gibt es Radverleihe, das Rad kann man gegen einen kleinen Aufpreis auch an einem anderen Ort zurückgeben, muss also nicht unbedingt an den Ausgangspunkt zurück. Das Überblicksfaltblatt „Pustertaler Fahrradweg" mit Streckenverlauf und Rent-a-bike-Orten sowie Adressen ist kostenlos erhältlich bei allen Fremdenverkehrsvereinen.

Streckenlänge/Radverleih: Die Strecke Innichen – Lienz beträgt 44 km, die von Innichen nach Mühlbach 61 km; Radverleih z. B. bei Papin Sport in Innichen und an der Talstation Vierschach (→ S. 40).

liegt etwas unterhalb des Straßenniveaus (kein Wunder beim Alter des Hauses). Di Ruhetag, Herzog-Tassilo-Str. 3, ✆ 0474/913103, wiesthaler.com. **€€**

Uhrmachers Weinstube, nicht zu übersehen der Holzbohleneingang mit zwei Weinfassböden, drinnen Weinkost und Tiroler Brotzeiten, große, ruhige Terrasse zur Straße (Fußgängerzone) und nach hinten. Mo–Sa 10.30–23 Uhr, So 9.30–20 Uhr, Mi Ruhetag, Färberstr. 1, enoro.it.

Bistro Senfter, Bistro der Metzgerei Senfter mit leckeren warmen und kalten Gerichten und hausgemachten Mehlspeisen. Senfter Platzl 2/F, ✆ 0474/913257, zinsenfter.com.

Sexten

Das Bergführer- und Bergsteigerdorf Sexten liegt in einem breiten grünen Tal zwischen den sanfteren Hängen der Karnischen Alpen und den schroffen Felswänden der Sextener Dolomiten. Von Sexten aus und vom etwas höher im Tal gelegenen *Moos* zieht sich das **Fischleintal** mitten hinein in die Dolomiten unter den Fuß des Zwölferkofels und der Drei Zinnen. Die Sextner Bergführerdynastie Innerkofler führte Bergsteiger aus England, Deutschland und den österreichischen Kronländern auf die Gipfel dieser Berge. Im Ersten Weltkrieg wurde Sexten zerstört – die italienische Artillerie stand am nahen

Kreuzbergpass. Die heutigen Bauten sind meist weniger als 50 Jahre alt und häufig im Tirolerstil erbaut. Der Ort hat sich in den letzten Jahren zu einer hochpreisigen Destination entwickelt, den Drei Zinnen und der grandiosen Felslandschaft sei Dank!

Sehenswertes/Ausflüge

Ins Fischleintal: Am schönsten erreicht man das tief in die Dolomiten führende Fischleintal mit seinem Blick auf den Gipfelkranz der sog. **Sextener Sonnenuhr** über locker von alten Lärchen bestandene Heuwiesen am linken Talhang (also gegenüber von Moos und Sexten). Am Stand der Sonne über den Gipfeln von Elfer-, Zwölfer- und Einserkofel konnte man in Sexten die jeweilige Uhrzeit ablesen. Beim Hotel Dolomiten herrliche Aussicht auf die Sonnenuhr, bis zur Talschlusshütte noch Staubsträßchen, ab dort Wanderwege (→ Wanderung 2, S. 291).

Im Sommer gibt's eine **Pferdekutsche** (Liniendienst) vom Dolomitenhof zur Talschlusshütte im Fischleinboden, im Winter **Pferdeschlittenfahrten** (Infos beim Reitstall Tschurtschenthaler, s. o.).

Am Ende der Straße gebührenpflichtiger Parkplatz, 1 €/Std., 6 €/Tag.

Talschlusshütte, nicht nur die Lage und der Rundumblick sind sensationell, auch das Essen schmeckt hervorragend, besonders nach der anstrengenden Tour zu den Drei Zinnen. Nächtigen kann man in gemütlichen 4-, 6- und 10-Bett-Zimmern. Geöffnet Mitte Mai bis Okt. sowie Weihnachten bis Ostern. In der NS Do Ruhetag. Fischleintalstr. 41, ✆ 0474/710606, talschlusshuette.com. **€€**

Die winzige **Büllelejochhütte,** geführt von der sympathischen Familie Rogger aus Sexten, ist ein großartiger Standort auf 2528 m für eine Übernachtung im Gebirge. Tiroler Kost zum Abendessen, dann vom Büllelejoch aus Sonnenuntergang mit den Drei Zinnen, endlich über die Leiter in den Schlafraum mit nur 15 Plätzen. Daniel Rogger, der Sohn der Wirtsleute, ist Bergführer. ✆ 337/451517, rifugiopiandicengia.it. **€€€**

Die Sextener Rotwand: Von *Bad Moos* am Eingang des Fischleintals führt eine moderne Kabinenbahn auf die Rotwandwiesen. Toller Ausblick, mehrere Wanderwege (großer Plan an Tal- wie

Rudihütte über Sexten an den Rotwandwiesen

Das Pustertal → Karte S. 22/23

Bergstation), schöner Familienrundweg, Skiabfahrt. Wer weiter nach oben will, hat Pech, wenn er nicht mit versicherten Klettersteigen vertraut und entsprechend ausgerüstet ist.

Kabinenbahn Rotwand Juni bis Mitte Okt. 8.30–17.30 Uhr, im Sommer ab 8 Uhr, einfach 22 €, Berg/Tal 29 €, Kinder 15,50/19,50 € (online billiger); dreizinnen.com.

Rotwandwiesenhütte, 1924 m, in der Nähe der Bergstation Rotwand, Tiroler Küche, einfache Zimmer und Lager, Juni bis Mitte Okt. und in der Wintersaison, in NS Mi Ruhetag, ✆ 0474/710651, rotwandwiesenhuette.it.

Rudihütte, sympathisches Restaurant auf 1950 m, neben der Bergstation der Rotwandbahn. Hier wird gute Südtiroler Küche serviert, hausgemachte Mehlspeisen, Knödel und Pasta. ✆ 0474/710436, rudihuette.it.

Am Kreuzbergpass (Passo Montecroce Comelico): Von Moos erreicht man den Kreuzbergpass (1636 m), der die Verbindung ins Cadore darstellt, mit dem Auto in wenigen Minuten (im Sommer Busverbindung bis zum Pass, keine Verbindung auf der anderen Seite!). Wanderwege auf beiden Seiten, am Pass ein sehr gutes Hotel, im Winter Schlepplifte und Skibus zum Helm-Skigebiet. Landschaftlich äußerst eindrucksvoll ist die Wanderung zum **Rifugio Berti al Popera** (1950 m, Weg 124, beginnt am Parkplatz beim Hotel, hin 2:30 Std., zurück 1:30 Std.). Vom Rifugio aus sieht man Sextner Rotwand und Elfer von der ungewohnten Südostseite, was nicht minder eindrucksvoll ist.

Auf der Nordseite ist die **Coltrondo Alm** ein beliebtes Ziel. Sie ist eine echte Alm mit Jausenstation und wird bewirtschaftet von der Familie Mair. Man genießt lokale Bergbauernküche mit Pressknödel, Polenta mit geschmolzenem Almkäse, Apfelstrudel und Honig aus eigener Imkerei. 1915–1917 wurde in engster Umgebung der Hütte der Grabenkampf zwischen Österreichern (unter Beteiligung deutscher Truppen) und Italienern ausgetragen. Zur Coltrondo Alm nimmt man den Fußweg 149 ab ca. 1,2 km nach dem Kreuzbergpass in Richtung Auronzo (ca. 300 m Höhenunterschied, ca. 2 Std., zurück 1:30 Std.) oder benutzt das Fahrsträßchen, das nach etwa weiteren 5 km links abbiegt.

Rifugio Berti al Popera, 1950 m, CAI, 16 Betten, 32 Lager geöffnet Ende Juni bis Ende Sept., ✆ 0435/67155, rifugioberti.it.

Coltrondo Alm (1880 m), bewirtschaftet von Juni bis Mitte Okt. sowie von Weihnachten bis Ostern, auf den Tisch kommt, was der Hof hergibt. ✆ 333/6882880, malgacoltrondo.it. Zu erreichen auf dem Weg 149 ca. 1,2 km nach dem Kreuzbergpass (in Richtung Auronzo), ca. 300 m Höhenunterschied, ca. 2 Std., zurück 1:30 Std.

Der Helm: Die *Karnischen Alpen* ziehen sich von Sexten bis Tarvisio, wobei sie immer die österreichisch-italienische Grenze bilden. Nur der äußerste Westen mit dem Helm fällt in den Bereich dieses Buchs. Drei Seilbahnen führen auf die Almen unter dem aussichtsreichen Gipfel (mit verfallener Hütte), eine von Vierschach/Innichen zum Helm, eine von Sexten aus zum Helm und die „Drei-Zinnen-Bahn" hinter Moos zum Stiergarten. Im Sommer 2024 soll am Helm das „MMM Roca" (*roca* = Fels auf Ladinisch) eröffnet werden, das siebte Museum von Reinhold Messner und das sechste in Südtirol. Es findet in der alten Bergstation der Seilbahn Platz, die futuristisch umgestaltet wurde. Thema wird das Klettern am Fels sein. Näheres unter messner-mountain-museum.it.

Bergbahnen **Kabinenbahn Drei Zinnen** (Stiergarten) Juni bis Okt. 8.30–17.30 Uhr, **Seilbahn Sexten–Helm** und **Kabinenbahn Vierschach–Helm** jeweils Juni bis Okt. 8.30–17.30, ab Mitte Okt. 9–16.30 Uhr. Für alle drei Bahnen gelten folgende Preise: einfach 22 €, Berg/Tal 29 €, Kinder 15,50/19,50 € (online billiger). Infos unter dreizinnen.com.

Kinder **Olperls Bergwelt,** schön angelegter Erlebnispark in Form eines Rundwanderweges an der Bergstation Helm (1,5 km) mit Hüttendorf samt Ziegengehege, Aussichtsturm, Kletterstationen, Infotafeln und Barfußweg, kein Eintritt, dreizinnen.com.

Essen **Helm-Restaurant,** geräumiges Restaurant der gleichnamigen Bergstation mit großer

Der Naturpark Sextener Dolomiten

Dieser Naturpark umfasst eines der großartigsten Gebiete der gesamten Dolomiten: die *Sonnenuhr* um Sexten zwischen *Rotwand, Elferkofel, Zwölferkofel* (3094 m) und *Einserkofel*, die isolierte *Dreischusterspitze* (3145 m), die weltberühmten *Drei Zinnen* (Große Zinne 2999 m) und das *Haunold-Massiv* (2966 m). Vom Kreuzbergpass bis zum Dürrensee folgt die Grenze des Naturparks der Provinzgrenze zum Bellunese. Wilde Felswände wie die des Zwölfers und der Drei Zinnen und zerrissene Felstürme wie auf der Rotwand sind nur die eine Seite dieser Gebirgslandschaft. Die andere ist die Almlandschaft zwischen den Drei Zinnen und dem Toblingerknoten sowie zwischen Toblingerknoten und dem Büllelejoch: kleine Seen, grüne Weiden, Almrausch. Der Naturpark ist um den Sextener Fischleinboden und die Drei Zinnen gut durch Wege und mit Hütten erschlossen, dagegen blieb der nordwestliche Zug zwischen Bullköpfen und Neunerkofel ein einsames Gebirgsland. Im Ersten Weltkrieg verlief die Front quer durch dieses Gebirge über Monte Piana, Toblingerknoten nördlich der Drei Zinnen, Büllelejochhütte und oberen Fischleinboden sowie Rotwand. Direkt neben den Steigen haben sich Stellungs- und Unterkunftsreste bis heute erhalten. Viele seltene Dolomitenpflanzen kommen hier vor wie der *Rhätische Mohn*, dessen leuchtend gelbe bis orangefarbene Blüten z. B. die Schutthänge zwischen Büllelejoch und Dreizinnenhütte zieren.

- Infos gibt es im **Naturparkhaus** im Kulturzentrum Grandhotel Toblach (→ S. 23).

Terrasse und fantastischem Ausblick, für Massen an Skifahrern im Winter ausgelegt.

Zin Fux, an der Talstation der Drei-Zinnen-Bahn gelegene, neu errichtete Hütte, gemütliche, entspannte Atmosphäre drinnen und draußen auf der großzügigen Terrasse. Regionale und internationale Küche, im Sommer Mo Ruhetag. Kinderspielplatz und Lama-Gehege. Infos unter zinfux.com.

Basis-Infos

Information **Tourismusverein Sexten,** Sexten/Sesto, Dolomitenstr. 45, ✆ 0474/710 310, dreizinnen.info und sexten.it.

Verbindungen **Pkw:** großer Parkplatz an der Talstation der Helmbahn. **Bus:** gute Anbindung an Innichen und Toblach; zum Kreuzbergpass mittlerweile ebenfalls ganzjährig (vom Pass gibt es keine Busverbindung ins Belluneser Cadore).

Veranstaltungen Der **Drei Zinnen Alpine Run** in der ersten Septemberhälfte wird von einem dichten Rahmenprogramm begleitet. Der Berglauf selbst führt über 17 km und 1.333 Höhenmeter von Sexten über Zsigmondy- und Büllelejochhütte und Paternsattel zur Dreizinnenhütte. Startgeld 75–95 €. Es gibt diverse Varianten für Kinder („Mini Alpine Run"). Im März wird ein Skitouren-Rennen ausgerichtet, der **Drei Zinnen Ski Raid,** 17,8 km, 1625 Höhenmeter. Online-Anmeldung auf dreizinnenlauf.com.

Einkaufen **Wochenmarkt** am 1. und 3. Do im Monat (ab 10. Febr. bis Ostern sowie von Juni bis Sept.) gegenüber dem Hotel Waldheim. **Bauern- und Handwerkermarkt** mit Musik und Kulinarik am 15. Aug. **Kunsthandwerkermarkt** jeweils Anfang Juli und Anfang Aug. Die **Hofkäserei Unter-Oltl** verkauft Schafs-, Ziegen- und Kuhkäse, ebenso Speck, Helmweg 11 b, Signaue. In dem Geschäft der **Käserei Sexten** wird Kuhmilchkäse, Butter und Milch angeboten, Schießstandweg 6, kaeserei-sexten.com.

Klettern Entweder gleich in den Sextener Dolomiten oder im Klettergarten am Dürrensee im Höhlensteintal (→ S. 32). Die **Kletterhalle Dolomit Arena** in der Sportanlage Sport Sexten ist 16 m hoch, hat 1800 m² Kletterfläche und 400 m² Boulderfläche.

Paragliding Tandemflüge über **Tandemfly** Sexten, tandemfly.eu.

Radfahren/Mountainbiken **Verleih** von MTBs und E-Bikes bei der Bike-Academy Sextner Dolomiten, Dolomitenstr. 45 (an der Talstation der Helmbahn). Die **Bikeschule** bietet auch geführte Touren und Fahrtechniktraining an. Infos unter bikeacademy-sextnerdolomiten.com.

Reiten **Reitstall Tschurtschenthaler,** Fischleintalstr. 22, ✆ 348/3482218, reitstall.bz.it.

Häuser von Sexten vor dem Fischleintal

Sportzentrum **Sport Sexten,** Waldheimweg 23, bietet eine ganze Reihe Sportmöglichkeiten von Beachvolleyball bis Tennis, auch Schwimmhalle.

Wandern/Bergsteigen **Alpinschule Sexten,** Dolomitenstr. 45, ☎ 0474/714156, alpinschule-dreizinnen.com.

Wintersport **Skischule Sextener Dolomiten,** Dolomitenstr. 45, an der Talstation der Helmbahn, ☎ 0474/714156. **Rodelbahn** von der Bergstation der Rotwandseilbahn nach Bad Moos (5 km). **Eislauf** und **Eisstockschießen** im Sport Sexten (s. o.).

Wandern in den Sextner Dolomiten

Das Pustertal → Karte S. 22/23

Übernachten/Essen & Trinken

In Sexten **Grüne Laterne,** beliebtes gutbürgerliches Restaurant mit einheimischer und internationaler Küche, gute Pasta-Gerichte, großer Garten, auch Café-Konditorei. Gerichte auch zum Mitnehmen. Auch gemütliche Zimmer für 1–3 Pers. und Apt. für 1–6 Pers., Mi Ruhetag. Waldheimweg 10, ☎ 0474/710140, gruenelaterne.it. **€€** (Übernachten), **€€–€€€** (Essen)

Waldruhe, bäuerliches Gasthaus hoch über dem Ort und mit fantastischer Aussicht. Zwei Stuben, eine davon in Zirbenholz. Deftige Küche, Speck, Schlutzkrapfen. Man erreicht den Hof vom Dorfzentrum über Kirchweg/Kaiserstraße oder zu Fuß in 1 Std. über den Besinnungsweg. Nur mit Reservierung! Außerberg 4, ☎ 0474/710512, gasthof-waldruhe.com. **€€**

In Moos und im Fischleintal ****** S Bad Moos,** Wellnesshotel am Beginn des Fischleintals bei der Talstation der Rotwandbahn. Das Hotel nutzt das heilkräftige Wasser der Schwefelquelle am Fuß der Rotwand, Voll- und Teilbäder, Kneippgüsse, dazu Hallenbad, Saunen, abends Südtiroler Weinstube, Pianobar und gute Zimmer mit allem Komfort und Ausblick, edle Suiten im Haupthaus. Fischleintalstr. 27, ☎ 0474/713100, badmoos.it. **€€€€**

****** Dolomitenhof,** wo die öffentliche Straße ins Fischleintal endet, steht der Dolomitenhof mit schön in Zirbenholz renovierten Zimmern, das Badehaus mit Panoramahallenbad und Wellnessbereich im Garten, etwas abseits das dazugehörige, perfekt restauriert Gründerzeithotel Alte Post, in dem selbst die Möbel in den Zimmern noch Originale von 1907 sind. Der Dolomitenhof wurde 1904 vom berühmten Bergsteiger Sepp Innerkofler errichtet, die Familie leitet das Hotel noch heute. Fischleintalstr. 33, ☎ 0474/713000, dolomitenhof.com. **€€€€**

Schönfeld Naturapartments, Apartmenthaus der jungen Familie Happacher, moderne Zimmer mit alpinem Wohlfühlfaktor. 4 großzügige Apts., helle Räume, gute Bäder, tolles Naturholzambiente, Apt. (2–6 Pers.). Fischleintalstr. 14, ☎ 339/2543795, schoenfeld.it. **€€–€€€**

Mein Tipp ****** Caravanpark Sexten,** die Premium-Adresse unter den Dolomitenplätzen: 3-ha-Gelände für bis zu 600 Gäste, tolle Lage zwischen Sextnerbach und Straße im Grünen, z. T. Rasenplätze. Sehr gute Sanitäranlagen, Spa und Wellness vom Feinsten, mehrere Restaurants. Das **Hotel Patzenfeld** mit Zimmern, Apartments und einem hervorragenden Restaurant ist angeschlossen. Gemütliche und luxuriös ausgestattete Baumhäuser mit eigener Sauna und diversen Paketangeboten. Ganzjährig geöffnet, Stellplatz und 2 Pers. 52–80 €, Eintritt in die Saunawelt 26 €/3 Std. St.-Josef-Str. 54, ☎ 0474/710444, caravanparksexten.it. **€€€€** (Hotel Patzenfeld)

Restaurant-Pizzeria Martina, in der Pseudo-Almhütte befindet sich eine elegante Pizzeria mit schönem Holzofen. Außer guter Pizza (auch mit Büffelmozzarella) gibt es auch Pastagerichte. Mo Ruhetag, St.-Josef-Str. 17, ☎ 0474/710101.

Bistro Biwak 12, zum Garni Reider gehörendes Bistro. Angeboten werden Wraps, Burger, Bowls (vegetarische gibt es auch), Tapas und „Josefs“ (Fleischgerichte). Di Ruhetag, St.-Josef-Str. 27, ☎ 0474/710404, reider.cc.

Wanderung 2: Vom Fischleinboden zu den Drei Zinnen → S. 291
Einfache, aber lange Bergwanderung auf guten Wegen

Wanderung 3: Auf den Helm und zur Sillianerhütte → S. 292
Leichte Bergwanderung auf dem Karnischen Hauptkamm

Weiter Richtung Bruneck

Welsberg

Welsberg ist ein hübscher, geschlossener Ort, fast städtisch anmutend. Er blickt nach Süden auf die Dolomiten, sein Hinterland ist jedoch das aus den Zentralalpen hier endende Gsieser Tal. Über der Talmündung des Piedingbachs, der aus dem Gsieser Tal kommt, liegt die hervorragend erhaltene *Burg Welsperg*.

Sehenswertes/Ausflüge

Im Ort: Ein Bummel sollte zuerst zur *Pfarrkirche St. Magdalena* führen, sie besitzt Altarbilder des Barockmalers Paul Troger (1698–1762), der hier in Welsberg geboren wurde. Die Kirche ist ein barocker Neubau, die Troger-Bilder befinden sich auf dem Hauptaltar und den Nebenaltären. Ein großer *Bildstock* steht auf dem Platz nahe der Hauptstraße, seine Fresken stammen vom großen Michael Pacher, sie wurden leider bei einem Hochwasser 1882 fast völlig zerstört. Schöne Ansitze zeugen von der Bedeutung Welsbergs als Gerichtsort, so der *Ansitz Zellheim* an der Durchgangsstraße mit Erker, Doppelbogenfenster und prachtvoll geschmiedetem Gitter. Etwas außerhalb in Richtung Toblach und oberhalb auf einem Hügel liegt die *Rainkirche*, die heutige Friedhofskirche. Ein schönes Netzgewölbe im Chor und Fresken aus der Gotik zieren die ansonsten barock ausgeschmückte Kirche.

Schloss Welsperg: Über die Schlossstraße gelangt man vom Ort zum Schloss Welsperg. Die älteste Burganlage des oberen Pustertals zwischen Bruneck und Lienz hat noch den alten, sehr hohen Bergfried (1126–1140). Damals war die Burg Sitz des Geschlechts der Herren von Welsberg (spätere Grafen und Reichsfürsten), die von hier aus einen großen Besitz verwalteten. Die später umgebaute und erweiterte Burg ist 1765 teilweise abgebrannt und wurde erst vor einigen Jahren restauriert.

▪ Eintritt 5 €, erm. 3 € (Führungen nur auf Anfrage), im Mai Fr/Sa 10–14 Uhr, im Juni Do/Fr 10–14 Uhr, im Juli und August tgl. (außer Sa) 10–16 Uhr, So 14–18 Uhr, im Sept./Okt. nur Do 13.30–16 Uhr, außerdem Öffnung während der Schlosskonzerte. Infos unter schlosswelsperg.com.

Taisten: Zwei Kirchen, eine Kapelle und ein Bildstock geben in Taisten, das wie Welsberg nach Süden und auf die Dolomiten schaut, eine Einführung in die Kunstgeschichte von der Romanik bis zum Barock: die ursprünglich romanische Georgskirche, die barocke Pfarrkirche, die Friedhofskapelle und der gotische Bildstock an der Durchgangsstraße (Bozner Malerschule ca. 1460). Simon von Taisten (um 1460–1530), ein bedeutender Künstler des Spätmittelalters, stammt aus dem Ort und hat in der *Jakobskapelle* am Friedhof Fresken hinterlassen. Die *barocke Pfarrkirche* wurde von Franz Anton Zeiller ausgemalt, der auch die Pfarrkirche in Toblach mit seinen Fresken verschönerte. Auch Michael Pacher ist vertreten mit der Madonna im Schlussstein des Gewölbes der an die Pfarrkirche angebauten gotischen *Welsbergkapelle*. Die zweite Kirche ist etwas abseits die *Georgskirche* mit dem großen Christophorusfresko und weiteren Fresken von Simon von Taisten und Leonhard von Brixen.

Praktische Infos

Information **Tourismusgenossenschaft Gsieser Tal – Welsberg – Taisten,** 39030 Gsieser Tal/Valle di Casies, St. Martin 10a, ✆ 0474/978436, gsieser-tal.com.

Verbindungen **Bus:** Welsberg liegt an der Buslinie Bruneck – Innichen mit zahlreichen Fahrten; nach Gsies (St. Magdalena) stündl. ab Welsberg, kein Sonntagsdienst! **Bahn:** Bhf. Welsberg.

Veranstaltungen Mitte Sept. **Gsieser Almhüttenfest** auf mehreren Almen des Gsieser Tals. Blasmusik und Alphornbläser, dann Wanderung von Almhütte zu Almhütte (Gesamtgehzeit 1:30–2 Std.) mit Verkostung kulinarischer Spezialitäten, wobei in jeder Hütte ein spezielles Gericht serviert wird, dazu überall Musik.

Am 3. So im Febr. **Internationaler Gsieser-Tal-Lauf/Skimarathon,** Volkslauf und Langlaufwettbewerb über 42/30 km. Mehr auf valcasies.com.

Einkaufen **AlpenHigh Seppila,** Bergschnäpse, Gin und Edelliköre, Verkauf ab Hof nach tel. Voranmeldung und in zahlreichen Geschäften der Region, umfangreiches Angebot im Online-Shop. Haspaberg 30, Taisten, ✆ 348/1905518, seppila.com.

Regiohof, hier werden u. a. Marmeladen, Chutneys, Senf und Kräutertee produziert, Sirup, Säfte, Brände und Liköre sind ebenfalls im Angebot. Bauernkuchl im Hofschank tgl. außer mittwochs geöffnet. P.-Haspinger-Str. 22c, St. Magdalena, ✆ 0474/948562, regiohof.com.

Waldsamerhof, angeblich kleinste Schaukäserei Südtirols, im Hofladen (Mi und So geschl.). Verkauf von Kuhkäse, Butter und Joghurt. Madleitn 5, St. Magdalena, waldsamerhof.it.

Baden/Schwimmen Beheiztes Freibad in Welsberg.

Radfahren **Papin Rentabike,** Verleih und Werkstatt, Bahnhofstr. 13, Welsberg, ✆ 0474/913450. **E-Bike-Ladestation** beim Tourismusbüro Welsberg.

Wintersport Schlepplifte in Taisten, St. Magdalena und Pichl, skilift-gsies.com. Kostenloser Zug ab Welsberg zu den Skigebieten Kronplatz und Helm. 42 km **Langlaufloipe** im Gsieser Tal. Schöne Schneeschuhwanderungen möglich. **Eislaufen** in der Sportzone Pichl (Schlittschuhverleih). **Rodeln** z. B. ab Taistner Alm, dort auch Rodelverleih, mehrere schöne Bahnen im hinteren Tal bei St. Magdalena, z. B. ab Kradorfer Alm.

Übernachten in Welsberg ***** Hell,** Traditionsgasthaus und Hotel in der Ortsmitte von Welsberg, familiär und sehr umsichtig geführt, Zimmer mit Balkon. Im Haus das **Restaurant Hell** mit kleiner Terrasse, gediegener Südtiroler Küche, wunderbar frisch zubereiteten Speisen, das Fleisch kommt aus der eigenen

Welsberg – die Rainkirche steht etwas abseits

Das Pustertal → Karte S. 22/23

Metzgerei nebenan. Hauptplatz 3, ✆ 0474/944 126, hotelhell.info. **€€–€€€**

***** Gailerhof,** wer Ruhe und Natur sucht, ist hier richtig. Ansprechender Neubau und B&B in aussichtsreicher Lage, schöne, gemütliche Zimmer und großzügige Apartments. Sehr herzlicher Service. Apt. für 2–4 Pers. Schießstandweg 9, ✆ 0474/944238, gailerhof.com. **€€€–€€€€**

Übernachten in Taisten **** Lienharterhof,** Familienpension in Tirolerhof (altes Wirtschaftsgebäude nebenan) über dem Ort, toller Ausblick, viel Grün. Bergstr. 38, ✆ 0474/950258, lienharterhof.com. **€€–€€€**

Olang

Olang besteht aus vier Dörfern an der Ostseite des Kronplatzes, zu dem es zwei direkte Liftverbindungen hat: *Nieder-, Mitter-, Oberolang* und *Geiselsberg*. Die grüne Mulde des verstreuten Dorfes wird im Westen von den Waldhängen des Kronplatzes begrenzt, im Süden schauen die scharfen Grate der Dolomiten herunter, darunter Piz da Peres (2507 m) und Maurerkopf (2567 m). In Olang zu wohnen ist eine gute Idee, wenn man im Sommer wandern, aber doch nicht weit vom Schuss sein will (Bruneck ist um die Ecke) oder im Winter seine Ruhe haben will, obwohl man sich direkt am Skizirkus Kronplatz befindet. Olang kommt diesem Bedürfnis mit zahlreichen Hotels nach. Zusätzliches Plus: In den Bergen oberhalb des Ortes gibt es mehr als ein Dutzend bewirtschafteter Almhütten und Jausenstationen, darunter die wunderschön gelegene *Oberegger Alm* in einem früheren Wohnhaus!

Mit dem Gesundheits-, Naturkraft- und Wellnessboom der Gegenwart haben auch alte Bauernbadl wieder eine Chance. *Bad Bergfall* ist nicht nur ein seit dem Spätmittelalter hochgeschätztes *Schwefelbadl*, sondern hat auch einen römischen Vorgänger. Man hat die Reste eines Beckens und der heilkundigen Götter und Nymphen gefunden und badet heute mit der Gewissheit, dass gut sein muss für Gicht und Ischias, Haut- und Lungenkrankheiten, was Kranken in 2000 Jahren Heilung oder doch Linderung gebracht hat.

Auf den Furkelpass: Von Olang führt die wenig befahrene SP 43 auf den Furkelpass (1789 m), den Einschnitt zwischen dem Kronplatz und dem Piz da Peres, der bereits zum Naturpark Fanes-Sennes-Prags gehört. Von hier fährt eine Umlaufbahn (Ruis) auf den Kronplatz, es gibt zahlreiche Wandermöglichkeiten und mehrere Hütten. Ein großer Speichersee für den Kunstschnee im Winter beeinträchtigt optisch die schöne Umgebung. Auf der anderen Seite geht es recht kurvig hinunter nach St. Vigil/Enneberg. Der Furkelpass ist ein beliebter Spot für Radsportbegeisterte, weil er abseits der Hauptverkehrsrouten liegt.

Information **Tourismusverein Olang,** Olang/Valdaora, Florianiplatz 19, ✆ 0474/496 277, olang.com.

Baden/Schwimmen Freibad beim Zugbahnhof in Niederolang.

Radfahren/Klettern/Wintersport Rent and Go, Gassl 21, ✆ 0474/592111, sportrent.it, betreibt von Mai bis Okt. einen **Bike-Shuttle** in die Nebentäler des Pustertals oder an irgendeinen Punkt am Radweg, **Radverleih** im Sommer, im Winter **Skiverleih.** Außerdem im Programm: Canyoning, Rafting, Paragliding. **Boulderhalle** am alten Bahnhof, tgl. 9–22 Uhr.

Veranstaltungen **Olanger Standlschmaus,** 11 Gaststätten breiten an insgesamt 3 Mittwochen im Juli/Aug. ihr Angebot auf langen Tischen aus.

Übernachten/Essen ******* Bärenhotel,** Furkelstr. 11, aussichtsreich gelegenes Familienhotel. Wellnessbereich mit Hallenbad, Sauna und Massage. Zimmer in 2 Kategorien, die mit Glastüren zum Balkon mit Ausblick sind die schöneren. Und der Name? Lassen Sie sich's erzählen! ✆ 0474/592001, baerenhotel.com. **€€€€**

**** Trattes,** Furkelstr. 24, einfacher Berggasthof und reiner Familienbetrieb zwischen Geiselsberg und dem Furkelpass abseits der Straße. Nicht nur die Lage besticht, v. a. lockt die Küche: absolut traditionelle Südtiroler Küche von den Schlutzkrapfen über die Knödel und Kasnocken bis hin zum Apfelstrudel, Menü ab 25 €. Restaurant Mi zu. ✆ 0474/592010, trattes.it. **€–€€**

Oberegger Alm, Zufahrtsstraße ab Geiselsberg oder zu Fuß (30 Min.), altes Haus mit Stube, hochgelobte Tiroler Küche nach alten Familienrezepten. Juni bis Sept. (Mo Ruhetag) und Dez. bis April. ✆ 347/5220122, obereggeralm.com.

Bruneck

Bruneck ist wahrlich einen Ausflug wert. Es lohnt sich, mit der Seilbahn auf den Kronplatz zu fahren, bevor man die Stadt erkundet. Von oben sieht man am besten die Kreuzung zweier wichtiger Talachsen.

Das alte Bruneck ist ein intaktes mittelalterliches Städtchen. Tore, alte Bürgerhäuser, eine Burg, Museen, Kirchen von der Gotik bis zum Barock. Hinzu kommen das faszinierende Volkskundemuseum im nahen Dietenheim, gute Gaststätten, Shopping, Theater – das bringt schon eine Menge Besucher in die Stadt. Abends ist die Spaziermeile außerhalb der alten Stadtmauern ein einziges Freiluftcafé.

Sehenswertes

Bummel durch die Altstadt: Die von Stadtmauern umgebene Altstadt betritt man durch das *Ursulinentor* neben der gotischen *Ursulinenkirche*. In der Längsachse der Altstadt, der *Stadtgasse*, ist die Reihe der alten Bürgerhäuser sehr eindrucksvoll. Oft besitzen sie einen falschen, kein Stockwerk abgrenzenden Treppengiebel. Einige der Gebäude haben noch die alten Aushängeschilder, die früher nicht nur den Gasthäusern vorbehalten waren, sondern von allen Gewerben verwendet wurden.

Durch das mit Fresken geschmückte *Unterrainertor* gelangt man auf den Platz *Oberragen*. Hier entstand außerhalb der mittelalterlichen Stadt die Vorstadt für Handwerker und Beamte. Barocke Mariensäule, am Platzende der

Warten auf Gäste im Stadtzentrum

Das Pustertal → Karte S. 22/23

Ansitz Sternbach, ein wuchtiges Stadthaus mit Erker und Turm von 1664. Die neuromanische *Pfarrkirche* von 1855 ist eine der ersten Kirchenbauten dieses Stils. In der Paul-von-Sternbach-Straße ist das *Ragenhaus* aus der Renaissance sehenswert (heute Musikschule).

Rainkirche: Kirche der hl. Katharina, auffallender Turm mit doppelstöckiger barocker Zwiebelhaube, Schiff barock.

Schloss Bruneck, MMM Ripa: Die gleichzeitig mit der Stadt 1250 gegründete Burg wurde aufwendig renoviert. Eindrucksvoller Burghof mit Wappen der Brixner Fürstbischöfe, Rundturm mit Wendeltreppe in die oberen Stockwerke. Säle aus Renaissance und Barock, besonders prächtig sind die Räume, die 1500 für Kaiser Maximilian eingerichtet wurden. Das von Reinhold Messner eröffnete MMM „Ripa" im Schloss ist dem Thema Bergvölker gewidmet. Ein Rundgang durch die fünf Kontinente der Erde zeigt die Entwicklungsstufen der Menschheit unter besonderer Berücksichtigung der Bergvölker. Immer wieder geben wechselnde Veranstaltungen tiefere Einblicke in die Lebensweise der Bergvölker. Ein Raum ist dem Südtiroler Dichterrebellen Norbert C. Kaser gewidmet und weitgehend mit Utensilien aus Kasers früherer Brunecker Schreibstube eingerichtet – ein schönes Stück „Cross-Culture" und endlich auch eine räumliche Würdigung des früh verstorbenen streitbaren Geistes.

Historisches Bruneck mit der schäumenden Rienz

■ 2. So im Mai bis 1. Nov. und Ende Dez. bis April tgl. (außer Di) 10–18 Uhr (im Winter ab 12 Uhr). Eintritt 14 €, erm. 12 €, Kinder 6 €. Museumsshop und kleines Café-Bistro für Besucher. ✆ 0474/410220, messner-mountain-museum.it.

Spitalkirche: Der barocke Bau (1761) hat eine attraktive Fassade und einen ansprechenden Innenraum. Ein Teil der Altäre besitzt noch die Originalausstattung mit dem damals so beliebten Stuckmarmor. Geht man vom Kapuzinerplatz vor der Kirche über die Dantestraße stadtauswärts, kommt man bei der nächsten Kreuzung zu einem alten *Bildstock*, dessen im unteren Teil abgebrochene Fresken durch ein Dach geschützt sind. Die Fresken wurden von Hans von Bruneck zu Anfang des 15. Jh. geschaffen.

Stadtmuseum: Alt und Neu ergänzen sich in dieser Galerie zu einem eigenständigen architektonischen Kunstwerk. Ausstellungsstücke von Michael und Friedrich Pacher, Albrecht Dürer, Simon und Veit von Taisten (Flügelaltar) sowie wechselnde Sonderausstellungen.

■ Ganzjährig Di und Do 10–16 Uhr, Sa 10–12 Uhr; Juli/Aug. Mi–Fr 10–17 Uhr, Sa 10–12 Uhr. Eintritt 3 €, erm. 2 €, ✆ 0474/553292, Bruder-Willram-Str. 1, eck.museum.

Stadtteil Reischach: Am Fuß des Kronplatzes liegt auf sonniger, aussichtsreicher Terrasse das Dorf Reischach, heute ein Teil Brunecks. Hier oben liegen die meisten Hotels, Pensionen und Residences. Außerdem gotische Kirche und wuchtiger *Ansitz Angerburg* (17. Jh.).

Basis-Infos

→ Karte S. 51

Information **Tourismusverein Bruneck Kronplatz,** 39031 Bruneck/Brunico, Rathausplatz 7, ✆ 0474/555722, bruneck.com.

Verbindungen **Pkw:** ausreichend Parkplätze, Parkgarage unter dem Rathausplatz, die Altstadt ist Fußgängerzone. **Bahn:** gute Verbindungen mit Brixen, Bozen, Hochpustertal. **Bus:** Busbahnhof nahe Bhf., Verbindungen in alle Täler des östlichen Südtirols. **Taxi:** Zentrale Südcab ✆ 0474/530530.

Krankenhaus Spitalstr. (an der Straße nach Sand in Taufers), ✆ 0474/581111.

Post Europastr., schräg gegenüber dem Busbahnhof.

Einkaufen **Bücher, CDs, DVDs** bei Athesia, Stadtgasse 4, auf 4 Stockwerken. Kunsthandweberei Franz, **gewebte Textilien** der Alpen und besonders Südtirols, Michael-Pacher-Str. 9, tessiturafranz.it. **Lodenkleidung** bei Moessmer, Walther-v.-d.-Vogelweide-Str. 6, moessmer.it. **Sport- und Outdoorbekleidung** im Montura Store Bruneck, Tieltpromenade 4. **Wein & Feinkost** Bernardi, Ladengeschäft in der Stadtgasse 36.

Pur Südtirol **5**, Brunecker Ableger der Ökomarktkette, die es auch in Bozen, Brixen, Meran und Lana gibt. Wein und Feinkost, Bio und regional. Herzog-Sigmund-Str. 4a, pursuedtirol.com.

Harpf, der Getränkeladen mit Hauptsitz am Nordring ist vor ein paar Jahren an den Ursprungsort in der Stadtgasse 53a zurückgekehrt. Im an sich schon sehenswerten Gewölbe werden Wein, Spirituosen und regionale Spezialitäten und Delikatessen angeboten. Zahlreiche Veranstaltungen finden hier statt. Infos unter harpf.it.

Bäckerei Knapp, seit 1914 bestehende Traditionsbäckerei in Gais mit Filiale in Bruneck, hervorragendes Schüttelbrot. Herzog-Sigmund-Str. 9b, knapp.bz.it.

Märkte: Wochenmarkt jeden Mi 8–13.30 Uhr gegenüber dem Busbahnhof. Der Stegener Markt am Marktplatz (3 Tage Ende Okt.) gilt als größter Markt Tirols. Im Advent Weihnachtsmarkt am Marktplatz.

Anf. Juni bis Ende Okt. jeden Fr 8–12.30 Uhr großer **Bauernmarkt** am Graben, sehr viele regionale Produkte: Breatl, Honig, Käse, Gemüse und Obst, Kräuter, Eier, Butter – viel Bioware. Die wichtigsten Anbieter sind im Faltblatt *Brunecker Bauernmarkt* zusammengefasst (im Tourismusbüro) und auf bauernmarkt-bruneck.it.

Baden/Schwimmen **Badesee Gais „Baggalocke",** am Radweg gelegen, mit großer Liegewiese und Bar. Städtisches **Freibad** mit Becken in Olympiamaßen, Juni bis Aug. tgl. 9.30–20 Uhr, Neurauthstr. 1. **Hallenbad Cron4** mit Wellness und Sauna in der Sportzone Reischach, Im Gelände 26, Hallenbad tgl. 10–22 Uhr, an best. Tagen auch früher, Sauna und Wellness tgl. 12–22 Uhr. ✆ 0474/410473, cron4.it.

Eislaufen **Intercable Arena Bruneck,** moderne Multifunktionsarena, ganzjährig geöffnet, An der Arena 5, hcpustertal.com; und **Eisschnelllaufring** in der Sportzone Reischach.

Golf 9-Loch-Anlage mit Driving Range neben der Sportzone Reischach, 18-Loch-Anlage geplant. Golfclub Pustertal ✆ 0474/412192, golfpustertal.com.

Klettern Kletterhalle des AVS mit 1350 m² Indoor-Kletterfläche und 450 m² Outdoor-Fläche. Dazu Boulderhalle und Bar, all das eingepackt in einen architektonisch ungewöhnlichen Bau. Tgl. ab 9 Uhr, Josef-Ferrari Str. 36, ✆ 0474/055055, heliks.it.

Paragliding Startpunkt am Kronplatz. Anbieter von Tandemflügen sind Kronfly, kronfly.it, und Tandemflights, tandemflights-kronplatz.com.

Radfahren Infos zu **geführten Touren** und Fahrtechniktraining bei Kronplatz-Bike, Kircheggweg 7, Dietenheim, kronplatzbike.it. Größter **Verleih** bei Papin Sport in der Marconistr. 7, Filialen im gesamten Pustertal, Vorteil: Man kann sein Rad gegen Gebühr in jeder Filiale wieder abgeben. Infos unter papinsport.com.

Reiten Reitanlage Lechnerhof, Reischach, ✆ 0474/548263, lechner-hof.com.

Wandern Der Tourismusverein veranstaltet geführte Wanderungen aller Schwierigkeitsklassen.

Wintersport → Auf dem Kronplatz, S. 55.

Kultur **Stadttheater** **3**, Dantestr. 21, ✆ 0474/772986, stadttheater.eu. **Kino Odeon** **15**, Waldheimweg 1, odeonkino.com.

Veranstaltungen **Locknfescht,** nasses Spektakel am Ende der Wintersaison (Ende

April), wenn die „Lockn" (Lacke/Wasserloch) auf dem Kronplatz schon teilweise aufgetaut ist. Zur Gaudi Popmusik und alles Mögliche vom Standl, auch zu essen und trinken. **Brunecker Sommerkonzerte** (Klassik) im Juli/Aug. Das **Südtirol Jazzfestival,** das von Ende Juni bis Anfang Juli in ganz Südtirol stattfindet, ist mit mehreren hochkarätigen Konzerten auch in und um Bruneck vertreten, Infos und Programm auf suedtiroljazzfestival.com.

Übernachten/Camping

→ Karte S. 51

In und um die Altstadt ****** Ander 1,** gutes Hotel etwas abseits, frisch gestaltete Zimmer meist mit Balkon. Sauna- und Fitnessbereich, Garten mit Pool und Liegewiese. Tauferer Str. 1, ✆ 0474/551469, hotelander.com **€€€–€€€€**

***** Goldene Rose 8,** Hotel mit integriertem Stadtturm aus dem 15. Jh. Helle Zimmer, beste Innenstadtlage, Studios mit Balkon und Rienzblick. Am Graben 36b, ✆ 0474/537780, hotelgoldenerose.com. **€€€–€€€€**

***** Blitzburg 14,** gutbürgerlicher Gasthof am Busbahnhof, ruhig, Zimmer ohne Allüren, die zeitgenössische Erweiterung hat den attraktiven gründerzeitlichen Bau um einen neuen Trakt vergrößert. Europastr. 10, ✆ 0474/555 723, blitzburg.it. **€€€–€€€€**

***** Haus Ragen 12,** familiengeführtes Haus in ruhigem Wohnviertel, Wohnungen mit Balkon. Apt. für 2 Pers. Bruder-Willram 29, ✆ 347/7383288, hausragen.com. **€€–€€€**

In Reischach ****** S Petrus 19,** Luxushotel mit Zimmern im Naturstil, neuer Spa-Bereich. Schön die ruhige Waldrandlage. Reinthalstr. 11, ✆ 0474/548263, hotelpetrus.com. **€€€€**

***** S Oberwiesen 17,** hübsche Zimmer und geräumige, gemütlich ausgestattete Apartments für bis zu 8 Personen im neu erbauten Haus, Sauna und Whirlpool für müde Sportler, Pool und Liegewiese zum Entspannen. Reinthalstr. 6, ✆ 0474/548095, oberwiesen.it. **€€–€€€**

***** Heinz 16,** nahe der Talstation Kronplatzbahn, großzügige Zimmer, in Schlaf- und Wohnbereich getrennt. Seilbahnstr. 6, ✆ 0474/548216, hotelheinz.com. **€€–€€€**

Edelweiß 18, 5 angenehm schnörkellos eingerichtete Apartments für 2 bis 6 Pers. Zum Haus gehören eine Sauna und ein Garten. Burgstr. 8, ✆ 0474/548208, apartment-edelweiss.it. **€€–€€€**

Mein Tipp **In Dietenheim** **Niedermairhof 2,** bereits 1304 urkundlich erwähnt, heute von Helmut und Kathrin im Stil der Zeit um 1900 aufwendig renoviert und zu einem Gesamtkunstwerk mit historischen Möbeln und raffinierter Lichtgestaltung veredelt. Die 8 individuellen Zimmer beeindrucken durch ihre liebevolle Ausstattung. Im ausgebauten Dachstuhl, dessen originale Balkenkonstruktion erhalten blieb, gibt es gemütliche Chill- und Leseecken. Die sympathische Gastgeberin erzählt gerne über den Umbau, der auch in einem Buch dokumentiert ist. Sehr gutes Frühstück, paradiesischer Garten mit Brunnen. Raffinierte Sauna im alten Stadl. Herzog-Diet-Str. 1, ✆ 348/2476761, nmhof.it. **€€€–€€€€**

Außerhalb **Campingplatz Schießstand 4,** einfacher, teils schattiger Campingplatz mit Shop und Bar, Stellplatz und 2 Pers. 22–34 €. Mai bis Sept. Toblacher Str. 4, ✆ 0474/401326, camping-bruneck.com.

Essen & Trinken

→ Karte S. 51

Weißes Lamm 10, alter Gasthof, Restaurant im 1. Stock, Küche in Tiroler und italienischer Tradition, appetitanregende Antipasti, Nudelgerichte und Risottos, Spare-Ribs, Speckknödel. Stuckstr. 5, ✆ 0474/411350. **€–€€**

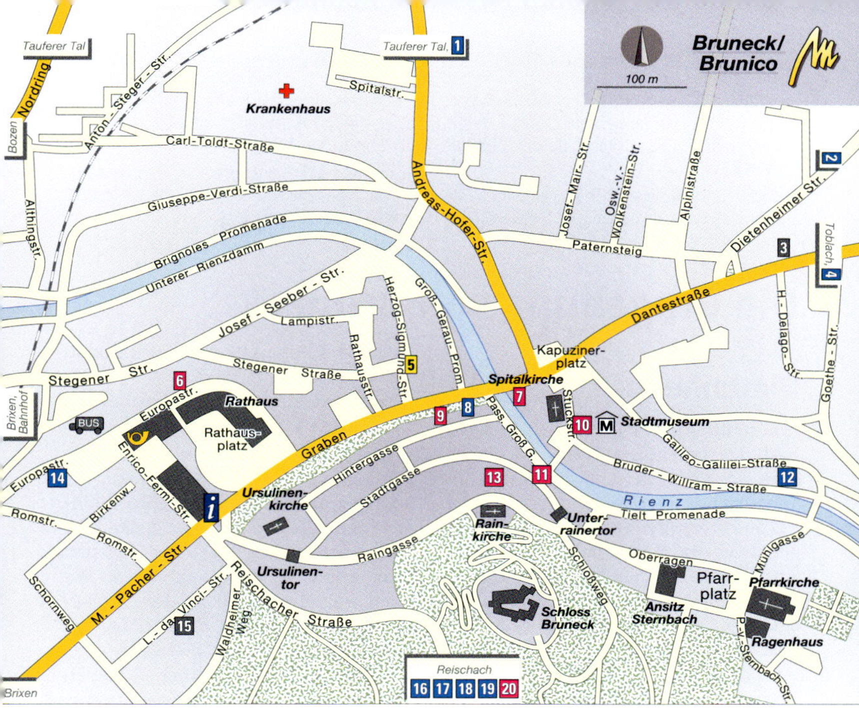

Übernachten

1 Ander
2 Niedermairhof
4 Campingplatz Schießstand
8 Goldene Rose
12 Haus Ragen
14 Blitzburg
16 Heinz
17 Oberwiesen
18 Edelweiß
19 Petrus

Essen & Trinken

6 b.local
7 Mondschein Dessert Bar
9 Café Roth
10 Weißes Lamm
11 Enoteca Bernardi
13 Stadtcafé
20 Kaminstube

Einkaufen

5 Pur Südtirol

Sonstiges

3 Stadttheater
15 Kino Odeon

Kaminstube 20, Restaurant des Hotel Petrus, Südtiroler Küche mit mediterranen Anklängen, Bio-Gemüse saisonal aus eigenem Anbau (2 Gault-Millau-Hauben). Reinthalstr. 11, ✆ 0474/548263. €€

b.local 6, innovatives Restaurant mit guter Weinauswahl, darunter viele Naturweine. Gekocht wird mit Zutaten aus der Region oder dem eigenen Garten. Das Überraschungsmenü (4 oder 6 Gänge) unterstreicht die Kreativität der Küche (z. B. mit Zwiebelrisotto oder Tatar vom Simmentaler Rind). Gute vegetarische Auswahl. Freundlicher und kompetenter Service. Sa/So Ruhetag. Via Europa 9, ✆ 0474/835222, blocal.it.

Enoteca Bernardi 11, feines Weinlokal mit schöner Gartenterrasse zum Fluss, Ambiente mit minimalistischem Schick, gute und preiswerte Tagesgerichte. So Ruhetag. Stuckstr. 6, ✆ 0474/370186, bernardi-karl.it. €€

Pur Südtirol 5, geschickt im Genussmarkt integriertes Lokal mit leckerer Mittagsküche, gute Auswahl an Salaten, Snacks und warmen Gerichten, bio und regional, So geschl. Herzog-Sigmund-Str. 4a, pursuedtirol.com.

Café Roth 9, sehr schön ins alte Gewölbe eingebaute Bar mit modernem Mobiliar. Frühstück, Panini, Eis. Sa nur bis mittags, So geschl. Graben 32a.

Mondschein Dessert Bar 7, gemütliche Bar und Konditorei in historischem Gebäude, betrieben von jungen Pächtern, die eine grandiose, quietschbunte Auswahl an Torten, Törtchen und Dolci herstellen. Mo geschl. Kapuzinerplatz 9d.

Stadtcafé 13, Konditorei-Café, frische Säfte, Eis, sehr populär v. a. die Terrasse. So geschl. Stadtgasse 26a.

Die Umgebung von Bruneck

Dietenheim

Am Nordrand des **Brunecker Beckens** liegt das Dorf Dietenheim. Im *Ansitz Mair am Hof* (um 1690–1700) und im angrenzenden Freigelände ist auf 3 ha das **Südtiroler Volkskundemuseum** eingerichtet. Im Wirtschaftsgebäude des Ansitzes kann man sich bäuerliches und handwerkliches Arbeitsgerät sowie Schlitten, Leiterwagen und Kutschen ansehen. Der Ansitz selbst dokumentiert die Lebensweise des Landadels, präsentiert u. a. Exponate aus den Bereichen Volkskunst und Volksfrömmigkeit sowie eine interessante Zithersammlung mit Exemplaren aus dem Alpenraum, dem Balkangebiet, England und Nordamerika. Außerdem klärt die Ausstellung darüber auf, wie seinerzeit auf einem Großbauernhof gewirtschaftet wurde.

Im Freigelände sind alte Bauernhöfe, Ställe und Mühlen zu bewundern. Die Bauten wurden aus allen Teilen Südtirols hierhergebracht, zuerst Balken für Balken und Stein für Stein ab- und dann sorgfältig wieder aufgebaut. Besonders eindrucksvoll ist der Höfelerhof aus Mühlwald, dreistöckig mit Pultdach, Stube und Schlafzimmer mit z. T. bemalter Holztäfelung. Komplett erhalten ist die Apotheke eines Lüsener Bauerndoktors aus dem 19. Jh.

▪ Ostermontag bis Okt. Di–So 10–17 Uhr). Eintritt 9 €, Familien 18 €. Herzog-Diet-Str. 24, ✆ 0474/552087, volkskundemuseum.it.

Dorf und Schloss Sonnenburg: ein Idyll im Grünen

Das Pustertal → Karte S. 22/23

St. Lorenzen/Kloster Sonnenburg

Der Ort ist die älteste Siedlungsstelle des ganzen Beckens von Bruneck, das haben zahlreiche Ausgrabungen und die Reste von Wallburgen ringsum eindeutig geklärt. Selbst der Name deutet auf ein hohes Alter, denn der hl. Laurentius ist ein typischer Heiliger der Spätantike. Der Ort muss also schon vor der bajuwarischen Landnahme gegründet worden sein. Dass hier das römische *Sebatum* lag, der wichtigste Ort des ganzen Pustertals, ist ebenfalls gesichert. Der römische Meilenstein an der Straße nach Sonnenburg spricht ebenfalls eine deutliche Sprache. Im Museum **Mansio Sebatum** kann man einen großen Teil der Funde bewundern, die von der mittleren Steinzeit über die römische Phase und die Völkerwanderungszeit bis ins Frühmittelalter reichen. In der didaktisch modern und multimedial aufbereiteten Ausstellung erfährt man viel über das Leben und Sterben in früherer Zeit – auch für Kinder ausgesprochen interessant! Und ein **archäologischer Panoramaweg** macht mit den wichtigsten historischen Stätten und der Ausgrabungsstätte Sebatum bekannt.

▪ **Mansio Sebatum in St. Lorenzen:** Mo–Fr 9–12 (im Juli/August bis 13) /15–18, Sa 9–12 Uhr, im Juli/August auch 15–18 Uhr. Erw. 5 €, erm. 3 €, Führungen nach Vereinbarung. ✆ 0474/474092, mansio-sebatum.it.

Wenn man das freundliche Straßendorf von heute durchwandert, tut man sich schwer, an die einstige Bedeutung zu glauben. Im Mittelalter war St. Lorenzen Vorposten der Tiroler Landesfürsten, die auf der nahen *Michelsburg* Gericht hielten, während die Brixner Fürstbischöfe ihren Besitz von Bruneck und der dortigen Burg aus verwalteten. Wer von Bruneck nach St. Lorenzen ging, musste Zoll zahlen. Die „Traubenmadonna“ auf dem Hochaltar der *Pfarrkirche* ist ein Werk von Michael Pacher.

Im ehemaligen **Nonnenkloster Sonnenburg,** das auf einem Hügel thront, wurde ein Hotel eingerichtet. Unterhalb liegt der gleichnamige Weiler mit einigen alten Höfen und einer Kapelle. Die Benediktinerinnen von Sonnenburg waren selbstbewusst und folgten eher ihren eigenen als den Ordensregeln, insbesondere die Äbtissinnen ließen sich von niemandem etwas vorschreiben. Unter dem Brixner Fürstbischof Nikolaus von Kues, der längst fällige Reformen durchführen wollte, kam es zum Konflikt zwischen Sonnenburg und dem Bistum, der erst nach Einschaltung des Landesfürsten Sigismund von Tirol, nach Bannsprüchen und einigem Blutvergießen endete – und zwar unentschieden mit dem Auszug der damaligen Äbtissin Verena von Stuben und der Amtsniederlegung des Bischofs. 1785 wurde das Kloster säkularisiert, diente dann Anfang des 19. Jh. während der Tiroler Freiheitskämpfe gegen die französische Besetzung für einige Zeit als Militärhospital, verfiel später zur Halbruine und wurde 1975 in Teilen zum Hotel umgebaut. Während der Arbeiten entdeckte man die eindrucksvolle Krypta der früheren Stiftskirche. 2020 verkaufte der langjährige Besitzer das Schloss an die Kronplatz Seilbahn AG, deren Touristik GmbH das Hotel gerade zu einem 5-Sterne-Haus umbaut. Die historische Substanz soll dabei komplett erhalten bleiben. Lassen wir uns überraschen!

Information **Tourismusverein Bruneck Kronplatz,** St. Lorenzen/San Lorenzo di Sebato, J.-Renzler Str. 9, ✆ 0474/538196, st-lorenzen.com.

Übernachten/Camping/Essen

******* Schloss Sonnenburg,** ehemaliges Nonnenkloster mit schönen alten Stuben, Zimmer z. T. mit gotischen Gewölben. Das Schloss wird bis voraussichtlich 2024 umgebaut (s. o.). Infos unter sonnenburg.com.

***** S Saalerwirt,** alter Gasthof mit historischer Gaststube. Südtiroler Küche von Fastenknödeln über Schlutzer bis zu Strauben und Torten. Das Hotel angenehm, gemütliche Suiten im neu erbauten Teil, am Naturbadeteich ein Saunahaus aus Holz. Saalen 4, ✆ 0474/403147, saalerwirt.com. **€€€–€€€€**

Pizzeria Zur alten Post, Pizzeria im alten Gasthof gegenüber der Kirche in St. Lorenzen, Mo Ruhetag.

Camping Wildberg, recht ruhiger, ganzjährig geöffneter Platz, neue Sanitäranlagen und Rezeption zentral im Ansitz, Freibad, Planschbecken, Sauna in der alten Ölmühle, Radverleih. Gespann/2 Pers. 28–62 €. Auch Apartments (2–4 Pers.) und Suiten im alten Ansitz. ✆ 0474/474080, campingwildberg.com. **€€** (Apartments)

Kiens, Ehrenburg und St. Sigmund

Die drei Orte, die administrativ zur Gemeinde Kiens gehören, liegen jeweils nur ein Stück über dem Talboden des Pustertals. Rings um die Orte breitet sich ruhige Wanderlandschaft aus, und auf der Rienz kann man Kanu fahren. Sommerfrische eben!

Ehrenburg ist wegen des gleichnamigen Schlosses in eindrucksvoller Lage über dem Ort bekannt. Es geht auf eine Burg der Bischöfe von Brixen zurück, wurde in der Renaissance ausgebaut und später barockisiert, heute ist es in Privatbesitz und nicht zugänglich.

St. Sigmund: Die **Pfarrkirche** von St. Sigmund besitzt einen gotischen Flügelaltar, er ist der älteste in Tirol, der sich noch an der Stelle befindet, wo er (1430) aufgestellt wurde, und ist eines der ältesten erhaltenen Werke dieses Typs überhaupt. Der Schrein zeigt nur drei Figuren, eine Maria mit Kind, den Apostel Jakobus (an der Pilgermuschel in der Hand erkennbar) und den Ortsheiligen Sigmund, dargestellt als prächtig gekleideter Ritter mit Adelskrone. Die weich fließenden Gewänder und die Predellafiguren, eine Anbetung der Hl. Drei Könige, weisen auf das Vorbild des Bozner Altars des Hans von Judenburg (→ Deutschnofen, S. 110). Prachtvoll auch die Fresken an den Außenwänden der Kirche mit einem wie üblich riesigen Christophorus.

Information Tourismusverein Kiens, Kiens/Chienes, Kiener Dorfweg 4b, ✆ 0474/565245, kiens.bz.

Sehenswert, sei's auch nur von außen: Schloss Ehrenburg

Übernachten/Essen **Obermair,** Gasthof unter der Ehrenburg, die Stube deutet auf das Alter, der Speisesaal auf die Effizienz des Betriebes. Tiroler Kost mit italienischen Anklängen. Einfache Zimmer. Ehrenburger Str. 38, Ehrenburg, ✆ 0474/565339, Mi Ruhetag, gasthof-obermair.it. **€€**

****** Tauber's Biovitalhotel,** „Wanderhotel" im Grünen. Vollwert- und vegetarische Küche, Heubäder, Naturkosmetik, das Bauwerk wurde nach baubiologischen Grundsätzen errichtet. Plus: frische Luft, Ruhe, Hallenbad und beheiztes Freibad, Sauna, Wanderführer und Wanderbus. Pustertaler Str. 7, St. Sigmund, ✆ 0474/569500, biohotel.taubers-vitalhotel.com. **€€€–€€€€**

Auf dem Kronplatz

Der viele Wind rund um Bruneck hat Vorteile: Schneereiche Wolken aus Norden laden ihre Last besonders gerne beim ersten Hindernis südlich des Alpenhauptkamms ab, auf der **Plose** (→ S. 69). Der schneesichere, oben abgeflachte Kronplatz ist *der* Skiberg schlechthin und so erschlossen wie kaum ein anderer der Dolomiten. Und das bei unvergleichlicher Erreichbarkeit: 5 Min. Autofahrt ab Bruneck oder mit dem Stadtbus bis Reischach, von dort per Umlaufbahn zum Gipfel – zwei Seilbahnen nebeneinander! Mit 12 ha Grundfläche ist der Snowboarderbereich nicht eben bescheiden, es gibt so ziemlich alles, was in dieser Sportart Tradition hat und/oder gerade auf den Markt gekommen ist (die ganz Jungen, die man auf diese Weise umgarnt, sind schließlich die zahlungskräftigen Stammgäste von morgen). Auch im Sommer lohnt sich die Fahrt hinauf, es gibt schöne Wanderwege und noch schönere Mountainbikestrecken (das Rad darf mit in die Seilbahn). Unter dem Label *Outdoorcenter Kronplatz* wird zudem ein umfassendes Kinderprogramm angeboten (s. u.). Und schließlich gibt es auf dem Kronplatz auch noch zwei direkt benachbarte, spektakuläre Museen zu besichtigen: das MMM Corones von Reinhold Messner und das von der Brixner Optikfirma Durst finanzierte Fotografiemuseum Lumen.

Moderne Kunst: Marmorstele auf dem Kronplatz

MMM Corones: Ein Ufo? Krieg der Sterne auf dem Kronplatz? Mögliche Assoziationen beim ersten Blick auf das von der berühmten, leider viel zu früh verstorbenen Stararchitektin Zaha Hadid gemeinsam mit Reinhold Messner konzipierte MMM-Museum Corones, das großteils unter einem Hügel verborgen liegt. Futuristische Betonhüllen fassen spiegelnde Panoramafenster ein, in denen sich das Gipfelpanorama und der Betrachter selbst wiederfinden. Innen werden in einer minimalistischen Betonumgebung großformatige Gemälde von Bergen in aller

Welt und eine Sammlung von Kuriosa aus Reinhold Messners ereignisreichem Bergsteigerleben präsentiert. Von einem der Fenster geht der Blick auf den Peitlerkofel, einen von Messners Heimatbergen. Und das ist gewiss kein Zufall. Schließlich soll dieser Ort, wie alle anderen Museen Messners, ein Begegnungsraum sein für alle, „denen Berge mehr bedeuten als Klettergerüst oder Wettkampfarena". Also eine Art Vermächtnis des großen Bergsteigers und mit seiner abseitigen Lage am Südrand des Kronplatzes vor allem im Winter, wenn der Skizirkus tobt und der Rundblick aufgrund der schneebedeckten Zacken am Horizont besonders spektakulär daherkommt, ein besinnlicher Kontrapunkt zum bunten Trubel. Ganz im Sinne des Meisters.

■ Juni bis Okt. und Dez. bis April, entsprechend den Öffnungszeiten der Seilbahn, tgl. 10–16 Uhr. Eintritt 14 €, erm. 12 €, Familien 32 €, ✆ 0474/501350, messner-mountain-museum.it. Zu Kombitickets mit dem Fotografiemuseum Lumen s. u.

Lumen – Museum of Mountain Photography: Die frühere Bergstation einer Seilbahn in ein Museum umzubauen, darauf muss man auch erst einmal kommen! So geschehen beim spektakulären „Museum of Mountain Photography", dem Lumen. Das lichtdurchflutete Gebäude aus Beton beleuchtet auf 1800 m² die Geschichte der Bergfotografie und es kooperiert mit National Geographic und Red Bull, was spektakuläre Natur- und Action-Fotografien in das Museum gebracht hat. Das Lumen bietet u. a. verschiedene „Entdeckungs-Räume", teils mit multimedialen Installationen, darunter einen Spiegelsaal und einen „Adrenalin-Raum", der dem Extrembergsport gewidmet ist. Auch die alte Bergstation wurde in das Museumskonzept integriert und übernimmt die Funktion einer Art Lochkamera, aber mehr soll hier nicht verraten werden. Fotografie-Interessierte sollten zwei Stunden für den Besuch einplanen und sich nicht vom Preis abschrecken lassen.

■ Geöffnet zu den Betriebszeiten der Seilbahn: tgl. 10–16 Uhr. Eintritt 17 €, erm. 12 €, Kinder bis 14 J. 10 €, in Kombi mit dem MMM Corones 20 €, Familienkombiticket 40 €. ✆ 0474/431090, lumenmuseum.it.

MMM Corones im Abendlicht

Das Pustertal → Karte S. 22/23

Wintervorräte

Bergbahnen **Kabinenbahn Kronplatz 2000** Juni bis Okt. 9–17 Uhr, einfach 22 €, Berg/Tal 31 €; **Kabinenbahnen Olang I+II** Juni bis Ende Sept. 9–17 Uhr, einfach 22 €, Berg/Tal 31 €; **Umlaufbahn Ruis** (vom Furkelpass) Juni bis Okt. 9–17 Uhr, in der Nebensaison nur Fr/Sa/So, einfach 18 €, Berg/Tal 24 €, kronplatz.com.

Wintersport Das **Skigebiet Kronplatz** im engeren Sinn umfasst mehrere Umlaufbahnen (Kronplatz I und II, Kronplatz 2000, Belvedere, Gipfelbahn u. a.) sowie diverse Sessel- und Schlepplifte – insgesamt 32 Aufstiegsanlagen und 119 km Pisten. Für Internet-Junkies: freies WLAN in den Kabinenbahnen Alpen Connecting und Olang I und II! Der Kronplatz umfasst außerdem die Lifte vom Furkelpass, in St. Vigil in Enneberg, St. Martin in Thurn, Olang, Taisten, Antholz, Untermoi und Terenten und ist Teil des Skiverbunds **Dolomiti Superski** (→ S. 270). Es gibt einen Bustransfer zum Skigebiet Alta Badia und eine Zugverbindung zum Skigebiet 3 Zinnen Dolomiten. Infos unter dolomiti-superski.com bzw. kronplatz.com. Skischule Kronplatz, an der Talstation Kronplatz, ✆ 0474/548474, school-kronplatz.com.

Outdoor Im Tal und am Berg bietet das **Outdoorcenter Kronplatz** zahlreiche sportliche Sommeraktivitäten (nicht nur) für Kinder. Der Nachwuchs kann im **Kikeriki-Kinderpark** einen Baumstamm hochklettern und auf einer Riesenschaukel in die Lüfte abheben; im Tal gibt es außerdem ein Riesentrampolin (die Angebote sind kostenpflichtig). Erwachsene können an organisierten Kletter- und MTB-Touren teilnehmen. Mitte Juni bis Anf. Okt. geöffnet, nähere Infos unter ✆ 0474/836768, outdoor-kronplatz.com.

Essen & Trinken Neben dem Fotografiemuseum liegt auf einer Plattform vollverglast das Panoramarestaurant **AlpiNN** des Sternekochs Norbert Niederkofler. Das innovative Konzept basiert auf saisonalen und regionalen Zutaten und Nachhaltigkeit. Nicht günstig, aber etwas Besonderes. Nur tagsüber geöffnet (ähnlich Seilbahn), ✆ 0474/431072, alpinn.it. **€€€**

Was haben Sie entdeckt?

Haben Sie ein besonderes Restaurant, ein neues Museum odere in nettes Hotel entdeckt? Wenn Sie Ergänzungen, Verbesserungen oder Tipps zum Buch haben, lassen Sie es uns bitte wissen!

Schreiben Sie an: Florian Fritz, Stichwort „Dolomiten“
c/o Michael Müller Verlag GmbH | Gerberei 19, D – 91054 Erlangen
florian.fritz@michael-mueller-verlag.de

Von Brixen zum Rosengarten

Dolomiten = Rosengarten? Stimmt natürlich nicht. Aber diese einmalige Felskulisse ist trotz temporären Anzeichen von Overtourism immer noch einer der besuchenswertesten Orte der Alpenwelt!

Infos zum gesamten Eisacktal finden Sie unter eisacktal.com.

Im Eisacktal sind mit Brixen, Klausen und Bozen schöne alte Städte zu entdecken, ganz zu schweigen von den vielen kleinen Dörfern mit ihren spitzen Kirchtürmen, kulinarischen Überraschungen und dem köstlichen „Eisacktaler", dem herben Weißwein des Tals. In Brixen, wo sich das schmale obere Eisacktal weitet, spürt man zum ersten Mal einen Hauch von Süden, auf den Hängen wird Wein angebaut. Die Bischofsstadt schmückt sich mit alten Bürgerhäusern, Kirchen und den typischen Tiroler Ansitzen und, im Hintergrund, dem Skiberg Plose. Ganz nahe sind die ersten Dolomitengipfel, die wilden Spitzen der Geislergruppe. In Klausen, den Eisack abwärts, liegt auf einem Felsen hoch über dem Tal die Klosterburg Säben, Vorgängerin von Brixen als Bischofssitz. Ab hier wird das Eisacktal bis Bozen sehr schmal, und es gibt kaum eine Siedlung. Bozen, wie Brixen keine Stadt für einen Urlaub, aber sehr wohl einen Ausflug wert (möglichst mit Übernachtung), ist die sehr lebendige Hauptstadt Südtirols und im Zentrum noch ganz mittelalterliche Händlerstadt.

Perfekte Urlaubslandschaften locken in den Nebentälern: das Villnösser Tal mit den Geislern (hier lernte Reinhold Messner klettern), die Seiser Alm und der Schlern oder die Täler der Rosengartengruppe. Freizeitsport pur, mit hervorragend markierten Wanderwegen, Pfaden für Bergsteiger und jede Menge ausgesetzter Felskletterei, Mountainbikerouten. Nicht zu vergessen der Wintersport (Dolomiti Superski lässt grüßen!). Südlich der Rosengartengruppe bäumen sich noch mal mit dem Weißhorn die Dolomiten auf, deren

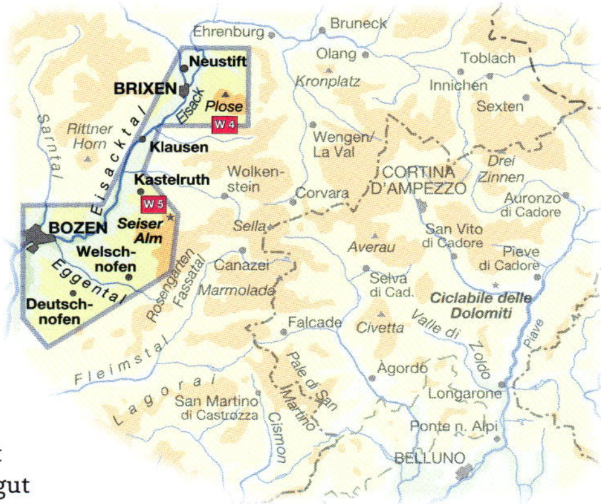

Flanke von der gewaltigen Bletterbachschlucht zerschnitten wird.

Was anschauen?

Südtiroler Archäologiemuseum in Bozen: Da liegt er also, der „Ötzi", der Mann aus dem Eis, gefriergetrocknet in seiner Kammer. Das sollte man nicht verpassen, denn darüber hinaus erfährt man, wie die Menschen vor gut 5000 Jahren gelebt haben. → S. 94

Brixen: Einen Ausflug wert! Das verwinkelte Zentrum mit den Großen Lauben und den Kleinen Lauben, zwei gepflasterten Straßen mit hohen Häuserwänden und Erkern öffnet sich auf den großzügigen Domplatz hin. Dem geschäftigen Treiben schaut man am besten bei einem Cappuccino oder Apérol zu. Der Dom glänzt in barocker Pracht, der anschließende Kreuzgang prunkt mit gotischer Freskenfülle. Die mächtige Hofburg beherbergt das Diözesanmuseum mit zahlreichen Krippen und mittelalterlicher Kunst. → S. 61

Schloss Runkelstein: Knapp 3 km nördlich von Bozen liegt diese Burg mit ihren farbenprächtigen Fresken spektakulär auf einem steilen Felsen oberhalb der Talfer. Der Rundgang über steile Treppen, Balkone und durch verwinkelte Räume lässt das Leben im Mittelalter lebendig werden und ist für alle Altersgruppen spannend. → S. 94

St. Johann in Ranui: Das barocke Kirchlein vor der Kulisse der Geislerspitzen ist – wie könnte es heutzutage anders heißen – ein Instagram-Spot! Von diesem schönen Plätzchen aus lässt sich das Villnösstal erkunden. → S. 75

Die Enrosadüra des Rosengartens: Wenn sich die Felswände des Massivs im Abendlicht rötlich verfärben, versteht man, warum es Alpenglühen heißt – auf Ladinisch Enrosadüra. Unbedingt genießen! Besonders schöne Ausblicke gibt es vom Tierser Tal (→ S. 99), vom Karerpass (→ S. 105) und vom Schlern (→ S. 91), sofern man dort übernachtet.

Was unternehmen?

Ausflug auf die Seiser Alm: Europas größte Hochalm bietet zahllose Spazier- und Wanderrouten aller Schwierigkeitsgrade, an jeder Ecke eine Almhütte zur Einkehr, einsame Forstwege (ja, wirklich!) fürs Fahrrad, alpine Hüttenziele wie die Plattkofel- oder die Tierser-Alpl-Hütte, den Touristensteig auf den Schlern und vieles mehr. Menschenmassen: ja, aber jeder findet sein Traumplätzchen. → S. 90

Ab in den Rosengarten: Von der Karerpassstraße (Lift zur Kölner Hütte), vom Karerpass (Paolinalift) und vom Fassatal gibt es Aufstiegsanlagen, um sich dem Herz des Rosengartens zu nähern. Die Tagestouren zur Rosengarten- oder Vajolethütte und zum Christomannosdenkmal sind sogar familienkompatibel. → S. 107

Im Oberholz essen: Diese grandiose, dreischiffige Hütte zu Füßen des Latemars lässt sich von Obereggen per Lift oder zu Fuß erreichen. Das mit hellem Holz ausgekleidete Innere wirkt fast wie eine Kirche. Zwar keine Sterneküche, aber oberste Hüttenklasse! Reservierung empfohlen. → S. 112

Von Brixen zum Rosengarten
3 km
Brennerpass
SS 12
Bruneck
SS 49
Karspitze 2517
Vahrner See
Lüsner Tal
Kloster Neustift
Natz
Lüsen
Schalders
Vahrn
Neustift
Durnholzer See
Durnholz
Plankenhorn 2543
A 22
Brixen
Penser Tal
St. Kassianspitze 2581
Radlsee
Pinzagen
Plose 2504
LS 137
St. Andrä
Großer Gabler 2575
Klerant
Kreuztal
Albeins
Afers
Palmschoß
Südtirol
Latzfons
Feldthurns
SP 29
Astfeld
Verdings
Eisack
Teis
St. Jakob am Joch
St. Peter
SP 163
Aferer Geisler
Säben
Klausen
Gufidaun
St. Valentin
Villnöss
St. Magdalena
Sarnthein
St. Johann in Ranui
Villnösser Tal
Rittner Horn 2259
Villanders
SS 12
Sass Rigais 3025
Lajen
Naturpark Puez-Geisler
Barbian
SP 139
Geislerspitzen
Seceda 2519
Waidbruck
Trostburg
Tagusens
Grödner Tal
Raschötz
Monte Pic 2363
Talfer
SP 73
St. Ulrich
Pemmern
Tisens
LS 64
St. Jakob
Afing
A 22
Kastelruth
Oltretorrente
SS 242
Ritten
Wolkenstein
Wangen
Lengstein
Telfen
Puflatsch 2174
St. Christina
Fischburg
St. Oswald
Sarntal
Eisacktal
Klobenstein
Lengmoos
Seis
Compatsch
SS 508
St. Konstantin
Mont de Sëura 2025
Seiser Alm
LS 25
Oberbozen
LS 24
St. Anton
Langkofel 3181
Völser Weiher
Schlern 2563
Runkelstein
Unterinn
Völs
Maretsch
Prösels
Sellajoch 2244
Bozen
Naturpark Schlern-Rosengarten
Piz Rodella 2484
Trento
LS 65
Blumau
SS 12
Tschamintal
Antermoia
Herrenkohlern
Steinegg
Kesselkogel 3004
Campitello
Cortina d'Ampezzo
Bauernkohlern
Weißlahnbad
Tiers
Große Dolomitenstraße
Rosengarten
Avisio
Schaijoch 1591
SP 65
Vajolettürme
Val di Fassa (Fassatal)
LS 132
Rosengartenspitze 2981
Eggental
Pera
Welschnofen
Meida
Birchabruck
Pozza di Fassa
SS 241
Vigo di Fassa
Deutschnofen
Karersee
Eggen
SS 48
Petersberg
Karerpass 1745
Vallaccia 2637
Maria Weißenstein
Rauth
Obereggen
Latemar 2842
Soraga
LS 72
Val di Fassa
Moèna
Regglberg
Aldein
Passo di Lavazè 1805
Latemar
SS 346
Valle di San Pellegrino
Bletterbachschlucht
Weißhorn 2317
Trentino
Zanggenberg 2488
Pampeago
Radein
Avisio
Unterradein
SS 48
Schwarzhorn 2439
Kaltenbrunn
Monte Agnello 2361
SP 215
A 22, Bozen, Trento
SS 48
SS 620
Predazzo

Brixen

Brixen liegt etwas abseits der Dolomiten, die Bischofsstadt ist aber mit den Tälern der nordwestlichen Dolomiten (Villnöss, Gröden) bestens verbunden und allemal einen Zwischenstopp oder längeren Ausflug wert.

Nur rund um Brixen weitet sich das Eisacktal und lässt Raum für die Stadt. In der Altstadt gibt es um den Bischofsdom, den man schon von Bahn und Autobahn aus erkennt, eine gut erhaltene Bürgerstadt mit Läden, Restaurants und empfehlenswerten Hotels. Die hinter der Stadt aufragende Plose mit ihren Wander- und Skirouten und die Weinberge rundum sind eine würdige Kulisse.

Sehenswertes

Dom und Domplatz: Die Domfassade mit ihren seitlichen Türmen und dem vorspringenden klassizistischen Portal dominiert den großen Domplatz. Der Vorgängerbau ist nur noch teilweise erhalten: Aus der Romanik stammen die unteren Teile der Türme, aus der Gotik der Hochchor. Der heutige barocke Prunkbau wurde ab 1745 neu errichtet. Im Inneren farbiger Stein, viel Gold, Paul Trogers Deckengemälde „Anbetung des Lamm Gottes" (das Lamm ist das Symbol für Bistum und Stadt Brixen). Im Kreuzgang großartige, unbedingt sehenswerte spätmittelalterliche Fresken.

▪ Dom und Kreuzgang April bis Okt. und in der Weihnachtszeit tgl. 6–18 Uhr, Nov. und 7. Jan. bis März tgl. 6–12/15–18 Uhr, So vormittags geschl.

Alter Friedhof und Michaelskirche: In den Arkaden des Alten Friedhofs (links vom Domportal) sind Grabsteine aufgestellt, u. a. der Gedenkstein des Oswald von Wolkenstein (vom Eingang Domplatz aus gleich links). Der Alte Friedhof grenzt auf der Nordseite an die Michaelskirche oder Pfarrkirche, deren 72 m hoher, achteckiger Turm (Bauzeit 1300–1591) wegen seiner Farbe als **Weißer Turm** bekannt und Wahrzeichen von Brixen geworden ist. Die Kirche ist sehr alt, wurde aber 1757/58 völlig barockisiert.

▪ Alter Friedhof tagsüber ständig offen, Michaelskirche ca. 8–19 Uhr. Weißer Turm jeden Sa 11 Uhr Glockenspiel, davor um 10.30 Uhr Führung, in der HS auch Do 21 Uhr (8 €), Anmeldung unter ✆ 0472/830505.

Kreuzgang des Brixner Doms

Von Brixen zum Rosengarten → Karte S. 60

Priesterseminar: Es entstand 1764 bis 1771 in zurückhaltenden spätbarocken Formen. Die Fresken im Inneren der Kirche stammen von Franz Anton Zeiller. Der Bibliotheksraum ist eine über zwei Stockwerke reichende Halle und ein echtes Barockjuwel.

▪ Priesterseminar Mo–Fr 9–12 Uhr. Während des Semesters evtl. begrenzt zugänglich. An der Pforte nachfragen (tgl. außer sonntags ab 7.30 Uhr geöffnet), priesterseminar.it.

Große und Kleine Lauben: Brixens Lauben sind zwei Straßen mit Arkaden, die rechtwinklig aufeinanderstoßen und bereits bei der ersten Stadtplanung im 11. Jh. so angelegt wurden. Sehenswert ist v. a. das *Pfaundlerhaus* (1581).

Großer Graben, Säbenertor: Der Stadtgraben, das sieht man an den alten Fassaden der angrenzenden Gebäude, ist schon lange zugeschüttet. Heute kann man auf ganzer Breite über den Großen Graben flanieren und die Auslagen bewundern. Das Säbenertor mit seinem hohen Turm unterbricht die gerade Reihe der Fassaden.

Hofburg und Diözesanmuseum: Der Sitz der Brixner Bischöfe ist ein Renaissanceschloss. Besonders eindrucksvoll ist der Innenhof mit schwarzen Statuen vor gelbem Anstrich. Unbedingt besuchenswert ist das Diözesanmuseum mit riesiger Krippensammlung, Schnitzkunst, Flügelaltären, Tafelmalerei. Im Kaisertrakt imponiert besonders der Empfangssaal von 1710.

▪ Mitte Okt. bis Mai tgl. 10–17 Uhr, Juni bis Sept. 10–18.30 Uhr. Eintritt 10 €, Schüler 5 €, Führungen (mit Dombezirk) Di und Do 14 Uhr. ✆ 0472/830505, hofburg.it.

Kloster Neustift

Nur einen Katzensprung (2,5 km) von Brixen entfernt liegt die Klosteranlage Neustift idyllisch zwischen ihren eigenen Weinbergen. Die riesige Anlage besteht aus mehreren Höfen, der großen Klosterkirche, Türmen und gut erhaltenen Außenmauern. Seit 1142 besteht dieses *Augustiner Chorherrenstift*, heute noch residiert hier dieser Orden. Der Grundstock der heutigen Anlage

Weihnachtliches Lichtspiel in der Hofburg ... inklusive Elefant!

entstand nach einem Brand 1190 und wurde im 15. Jh. befestigt, 1525 während des Bauernaufstands geplündert (die Augustiner waren geflohen) und ab 1735 zumindest in den wichtigsten Gebäuden barockisiert.

Man betritt den Klosterbereich durch einen mittelalterlichen Eingangsbau und hat dann zur Linken einen merkwürdigen Rundbau, die sog. *Engelsburg*. Sie entstand als Michaelskapelle und war Teil des Pilgerhospizes, zogen doch durch Brixen viele Jerusalempilger weiter nach Venedig, wo sie sich einschifften. Aus Angst vor der türkischen Invasion im 15. Jh. umgab man das Kloster mit Wehrgängen und Schießscharten, 1476 entstand z. B. der Türkenturm zur Rechten. Links folgen die Klosterschenke und der Weinkeller des Stifts, dahinter erreicht man den ersten Hof. Im Gebäude über dem Durchgang befindet sich die *Bibliothek*. Der zweistöckige Saal mit Stuckdecke und etwa 65.000 Büchern, Manuskripten und Karten ist ein Juwel des Rokoko. Hinter der Bibliothek zeigt das *Stiftsmuseum* in mehreren Räumen Tafelgemälde, Flügelaltäre und Handschriften aus dem Mittelalter.

Bei der Erweiterung des Museums um die historische Wagenremise (2021) entstanden zwei neue Räume mit interaktiven Elementen, um die jüngere Schultradition und die Wirtschaftsgeschichte des Stiftes zu präsentieren. In den Übergang zum *Chinesischen Kabinett*, einem ehemaligen Lagerraum der Bibliothek, ist ein sehenswerter Aufzugsschacht des österreichischen Künstlers Paul Renner integriert, der die vier Elemente visualisiert. Fresken unbekannter Künstler aus dem 18. Jh., die ebenfalls die vier Elemente thematisieren, wurden erst im Zuge des Umbaus entdeckt und für Besucher zugänglich gemacht.

Im ersten Hof fällt der *Weltwunderbrunnen* ins Auge. Der barocke Aufbau des Brunnens, der selbst aus dem Jahr 1508 stammt, zeigt in Gemälden die sieben antiken Weltwunder und als achtes Weltwunder das zeitgenössische Neustift von 1669!

Unter dem Atrium der Prälatur mit Bildnissen sämtlicher Äbte des Klosters – auch diesen Saal besichtigt man bei einer Führung – erreicht man den zweiten Hof, auf dessen rechter Seite die *Stiftskirche* steht. Massig ist der Kirchturm aus romanischer Zeit, durch dessen Gewölbe man die die dreischiffige Kirche mit hohem, während der Gotik entstandenem Chor betritt. Die Barockisierung war vollständig, üppiger Stuck (von bayerischen Stuckateuren), prächtige Deckengemälde (von Matthäus Günther, 1736) in Form von drei Riesenmedaillons mit Darstellungen aus dem Leben des hl. Augustinus, ein Marmorhochaltar mit gedrehten Säulen – das Innere der Stiftskirche gilt als einer der Höhepunkte des Spätbarock.

Der *Kreuzgang*, den man durch einen Durchgang vom ersten Hof aus erreicht, ist gotisch. Seine Kreuzrippengewölbe sind z. T. noch von sehenswerten Fresken bedeckt, die allerdings vielfach durch später eingemauerte Grabsteine zerstört wurden. Besichtigen kann man auch den sorgfältig rekonstruierten Stiftsgarten.

Besichtigung Der Zugang zum Klosterbereich ist normalerweise ständig möglich, Parkplatz vor dem Eingang. Die beiden Höfe, Stiftskirche und Kreuzgang sind jederzeit zugänglich. Seit einigen Jahren können auch Museum und Bibliothek ohne Führung besucht werden. Geöffnet ist das Museum Mo–Sa 10–17 Uhr (letzter Einlass 16.15 Uhr). Führungen nur nach Anmeldung, Zeiten erfragen. Eintritt 10 €, mit Führung 15 €, erm. 4 €, ✆ 0472/836189, kloster-neustift.it.

Wein **Stiftskellerei Neustift,** Weinberg- und Kellerführung mit Verkostung Mo–Fr um 16 Uhr, Sa 14.30 Uhr (Anmeldung). 20 €, (Dauer 90 Min.). Reservierung unter ✆ 0472/836 189, kloster-neustift.it. Im Klosterladen am Pkw-Parkplatz Verkauf sowohl eigener Produkte (Weine, Schnäpse, Säfte, Kräutertee und Naturkosmetika) als auch von befreundeten europäischen Klöstern (Schokolade aus England, Seife aus Frankreich).

Von Brixen zum Rosengarten → Karte S. 60

Basis-Infos

→ Karte S. 66/67

Information **Tourismusverein Brixen und Umgebung,** Brixen/Bressanone, Regensburger Allee 9, ✆ 0472/27525, brixen.org.

Verbindungen **Pkw:** Brennerautobahn/Abfahrt Brixen; das Stadtzentrum ist für Autos gesperrt; gebührenpflichtiger Parkplatz nördlich der Altstadt an der Brennerstraße. **Bahn:** In Brixen halten alle Züge zwischen Brenner und Bozen. **Bus:** Brixen ist Knoten für Busse nach Bozen, nach Bruneck/Innichen sowie in die meisten Täler der Umgebung. Busbahnhof an der Dantestraße.

Taxi: Standplätze Bahnhofsplatz und Kleiner Graben; Taxizentrale ✆ 0472/835666.

Krankenhaus Dantestr. 53, ✆ 0472/812111.

Post Hauptpost, Kassianstr. 4.

Vorteilskarten **BrixenCard,** Gratis-Karte der Gastgeber mit vielen Inklusivleistungen wie einer kostenlosen Fahrt mit der Plose-Seilbahn, freiem Eintritt in zahlreichen Museen und Benutzung der öffentl. Verkehrsmittel.

Die **Summer Card Gold** kostet 180 € und ist nur im Mai des jeweiligen Jahres erhältlich und etwa von Ende Mai bis Mitte Okt. gültig. Sie beinhaltet Eintritte in Schwimmbäder und Sehenswürdigkeiten und tägliche Fahrten mit Seilbahnen (die Liste teilnehmender Betriebe findet sich auf der Webseite). Ein reduziertes Angebot bietet die **Silver Card** zum Preis von 60 €. Die **Almencard,** die ab Mai erhältlich ist, umfasst ein Sommer-Abo für die Umlaufbahnen Gitschberg und Jochtal und kostet 80 €. Alle Cards sind auch als Familienversion erhältlich. Infos unter summercard.org.

Einkaufen Großer **Monatsmarkt** am Ende der Trattengasse (neben Großparkplatz), v. a. Kleidung, Schuhe, Haushaltswaren. **Bauernmarkt** am Hartmannsplatz und Großen Graben ganzjährig Sa 9–14 Uhr.

Boutiquen, Kleidung, Schuhe etc. in den Großen Lauben. **Kunsthandwerk und Antiquariat:** Kompatscher am Seminarplatz und in der Galerie Hofburg, Hofgasse 5, kompatscher.eu.

Lebensmittel/Feinkost: Großer Supermarkt am Kleinen Graben neben Hotel Goldenes Kreuz. **Käseladen** „Casa del formaggio", Große Lauben 14, auch Nudeln, Pilze, Olivenöl etc. **Brot und Feingebäck** aus der Backstube Profanter (z. B. Altenmarktgasse): Gewürzbrot, sehr gute „Breatl" (Bauernbrot, „Vinschgerl"), im Herbst köstliches Apfel-Walnuss-Brot. **Pur Südtirol,** der neueste Ableger des erfolgreichen Öko-Lebensmittelhändlers mit Wein und Feinkost (bio und regional), einer Unverpackt-Abteilung und einem Bistro mit kalten und warmen Speisen, Kreuzgasse 11b, pursuedtirol.com. **Wianui,** der Upcycling Concept Store verkauft interessante Produkte aus recycelten Materialien, Stadelgasse 7a, wianui.eu.

Naturkost: Euvita Naturprodukte, Adlerbrückengasse 7a.

S'Ladele: Hofladen direkt an der Brennerstraße; Obst und Gemüse aus eigenem Anbau der Familie Jöchler vom Tschiedererhof, außerdem Säfte, Marmeladen, Sirup, Wein und anderes mehr von regionalen Produzenten. Brennerstr. 74, ✆ 324/8479252, tschiedererhof.it.

Kultur **Forum Brixen** **30**, Romstr. 9. moderne Mehrzweckhalle, auch „Filmclub", Programm unter ✆ 0472/257588, forum-brixen.com.

Dekadenz **14**, Obere Schutzengelgasse 3, engagiertes Kleinkunsttheater. ✆ 0472/836393 (Di–Fr 17–19 Uhr), dekadenz.it.

Baden **Erlebnisbad Acquarena,** architektonisch beeindruckende Wasseroper auf 5000 m² mit Hallen- u. Freibad, Sauna, Wellnessbereich und Restaurant. Kernzeit 10–19 Uhr, Eintritt inkl. Sauna (3 Std.) ab 27 €. Altenmarktgasse 28b, ✆ 0472/268433, acquarena.com.

Paragliding Beliebter Startplatz auf der Plose, Infos bei Para Tandemteam Südtirol, paratandemteam.com.

Radfahren **Leihräder** am Bahnhof durch Südtirol Rad, suedtirol-rad.com. **Bikeschule** Brixbike bietet Touren und Techniktraining, Stadelgasse 4, brixbike.it. Von Brixen aus führen drei gut ausgebaute **Radwege** durch das Pustertal nach Innichen, durch das Wipptal nach Sterzing und zum Brenner sowie die Etsch entlang nach Bozen, Salurn und Trient. 2018 wurde der Brixen Bikepark mit vier unterschiedlich schwierigen Lines eingeweiht (→ Auf die Plose, S. 69).

Wandern/Bergsteigen/Klettern **Kletterhalle Vertikale** **24** mit 1500 m² Kletterfläche und neuer, weltcuptauglicher Boulderanlage, Brennerstraße neben Acquarena, vertikale.it. Geführte Wanderungen veranstaltet der Tourismusverein im Sommer, für genaue Termine anfragen.

Wintersport Alpiner Skilauf auf der Plose (Region Eisacktal von Dolomiti Superski → S. 277). Für Schneeschuhtouren und Winterwanderungen findet man ideale Bedingungen und lohnende Ausblicke auf den weiten, relativ flachen Hängen der Lüsner Alm und der Plose.

Veranstaltungen/Feste Fast den ganzen Mai leuchtet Brixen im Zeichen des Wassers. Spektakuläre Lichtinstallationen von über 30 Künstlern sind über die ganze Altstadt verteilt, in der Vergangenheit waren auch die Franzensfeste und das Kloster Neustift Teil dieses magischen Festivals, das zu den eindrucksvollsten Veranstaltungen in Südtirol gehört. Beleuchtung in der Regel von 21 bis 24 Uhr, zum Teil auch tagsüber (in Innenräumen). Einige Veranstaltungen sind kostenpflichtig. Nähere Infos unter brixen.org/waterlight/de.

Südtiroler Brot- und Strudelmarkt, ein Wochenende Ende Sept./Anf. Okt., nicht nur große Auswahl an Brot und Kuchen/Torten/Strudeln/Krapfen, sondern auch Infos über alte Getreidearten, Backvorführungen u. a.

Vorweihnachtliche Lichtspektakel, in den vergangenen Jahren gab es Ende Nov. bis Anf. Jan. verschiedene sehr erfolgreiche Licht- und Musikspektakel im Innenhof der Hofburg, z. B. über die Ankunft des Elefanten Soliman in Brixen. Hoffentlich wird diese Eventreihe in den nächsten Jahren fortgeführt.

Weihnachtsmarkt, in der Adventszeit rund um den Dom, dazu Veranstaltungen wie Konzerte, Lesungen in Gastbetrieben, Spezialführungen, Krippenausstellung im Diözesanmuseum. An einem Wochenende Anf. Dez. findet der Adventsmarkt in den historischen Gassen von Stufels statt, mit Musik, Kunsthandwerk und regionalen Produkten.

Übernachten/Camping

→ Karte S. 66/67

Brixen besitzt eine Reihe guter, preislich gehobener, zentrumsnaher Hotels, allen voran das ehrwürdige Hotel „Elephant". Günstiger sind (auch in der HS im Aug., Weihnachten bis Febr.) die Quartiere in den Dörfern um Brixen.

In/nahe der Altstadt ****** Adler Historic Guesthouse 1,** historisches Stadthotel an der Adlerbrücke. Das Hotel gehört zur Gruppe der „Vinum Hotels Südtirol", die sich durch besonderes Wein-Know-how und Weinerlebnisangebote auszeichnen. Es wurde 2022/23 komplett neu gestaltet: mit einer modernen Fassade, die die alten Erkerformen neu interpretiert, mit geschmackvollen Zimmern und Suiten, mit dem hippen Café-Apéro an der Brückengasse, mit Sauna, Fitnessraum und einem kleinen Turm im Innenhof. Adlerbrückengasse 9, ✆ 0472/200621, adlerbrixen.com. **€€€€**

******S Elephant 29,** das Traditionshotel mit dem Elefanten als Wahrzeichen existiert seit dem 15. Jh., bietet jeden Komfort und hat mit der Apostelstube (→ Essen & Trinken) ein hauseigenes Sternerestaurant. Weißlahnstr. 4, ✆ 0472/832750, hotelelephant.com. **€€€€**

****** Pupp 23,** ultramodernes Hotel mit exklusivem Design innen wie außen, Dachterrasse mit Whirlpool. Das Angebot richtet sich ausschließlich an Erwachsene. Altenmarktgasse 36, ✆ 0472/268355, small-luxury.it. **€€€€**

****** Krone 27,** schon 1717 als Gasthof erwähnt, erweitert und erneuert, komfortable Zimmer, Wellnessbereich. Stadelgasse 4, ✆ 0472/835154, krone.bz. **€€€–€€€€**

***** Tallero 25,** angenehmes Stadthotel, gute Zimmer, Frühstücksraum unterm Dach mit Ausblick auf die Stadt. Alter Markt 35, ✆ 0472/830577, tallero.it. **€€–€€€**

MeinTipp ***** Alter Schlachthof 3,** allein schon die alte Steintreppe, die hinaufführt zu den 5 Schlafkojen unterm Dach, macht neugierig. Zimmer mit origineller Einrichtung, kuscheligen Kojen und liebevollen Details. Seit 2022

Der Elefant als Wahrzeichen

Von Brixen zum Rosengarten → Karte S. 60

Ü bernachten

1 Adler Historic Guesthouse
3 Alter Schlachthof
5 Kassianeum (Jugendherberge)
6 Kranebitt
15 Millanderhof
16 My Arbor
18 Biobauerhof Platzbon
19 Haller
23 Pupp
25 Cityhotel Tallero
27 Krone
29 Elephant

E ssen & Trinken

2 Decantei
3 Alter Schlachthof
9 Pizzeria Valentina
12 Finsterwirt
17 Kutscherhof
19 AO
20 Fink
21 Grissino
28 brix01
29 Apostelstube

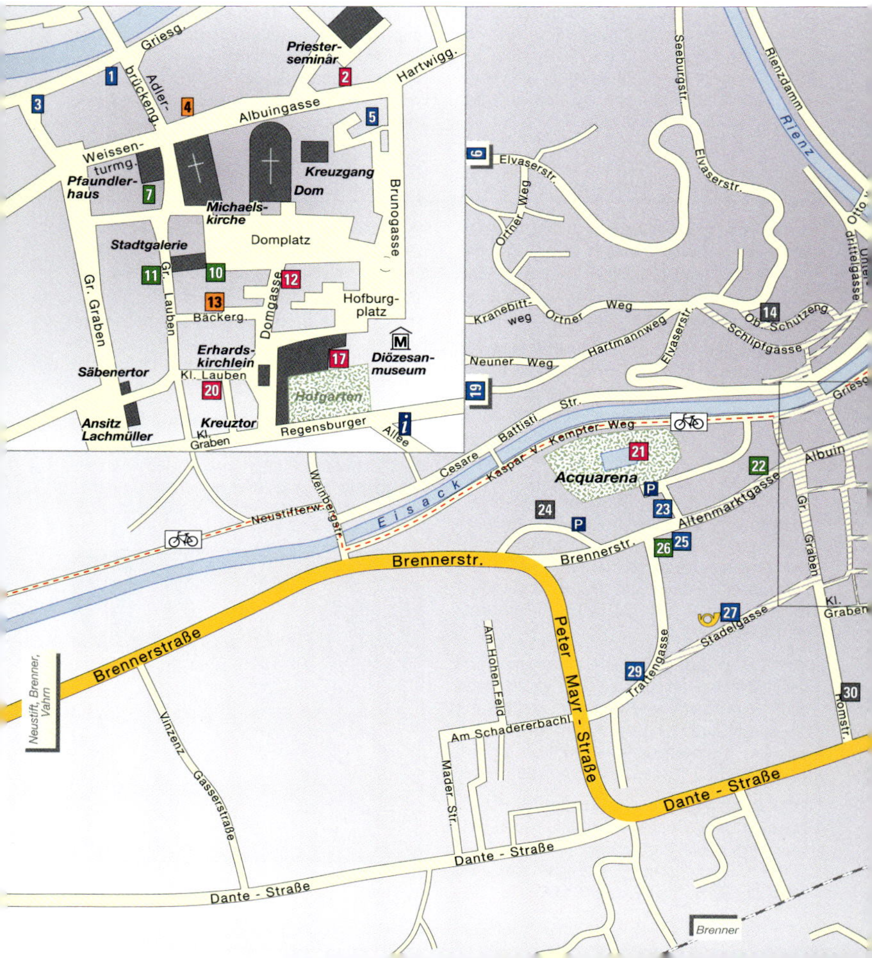

C afés, Imbisse, Bars

1 Adler Tagesbar
7 Domcafé
8 Café-Konditorei Heiss
10 Bar Rossini
11 Art Café
22 Vinus - Peter's Weinbistro
26 Pupp Café

N achtleben

4 Absolut Lounge
13 3fiori Bar Jazzkeller

S onstiges

14 Theater Dekadenz
24 Vertikale (Kletterzentrum)
30 Forum Brixen

wurde das Angebot um wunderschöne historische Zimmer und Apt. in den umliegenden Häusern erweitert. Hervorragendes Frühstück à la carte im schönen Lokal, alles bio, lecker und frisch zubereitet. Schlachthausgasse 4, ✆ 327/3621614, schlachthof.it. **€€–€€€** (Dachzimmer im Schlachthof), **€€€€** (übrige Zimmer und Apt.)

Jugendgästehaus Kassianeum (JH) 5, einfache Unterbringung in 2- und 4-Bett-Zimmern. Brunogasse 2, ✆ 0472/279999, jugendherberge.it. **€**

Außerhalb ***** S Millanderhof 15**, familienfreundlicher Gasthof mit modernen, funktionalen Zimmern und angenehmer Atmosphäre. Plosestr. 58, ✆ 0472/833834, millanderhof.com. **€€€–€€€€**

****** My Arbor 16**, spektakuläre Stelzenarchitektur mit Baumhausfeeling in einem Waldstück oberhalb von Brixen. Außergewöhnlich designte Suiten mit Panoramafenstern und Ausblick aufs Tal, großer Wellnessbereich mit 4 Saunen und Spa, Hallenbad und Infinity Pool. Hervorragendes Restaurant, zuvorkommender Service. Sehr hochpreisig, aber ein Erlebnis. Leonharderstr. 26, St. Andrä, ✆ 0472/694012, my-arbor.com. **€€€€**

***** Kranebitt 6**, nach Umbau hübsch aufgemöbeltes Hotel (viel Holz) oberhalb von Brixen, ruhig, sonnig, kinderfreundlich, schöner Pool mit Liegewiese, Wellnessbereich. Apt. ab 2 Pers. Elvaser Str. 78, ✆ 0472/836411, hotelkranebitt.com. **€€–€€€**

***** Haller 19**, sympathischer Familienbetrieb, eigene(r) Landwirtschaft/Weinberg, gemütliche Zimmer im Altbau, schicke Suiten im spektakulär in den Weinberg integrierten Neubau und hochwertiges Restaurant AO (→ Essen & Trinken). Weinbergstr. 68, ✆ 0472/834601, byhaller.com. **€€€–€€€€**

Biobauerhof Platzbon 18, 2 stilvoll mit Zirbenholzmöbeln eingerichtete Apartments für 2–4 Pers. in renoviertem historischem Bauernhof (samt Kälbern, Hühnern, Katzen, Schweinen, Laufenten) hoch über Brixen. Milch, Eier, Speck vom Hof, Brötchenservice. Rutzenberg 41, ✆ 0472/834162, platzbon.it.

In Neustift ****** Löwenhof**, Familienbetrieb an der Staatsstraße in Richtung Brenner, gute Ausstattung mit Pool, Whirlpool, Sauna und Dampfbad. Im Haus Restaurant-Pizzeria und Café-Bar. Sehr gut ausgestattete Zimmer. Hauseigener Campingplatz (→ „Camping") auf dem angrenzenden Grünbereich mit Freibad und Minigolf. Löwenviertel/Brennerstr. 60, Vahrn, ✆ 0472/836216, loewenhof.it. **€€€–€€€€**

Camping **Camping Löwenhof**, Platz mit guter Ausstattung und Swimmingpool, April bis Okt. geöffnet, Stellplatz und 2 Pers. 25–40 €. Brennerstr. 60, Vahrn, ✆ 0472/7836216, loewenhof.it.

Camping zum See, hübsch gelegener, einfacher Platz am Vahrner See mit Gastwirtschaft. Der Großteil des sauberen Sees mit großer Verlandungszone und Schilfgürtel ist streng geschütztes Feuchtbiotop. Auf absehbare Zeit ist Baden wegen Bergung von Kriegsrelikten verboten. Achtung: Die Zufahrt führt durch einen nur 2,90 m hohen und 2,70 m breiten Tunnel. Geöffnet April bis Okt. Gespann und 2 Pers. ca. 26–42 €. Vahrnerseeweg 6, Vahrn, ✆ 0472/832169, camping-vahrner-see.com.

Essen & Trinken/Abends

→ Karte S. 66/67

Restaurants **Finsterwirt 12**, Gasthaus seit 1743, mehrere alte getäfelte Räume, schöne Gartenterrasse, gehobene Küche. Mo/Di zu. Domgasse 3, ✆ 0472/835343, finsterwirt.com. **€€€**

Decantei 2, das 2019 neu eröffnete Restaurant wurde bereits von mehreren Lesern empfohlen: „Liebevoll und sehr geschmackvoll mit ökologischen Materialien eingerichtet." In historischem Gebäude mit Innenhof und Außengarten, klassische Südtiroler Küche auf gehobenem Niveau. Mo Ruhetag. Hartwiggasse 5, ✆ 0472/674270, decantei.it. ■ **Lesertipp €€–€€€**

Apostelstube 29, gehobene und verfeinerte Tiroler Küche im Hotel Elephant (→ Übernachten), Fisch- und Fleischgerichte, mediterran angehaucht. Ausgezeichnete Küchenleistung, 2023 gab es dafür einen Stern im Guide Michelin und 3 Hauben im Gault-Millau. Geöffnet nur Do–So abends. Tischreservierung. Weißlahnstr. 4, ✆ 0472/832750. **€€€€**

Fink 20, das alteingesessene Restaurant wurde 2023 vollständig umgebaut und bietet „Klosterküche" vom Feinsten: einfache Speisen aus hochwertigen Zutaten, wobei der Schwerpunkt auf vegetarischen und veganen Gerichten liegt. Außerdem 9 edle Suiten. So Ruhetag. Kleine Lauben 4, ✆ 0472/834883, restaurant-fink.it. **€€€–€€€€**

mein Tipp **Brix01 28**, Fischzuchtweg 17, hypermoderne Architektur am idyllischen Fischweiher, große Außenterrasse, gehobene Küche mit süditalienischem Einschlag, hervorragende hausgemachte Pasta, sehr gute Fleischgerichte, Bio-Rind, Lamm, Gemüse aus dem eigenen Hofgarten. Mo/Di geschl. ✆ 0472/268371, brix01.com. **€€€**

Alter Schlachthof 3, vom Namen sollte man sich keinesfalls abschrecken lassen! Denn was aus dem Gebäude, das bis 1983 in Betrieb und danach dem Verfall preisgegeben war, entstanden ist, kann sich sehen lassen. Das direkt am Radweg gelegene Lokal wurde behutsam saniert. Kulinarisch hat die Küche vom Brunch bis zum Aperitif einiges zu bieten, abends gibt es Burger. Live-Events. Schlachthausgasse 4, ✆ 327/3621614, schlachthof.it. **€–€€**

Pizzeria Valentina 9, hervorragende Pizza, gute Pasta. Mo Ruhetag. Millanderstr. 14, ✆ 0472/833625, pizzeriavalentina.com.

Kutscherhof 17, Bräustüberl im ehemaligen Kutschentrakt der Hofburg, urige Atmosphäre, malerischer Gastgarten. Hofgasse 6, ✆ 0472/802674, kutscherhof.it. **€–€€**

Grissino 21, im Gebäude der Acquarena, trendiges Restaurant, wo Thai-Food, Wokgerichte, Pizza aus dem Holzofen und mediterrane Nudelgerichte ein köstliches Nebeneinander führen. Altenmarktgasse 28b, ✆ 0472/262500. **€–€€**

AO 19, das Restaurant des Hotels Haller bietet sehr gute Südtiroler Küche, begleitet von hervorragenden Weinen, u. a. Eisacktalern aus Eigenanbau. Mi–Mo abends, So mittags geöffnet. Weinbergstr. 68, ✆ 0472/834601, byhaller.com. **€€€€**

Cafés, Imbisse, Bars **Bar Rossini 10**, kleine Bar, beliebter Treff. Domplatz 14.

Pupp Café 26, Tische auf der anderen Straßenseite, traditionelle Konditorwaren auf gehobenem Niveau. So/Mo geschl. Altenmarktgasse 37, pupp.it.

Café-Konditorei Heiss 8, Sacher- und Weincremetorte, Di geschlossen. Plosestr. 26.

Domcafé 7, Konditoreicafé und Eisdiele unter den Lauben des Pfarrplatzes. So geschlossen. Pfarrplatz 3.

Art Café 11, Eis, Panini, Fruchtsäfte, Kaffee und Kuchen im 1. Stock des Hauses. Blick auf die Großen Lauben. Große Lauben 8.

Vinus – Peter's Weinbistro 22, Weinlokal mit großer Auswahl, Mi/Fr abends und Sa mittags warme Küche, So geschlossen. Altenmarktgasse 6, vinothekvinus.it.

Adler Tagesbar 1, Bar und Café des Adler Historic Guesthouse unter den Arkaden. Adlerbrückengasse 9a.

Abends **3fiori 13**, sympathische Kneipe, Bar, Café, Jazzkeller, es gibt Craftbier, Wein und Snacks. So/Mo geschl. Bäckergasse 3, 3fiori.com.

Absolut Lounge 4, trendige Bar, Cocktails und Kaffeespezialitäten. So zu. Albuingasse 2.

meinTipp **Törggelen rund um Brixen** In mehreren Buschenschanken rund um Brixen kann man den Eisacktaler Wein kosten und deftige Tiroler Kost probieren, z. B. die beliebten Kastanien. Die beliebtesten Adressen sind: **Gattererhof** (Elvaserstr. 83, ✆ 0472/8387243, gattererhof.it) in Kranebitt und **Strasserhof** (Unterrain 8, ✆ 0472/830804, strasserhof.info) in Neustift, **Gummererhof** (Pinzagen 18, ✆ 0472/835553, gummererhof.it) und **Hubenbauerhof** (Schattengasse 12, ✆ 0472/830051, hubenbauer.com).

Von Brixen zum Rosengarten → Karte S. 60

Ausflüge in die Umgebung von Brixen

Auf die Plose

Im Sommer wie im Winter lockt die Kulisse des Brixner Hausberges, der Plose, eines Wander- und Skiberges, der mit dem Großen Gabler immerhin 2561 m erreicht – das sind von Brixen aus 2000 m Höhenunterschied! Kein Wunder, dass die waldfreie Gipfelregion schon im Frühherbst weiß überzuckert ist und der Schnee lange im Frühjahr liegen bleibt.

Die Kabinenumlaufbahn auf die Plose beginnt in **St. Andrä.** Die dortige spätgotische Pfarrkirche mit ihrem typischen hohen, spitzen Turm ist innen barockisiert, die Kapelle ist ein interessanter achteckiger Zentralbau von

1696. Im Weiler **Klerant** wurde die Kirche St. Nikolaus spätgotisch ausgemalt, der Freskenzyklus des Lebens des hl. Nikolaus, Passionsszenen und Motive aus dem Alten Testament stammen von Künstlern der Brixner Malerschule (um 1475), berühmt ist eine naive Darstellung eines Elefanten. Über den aus Einzelhöfen und den Weilern St. Jakob und St. Georg bestehenden Ort **Afers** und Palmschoss (mit Abzweigung zum Parkhotel Plose) und über das Halsl ins Villnösser Tal erreicht man **Kreuztal** und die Bergstation der Umlaufbahn. Almen ziehen sich hinauf bis zur mehrgipfeligen Plose, im Winter führen Sessellifte fast bis ganz hinauf. Prachtvolle Rundblicke ergeben sich von oben: Zillertaler Alpen im Norden, der Peitlerkofel und die Geislerspitzen der Dolomiten im Osten und Süden, die Sarntaler Alpen und das Becken von Brixen im Westen.

Anfahrt/Verbindungen Eine Straße führt über mehrere hübsche Weiler und Dörfer nach St. Andrä, von wo eine Kabinenumlaufbahn auf 2050 m führt. Über Afers und Palmschoss kann man der Bergstation auch mit dem Auto nahe kommen. Von dort Sessellift oder zu Fuß. Buslinie ab Brixen stündlich zur Talstation, im Winter Skibus.

Bergbahnen Die **Kabinenbahn Plose** fährt Ende Mai bis Ende Okt. 9–12/13–17 Uhr, Mitte Juni bis Anf. Sept. durchgehend bis 18 Uhr. **Kabinenbahn Pfannspitze** Mitte Juni bis Anf. Okt. 9–12.45 u. 13.30–17 Uhr. **Sessellift Palmschoss** Ende Mai bis Mitte Okt. 9–17 Uhr. Beide Kabinenbahnen Berg 19 €, Berg/Tal 24 €, Sessellift Berg 10 €, Berg/Tal 15 €. Mountainbikes werden in der Plosebahn und im Sessellift kostenlos befördert. Infos unter plose.org.

Das Lüsner Tal

Im schmalen, tief eingeschnittenen Lüsner Tal liegt nur das eine Dorf Lüsen sowie mehrere große, alte Bauernhöfe auf der Sonnenseite und ausgedehnter Wald auf der Schattenseite (Nordabfall der Plose). Immer noch leben die Menschen vorwiegend von der Landwirtschaft, das Vieh wird im Sommer auf die Lüsner Alm getrieben, ein ausgedehntes, welliges, zwischen 1900 und 2200 m hoch gelegenes Plateau mit Traumblicken auf den Peitlerkofel und die Dolomiten. **Lüsen** selbst ist jung. Ein Brand hat 1921 den gesamten Ort vernichtet, auch die Pfarrkirche, die aber schön renoviert wurde samt Barockinnenleben. Derzeit steht der Ort kurz davor, klimaneutral zu sein (Sonnenenergie, Wasserkraft, Geothermie). Die Gemeinde und die Gastgeber im Lüsner Tal haben als Teil der Klimastrategie ein kostenloses Gästebussystem auf die Beine gestellt. Im Winter fährt der Bus zum Skigebiet Plose und ermöglicht bei passendem Wetter (auch geführte) Schneeschuhwanderungen auf dem Kamm der Lüsner Alm zwischen Tulperhof und Kreuzwiesenalm, ein ideales Revier für Einsteiger. Wer im Sommer hierherkommt, will in erster Linie wandern, viel Ruhe haben und abends früh ins Bett.

Sehenswürdigkeiten sind die *Stricker Säge*, eine Venezianersäge mit nur einem senkrecht stehenden Sägeblatt, und die *Pardellermühle*, ein Bau von 1646 und heute Schaumühle. Die Touristeninformation organisiert von Mai bis Oktober Führungen zu beiden Sehenswürdigkeiten. Der *Lüsener Kulturwanderweg* führt vom Dorfplatz über die Pfarrkirche und das Naturfreibad am Gfasebach zur Bar Lüsen, weiter vorbei am Mairhof über eine Brücke bis zum Kaserbach. Hier zweigt der Naturlehrpfad zur Säge und zur Mühle ab, anschließend geht es zurück ins Dorf. Länge 4,5 km, Dauer 1:30 Std.

- **Tourismusbüro Lüsen,** Dorfgasse 19, Lüsen, ✆ 0472/413750, luesen.com.

Übernachten/Essen ***** Herol,** das familienfreundliche Hotel liegt etwas oberhalb von Lüsen. Großzügige, helle Zimmer mit viel Naturholz, Terrasse mit Aussicht auf die umliegenden Berge und kleiner, aber feiner Wellnessbereich. Auf dem Hof gibt es Kühe, Hund und Katzen, Haflingerpferde warten auf den Ausritt auf die Lüsner Alm. Berg 1, ✆ 0472/413770, hotelherol.com. **€€–€€€**

Kreuzwiesenalm, der behäbige Holz- und Steinbau nach altem Muster auf den Almwiesen oberhalb von Lüsen (1924 m) ist modern und urgemütlich mit viel Holz eingerichtet. Sauna, Naturbadeteich und Kegelbahn. Mit Almkäserei. Doppel- und Mehrbettzimmer, Matratzenlager. Geöffnet Mitte Mai bis Anf. Nov. und teilweise in der Wintersaison. Runggerstr. 18, ✆ 333/748 4880, kreuzwiesenalm.com. **€€€–€€€€**

Kompatscher Hof, „die Familie hat mit Kinderferien auf dem Bauernhof angefangen, und innerhalb von drei Generationen ist daraus ein tolles Hotel geworden." Gemütliche Zimmer mit viel Holz, neuer Panoramapool, 3 versch. Saunen und Dampfbäder, Ferienwohnung für max. 4 Pers., hofeigene Produkte wie Eier, Käse, Joghurt, Gemüse, Kräuter, Kalb- und Rindfleisch. Essen kann man hier auch, und „da der Juniorchef fürchterlich gut kocht", sollte man sich die Sache nicht entgehen lassen. ✆ 0472/413 600, kompatscherhof.it. ▪ **Lesertipp €€–€€€**

Klausen

Klausen liegt im engen Eisacktal am Fuß eines hohen, isolierten Felsens, auf dem sich mehrere alte Bauten befinden, Kirchen und Burgen, gekrönt vom Kloster Säben, dem ersten Sitz des Bischofs von Bozen-Brixen.

Kein attraktiver Ort für einen Bischof und noch weniger für die Bürger. Immerhin war das zwischen Fluss und Klosterfels eingezwängte Städtchen ein ziemlich schlecht zu erobernder Ort und damit zumindest bis ins 19. Jh. sicher. Und jedermann, vor allem jeder Kaufmann, musste durch die Klausner Hauptstraße, wenn er im Eisacktal unterwegs war, und seinen Pfennig Maut bezahlen. Also doch ein guter Standort.

Sehenswertes

Stadtspaziergang: Machen Sie einen Spaziergang auf der (fast) verkehrsfreien Hauptstraße. Wo bis in die 1960er-Jahre der Durchgangsverkehr rauschte, herrscht heute beschauliche Fußgängerruhe. Am besten beginnt man auf der Nordseite beim *Brixner Tor*, wo die Kaufleute aus Deutschland ankamen und in der angebauten (spätgotischen) Apostelkirche erst mal ein Gebet sprachen, bevor es ans Geschäft ging (und an das Zahlen der Maut). Dann die „Oberstadt", wie sich die schmale Hauptstraße hier nennt: Für die südtiroltypischen Lauben ist hier kein Platz. Hübsche, breite Häuser, Erker, Wappen, mit steinernen Rahmen eingefasste Fenster sind zu sehen, und im Erdgeschoss herrscht Gegenwartsgeschäftsgeist mit Läden und Gaststätten. Gleich rechts (Nr. 67) ist ein Renaissancehaus mit schönen Fresken zu bewundern, Nr. 59 ist das schöne gotische *Alte Rathaus* und Nr. 37 (ebenfalls rechts) das *Säbner Haus*. Auf dem Pfarrplatz etwas unterhalb steht die *Pfarrkirche St. Andreas*. 1498 wurde sie fertig, und aus dieser Zeit haben sich einige spätgotische Gemälde, die Empore und Statuen erhalten. Ab hier heißt die Hauptstraße „Unterstadt",

In Klausens „Oberstadt"

Von Brixen zum Rosengarten → Karte S. 60

sonst ändert sich nichts, hübsche Häuser rechts wie links. Knapp vor ihrem Ende beginnt rechts der Säbener Aufgang, wo es anschließend zum Kloster hinaufgeht (s. u.).

Jenseits des Tinnebachs steht etwas isoliert das ehemalige *Kapuzinerkloster* von 1701. Die Kapuziner sind erst 1972 gegangen, heute beherbergt ein Teil des Komplexes das *Klausner Heimatmuseum*. Das Gebäude besitzt den kostbaren Loretoschatz. Der war ein Geschenk der letzten spanischen Habsburgerkaiserin an ihren Hauskaplan, der aus Klausen stammte.

▪ **Klausner Stadtmuseum:** Ende März bis Anfang Nov. Di–Sa 9.30–12/15.30–18 Uhr, So, Mo und an Feiertagen geschl. Eintritt 4 €, erm. 1,50 €; ☏ 0472/846148, museumklausen chiusa.it.

Der Säbener Aufgang: Diese lange Stiege, die von der Unterstadt bis zur Heiligkreuzkirche auf der Spitze des Säbener Berges führt, war und ist ein Wallfahrts- und Kreuzweg, wie die Kreuzwegstationen zeigen. Man passiert nach einem steilen Treppenstück die *Burg Branzoll* (nicht zu besichtigen) mit mächtigem Bergfried. Dann erreicht man die *Liebfrauenkirche*, einen achteckigen barocken Zentralbau, schön sind die Fresken zum Marienleben in der Kuppel. Sie entstand als Votivkirche der Klausner Bürger, die von der Muttergottes vor der Pest bewahrt worden waren. Entlang dem Benediktinerinnenkloster gelangt man zur *Klosterkirche* von 1687, besonders schön die schmiedeeisernen Gitter, die den Chorraum der Schwestern vom Schiff abtrennen. Noch eine Treppe und wir sind am höchsten Punkt mit der kleinen *Heiligkreuzkirche*. Sie steht auf sehr viel älteren Vorgängerinnen, der prominente und gut zu verteidigende Standort war seit vorgeschichtlicher Zeit besiedelt. Bei der Kirche handelt es sich um den Dom des Bischofs Ingenuin (um 600), umgebaut in der Spätgotik als Palastkapelle der bischöflichen Burg. Das großartige Kruzifix auf dem Hochaltar ist von Leonhard von Brixen.

▪ **Liebfrauenkirche:** Juli bis Okt. Di, Mi, Fr und Sa 14–17 Uhr; **Gnadenkapelle, Heiligkreuz- und Klosterkirche:** tgl. 8–17/18 Uhr. Das **Kloster** kann nicht besichtigt werden.

Hoch über Klausen: das Kloster Säben

Praktische Infos

Information **Tourismusverein Klausen,** klausen.it.

Verbindungen **Pkw:** Brennerautobahn/ Ausfahrt Klausen, die Altstadt ist Fußgängerzone. **Bahn:** Am Bhf. Klausen halten alle Regionalzüge. **Bus:** Busbhf. im Norden der Stadt am Ende des Marktplatzes, Busse von/nach Bozen, Brixen/Bruneck/Innichen, ins Villnösser Tal und Grödner Tal.

Markt Monatsmarkt zu bestimmten Tagen des Heiligenkalenders (z. B. 10. Aug. Laurenzimarkt, 14. Sept. Hl.-Kreuz-Markt). Bauernmarkt Mai bis Okt. Do vormittags.

Baden/Schwimmen **Erlebnisbad Klausen,** Freibad, tgl. 10–19 Uhr, Sa/So ab 9 Uhr. Tagesticket 7,50 €, erm. 4,50 €.

Veranstaltungen Traditionelles **Gassltörggelenfest** an 3 Samstagen im Sept./Okt. in der Altstadt mit Vorstellung hiesiger Handwerksberufe, kulinarischen Spezialitäten und Unterhaltungsprogramm. Am Krampustag (5. Dez.) **Krampusumzug** durch die Altstadtgassen: Auch in Südtirol wird der hl. Nikolaus (6. Dez.) vom Krampus begleitet, einem borstigen, schwarzen Teufel mit heraushängender roter Zunge und Rute, mit der er besonders gern hübsche Mädchen schlägt.

Übernachten/Essen *****S Der Rierhof,** Fragburg 7, Hotel am Ortsausgang in Richtung Bozen, relativ ruhig, mit Frei- und Hallenbad, Sauna und Wellness, große Balkone und komfortable Zimmer. ✆ 0472/847454, rierhof.it. **€€–€€€**

Gasslbräu, Wirtshausbrauerei, deftige Küche und originelles, rustikales Ambiente, Treffpunkt auch der Einheimischen. In der Gschwendtstube werden die Gemälde des Klausener Künstlers Heiner Gschwendt präsentiert, der 71 Jahre seines Lebens in Klausen verbrachte und dort malte. Di Ruhetag. Gerbergasse 18, ✆ 0472/523623, gassl-braeu.it. **€–€€**

Mein Tipp **Torgglkeller Schmuckhof,** majestätischer, verschachtelter, im Kern mittelalterlicher Bau unterhalb der Burg, der neben dem Hotel mit Restaurant auch den urigen Buschenschank Torgglkeller beherbergt. Sehr gute rustikale Küche, riesige Pizzen und ruhige, modern eingerichtete Zimmer sowie üppiges, vielseitiges Frühstück, Mo Ruhetag. Der Parkplatz liegt unmittelbar vor bzw. nach dem Tunnel an der Hauptstraße, daher Vorsicht beim Abbiegen. Tinneweg 7, ✆ 0472/847026, schmuckhof.it. **€€–€€€**

***** Ansitz Fonteklaus,** Hotel im alten Ansitz mit modernem Anbau, ganz isoliert 400 m hoch über Klausen gelegen. Der mittelalterliche Ansitz mit seinen 11 Zimmern wurde vom heutigen Besitzer liebevoll saniert. Ausgesprochen schmackhafte Küche. Laion, ✆ 0471/655654, fonteklaus.it. **€€–€€€**

**** Ansitz Gamp und *** Camping Gamp,** ausgedehnter Komplex aus Gasthof mit Nebengebäuden und kleinem Campingplatz, nicht gerade ruhig gelegen. Pool, Liegewiese, modern renovierte Zimmer, gute Sanitärausstattung. Stellplatz und 2 Pers. 34–50 €. Ganzjährig geöffnet. Griesbruck 10, ✆ 0472/847425, camping-gamp.com. **€€–€€€**

Von Brixen zum Rosengarten → Karte S. 60

Lajen

Über dem Eingang zum ladinischen Grödner Tal thront auf einer Sonnenterrasse in ca. 1100 m Höhe ein deutschsprachiger Ort, das große Dorf Lajen. Der Dorfplatz ist von mehreren historischen Gebäuden umgeben, darunter das Minnehus und der Ansitz Zehentner. Der besonders im Herbst wunderschöne historische Poststeig führt von hier als Wanderweg hinein ins Grödner Tal.

Auf einer tieferen, schmaleren Terrasse um die 800 m liegen die Höfe des **Lajener Rieds.** In einem davon soll *Walther von der Vogelweide* geboren worden sein (das wird allerdings auch anderswo behauptet). Die isolierten Weiler *Tschöfas, Tanürz* und *St. Peter* mit seiner großen Kirche (Außenfresken!) sind durch eine schmale und kurvige Panoramastraße mit grandiosen Blicken auf Schlern und Langkofel miteinander verbunden. St. Peter ist die letzte deutschsprachige Siedlung vor den dichten Wäldern unter dem

Raschötzberg, welche die deutschen und ladinischen Orte des Grödner Tals trennen. Die Straße von Klausen zum Grödner Tal folgt der Trasse der ehemaligen Grödner Bahn, die vom österreichischen Militär in Rekordzeit von September 1915 bis Februar 1916 auf 31,4 km gebaut wurde und Brixen mit dem hintersten Grödner Tal verband.

▪ **Tourismusverein Lajen,** Walther von der Vogelweide 30b, Lajen/Laion, ✆ 0471/655633, lajen.info.

Übernachten/Essen ****** Ansitz Zehentner,** erstmals 1357 erwähnter Hof mit mächtigen Außenmauern und teils historischen Stuben, Zimmern und Apt., mit schöner Holztäfelung. Dorfplatz 8, ✆ 333/2677554, zehentner.it. **€€–€€€**

Außervogelweiderhof, Sie wollen Urlaub auf dem Bauernhof verbringen, wo (vielleicht) schon Walther von der Vogelweide Hand angelegt hat? Bitte sehr: Es erwarten Sie 4 Apartments und die Einladung, auf dem Hof mitzuarbeiten (nicht enttäuscht sein, das Wohngebäude stammt nicht mehr aus der Zeit des Minnesängers). Produkte aus eigener Landwirtschaft und eine freundliche Besitzerfamilie. Ried 138, ✆ 0471/786250, ausservogelweiderhof.it. **€€**

Café am Platzl, Dorfplatz 7, tgl. außer sonntags geöffnet, schön zum Draußensitzen bei Kaffee und Kuchen oder einem Aperitivo.

Törggelen **Putzerhof,** Ried 127, freundliche Buschenschank in der Stube des Bauernhofs, dessen gute Rot- und Weißweine zum rustikalen Essen auf den Tisch kommen: Knödel, Schlutzkrapfen, Krapfen, Speck. Von Klausen kommend, biegt man bei der Bushaltestelle Ried scharf rechts und gleich wieder scharf links ab, um den Hof zu erreichen. Sept. bis März tgl. ab 12 Uhr, an Werktagen wird um Reservierung gebeten, ✆ 0471/655785.

Oberfinserhof, Ried 151, urige Buschenschank mit klassischer Törggelenküche, alleine die holzgetäfelte Stube mit dem gemütlichen Ofen ist schon (fast) den Besuch wert. Sept. bis Dez. geöffnet, ✆ 0471/654398.

Waidbruck

Wo das Eisacktal sich zur Schlucht verengt, die sich erst bei Bozen wieder öffnet, liegt Waidbruck, von der Römerzeit bis heute ein Verkehrsknotenpunkt: Hier zweigt aus dem Eisacktal die Straße ins Grödner Tal ab, in römischen Zeiten be-

Wacht am Taleingang: Trostburg bei Waidbruck

gann hier die Straße über den Ritten nach Bozen. Die **Trostburg** bewachte im Mittelalter den Eingang zum Grödner Tal, und da steht sie noch heute, als ob sie nach wie vor zur Verteidigung bereit wäre. Die mittelalterliche Burg wurde während der Renaissance ausgebaut und prächtig ausgestattet, was man ihr von außen nicht ansieht. Die Innenräume sind z. T. noch original, eine Ausstellung informiert über *Oswald von Wolkenstein*, von dem (wohl zu Unrecht) behauptet wird, dass er hier seine Kindheit verbracht habe.

Anfahrt/Verbindungen **Pkw:** Waidbruck liegt an der Abzweigung der Grödner-Tal-Straße von der Brennerstraße, nächste Autobahnausfahrten sind Klausen und Bozen-Nord.

Alle **Busse** zwischen Bozen und Brixen halten in Waidbruck. Achtung: Die Busse nach Gröden starten nicht von der Eisacktalstraße aus (Haltestelle), sondern auf der linken Eisackseite, man muss die Brücke queren, die Haltestelle liegt dann links am Parkplatz. **Bahn:** In Waidbruck halten nur Regional- und Lokalzüge.

Trostburg Besichtigung nur mit Führung: April bis Okt. um 11, 14 und 15 Uhr, im Juli/Aug. auch um 12 und 16 Uhr. Eintritt 8 €, erm. 5 €. Die Burg ist vom Hauptplatz in Waidbruck in 20 Min. zu Fuß über die alte (für Pkw gesperrte) Zufahrt zu erreichen. ✆ 0471/654401, burgeninstitut.com.

Das Villnösser Tal

Wenige Dolomitenbilder sind so bekannt wie das der Geislerspitzen mit dem Kirchlein St. Johann in Ranui im grünen Vordergrund. Das Bild trügt nicht: Das Villnösser Tal ist eines der wenigen grünen, ruhigen und bäuerlichen Dolomitentäler Südtirols. Vom Eisacktal muss man zuerst eine schmale, tief eingeschnittene Waldschlucht durchqueren, bevor man unterhalb von St. Peter in die sonnige Weite des Villnösser Tals hinaustritt. Die lockere bäuerliche Siedlung bestand ehedem nur aus Einzelhöfen und Weilern, heute haben **St. Peter** (hier zweigt die vor allem bei Motorradfahrern beliebte, panoramareiche Straße zum Würzjoch und weiter ins Gadertal ab), **St. Magdalena** und das auf das Eisacktal hinunterschauende **Teis** Dorfcharakter. Überall begrenzen die Spitzen der Geislergruppe – nicht umsonst meist Geislerspitzen genannt – oder die der nicht minder schroffen **Aferer Geisler** den Blick. Die Bauern leben wie eh und je von der Landwirtschaft, ein wenig Urlaub auf dem Bauernhof und Zimmervermietung kommen hinzu. Der Urlaub hier ist nicht unbedingt gemächlich: Reinhold Messner, der aus Pitzak im mittleren Tal stammt, hat am **Sass Rigais,** dem höchsten und eindrucksvollsten Gipfel der Geislerspitzen, das Klettern gelernt. Es spricht nichts dagegen, das im Urlaub auch zu versuchen. Alternativen für Bewegungsfreudige sind: eine Mountainbiketour zum Würzjoch (wegen der vielen Motorradfahrer möglichst nicht am Wochenende in den Sommermonaten), Wanderungen zur Schlüterhütte und zum Peitlerkofel, im Winter Schlittenfahren und Rodeln im hinteren Tal – so geruhsam sich das Tal gibt, so viele Möglichkeiten zur aktiven Freizeitgestaltung gibt es. Und für Genießer eine gute Nachricht: Das Villnösstal ist die erste Slow-Food-Travel-Destination in Südtirol, woran das seltene Villnösser Brillenschaf seinen Anteil haben dürfte (mehr Infos dazu unter slowfood.villnoess.com).

Sehenswertes/Ausflüge

St. Peter: Auf einer sonnigen Terrasse über dem Tal liegt die Pfarrkirche Peter und Paul, um die sich das kleine Dorf mit Gasthäusern, Post, Bank und Laden schart. Interessanter als die häufig umgebaute und erneuerte Pfarrkirche sind

Von Brixen zum Rosengarten → Karte S. 60

zwei Kapellen in nahen Weilern. *St. Valentin in Pradell* hat einen prachtvollen spätmittelalterlichen Flügelaltar, dessen Gemälde mit Szenen aus dem Leben des hl. Valentin deutlich von Michael Pacher beeinflusst sind. Das Fresko des Christophorus an der Außenwand ist eines der schönsten Südtirols. Von hier aus kann man sehr schön zu Fuß zum Kapellchen *St. Jakob am Joch* aufsteigen. Auch hier ist ein Flügelaltar (von 1517) zu bewundern, er stammt wie der von St. Valentin in Pradell aus der Brixner Werkstatt.

Beide Kirchen Juli bis Okt., St. Valentin Do 16–18 Uhr, St. Jakob Do/So 16–17.30 Uhr.

St. Magdalena: Das Dorf liegt dort, wo sich das Villnösser Tal wieder verengt, aber der Blick auf die Geislerspitzen besonders schön ist. Insbesondere das Kirchlein *St. Johann in Ranui* mitten in einer Wiese hat eine unvergleichliche Lage. Die Kirche entstand nach 1744, ihr schlankes Türmchen mit der Zwiebelhaube und die bemalte Fassade sind hübsch, aber das Besondere ist die ungewöhnliche Position des Turms: Er ist um 45 Grad gegen das Kirchenschiff gedreht (Schlüssel zur Kirche im Ranuihof nebenan).

St. Magdalena im Abendlicht

Teis: Mineraliensammlern sind die *Teiser Kugeln* ein Begriff, oft kugelrunde Geoden, also Steinkugeln mit einem Hohlraum, der mit Achat-, Amethyst- oder Calzedonkristallen gefüllt ist. Die Fundstellen befinden sich am Bach unweit des Dorfes Teis in dort anstehenden Gesteinslagen von Quarzporphyrtuff. Das Schürfen ist verboten. Wer die Teiser Kugeln an Ort und Stelle sehen will, hat eine einzige Möglichkeit: die geführte Wanderung *Teiser Kugeln suchen mit Paul Fischnaller*, die vom Tourismusbüro Teis mehrmals im Jahr veranstaltet wird. In Teis gibt es ein kleines *Mineralienmuseum* (Sammlung Paul Fischnaller).

Tourismusbüro Teis, nur Ostern bis Anf. Nov., Di–Fr 9–12, Sa 14–17 Uhr, ✆ 0472/844522, villnoess.com. **Mineralienmuseum,** im Vereinshaus, Palmsonntag bis Anf. Nov. Di–Fr 10–12/14–16, Sa/So 14–17 Uhr, Eintritt 8 €, erm. 3,50 €, Führungen auf Anfrage, mineralienmuseum-teis.it.

Wanderung zur Brogleshütte (Adolf-Munkel-Weg): Als einer der schönsten Wanderwege der Dolomiten gilt der Adolf-Munkel-Weg, der durch die Almwiesen und Bergwälder am Fuß der Geislerspitzen verläuft. Die Wanderung zur Brogleshütte und hinunter nach Ranui beginnt am Parkplatz Zans, im Mittelstück geht man auf einem um 1900 angelegten Weg. Odle, Sass Rigais, Fermeda und Seceda sind aus der Nähe zu sehen, und das für jeden einigermaßen bergtüchtigen Wanderer, denn der Weg hat keine besonderen Schwierigkeiten. Gehzeit ca. 5 Std.

Wanderung zur Schlüterhütte: Ebenfalls vom Parkplatz Zans geht es zur Schlüterhütte mit ihrer prachtvollen Fernsicht zunächst durch Bergwald, dann über Almwiesen und zum Abschluss noch ein kurzes steiles Stück bergauf. Die Hütte liegt am Grat und bietet einen Blick sowohl auf die Geislerspitzen als auch hinüber in die ladinischen Täler. Zur Mittagspause gibt's Gerstensuppe, Speckknödel oder Wildgulasch mit Polenta. Gehzeit ca. 3:30–4 Std.

Wanderung 4: Rund um die Aferer Geisler → S. 293
Längere, technisch leichte Tour rund um das Massiv im Villnösser Tal

Basis-Infos

Information Tourismusverein Villnöss, Peterweg 10, Villnöss/Funes, ✆ 0472/840180, villnoess.com.

Dolomites UNESCO Info Point, in Zans im Villnösstal informiert eine sehenswerte multimediale Ausstellung in einem postmodernen Gebäude über die Entstehung der Dolomiten, die 2009 als Weltnaturerbe ausgezeichnet wurden. Juli/Aug. tgl. geöffnet, sonst Mo geschlossen.

Verbindungen Pkw: von St. Magdalena bis Zanser Alm enge und kurvige Straße, großer Parkplatz an der Zanser Alm, Parkgebühr 6 €.

Bus: von Brixen über Bhf. Klausen bis zu 12x tgl. nach Ranui, im Sommer bis zu 12x tgl. bis Zanser Alm. Im Aug. **Kleinbusdienst** 5x tgl. vom Parkplatz in Ranui zur Zanser Alm, 2 €.

Gästekarte Mit der **Dolomiti Mobil Card** freie Nutzung der öffentlichen Verkehrsmittel und eine Reihe von freien Eintritten bzw. Ermäßigungen. Die **Dolomiti Museummobil Card** ermöglicht zusätzlich den Eintritt in rund 80 Museen. Infos unter dolomiticard-villnoess.com.

Einkaufen Etwa 500 Tiere des endemischen Villnösser Brillenschafs, erkennbar an seinem schwarzen Augenfleck, weiden auf den Almen bis in 2500 m Höhe. Das **Lammfleisch,** das zum Presidio-Slow-Food-Produkt gekürt wurde, ist besonders zart und aromatisch und wird unter dem Namen *Furchetta* vermarktet, Verkauf u. a. im Dorfladen von St. Magdalena, Bergerweg 14, furchetta.it. Schafwollprodukte aus Villnösser **Naturwolle** produziert Naturwoll, Pardell 41 ✆ 0472/840080, nur vormittags geöffnet, naturwoll.com. **Käse,** Joghurt, Marmelade und Sirup im Hofladen der seit 2015 zertifizierten Biokäserei Petrunderhof, Valentinweg 42, St. Valentin/ Villnöss, petrunderhof.com. Das neu gegründete **Villnösser Bauernladele** befindet sich im Gebäude des Viel Nois (→ Übernachten) in St. Peter und ist Di–So geöffnet. Angeboten werden Produkte der lokalen Betriebe.

Veranstaltungen/Feste Das berühmte Villnösser **Speckfest** mit Musik, Rahmenprogramm und Bauernmarkt findet seit 2023 Ende Sept./Anf. Okt. auf dem Kronplatz statt (Infos unter speck.it). Die **Lammwochen** vom Villnösser Brillenschaf werden im Okt. mit entsprechenden Spezialitäten in den Gaststätten zelebriert; außerdem Veranstaltungen, Bauernmarkt und Lammfest mit Musik.

Speziell für Kinder Der Tourismusverein führt im Sommer (Mai bis Okt.) ein **Kinderaktivprogramm** durch. Es geht zum Reiten, ins Schwimmbad, zum Klettern, auf Mineraliensuche (Teiser Kugeln) oder zum Brotbacken auf dem Bauernhof. Die **Dolomiti-Ranger** des Naturparks bieten ebenfalls ein naturkundliches Programm, auch im Winter. Vergünstigungen mit der Dolomiti Mobil Card.

Hochseilgarten, 12 Parcours in unterschiedlichen Höhen und Schwierigkeitsgraden, 14 m hoher Kletterturm. Juni bis Sept. 9–18 Uhr, in der NS auf Anfrage, Erw. 22 €, Kinder 11–18 €. Villnöss, St. Magdalena, ✆ 0472/840602, hochseilgarten-villnoess.it.

Übernachten/Essen & Trinken

Der Großteil der Übernachtungsmöglichkeiten im Villnösser Tal besteht aus Zimmern mit Frühstück, Apartments und Urlaubsbauernhöfen, doch gibt es auch ein paar angenehme Hotels und Gasthöfe.

****** Tyrol,** das moderne Hotel schaut über den eigenen Garten mit Swimmingpool und großer Liegewiese hinweg auf die Geislerspitzen. Funktional-behagliche Zimmer mit Balkon, besonders schön die mit Blick auf die

Von Brixen zum Rosengarten → Karte S. 60

Geislerspitzen. Kirchweg 12, St. Magdalena, ✆ 0472/840104, tyrol-hotel.eu. **€€€€**

***** Ranuimüllerhof,** schönes Hotel im Talboden nahe dem Kirchlein in Ranui, Wald gleich hinter dem Hotel. Viel helles Holz, gutes Restaurant, reichhaltiges Frühstücksbuffet. Schleckermäuler kommen wegen der hausgemachten Mehlspeisen am Nachmittag. St. Johann 1, St. Magdalena, ✆ 0472/840182, ranuimuellerhof.com. **€€€–€€€€**

***** Teiser Stern,** sympathischer Wandergasthof nahe der Kirche, angenehm helle Zimmer, die meisten mit Balkon, Liegewiese mit beheiztem Pool, Kinderspielplatz und familiäre Atmosphäre. Teiserstr. 13, Teis, ✆ 0472/844 555, teiser-stern.it. **€–€€**

***** Gsoihof,** auf den Mauern eines der ältesten Villnösser Höfe (1268) neu gestaltetes Bauernhofhotel, gelungene Verknüpfung von Moderne und historischen Bezügen. Gekocht wird vorwiegend mit hofeigenen und lokalen Produkten, den Käse kann man genießen und auch kaufen. Vollergnadenweg 4, ✆ 0472/840 003, hotel-gsoihof.com. **€€€**

meinTipp **Dreimädelhaus,** Kombi aus Restaurant mit traditioneller Südtiroler Küche und Pizzeria oberhalb von St. Peter. Die Aussicht von der Sonnenterrasse auf die Geislerspitzen ist fast schon kitschig, im Inneren sitzt man äußerst gemütlich in der Tiroler Stube, und das Essen ist einfach himmlisch! Nach Schlutzkrapfen, Knödeltris, Grillteller oder leckerer Holzofenpizza unbedingt Platz lassen für die Topfen-Nougat-Knödel! Mi Ruhetag. Coller Str. 10, St. Jakob, ✆ 0472/840102, dreimaedelhaus.info. **€–€€**

Historische Jagdfresken im Ranuihof

meinTipp **Ansitz Ranuihof,** erstmals 1370 urkundlich erwähnter Hof mit sensationellen Fresken aus dem 17. Jh., die den gesamten 1. Stock schmücken und – der früheren Funktion des Hauses als Jagdsitz entsprechend – farbenprächtige Jagdszenen zeigen (nur für Hausgäste zu besichtigen). Gemütliche Zimmer und holzgetäfelte Stube, die malerische Kapelle St. Johann in Ranui liegt nur wenige Meter entfernt. St. Johann 2, St. Magdalena, ✆ 339/604 4685, ranuihof.com. **€€–€€€**

Viel Nois, Guesthouse nennt sich der schmucke Familienbetrieb im Zentrum von Villnöss. Schicke Zimmer und Mini-Apartments im holzbetonten Alpin-Stil. Sauna und Pool auf dem Dach. Die Restaurant-Pizzeria befindet sich im EG. Hier gibt es alles, was das Herz begehrt, vom Brunch über den Apfelstrudel am Nachmittag bis zum Aperitivo am Abend. Mo Ruhetag. Peterweg 8, ✆ 0472/840526, vielnois.com. **€€€**

meinTipp **Pitzock,** Überraschung im Weiler Pitzock zwischen St. Peter und St. Magdalena: Zum alten Gasthof sind ein modern-minimalistischer und ein streng holzbetonter Raum gekommen, in denen fantasievoll variierte Gerichte der italienischen Küche, einige mit Villnösser Pfiff, serviert werden. Koch Oskar Messner ist ein Fan des Villnösser Brillenschafs und serviert dementsprechende Leckereien (lauwarmer Lammschinken auf Rote-Bete-Knödel-Salat, Tortelloni gefüllt mit Lammzüngerl und Thymianschaum und eine geschmorte Lammstelze auf Kräuterrisotto). Im Gault-Millau 2 Hauben, Mi Ruhetag. Pizack 30, St. Peter, ✆ 0472/840127, pitzock.com. **€€€**

Almen/Hütten **Schlüterhütte** (Rifugio Genova), 2306 m, CAI Genua, 90 Schlafplätze in Zimmern und Lagern, gute deftige Küche. Vom Parkplatz Zans ca. 1:30 Std. Mitte Juni bis Mitte Okt. ✆ 0472/670072, schlueterhuette.com. **€€**

Zanser Schwaige (1685 m), private, neu erbaute Hütte, nur ein paar Fußminuten vom

Parkplatz Zans entfernt und entsprechend gut besucht. Zünftige Jausen und Mehlspeisen. Mai bis Allerheiligen, ✆ 380/7908439, zanserschwaige.com.

Treffpunkt Zans, im modernen Stil errichtete Almhütte am Parkplatz Zans, gemütlicher Außenbereich mit Holztischen. Deftige Brotzeit, ein Glas Wein oder Kaffee und Kuchen tagsüber bis in den frühen Abend. Treffpunkt für Wanderer, Radler, Skifahrer, Rodler und Einheimische. E-Bike-Ladestation. Mai bis Anf. Nov. (Mo Ruhetag) sowie in der Wintersaison (dann Mo, Di Ruhetag), ✆ 0472/840054, zans.it.

Gampenalm, 2062 m, privat, beliebtes Berggasthaus auf dem Weg vom Parkplatz Zans zur Schlüterhütte, 30 Betten und Lager. Juni bis Anf. Nov. und zur Wintersaison. ✆ 348/272 1587, gampenalm.com. **€€–€€€**

Gschnagenhardtalm, 2006 m, Almhütte am Adolf-Munkel-Weg, rustikale Küche, Kinderspielplatz. Vom Parkplatz Zans ca. 1–1:30 Std. Mai bis Okt., gschnagenhardtalm.it.

Geisleralm, 1996 m, Südtiroler Küche, Kinderspielplatz und Streichelzoo. Vom Parkplatz Zans ca. 1–1:30 Std. Mai bis Nov. (in der NS Mo Ruhetag) und Ende Dez. bis März (in der NS Di/Mi Ruhetag), geisleralm.com.

Kaserillalm, 1920 m, kleine, gemütliche Almhütte etwas abseits der Hauptrouten. Eigene Käseproduktion und Verkauf. Vom Parkplatz Zans ca. 1 Std. Juni bis Mitte Okt., teils auch im Winter, kaserillalm.com.

Brogleshütte, 2045 m, Alm in spektakulärer Panoramalage, von Ranui ca. 2:30 Std., von der Seceda-Mittelstation ca. 1:30 Std. Ende Juni bis Anf. Okt.

Der Naturpark Puez-Geisler

Eine gewaltige tektonische Bruchlinie trennt die sanften Wiesenhänge des Villnösser Tals von den schroffen Felsen der Geislerspitzen. Während die Wiesen über dem leicht abtragbaren roten Sandstein liegen, ist das Gebirge aus oft blendend weißem Schlerndolomit aufgebaut. Die aus Aferer Geislern im Nordosten und Geislerspitzen im Süden bestehende Geislergruppe ist zusammen mit dem Hochplateau der Puezgruppe Teil des Naturparks Puez-Geisler. Der Naturpark erstreckt sich also über deutsch- und ladinischsprachige Teile Südtirols und umfasst auch Teile des Grödner und des Abtei- bzw. Gadertals. Und der Naturpark ist ein prächtiges **Wandergebiet:** So kann man die Puezgruppe von Südwesten nach Nordosten auf einem einfachen Wanderweg durch hochalpines Gelände durchqueren und der Adolf-Munkel-Weg (s. o.) wird immer wieder als einer der schönsten Dolomitenwanderwege gerühmt. Motorisierte Fahrzeuge sind im Park genauso verboten wie das Zelten, Mountainbikes sind erlaubt, aber wegen der schwierigen Steige keine echte Option. Also lieber ganz klassisch zu Fuß mit viel Zeit, um die hier häufig kreisenden Steinadler zu beobachten. Auch andere seltene Vögel gibt es im Park, wie Birk- und Auerhähne, aber kaum ein Besucher bekommt sie zu sehen.

Das **Naturparkhaus Puez-Geisler** in St. Magdalena besticht durch seine schlichten, edlen Formen und bietet ausgezeichnete Information vor allem zum Thema Geologie der Dolomiten – im Naturpark sind fast alle geologischen Formationen der Dolomiten zu finden.

Naturparkhaus Puez-Geisler, Anf. Mai bis Ende Okt. und Ende Dez. bis Ende März Di–Sa 9.30–12.30/14.30–18 Uhr, im Juli/Aug. auch So geöffnet. Eintritt frei. Trebich 1, St. Magdalena, ✆ 0472/842523, naturparks.provinz.bz.it.

Von Brixen zum Rosengarten → Karte S. 60

Üppige Wiesenpracht: Sommer auf der Seiser Alm

Das Seiser-Alm-Gebiet

Das Plateau von Völs, Seis und Kastelruth liegt hoch über dem Eisacktal. Noch einmal 1000 m höher liegen die weiten Wiesen- und Weidenflächen der Seiser Alm. Und darüber, nochmals bis zu 600 m höher, das Kalkhochplateau des Schlern.

Jedes Jahr wieder veranstalten die *Kastelruther Spatzen*, inzwischen in Ehren ergraut, ihr herbstliches Festival in Kastelruth, und dann ist in Völs, Seis und Kastelruth auch mit viel Geld und Beziehungen nicht mal mehr eine lumpige Kammer zu bekommen. Man muss sich ja nicht ausgerechnet dieses Wochenende aussuchen. Vieles spricht für den Frühsommer mit milden Tagen und blühenden Küchenschellen. Oder den Sommer mit allen Freizeitmöglichkeiten und einem Badesee. Oder vielleicht sogar den Spätherbst mit dem leuchtenden Gelb der Lärchen vor dem Weiß der Schlerngruppe. Auch nicht schlecht: der Winter mit seinen gepflegten, nicht allzu schweren Pisten der *Skiregion Gröden – Seiser Alm*.

Information **Tourismusverband Seiser Alm,** zur Region gehört auch Tiers, das im Rosengartengebiet beschrieben wird (→ S. 99), ✆ 0471/709600, seiseralm.it.

Verbindungen **Busse** bis zu 25x tgl. zwischen Bozen, Völs, Seis und Kastelruth, alle halbe Stunde zwischen Seis und dem Grödner Tal. Kostenloser **Shuttlebus** zwischen Panidersattel, Kastelruth, Talstation, Seis und Völs. Die Busse sind in der Hauptsaison zwischen 8 und 19 Uhr im Viertel- bis Halbstundentakt unterwegs. Auf die Seiser Alm nach Saltria verkehrt ab Seis der **Seiser-Alm-Express** (24 € hin/zurück). Auf der Seiser Alm selbst verkehrt zwischen Compatsch und Saltria der **Almbus,** Einzelfahrt 3 €.

Gästekarten Der **Südtirol Alto Adige Guest Pass** der teilnehmenden Beherbergungsbetriebe ermöglicht die kostenfreie Nutzung von bestimmten Bussen und Shuttlebussen, der Bahn und der öffentlichen Seilbahnen. Die **Combi Card 3 in 7** erlaubt 3 Berg- und Talfahrten auf die Seiser Alm mit der Seiser-Alm-Bahn oder dem Seiser-Alm-Express und die Nutzung aller Shuttle- und Almbusse in 7 aufeinanderfolgenden Tagen (59 €). Die **Combi Card 7 bzw. 14** (76/115 €) erlaubt die uneingeschränkte Nutzung der nämlichen Bahnen und Busse in 7 bzw. 14 aufeinanderfolgenden Tagen. Mit der **Seiser Alm Card Gold** kann man weitere Lifte nutzen, sie ist eine Woche gültig und kostet 115 €. Für Langläufer gibt es im Winter den **Nordic Pass 3 in 7** für 74 €, außerdem den **Nordic Pass 7 bzw. 14** für 99/152 €, der zusätzlich die Loipenmaut beinhaltet.

Veranstaltungen **Oswald-von-Wolkenstein-Ritt** an einem Wochenende Ende Mai/Anf. Juni (2024 zum 39. Mal). Der Reiterwettbewerb (ovwritt.com) zu Ehren des Dichters Oswald von Wolkenstein findet in den drei Ortschaften des Plateaus, Kastelruth, Seis und Völs, und bei Schloss Prösels statt. In der Form mittelalterlicher Turniere treffen Reitermannschaften aufeinander, das Volksfest präsentiert aber auch Musikkapellen, mittelalterlich gekleidete Gruppen, Spaßmacher und Artisten. Im Winter spielt das Musikfestival **Swing on Snow** auf den Skipisten, den Hütten und in den Ortschaften der Region auf. Präsentiert wird Volkstümliches, aber auch Jazz, Soul, Pop und Klassik. Das Fest findet an 5 Tagen Mitte/Ende März statt, 2024 schon zum 16. Mal, Zuhören ist kostenlos.

Radfahren/Mountainbiken Zusammen mit dem Grödner Tal stehen 600 km Radtouren in allen Schwierigkeitsgraden zur Verfügung, die Region wirbt mit Radtouren auf zwei Höhenlagen: auf der Seiser Alm und in den 1000 hm tiefer gelegenen Ortschaften. Die Seiser Alm hat sich dabei zum Hotspot für Genussradler entwickelt. Vor allem E-Biker bevölkern ihre Straßen und Forstwege. Ist ja auch angenehm: (meist) asphaltierte Straßen, (fast) keine Autos, Almhütten an jeder Kurve und dazu diese spektakuläre Landschaft!

Wandern/Laufen Noch mehr Superlative: 450 km Wanderrouten erschließen die Region, bestens ausgeschildert und vernetzt. Themenwanderwege und Almrundwege für die entspannte Tour, Gipfeltouren und Klettersteige für die anspruchsvolle Tages- oder Mehrtagestour. Die Wandersaison geht von März bis November, und im Winter sind Winterwandern und Schneeschuhlaufen angesagt. Die Seiser-Alm-Region wirbt daneben mit 240 km ausgewiesenen Running-Trails mit Höhentrainingseffekt und dem Halbmarathon im Juli.

Wintersport Das **Skigebiet Seiser Alm,** das zum Verband Dolomiti Superski (→ S. 277) gehört, ist Teil der Skiregion Seiser Alm/Gröden mit insgesamt 80 Aufstiegshilfen und 175 km Pisten. Das Skigebiet alleine umfasst 20 Sessellifte und 60 km Pisten und ist mit Gondelbahnen von Seis und St. Ulrich in Gröden erreichbar. Der preisgekrönte Snowpark ist mit über 70 „Obstacles" der größte in Südtirol. 11 Rodelbahnen (bis 3,5 km Länge), 15 Loipen (bis 15 km Länge, insgesamt 80 km), 3 Eislaufplätze und unzählige Möglichkeiten zum Schneeschuh- und Winterwandern. Skipassbüros an der Talstation der Seiser-Alm-Bahn in Seis, in Compatsch auf der Seiser Alm, im Tourismusbüro Völs, in Kastelruth, Wegscheidstr. 2.

Seis

Selbst im von spektakulären Hintergründen verwöhnten Südtirol gibt es wenig Orte, die spektakulärer liegen als Seis. Das ehemalige Bauerndorf und

Platt- und Langkofel bei Sonnenuntergang

heutige geschäftige Ferienzentrum lagert in einer grünen Mulde unter der wild aufgebäumten Santnerspitze, einem abgesprengten Teil des anschließenden Schlernmassivs. Seis bietet gute Hotels und Pensionen, eine recht gute Gastronomie und in erster Linie aktiven Urlaub: Wandern, Bergsteigen, Klettern, Drachenfliegen, Mountainbiken im Sommer, alpiner Skilauf, Langlauf und Schneeschuhtouren im Winter. Und jede Menge Veranstaltungen, vor allem zahlreiche Konzerte mit Volksmusik. Als Sommerfrische hat Seis eine lange Tradition. Seit 1715 ist das Heilbad Ratzes bezeugt, seit dem 19. Jh. kamen Fremde zur Erholung wie der sächsische König samt Familie. Im Wald oberhalb des Orts (nahe Wanderweg 8) liegen die Reste der **Burg Hauenstein,** auf der der Minnesänger *Oswald von Wolkenstein* wohnte.

Sehnsuchtsvoller Bergblick ...

Sehenswertes/Ausflüge

Im Ort: Hier gibt es wenig Bemerkenswertes, auch die barockisierte Pfarrkirche ist nicht umwerfend. Besuchenswert ist das **Kirchlein St. Valentin** oberhalb des Orts, von dem aus der Blick auf den Schlern wahrscheinlich der schönste von allen ist und sicher der umfassendste. Außen und innen hat das Kirchlein mit dem schlanken Turm und der roten Zwiebelhaube schöne Fresken (Ende 14. Jh.).

▪ Nur Juli/Aug. Do 17–18 Uhr mit Führung.

Burgruine Hauenstein: Den Spaziergang von Seis auf Wanderweg 8 und dann 3, der zuerst an der Burgruine vorbei und dann nach **Bad Ratzes** führt, sollte man sich nicht entgehen lassen. Er beginnt am Ende der Hauensteinstraße, die vom Ortszentrum abgeht (gegenüber Touristeninformation). Wenig blieb erhalten von der mittelalterlichen Burg. Im 12. Jh. wurde sie von den Herren von Hauenstein erbaut, später fiel sie an die Wolkensteiner, die sie vergrößerten und wohnlicher machten. Einer von ihnen war der Dichter *Oswald von Wolkenstein.* Nach dem Bauernkrieg 1525 wurde die Burg aufgegeben und verfiel. Eine Marmortafel an der Ruine erinnert heute an ihren ehemaligen Besitzer Oswald von Wolkenstein.

Laranzerwald und Oswald-von-Wolkenstein-Weg: Ab Seis führt ein Spazierweg durch den Laranzerwald, der nicht besonders erwähnenswert wäre, gäbe es da nicht die riesigen Steinpilze, Schopftintlinge und Knollenblätterpilze, die dort neben Pfifferlingen und einigen anderen Pilzarten herumstehen. Keine echten – die Mega-Exemplare sind aus bemaltem Holz, und ihr Schöpfer ist ein ausgebildeter Holzschnitzer, der sie dort im Einverständnis mit der Naturparkbehörde aufgestellt hat. Auch auf dem Oswald von Wolkenstein-Weg zwischen der

Ruine Salegg und der Ruine Hauenstein begegnet man den Werken von Robert Winkler.

Praktische Infos

Information **Tourismusbüro Seis,** Oskar-von-Wolkenstein-Platz 6, Seis am Schlern/Siusi allo Sciliar, ✆ 0471/707024, seis.it.

Naturparkhaus Schlern-Rosengarten, hier liegt der Schwerpunkt auf der geologischen Entstehung der Dolomiten, erläutert anhand plastischer Modelle, sowie auf Flora und Fauna des Parks. Mo–Sa 8.30–12.30 und 14–18 Uhr, So 9–12 Uhr. Oskar-von-Wolkenstein-Platz 6, ✆ 0471/708110, naturparks.provinz.bz.it.

Verbindungen **Pkw:** großer Parkplatz im Dorf beim Busbhf. (Schlern-/Valierstr.).

Feste & Veranstaltungen **Summer Classics,** klassische Konzerte, immer montags von Juni bis Sept. Veranstaltungsorte sind die Pfarrkirche und das Kulturhaus. Der Eintritt ist frei.

Einkaufen Die Laurin- und die Santnerstraße sind die Einkaufsstraßen von Seis.

Südtirol Products, im Bau der Talstation der Seiser-Alm-Umlaufbahn werden die Produkte der Völser Bauerinitiative sowie weiterer regionaler Produzenten (auch Weine und Grappe) vertrieben. Tgl. geöffnet, suedtirol-products.com.

Heil- und Gewürzpflanzen aus biologischem Anbau offeriert der Kräuteranbau Pflegerhof, St. Oswald 24, Verkauf im dortigen Hofladen und auf dem Kastelruther und Seiser Bauernmarkt, ✆ 0471/708771, pflegerhof.com.

Radfahren **Verleih** beim Sporthaus Fill, Seiser Alm, ✆ 0471/729063, sporthausfill.com. E-Bike-Verleih mit Werkstatt bei Gasko, Oskar-von-Wolkenstein-Platz 6 a (beim Tourismusbüro). Geführte Touren und Kurse werden dort ebenfalls angeboten. ✆ 0471/1948032, gasko-ebike.it.

Wandern/Bergsteigen/Klettern **Alpinkletterschule Schlern,** Schlernstr. 25, Tagestouren, Kurse. ✆ 0471/706285, alpinkletterschule.com.

Übernachten ****** Artnatur Dolomites,** zentrales Hotel am Kirchplatz mit familiärer Atmosphäre, wander- und kinderfreundlich, eigene Konditorei mit großer Terrasse, gut bestücktes Frühstücksbuffet, Sauna und Whirlpool, Fitnessraum. Behaglich schicke Zimmer mit blumengeschmücktem Balkon. Oswald-von-Wolkenstein-Platz 5, ✆ 0471/706174, artnatur-dolomites.com. **€€€€**

****** Schwarzer Adler,** sympathisches, kleineres Hotel mit Sinn fürs Detail: schöne Gaststube mit Kamin, individuell eingerichtete Zimmer, 2 gemütliche Apartments für 2–6 Pers., Dachterrasse, Saunen, Pool mit Liegewiese, Massagestudio. Laurinstr. 7, ✆ 0471/706146, hotelschwarzeradler.it. **€€€€**

******S Vigiler Hof,** hübsch aufgemöbeltes Hotel etwas oberhalb der Straße nach Völs, besonders freundliche und persönliche Atmosphäre, Wellnessbereich mit Pool und Sauna. St. Vigil 29, ✆ 0471/706450, vigilerhof.it. **€€€**

***** Pension Profanter,** ruhig und ganz isoliert am Rand des Hauensteiner Waldes über Seis gelegene Pension mit Blick auf den Schlern, viel Grün auch im Garten mit Pool und auf den Balkonen der Zimmer. Ratzesstr. 22, ✆ 0471/706508, profanter.com. **€€€**

***** Residence Kristiania,** hübsches Tirolerhaus unweit des Dorfzentrums, ruhig gelegen, schöne Sonnenterrasse, Sauna, Ferienwohnungen (Brötchenservice) Burgfriedenstr. 13, ✆ 0471/706439, residence-kristiania.com. **€€**

Verleierhof, Urlaub auf dem Bauernhof mit Buschenschank. Sauna, Kräuterdampfbad und „Vigiler Heubad" (man kann auch im Heu schlafen), Frühstücksbuffet. St. Vigil 12, ✆ 0471/707 143, heubadl-verleierhof.com. **€€€**

Essen & Trinken/Abends **Trotzstube,** geschmackvoll eingerichtetes Lokal im Hotel Arvina, abends Kerzenlicht, Verwendung regionaler Produkte, ruhiger Standort. Über Weg 7 und ab St. Valentin Weg 6 auch zu Fuß gut zu erreichen (30 Min.). Für externe Gäste Mo/Di Ruhetag. Patenerstr. 4, ✆ 0471/706436, hotelarvina.com. **€€**

Vigiler Hof, an der Straße nach Völs, Restaurant des gleichnamigen Hotels oberhalb der Straße, schöner Ausblick von der Terrasse, gutbürgerliche Tiroler Küche mit italienischen Akzenten. St. Vigil 29, ✆ 0471/706450, vigilerhof.it. **€**

Restaurant Pizzeria Santner's, modern eingerichtetes Restaurant in der Talstation der Seiser-Alm-Umlaufbahn mit geräumiger Außenterrasse, gutem Apfelstrudel und italienisch-südtirolerischen Gerichten. ✆ 0471/707 678, santners.it. **€**

Von Brixen zum Rosengarten → Karte S. 60

Völs

Die burgartige Anlage des alten Dorfs auf einem die Hochfläche nochmals überragenden Hügel ist sehr reizvoll. Am östlichen Ende der Dorfstraße begrenzt das wuchtige, durch äußere Anbauten veränderte Preslertor (1302 erstmals erwähnt) das historische Zentrum. Besonders harmonisch ist der Kirchplatz. In der dreischiffigen spätgotischen **Pfarrkirche Mariä Himmelfahrt** mit ihrem schlanken Glockenturm mit dem auffallenden Zwiebeldach wird ein romanisches Kruzifix (13. Jh.) aufbewahrt, außerdem ist ein Flügelaltar des Meisters *Narziss von Bozen* aus dem Jahr 1489 zu bewundern. In der doppelgeschossigen romanischen Friedhofskapelle St. Michael befindet sich das kleine, aber sehr sehenswerte **Pfarrmuseum.** Es präsentiert eine eindrucksvolle Sammlung v. a. spätgotischer Skulpturen, die aus den Kapellen der Pfarrgemeinde hierher in Sicherheit gebracht wurden (Öffnungszeiten/Führungen Juni bis Ende Okt. Do 10.30 Uhr).

Sehenswertes/Ausflüge

Schloss Prösels: Die Vorgängerin des heutigen Schlosses, eine kleine Burg, wurde 1027 vom Kaiser an den Bischof von Brixen übergeben. Der wiederum überließ das Gebäude dem bischöflichen Ministerialengeschlecht, das sich fortan mit dem Namen „Herren von Völs" schmückte. Um 1500 kam ein weiterer Name hinzu: Colonna, sodass das Geschlecht bis 1804 – dann starb es aus – als Colonna-Völs firmierte. Hintergrund: Leonhard von Völs, Landeshauptmann unter Kaiser Maximilian, ließ sich damals ganz im Zeitgeist der Renaissance eine Verwandtschaft zwischen seinem und dem altrömischen Adelsgeschlecht der Colonna zurechtschneidern, erweiterte seinen Namen entsprechend und fügte darüber hinaus seinem Familienwappen zwei Säulen (= lat. *colonna*) hinzu. Eine Aufwertung erfuhr auch die Burg, die zum formidablen Renaissanceschloss umgestaltet wurde: Der Bau sollte prunken, komfortabel sein und den Ruhm des Hauses Colonna-Völs verbreiten. Es entstanden prachtvolle Säle wie der große Kaminsaal mit Holzbalkendecke, und die Brüstungen der großen Innentreppe wurden mit fantastischen Schnitzereien versehen. Die Wände, bei denen man auf eine Vertäfelung verzichtete, wurden mit Fresken geschmückt, und in der Burgkapelle durfte Hans Leonhard Schäufelein, ein Meister der Dürer-Schule, zeigen, was nördlich der Alpen moderne Kunst war. Oft ist der Gegensatz zwischen der spätgotischen Bautechnik und den Renaissancemalereien, Fresken und Schnitzmotiven recht pikant, wie in der Loggia des Innenhofs, wo sich zwischen den spätgotischen Spitzbögen antikisierende Bildnisse im Renaissancestil befinden.

▪ Mai bis Okt. tgl. (außer Sa). Besichtigung nur mit **Führung** im Juli/Aug. stündlich 11–16 Uhr, Juni/Sept. 11, 14, 15, 16 Uhr, Mai/Okt. 11, 14, 15 Uhr. In der HS jeweils Di und Do 10.30–12.30 Uhr Familien- und Kinderführungen. Eintritt 9 €, Kinder 5 €. ✆ 0471/601062, schloss-proesels.seiseralm.it

Oachner Höfeweg: Ein beschilderter Kultur- und Naturwanderweg lädt in die Landschaft rund um Völs ein. Von Schloss Prösels bis St. Kathrein sind es 8 km, hin und zurück sollte man mit 4–5 Std. rechnen, wobei man zurück am besten Weg 5 (oder den Bus) nimmt. Man passiert Eislöcher mit einem alten, restaurierten Wirtskeller, wo dank dieses mikroklimatischen Phänomens Lebensmittel auch im heißesten Sommer kühl gelagert werden konnten. Edelkastanien, Flaumeichen und Mannaeschen, eine interessante Flora und Fauna am Weg (Gottesanbeterin, Smaragdeidechse, Äskulapnatter), Weinberge und Maulbeerbäume werden passiert. Wo heute Grünland liegt, wurde früher Buchweizen angebaut – das erklären Schilder oder das interessante Beiheft, das man gratis im Tourismusbüro bekommt. Der Fronthof, den man ebenfalls passiert, ist ein uralter Bau, seine Struktur ist noch gotisch.

Moarmühle: Von den 15 Getreidemühlen, die Völs 1860 noch hatte, ist ein funktionstüchtiges Exemplar erhalten. Die Moarmühle, eine sog. oberschlächtige Wassermühle, gibt es nachweislich mindestens seit 1554, die letzte Erweiterung samt neuem Dach stammt von 1881. Nach einer Restaurierung kann sie wieder zum Mahlen von Getreide verwendet werden.

Praktische Infos

Information **Tourismusbüro Völs,** Boznerstr. 4, Völs am Schlern/Fiè allo Sciliar, ✆ 0471/725047, voels.it.

Verbindungen **Pkw:** 2 Parkplätze, beide an der Dorfstraße, einer nahe der Boznerstraße unweit der Information, der zweite auf der anderen Dorfseite am Beginn des Schlosswegs.

Baden Völser Weiher (→ S. 86).

Einkaufen **Bauernmarkt** jeden Sa ab 8 Uhr auf dem Kirchplatz.

Groß Getränke, schräg gegenüber von Paulis Caffè (s. u.), gute Auswahl an Spirituosen, So geschl., Bozner Str. 8b.

Bioprodukte ab Hof: 15 Bauern aus Völs und Tiers haben eine Vermarktungsinitiative gestartet, um die Produkte ihrer Höfe an den Mann und die Frau zu bringen. Geboten werden Gemüse, Obst, Beeren, Saft, Wein, Marmelade, Eier, Honig und Käse, alles zu seiner Zeit. Bio-Beeren- und Baumfrüchte, Fruchtaufstriche und Säfte gibt es z. B. beim Außerperskolerhof, Unteraichaweg 11, ✆ 0471/601134. Ebenfalls Produkte aus Früchten und Beeren stellt der Partschillerhof her, Völser Ried 17, ✆ 335/1050500, partschillerhof.it. Die Broschüre der Ökobauern ist beim Tourismusverein erhältlich, ihre Produkte werden auch in Seis im Geschäft **Südtirol Products** in der Talstation der Seiser-Alm-Umlaufbahn verkauft (suedtirol-products.com).

In der modernen **Kaffeerösterei Caroma** bietet Valentin Hofer eine große Auswahl verschiedener Röstungen an. Sein Geschäft ist eine wahre Erfolgsgeschichte, die Bohnen gibt es südtirolweit an über 150 Standorten zu kaufen. Im hauseigenen Schulungszentrum können auch Barista-Kurse belegt werden. Handwerkerzone 92, ✆ 0471/725651, caffe-caroma.it.

Modell von Schloss Prösels in Völs

Feste & Veranstaltungen **Völser Kuchlkastl,** kulinarisches Volksfest im Herbst, Verkostung lokaler Produkte und Speisen, Musik, Dorffest, voelserkuchlkastl.com. Das **Kulturprogramm auf Schloss Prösels** bietet Konzerte im Rittersaal oder Innenhof (Klassik, Jazz, Liederabende und Volksmusik) sowie begleitende Ausstellungen (→ Schloss Prösels, S. 84).

Übernachten/Essen ***** **Romantikhotel Turm,** das freundliche Hotel liegt neben der Kirche in einem mittelalterlichen Gebäude, das seine Gasthausvergangenheit nicht verbirgt. Sehr gutes Restaurant, Hallenbad und Heubad, schöner Garten. Im Restaurant feine Küche mit fantasievollen Kreationen. Do Ruhetag. Kirchplatz 9, ✆ 0471/725014, hotelturm.it. **€€€€**

**** **Heubad,** sehr elegantes und komfortables Hotel in Obervöls mit hervorragend ausgestattetem Wellnessbereich inklusive Hallenbad und geheiztem Außenpool sowie dem

Von Brixen zum Rosengarten → Karte S. 60

namengebenden Heubad, dem ältesten der gesamten Region (offiziell seit 1903). Das Restaurant mit zwei Stuben aus dem 17. Jh. wird gelobt, guter und persönlicher Service. Angenehme Zimmer, nur z. T. mit Balkon. Schlernstr. 13, ✆ 0471/725020, hotelheubad.com. **€€€–€€€€**

meinTipp **Prackfolerhof,** aussichtsreich und einsam gelegener Hof direkt am Oachner Höfeweg, die Lage hoch über dem Tierser Tal mit Blick auf das gegenüberliegende Steinegg ist spektakulär. Die freundliche Familie Planer bietet Urlaub auf dem Bauernhof in 3 bestens eingerichteten Apartments für bis zu 6 Personen, Brötchenservice inklusive. Produziert werden eigene Weine: Vernatsch, Sauvignon, Weißburgunder, dazu gibt es Marmeladen und Eier vom Hof und Speck aus der Umgebung sowie Grappa vom eigenen Trester. Moderner Verkostungsraum. Spiegelweg 9, Völser Aicha, ✆ 349/7899909, prackfolerhof.it. **€€**

meinTipp **Binderstube,** in dem angenehm schlicht und geschmackvoll eingerichteten Lokal werden hauptsächlich Pasta-Gerichte serviert, manche davon vegetarisch (leckere Schlutzkrapfen), andere italienisch-mediterran angehaucht. Ansprechende Weinauswahl. Sehr sympathische Wirtsfamilie. So und Mo Ruhetag, Dorfstr. 10, ✆ 0471/725020. **€**

Wassererhof, Weingut und Buschenschank in aussichtsreicher Lage über dem Eisacktal mit traditioneller, bodenständiger Küche (versch. Knödel wie Erdbeerknödel im Frühsommer, Ronenknödel im Herbst) in altem Gemäuer, sehr harmonisch und behutsam saniert. Sept. bis Dez. und Ostern bis Juni Fr–So geöffnet. Völserried 21, ✆ 0471/724114, wassererhof.com.

Laitnkeller, uriger Gasthof und Buschenschank in schöner Lage hoch über dem Tierser Tal. Die mächtigen Balken in der Stube dürften einiges erlebt haben. Hervorragende Schlutzkrapfen und Knödeltris. Ganzjährig geöffnet, Di Ruhetag. Unteraichaweg 2, ✆ 0471/601094, guntschoellerhof.it.

Paulis Caffè, neben dem Tourismusbüro gelegenes, unaufgeregtes Café zum Draußensitzen an einem belebten Platz des Ortes. So geschl. Bozner Str. 4.

****** Camping Seiser Alm,** großzügiger, z. T. schattiger Campingplatz mit guten Sanitäranlagen, eigenen Bädern für Kinder, Sauna, Salzwasserpool und Restaurant. Mietzelte und moderne Lodges für Familien. Nov. bis Mitte Dez. geschlossen. 2 Pers. und Stellplatz 31–93 €, Lodge (2–4 Pers.) 100–300 €. Dolomitenweg 10 (zw. Völs und Seis), ✆ 0471/706459, camping-seiseralm.com.

Völser Weiher

Südtirol hat nicht gerade viele Badeseen, da ist Völs mit seinem Weiher

Heubäder, eine Völser Spezialität

In Völs hatten Sommerfrischler erstmals in Tirol die Gelegenheit, ein Heubad zu nehmen, wie es die Bauern schon Generationen lang taten, um sich fit und frisch zu halten. Das Hotel Heubad erinnert daran, denn hier schickte der Arzt Dr. Josef Clara gleich am Anfang des 20. Jh. erstmals Touristen ins Heu. Und die waren begeistert.

Wie geht das mit dem Heubad? Der „Badreiber" gräbt den Gast in eine Heukuhle ein und hüllt ihn bis zum Hals mit Heu ein, dann deckt er ihn mit Tüchern ab und überlässt ihn seinem Schicksal. Nach 10 bis 25 Minuten, je nach Alter, Geschlecht und Gesundheitszustand, hat sich der Puls deutlich erhöht, der Gast hat genug geschwitzt und darf sich im Ruheraum, in warme Decken gewickelt, von den Strapazen erholen und sollte fleißig trinken. Der Effekt des Heubads ist eine Entschlackung durch das Schwitzen und ein gutes Körpergefühl, insbesondere die Gelenke danken es einem.

■ Mehr über Heubäder unter badlkultur.it.

natürlich gut dran. Angelegt wurde er als Karpfenteich für die Herren des Schlosses Prösels, schließlich brauchte man den Fisch für die vielen Fastentage im Jahr. Der am Rand moorige und teilweise verlandete Teich hat eine kleine Badeanstalt und unweit davon ein Gasthaus aus Holz, in dem Bilder zur Laurinsage hängen. Wer will, kann hier ein Ruderboot mieten – unter Umständen und an einem Augustsonntag wollen das viele. Der beliebte Weg hinauf zur Tuffalm (Aussicht!) ist ein „Straßenhatscher", kann aber durch den Wald abgekürzt und durch eine Verlängerung der Wanderung zum malerischen Hofer Alpl (→ Essen & Trinken) zu einer panoramareichen Rundtour erweitert werden (7,5 km, 2:30 Std.).

Wegbeschreibung Für **Motorisierte** über Sträßchen ab Völs, alternativ Wanderweg 2 ab Vigilerhof an der Straße nach Seis.

Essen/Übernachten **Gasthaus Völser Weiher** mit schlichter Küche, ✆ 0471/725072. Im Sommer Schwimmen, Sonnenbaden, Rudern, im Winter Eislaufen, gelegentlich Eisstockschießen. Mo Ruhetag. €

Mein Tipp **Fronthof,** der größte aus gotischer Zeit erhaltene und aus Steinquadern errichtete Hof Südtirols wird von der Familie Kompatscher betrieben und setzt auf klassische Törggelen-Kost aus eigenen Zutaten. Im eindrucksvollen Kellergewölbe mit gotischen Streben reifen Sylvaner und Blauburgunder, die ab Hof verkauft werden. Seit Kurzem werden 2 Apartments vermietet, die gekonnt Historie und Moderne verbinden, Frühstück extra. Bühelweg 2, ✆ 0471/601091, fronthof.com. €€ (Ferienwohnungen)

Tuffalm, gemütlicher Gastbetrieb in weiter Wiesenlandschaft, rustikale traditionelle Küche. ✆ 0471/726090, tuffalm.it. €

Hofer Alpl, 1364 m, aussichtsreich auf einer großen Wiese gelegene Berghütte. 2020 zum wiederholten Male eine der 7 Südtiroler Hütten, die vom Gault-Millau ausgezeichnet wurden. Klassische Südtiroler Almküche. Auch mit dem Mountainbike gut zu erreichen, für E-Bikes gibt es eine Ladestation. April bis Anf. Nov. und in der Wintersaison. ✆ 349/4008560, hoferalpl.it.

Kastelruth

Im deutschen Sprachraum ist der Ort insbesondere wegen der *Kastelruther Spatzen* bekannt. 2018 feierten sie ihr 35-jähriges Bandjubiläum, Devotionalien gibt's im Spatzenladen in der Dolomitenstraße. Jenseits seines musikalisch-folkloristischen Aushängeschildes ist Kastelruth aber vor allem eines: ein ausgesprochen angenehmer Urlaubsort, hübsch im Grünen gelegen mit Seiser Alm und Schlern im Hintergrund und mit einem einigermaßen intakten historischen Zentrum am Fuß des Burgbergs (ohne Burg). Die Urlaubsbedingungen sind bestens: hervorragende Hotellerie und umfangreiches Freizeitangebot im Sommer wie im Winter.

Sehenswertes

Im alten Ort sind einige Häuser mit Außenfresken geschmückt, so das Haus Felseck, der Gasthof zum Wolf oder das Mendelhaus. Das Wahrzeichen des Orts ist der frei stehende, völlig

Gotisches Rathaus von Kastelruth

Von Brixen zum Rosengarten → Karte S. 60

überdimensionierte Glockenturm der Pfarrkirche St. Peter und Paul, ein Barockbau (1756–58) mit Zwiebelhaube. Die ebenfalls etwas zu groß geratene Pfarrkirche selbst ist jünger, sie stammt aus dem 19. Jh.

Die gepflegte historische Ortsmitte mit ihren wuchtigen Gebäuden und ihrer gedrungenen Enge vermittelt einen imposanten Eindruck von mittelalterlicher Dorfarchitektur. Im Ansitz Lächler, der auch das Tourismusbüro beherbergt, befindet sich seit 2019 im 1. Stock das **Trachtenmuseum,** das einen historischen Querschnitt der lokalen Trachten präsentiert. Das **Bauernmuseum,** das im Tschötscherhof in St. Oswald untergebracht ist, dokumentiert die tiefe Verwurzelung des bäuerlichen Alltagslebens in Religiosität und Volksfrömmigkeit.

Trachtenmuseum ganzjährig Mo–Sa 8.30–12 und 15–18 Uhr, Eintritt frei, Krausenplatz 2 (im Ansitz Lächler), ✆ 0471/706333. Bauernmuseum März bis Anf. Nov. Do–Di 8–22 Uhr, freiwillige Spende, St. Oswald 19, ✆ 0471/706 013. Weitere Infos zu beiden Museen unter museum-kastelruth.com.

Praktische Infos

Information **Tourismusbüro Kastelruth,** Krausenplatz 2, Kastelruth/Castelrotto, ✆ 0471/706333, kastelruth.com.

Verbindungen **Pkw:** großer Parkplatz im Dorf beim Busbhf. nahe dem Ortszentrum.

Einkaufen **Kastelruther-Spatzen-Laden,** der Laden für eingefleischte Fans der Gruppe, CDs, Shirts, Andenken. Im Keller befindet sich das Spatzenmuseum, in den 7 rustikal eingerichteten Räumen kann man sämtliche Auszeichnungen und Preise bewundern. Dolomitenstr. 21.

Bücher, Zeitungen, CDs und Landkarten finden Sie bei Atlas, Paniderstr. 2.

Natura, der Naturkostladen in der Paniderstraße 7 behauptet von sich, den besten Apfelstrudel des Plateaus zu backen – könnte stimmen. **Bauernmarkt** von Juni bis Okt. am Fr, großes Bio-Angebot.

Eine Filiale des **Maso dello Speck** befindet sich in der Dolomitenstr. 14. Speck, Wurstwaren, Käse, Feinkost (titospeck.it).

Destillerie Zu Plun, Obstbrände, Grappa, Rum, aber auch Essig, oft aus biologisch angebauten Zutaten. Verkauf in verschiedenen

Der Ortskern von Kastelruth

Önotheken oder Restaurants in der Umgebung. St. Valentin 9, zuplun.it.

Sportzentrum Telfen An der Straße zwischen Kastelruth und Seis. Boulderhalle, Tennis, Kegelbahn, im Sommer Freibad, ✆ 0471/705090.

Reiten Auf dem **Reiterhof Unterlanzin,** auch Zimmer mit Frühstück für Pferdenarren. Telfen-Lanzin 61a, ✆ 339/8686868, unterlanzin.it.

Radfahren **Verleih** von Fahrrädern beim Sporthaus Fill, Wegscheidstr. 10, ✆ 0471/707227, sporthausfill.com.

Übernachten ****** Lamm,** eindrucksvolles Hotel am zentralen Dorfplatz, das sich nach umfassender Renovierung gut in die neu gestaltete Ortsmitte einfügt. Dezent und dennoch hochwertig ausgestattete Zimmer, großzügiger Spa-Bereich, außergewöhnlich der Sky Pool. Krausenplatz 3, ✆ 0471/706343, lamm-hotel.it. **€€€€**

****** Alpenflora,** oberhalb des Orts in Panoramaposition gelegenes Hotel im Ansitz-Look mit Wellnessbereich: Beautysalon, Hallenbad, Heubad, Pianobar. Außerdem kann man hier in recht großen Zimmern komfortabel wohnen, allerdings nicht unbedingt mit Balkon. Oswald-von-Wolkenstein-Str. 32, ✆ 0471/706 326, alpenflora.com. **€€€€**

***** Zum Wolf,** traditionsreicher Gasthof mit Außenfresken, die Zimmer ohne rustikalen Schnickschnack mit guten Möbeln, meist Balkon, einige mit Kachelofen. Oswald-von-Wolkenstein-Str. 5, ✆ 0471/706332, hotelwolf.it. **€€€**

***** Garni Jasmin,** Frühstückspension in Aussichtslage am Ende einer Stichstraße mit großem umlaufenden Balkon und geräumigen Zimmern, gutes Frühstücksbuffet, Hallenbad im Hotel Sonnenhof kostenlos benutzbar. Kleinmichlweg 14, ✆ 0471/705009, garnijasmin.it. **€€–€€€**

Essen & Trinken **Turmwirt,** am Aufgang zum Kalvarienberg hinter der Kirche, draußen schönes Gartenrestaurant, Cafébetrieb, drinnen wunderschöne, komplett alt getäfelte Krausenstube. Südtirolerisch: Schlutzkrapfen, Steinpilze und Knödel, Apfelknödel. Mi Ruhetag. Kofelgasse 8, ✆ 0471/706349, zumturm.com. **€€**

Zum Lampl, entspannte Atmosphäre im Bar-Café des Hotels Lamm, perfekt für ein Gläschen nach der Wanderung. Auch Kuchen, kleine Gerichte und sehr gutes Eis. Abends Restaurantbetrieb. Krausenplatz 3.

Café Konditorei Stern, nettes Café mit schöner Außenterrasse, eigenes Eis, selbst gemachte Kuchen. Sa Ruhetag. Plattenstr. 5.

Buschenschank Lafogl, in St. Oswald bei Kastelruth gibt es den Wein, den man oben im viel raueren Klima vergeblich sucht. Traditionelle Stuben in Holz, rustikale Südtiroler Küche, Verkauf von Äpfeln, Apfelessig, Apfelsaft, Himbeeren. Ostern bis Juni nur am Wochenende, Sept. bis Nov. tägl. ✆ 0471/706624, lafogl.com.

Ausflüge in die Umgebung von Kastelruth

Auf den Kalvarienberg (Kastelruther Kofel): Vom Ortskern führt ein steiles Sträßchen bergan, hier steht rechts das behäbige Gebäude des Turmwirts. Wer auf der Straße weitergeht oder am Straßenanfang den Weg nach rechts nimmt, kommt auf den *Kalvarienberg*. Hier stand einmal eine Burg, die aber schon 1202 zerstört wurde. Im Barock hat man dann den Stumpf des Bergfrieds zu zwei Kalvarienkapellen ausgebaut, daneben steht eine weitere Kapelle, die im 17. Jh. entstand. Der gut markierte Rundweg auf den Kastelruther Kofel dauert etwa 30 Min.

Kinder freuen sich bestimmt über einen kleinen **Spaziergang von Kastelruth zum Oberstampfeterhof,** einem riesigen Hühnerhof mit Hunderten frei laufender Hühner, die jeden Besucher geräuschvoll gackernd begrüßen. Zu erreichen auf dem Weg 6b von Kastelruth in etwa 15 Min.

Nach Tisens und Tagusens: Auf Weg 1 gelangt man in 30 Min. nach Tisens (gesprochen Tiséns), einem zur Gemeinde Kastelruth gehörenden Dorf (vom zentralen Klausplatz in die Plattenstraße, rechts zweigt nach 150 m die Sabine-Jäger-Straße ab, diese führt als wenig befahrenes Sträßchen bis Tisens). Die dortige Kirche *St. Nikolaus* hat wie so viele andere Kirchen Südtirols an der Außenwand ein überdimensioniertes Christophorus-Bild.

Nach Tagusens gelangt man von Tisens auf einer Autostraße oder zu Fuß auf dem Weg 2, der ca. 750 m vor Tisens in einer Linkskurve im Bachtal

Von Brixen zum Rosengarten → Karte S. 60

nach rechts abzweigt und über den bewaldeten Moosbüchl nach Tagusens führt (ab Bachtal ca. 50 Min.). Unterhalb dieses einsam über dem Ausgang des Grödner Tals liegenden Weilers (das Dorf gegenüber ist Lajen!) liegt die Kapelle *St. Magdalena*. Ihr Turm stammt noch aus dem 14. Jh., das später barock umgebaute Schiff von ca. 1500. Hübsch ist der Barockaltar mit einem Gemälde von Franz Xaver Unterberger.

Außerdem nicht übersehen: Das *Schulmuseum* in Tagusens zeigt auf eindrucksvolle Weise, wie der Schulalltag noch vor einem halben Jahrhundert ausgesehen hat – das Gebäude war bis 1993 eine Grundschule. Im neu eingerichteten 1. Stock finden sich darüber hinaus eine historische Stube aus der Zeit um 1700 und eine Schuhmacherwerkstatt.

▪ **Schulmuseum:** Ostern bis Allerheiligen Mi, Fr 14–18, So 10–18 Uhr, freiwillige Spende, Tagusens 2, ✆ 334/7423915, museum-kastelruth.com.

Umgeben von Sommerwiesen: St. Valentin

Wanderung von Kastelruth über St. Valentin nach Seis: Eine Gehstunde auf dem Marinzenweg zwischen Kastelruth und Seis (Weg 6 ab Zentrum) macht mit der unvergesslichen Aussicht von der einsam stehenden Kirche St. Valentin auf den Schlern bekannt. Zurück geht es mit dem Bus.

Auf der Seiser Alm

Wenn die Seiser Alm immer wieder als eine der schönsten Ferienlandschaften Europas bezeichnet wird, hat das seine Gründe. Kaum ein anderes Berggebiet kann in allen Jahreszeiten so viel bieten und ist doch so wenig vom Tourismus verändert worden. Überragt vom Schlern, von den Rosszähnen und ganz im Osten vom Langkofel, ist die Seiser Alm ein regelrechtes Erholungs- und Aktivsportdorado.

Das wellige Hochplateau der Seiser Alm, zwischen 1700/1800 m und 2100/2300 m hoch gelegen, ist in weiche Gesteine gebettet, die das Wasser oberflächlich abfließen lassen. Es gibt also viele kleine Gewässer, viele Nassstellen mit interessanter Vegetation und dazwischen ausgedehnte Wiesen und Weiden, die seit uralter Zeit für das Vieh genutzt werden. Bevor Landmaschinen und Kunstdünger ihren Einzug hielten, wurden die Wiesen von Hand gemäht und brachten zwar mäßigen, aber hochwertigen Ertrag. Wie gut das Heu war, konnte man an der Milch, an der Butter und am Käse überprüfen. Wie gut die im Heu enthaltenen ätherischen Öle für den Körper sind, haben die Bauern im Umkreis seit Jahrhunderten gewusst und das Baden im Heu bei Gelenkkrankheiten eingesetzt – die heutigen **Heubäder** für Touristen, die in Seis und anderswo angeboten werden, gehen darauf zurück.

Quert man die Böden der Seiser Alm mit ihren Almen und den vielen verstreuten Hütten, in denen das getrocknete Heu für den Winter aufbewahrt wurde, um dann per Schlitten ins Tal

Terrasse des Hotels Goldknopf: Seiser Alm pur!

transportiert zu werden, gelangt man in die Gebirgsregion, die mindestens so spektakulär ist wie die Alm selbst. Der **Schlern,** der Völs und Seis so gewaltig dominiert, ist von der Seiser Alm leicht zu ersteigen, dasselbe gilt für die Rosszähne, die ihren Namen nicht von ungefähr haben. Der Schlern ist ein fantastischer Aussichtsberg und ein beliebter Kletterberg, allen voran mit *Santnerspitze* und *Euringerspitze*, zwei vom Plateau abgesprengten Felszacken. Sie haben ihre Namen von den Erstbesteigern Johann Santner und Gustav Euringer. Die **Rosszähne** wiederum locken auch Klettersteiggeher: Vom Tierser Alpl mit dem gemütlichen Schutzhaus führt der – für einen versicherten Klettersteig – unschwierige Maximilianweg über den gesamten Kamm zum Schlern.

Information **Tourismusbüro Seiser Alm,** Compatsch 50, Seiser Alm/Alpe di Siusi, ✆ 0471/727904, seiseralm.net.

Verbindungen **Pkw:** Die Straße von Seis/Kastelruth nach Compatsch ist im Sommer von 9 bis 17 Uhr gesperrt, die Alm ist dann nur mit der Seiser-Alm-Bahn zu erreichen. Wer mit dem Auto kommt, wählt an der Forststation St. Valentin den Parkplatz: P1 Spitzbühl ist kostenlos, P2 Compatsch kostet 24 €/Tag. Gäste mit Unterkunft auf der Seiser Alm erhalten vom Gastgeber (oder Tourismusverein) eine Sonderfahrerlaubnis und dürfen die Straße dann vor 10 Uhr und nach 17 Uhr benutzen. Auf der Seiser Alm gilt absolutes Fahrverbot (Ausnahme: Gäste von Hotels auf dem hinteren Teil der Seiser Alm).

Umlaufbahn Seiser Alm: Die Talstation mit kostenlosen Parkplätzen und kostenpflichtigem Parkhaus befindet sich in Seis, im Gebäude zahlreiche Geschäfte, Restaurant, Skischule und Verleih von Ausrüstung. Die Bergstation ist in Compatsch. Ende Mai bis Anf. Nov. und in der Wintersaison 8–18, Ende Juni bis Mitte Sept. bis 19 Uhr, einfach 16 €, Berg/Tal 24 €, Kinder 10/14 €, Familie 36/52 €, ✆ 0471/704270, seiseralmbahn.it.

Radfahren **Verleih** von MTBs und E-Bikes bei Alpin Sports an der Tal- und Bergstation, Reparaturservice, Bike-Wash an der Bergstation, ✆ 0471/707641, alpin-sports.com.

Paragliding Tandemflüge mit Paraglidern bietet **Tandemfly Dolomiti,** ✆ 335/2576055, tandemfly-dolomiti.com; Startpunkt Spitzbühl (Sessellift ab Parkplatz Frommer an der Straße nach Compatsch).

Wintersport **Skischule Seiser Alm,** alpiner Skilauf, Langlauf und Kinderskischule mit „Ski-Funpark-Kids". ✆ 0471/727909, skischule-seiseralm.com.

Verleih von Ausrüstung, bei Alpin Sports an der Tal- und Bergstation der Umlaufbahn und neben dem Skipassbüro in Compatsch, ✆ 0471/707641, alpin-sports.com.

Von Brixen zum Rosengarten → Karte S. 60

Übernachten/Essen *****S Icaro,** „Wanderhotel" auf dem grünen Piz. Moderner Bau, tolle Aussicht von den Balkonen, außerdem Saunen, Whirlpool und Hallenbad sowie schöne Zimmer. Piz 18/1, Piz 18/1, ✆ 0471/729900, hotelicaro.com. **€€€€**

Mein Tipp ****** Goldknopf,** näher am Naturpark und zu den Rosszähnen kann man nicht übernachten. Die Familie Malfertheiner führt das Hotel mit Überlegung und Sorgfalt: schöner Wellnessbereich mit Hallenbad, Panorama-Außensauna, Innensauna und Whirlpool, Naturteich. Sehr gute Küche mit Menüwahl und Salatbuffet, auch im Restaurant ist die Aussicht grandios. Gemütliche und stilvolle Zimmer. Jochstr. 18, ✆ 0471/727915, goldknopf.com. **€€€€**

Zallinger, der Trubel der Tagestouristen ist am Abend schnell vergessen. Dann hat man die Seiser Alm für sich. Genächtigt wird in gemütlichen Zimmern im Stammhaus oder in den stilvollen Almzimmern der 6 Chalets. Sauna und Dampfbad. Saltria 74, ✆ 0471/727947, zallinger.com. **€€€€**

Spitzbühlhütte, Berggasthof in Aussichtslage auf dem Spitzbühl (Bergstation Sessellift), der Aufwind am steilen Abfall direkt vor der Sonnenterrasse wird von Drachenfliegern, Paraglidern und Modellflugzeugpiloten genutzt, bei rustikaler Küche und Bier wird gefachsimpelt. ✆ 0471/705085.

Gostner Schwaige, die winzige Küche wurde zum Markenzeichen für diese ausgezeichnete Almwirtschaft mit Gourmetstatus (1 Gault-Millau-Haube). Franz Mulser hat feine Küche bei den Herdgöttern der Provinz und in München gelernt, und er zaubert sie mit den Zutaten der Region. Juni bis Okt. und Dez. bis Anf. April mittags geöffnet, abends nach Voranmeldung. ✆ 347/8368154, gostnerschwaige.com. **€€**

Rauchhütte, kleiner Einkehrgasthof an der Straße nach Salten, Aussicht zum Langkofel und teilweise auf die Rosszähne, warme und kalte Küche, Mi Ruhetag ✆ 0471/727830, rauchhuette.com.

Schlernhäuser, CAI Bozen, 2457 m, 30 Betten, 90 Lager. Schöner, rustikaler Speisesaal. Juni bis Okt. ✆ 0471/612024, schlernhaus.it. **€€–€€€**

Schutzhaus Tierser Alpl, privat, 2440 m, das rote Dach ist geblieben, ansonsten hat sich die Hütte vor ein paar Jahren in ein modernes Schutzhaus mit Panoramafenstern und viel Holz im Gastraum und in den Zimmern verwandelt. Freundliche Atmosphäre, gutes Essen, hervorragender Kaiserschmarrn. ✆ 0471/727 958, tierseralpl.com. **€€–€€€**

Auf den Puflatsch

Hübscher Weg auf einen fast flachen Aussichtsberg über Compatsch. Die sog. *Hexenbänke* liegen an der zum Grödner Tal gewandten Seite des Puflatsch: Der säulenförmige Augitporphyrit tritt hier in der Nähe der Felskante wie ein Steinpflaster zu Tage. An einer Stelle ist dieses Steinpflaster nicht nur zum Tal hin gestuft, sondern auch wie ein Lehnstuhl geformt. Wahrscheinlich handelt es sich um eine natürliche Bildung, aber die Menschen haben diese Formation schon immer als Sitz gedeutet und ihr übernatürliche Entstehung zugeschrieben – wie heute noch die Bezeichnung „Hexenbank" deutlich macht.

Bergbahn **Kabinenbahn Puflatsch,** Ende Mai bis Anf. Okt., 9–17 Uhr, einfach 8 €, Berg/Tal 11 €, Kinder 6/8,50 €.

Hütten/Essen **Arnikahütte,** gut besuchte Almhütte mit rustikaler Speisekarte, außerdem gibt's Strudel, Kuchen und Torten. Kinderspielplatz. Mi Ruhetag, ✆ 0471/727812, arnikahuette.com.

Tschötsch Alm, toller Ausblick auf die Seiser Alm, super Apfelstrudel, gemütliche Liegestühle, an denen man auch bedient wird. ✆ 320/0661425, tschoetschalm.com.

Puflatschhütte, 1950 m, privat, 34 Betten in Doppel- oder 4-Bett-Zimmern, gutes Restaurant. Compatsch 68, ✆ 0471/729090, dibaita-puflatschhuette.com. **€€–€€€**

Wanderung 5: Von der Seiser Alm zum Schlern und Tierser Alpl → S. 295

Lange Alm- und Plateauwanderung über der Seiser Alm

Waltherplatz in Bozen

Bozen

Bozen, die Hauptstadt Südtirols, liegt zwar nicht im eigentlichen Zielgebiet dieses Reiseführers. Viele Besucher der Dolomiten reisen aber über Bozen an oder unternehmen einen Ausflug dorthin. Straßen- und Busverbindungen in die Dolomiten sind ausgezeichnet.

Bozen liegt in einem nach Süden offenen, sonnigen Becken, im Norden ist die Stadt von Weinbergen umrahmt. Von den 100.000 Einwohnern sind nur noch etwa 25 % deutschsprachig, doch ist die Altstadt immer noch eine mittelalterlich-barocke Stadt deutscher Prägung.

Sehenswertes

Gang durch die Altstadt: Man beginnt am besten am *Waltherplatz*, der klassischen „Guten Stube" der Stadt mit Cafés und Boutiquen. Das große Denkmal ehrt den in Südtirol geborenen Minnesänger Walther von der Vogelweide. Den Platz dominiert die gotische *Dompfarrkirche Maria Himmelfahrt*, der 62 m hohe Turm ist ein zartes spätgotisches Gebilde. Innen beachtenswert sind v. a. die gotische Kanzel und der barocke Hochaltar. Neu ist das Domschatzmuseum.

Kirche Mo–Sa 7.30–18, So 8–20 Uhr; **Domschatz,** Pfarrplatz 27, Di–Sa 10–12.30 Uhr, Erw. 3 €, erm. 2 €. ✆ 0471/978676, dompfarre.bz.it.

Im *Dominikanerkloster* interessiert vor allem die dreischiffige spätgotische Hallenkirche, der Chor ist üppig barock stuckiert. In der Johanneskapelle gibt es Fresken der Giotto-Schule zu betrachten, im Kreuzgang Fresken von Friedrich Pacher (um 1490).

Kirche Mo–Sa 8–19, So 8–18 Uhr. **Kreuzgang** April bis Okt. und Adventszeit Sa 10–12 Uhr.

Nur ein paar Schritte sind es über die Goethestraße (der auch schon hier war) zum *Obstplatz*. Seit Jahrhunderten versorgt sich die Stadt hier mit Obst und Gemüse, geschäftig und fotogen. Hier erreicht man auch die *Lauben*, die Haupteinkaufsstraße der Stadt. Unter den Arkadengängen der prächtigen mittelalterlichen und barocken Bürgerhäuser gibt es noch einige alteingesessene Geschäfte, immer mehr jedoch moderne Boutiquen. Vom Obstmarkt geht man durch die Franziskanergasse zur *Franziskanerkirche*. Sie zeigt außen wie innen Spätgotik, sehenswert ist vor allem der Krippenaltar von Hans Klocker (1500).

Siegesplatz und faschistisches Bozen: Die Museumstraße führt einen über die Talferbrücke ins „faschistische Bozen", also jenen Stadtteil, der im Zuge der „Italianisierung" ab 1923 entlang der Verlängerung der historischen Laubengasse errichtet wurde. Touristisch interessant ist das am Siegesplatz emporragende Siegesdenkmal von 1928. Nach dem Ende des 2. Weltkriegs gab es Überlegungen, das nationalistische Monument zu schleifen. Seither steht es im Mittelpunkt von Kontroversen und Diskussionen zwischen Rechten und Linken und dient(e) zahlreichen politischen Gruppierungen immer wieder als Aufmarschplatz für Demonstrationen. Nach gründlicher Renovierung wurde in den weitläufigen Kellergewölben und der Krypta des faschistischen Monumentalbaus 2014 ein äußerst sehenswertes Dokumentationszentrum eingerichtet, das u. a. die Geschichte Bozens während des Faschismus beleuchtet. Oberirdisch ist das Denkmal durch einen Zaun abgesperrt, um es vor Beschädigungen zu schützen.

▪ Dokumentationszentrum mit der Ausstellung „BZ '18–'45" tgl. (außer Mo) 11–13/14–17 Uhr, Eintritt frei, siegesdenkmal.com.

Abendliche Laubengasse

Stadtteil Gries: Von der großen Benediktinerabtei Muri-Gries ist nur die üppig spätbarocke *Stiftskirche* zugänglich. In der spätgotischen *Pfarrkirche* großartiger Schnitzaltar des Michael Pacher von 1475 mit der Darstellung der Marienkrönung.

▪ **Stiftskirche:** Vorraum tagsüber 9–19 Uhr zugänglich, guter Blick auf den Kirchenraum. **Pfarrkirche:** April bis Okt. Mo–Fr 10–12/14.30–16 Uhr, Juli/Aug. nur vormittags.

Spaziergang zur Burg Runkelstein: Im Norden der Stadt gelegen, mittelalterliche Burg mit einzigartigen Fresken zum höfischen Leben, Damen und Herren beim Ballspiel, Lanzenturnier, Reigentanz unter Bäumen.

▪ Tgl. (außer Mo) 10–18 Uhr. Eintritt 8 €, erm. 5,50 €. Kostenloser Shuttle-Service ab Waltherplatz. Kaiser-Franz-Josef Weg, ✆ 0471/329808, runkelstein.info.

Die Bozner Museen

Südtiroler Archäologiemuseum (Ötzi-Museum): Der „Mann aus dem Eis" liegt im ersten Stock in einem diskret abgedunkelten Raum hinter Panzerglas.

▪ Juli, Aug. und Dez. tgl. 10–18 Uhr, sonst Mo geschlossen. Eintritt 13 €, erm. 10 €, Fam. 26 €, Tickets kann man auch online kaufen. Wer kurz vor Öffnung um 10 Uhr ankommt, muss kaum anstehen! Museumstr. 43, iceman.it.

Stadtmuseum: Das Museum präsentiert verschiedene Wechselausstellungen. Darüber hinaus gibt es u. a. Schnitzkunst und Gemälde aus mehreren Jahrhunderten zu besichtigen. Wer bis ganz nach oben in den Turm steigt, hat einen schönen Rundblick und kann das alte Bozen im Osten und das neue Bozen im Westen entlang der Linie von Laubengasse und Museumsstraße bewundern.

▪ Das Museum wird bis auf Weiteres umgebaut, die geöffneten Räume sind Di–So 10–18 Uhr zu besichtigen, der Eintritt ist frei! Sparkassenstr. 14, ✆ 0471/997960.

Naturmuseum Südtirol: Sehenswertes und in großen Zügen kindgerechtes Naturkundemuseum mit Blick auf Südtirol: Gesteine, Pflanzen, Tiere, eindrucksvolle Dioramen. Höhepunkt ist ein Terrarium mit einem Ameisenbau (samt Ameisenfriedhof!).

▪ Tgl. (außer Mo) 10–18 Uhr. Eintritt 7 €, erm. 5 €, Fam. 14 €. Bindergasse 1, naturmuseum.it.

Museion: Museum für moderne Kunst mit Wechselausstellungen. Attraktiver Glas-Neubau!

Stolperstein im Zentrum

▪ Di–So 10–18, Do bis 22 und ab 18 Uhr freier Eintritt, ansonsten 10 €, erm. 5 €. Dantestr. 6, ✆ 0471/223413, museion.it.

Merkantilmuseum: Prächtiges barockes Stadthaus, früher Sitz des Handelsgerichts.

▪ Mo–Sa 10–12.30, Do 10–13 und 14–16 Uhr, Eintritt 7 €, erm. 2 €. Silbergasse 6 und Lauben 39, ✆ 0471/945702.

Basis-Infos

Information **Verkehrsamt der Stadt Bozen – Informationsbüro,** Südtirolerstr. 60, Bozen/Bolzano, ✆ 0471/307000, bolzano-bozen.it.

Verbindungen **Pkw:** Brennerautobahn A 22/Ausfahrt Bozen-Nord oder Bozen-Süd; Parkhaus Mitte auf der Südseite des Bahnhofs. Elektronische Anzeigetafeln informieren unmittelbar nach den beiden Autobahnabfahrten über Staus und freie Parkplätze, auch unter parking.bz.it erhält man in Echtzeit Auskunft über die verfügbaren Plätze in den Bozner Parkhäusern.

Bahn: In Bozen halten alle Züge, die zwischen München und Verona/Mailand/Rom/Venedig verkehren.

Bus: Bozen ist Zentrum des dichten Busnetzes der Gesellschaft SAD, die ganz Südtirol erschließt, sasabz.it.

Taxi: Standplätze vor dem Bhf., am Walther- und Siegesplatz; Funktaxi ✆ 0471/981111.

Ärztliche Versorgung **Krankenhaus Bozen,** Lorenz-Böhler-Str. 5, ✆ 0471/908111; im Krankenhaus auch **zahnärztlicher Notdienst** (Sa/So 9–11 Uhr).

Gästekarte **Bozen Card,** die Gratis-Gästekarte der Beherbergungsbetriebe beinhaltet die kostenlose Benutzung der öffentl. Verkehrsmittel und Seilbahnen in und um Bozen, Eintritt in über 80 Museen, Stadtführungen, Verkostungen, geführte Wanderungen und vieles mehr.

Einkaufen Das heißt in Bozen vor allem Lauben und Obstmarkt. Auf den 380 m der Lauben konzentriert sich das hochwertigste Angebot nicht nur Bozens, sondern ganz Südtirols. **Obst- und Gemüsemarkt** tgl. (außer So) auf dem Obstplatz.

Pur Südtirol nennt sich eine Lebensmittelkette, die auf biologische und regionale Produkte ausgewählter Anbieter setzt. Dazu zählen

Von Brixen zum Rosengarten → Karte S. 60

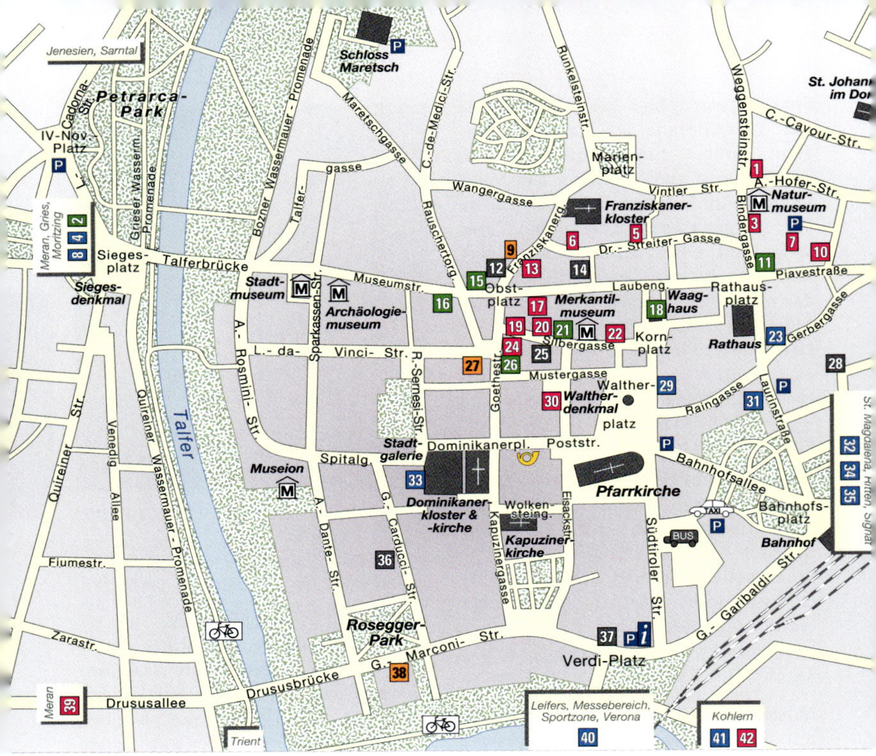

Übernachten

4 Camping Moosbauer
8 Post Gries
23 Feichter
29 Greif
31 Parkhotel Laurin
32 Magdalenerhof
33 Kolpinghaus
34 Kandlerhof
35 Jugendherberge
40 Camping Steiner
41 Kohlern

Essen & Trinken

1 Batzenhäusl
3 Nussbaumer
5 Osteria Dai Carrettai
6 Fischbänke
7 Tree Brasserie
10 In Viaggio
13 Banco 11
17 Arôme
19 Hopfen & Co.
20 Humus
22 Restaurant 37
24 Vögele
30 Zur Kaiserkron
31 Laurin
39 Steidlerhof
41 Kohlern
42 Gasthof Schneiderwiesen

Cafés

2 Gelateria Avalon
11 Cooper
15 Hofer
16 Streitberger
18 Waag Café
21 Ritterbar
26 Monika

Sonstiges

12 Cortile/Theater im Hof
14 Filmclub
25 Theater Carambolage
28 Waltherhaus
36 Konzerthaus Bozen
37 Neues Stadttheater

Nachtleben

9 Nadamas
27 Insere Bar
31 Laurin Bar
38 Latino

Bozen/Bolzano

100 m

neben Speck und Käse auch getrocknetes und frisches Obst, Wein und Marmelade sowie der Apfelsekt S'Pom. Das Ganze in modern-gediegenem Ambiente – offenkundig ein Erfolg, weitere Filialen in Brixen, Meran, Bruneck und Lana. Mustergasse 3a, pursuedtirol.com.

Mila Shop, gleich neben der Molkerei befindet sich ein großer, ansprechend gestalteter Laden mit Bistro. Angeboten werden eigene Molkereiprodukte und eine große Auswahl an Käse, aber auch leckere Spezialitäten aus Südtirol. Innsbruckerstr. 41, mila.it.

MeinTipp **Weingut Schmid Oberrautner,** ältestes familiengeführtes (in der 21. Generation!) Weingut Südtirols mit schönem Laden, in dem neben den eigenen Weinen (Lagrein, Blauburgunder, Weißburgunder, Chardonnay) ausgewählte Feinkost angeboten wird (Mo–Fr 10–12 und 14–18, Sa 9–12 Uhr). Vor dem Haus wächst der Lagrein, obwohl man sich noch „mitten in der Stadt" glaubt. Hausherr Florian beschäftigt sich intensiv mit dem Thema Klimawandel und den Auswirkungen auf seinen Wein und dem Thema biologischer Anbau. Das Weingut verfügt über einen idyllischen Garten, der auch für Veranstaltungen gebucht werden kann. Florian und seine Frau Judith haben eine unerschöpfliche Fülle guter Tipps fürs Wandern und zu Südtirol allgemein auf Lager. Jeden Freitag um 16.30 Uhr gibt es eine ausführliche Weinkellerführung inkl. Degustation (Dauer 2:30 Std., 15 €), außerdem werden drei schöne, geräumige Wohnungen vermietet. Fagenstr. 50c, ✆ 0471/281440, schmid oberrautner.it. **€€€–€€€€**

Radfahren Radverleih bei Papin Sport im ehemaligen Tankstellengebäude am Verdiplatz, papinsport.com, bei Zweirad Engl, Cavourstr. 20, ✆ 0471/978114, bikeshop-engl.it, und bei Passepartour, J. Perathonerstr. 1, ✆ 333/838 4447, passepartour.com.

Reparaturservice bei Novum, Schlachthofstr. 49, ✆ 0471/971713, novum2.it. Sehr freundliches, flinkes Personal.

Kletterhalle Salewa Cube, mit 2000 m² die größte Kletterhalle Italiens, 15 €/Tag. Tgl. 9–23 Uhr. Waltraud-Gebert-Deeg-Straße 4, salewacube.com.

Eishalle Palaonda/Eiswelle in der Marco-Polo-Str. neben dem Messegelände.

Sportpalast Mit Drusus-Sportgelände, Frei- und Hallenbad, Bocciodromo und Kletterwand an der Triester Str. 21.

Übernachten/Camping

→ Karte S. 96

******S Parkhotel Laurin 31,** zentrales Traditionshotel, großzügige Zimmer. Laurinstr. 4, ✆ 0471/311000, laurin.it. **€€€€**

******* Greif 29,** zentral, alteingesessen, modernst eingerichtet. Waltherplatz 7, ✆ 0471/318 000, greif.it. **€€€€**

**** Kolpinghaus 33,** Studentenwohnheimstil, aber sauber und okay. Kolpingstr. 3, ✆ 0471/308400, kolpingbozen.it. **€€–€€€**

**** Feichter 23,** freundliches Hotel mit angenehm schlichten Zimmern. Weintraubengasse 15, ✆ 0471/978768, hotelfeichter.it. **€€€**

Jugendherberge 35, moderne Jugendherberge in Bahnhofsnähe. 81 Betten in 1- bis 4-Bett-Zimmern (mit Du/WC), Frühstücksbuffet! Rittnerstr. 23, ✆ 0471/300865, jugendherberge.it. **€**

***** Post Gries 8,** alter Einkehrgasthof, modernisierte Zimmer. Freiheitsstr. 117, ✆ 0471/ 279000, hotel-post-gries.com. **€€–€€€**

Außerhalb * Magdalenerhof 32,** im Weingebiet, Zimmer mit Balkon, Garten, Pool. Außerdem Dependance mit Apt. Rentscherstr. 48/A, ✆ 0471/978267, magdalenerhof.it. **€€€–€€€€**

**** Kandlerhof 34,** Ferien auf dem Bauernhof in den Weinbergen, kleiner Pool im Garten. St. Magdalena 30, ✆ 0471/973033, kandlerhof.it. **€€**

***** Kohlern 41,** romantisches Hotel in einem prächtigen Bau von 1908, stilvolle Zimmer mit Marmorbädern, verglaste Veranda, Pool und Sauna. Kohlern 11, ✆ 0471/329978, kohlern.com. **€€€–€€€€**

Camping ** Moosbauer 4,** nachhaltig geführter, schattiger Rasenplatz, Restaurant, Salzwasserpool, Top-Sanitäranlagen, Gespann und 2 Pers. 39–85 €. März bis Nov. geöffnet. Moritzinger Weg 83, ✆ 0471/918492, moosbauer.com.

***** Steiner 40,** sauberer, schattiger Platz, Pool, Hallenbad, Restaurant und Bungalows. Gespann u. 2 Pers. 37–60 €. Ostern bis Okt. geöffnet. Kennedystr. 32/34, Leifers, ✆ 0471/ 950105, campingsteiner.com.

Von Brixen zum Rosengarten → Karte S. 60

Essen & Trinken/Abends

→ Karte S. 96

Zur Kaiserkron 30, innovative Küche in eindrucksvollem Ambiente, So zu. Musterplatz 2, ✆ 0471/980214, ristorantezurkaiserkron.it. **€€€**

Vögele (Roter Adler) 24, traditionelles Gasthaus, Südtiroler Küche mit modernen Akzenten, ab 30 €, preiswerte Tagesgerichte. So geschl. Goethestr. 3, ✆ 0471/973938, voegele.it. **€€**

Restaurant 37 22, Restaurant im Obergeschoss des Alpin-Sportler-Geschäfts. Serviert wird Südtiroler Küche mit interessanten Interpretationen, tolle Dachterrasse So geschl. Lauben 37/Silbergasse 4, ✆ 0471/979654, restaurant37.com. **€€–€€€**

Arôme 17, ein Trio aus dem Sarntal kreiert gehobene Küche mit südtirolerischem und internationalem Einschlag im Restaurant im OG der Parfümerie Thaler. So geschl. Lauben 69, ✆ 0471/313030, arome.bz. **€€–€€€**

Laurin 31, Restaurant des Hotels Laurin, sehr schöner Gastgarten, Menüs mit mediterranem Flair, So geschl. Laurinstr. 4, ✆ 0471/311593, laurin.it. **€€–€€€**

In Viaggio 10, ausgezeichnete Feinschmeckerküche, Chefkoch ist der Sarde Claudio Melis. 1 Michelin Stern und 3 Hauben im Gault-Millau. 5, 7 oder 9 Gänge nach Wahl. Mo, Mi, So Ruhetag. Piavestr. 15, ✆ 0471/1684878, inviaggioristorante.com. **€€€€**

Tree Brasserie 7, Food-Sharing lautet das Konzept, italienisch-mediterrane Gerichte, elegante Atmosphäre. So und Mo abends geschl. Piavestr. 15, ✆ 0471/1532377, treebrasserie.it. **€€–€€€**

Hopfen & Co 19, angesagte Gasthausbrauerei, So zu. Obstplatz 17, boznerbier.it. **€**

Osteria Dai Carrettai 5, unkomplizierte kleine Trattoria mit wenig Plätzen drinnen und schmalen Holztheken draußen. Dr.-Streiter-Gasse 20b.

Batzenhäusl 1, Traditionsgasthaus, warmes Essen bis 0.45 Uhr früh. Andreas-Hofer-Str. 30, batzen.it. **€–€€**

Fischbänke 6, Sommerlokal auf den Marmortischen des ehemaligen Fischmarkts. Nur von Mitte Mai bis Mitte Okt. geöffnet, Sa abends und So geschl. Dr.-Streiter-Gasse 28.

Nussbaumer 3, Pizzeria-Restaurant mit preiswerten Tagesmenüs. So geschl. Bindergasse 11, nussbaumer.bz. **€–€€**

Humus 20, vegetarische Küche in Bio-Qualität, orientalisch-mediterrane Speisen. So geschl. Silbergasse 18.

Banco 11 13, winzige Weinbar mit Stehtischen draußen, die kleine Appetithäppchen zum Wein anbietet. So geschl. Obstplatz 11.

Kohlern 41, gehobene Südtiroler Küche. Mo geschl. Kohlern 11, kohlern.com. **€€–€€€**

Gasthof Schneiderwiesen 42, traditionelle Küche hoch über dem Etschtal. Seit 41, Steinmannwald (Leifers), ✆ 0471/250500, schneiderwiesen.it. **€**

Buschenschanken/Törggelen **Steidlerhof 39**, Bauernhof und Weingut mit großartiger Aussicht. Obermagdalena 1, ✆ 0471/973196,steidlerhof.bz.

Cafés/Imbisse/Konditoreien **Waag Café 18**, Kornplatz 12, im renovierten Waaghaus befindet sich im EG ein modern eingerichtetes Café, auch draußen kann man gut sitzen und das vorbeiflanierende Publikum beobachten. So Ruhetag, waagcafe.eu. **Streitberger 16**, gutbürgerliche Café-Konditorei mit üppigen Torten, Museumstr. 15a. **Hofer 15**, Torten und Schnitten in neuem Ambiente, Museumstr. 4. **Cooper 11**, modern gestaltetes Bistro mit Frühstück, Mittagsküche und Aperitivo, Bindergasse 35. **Monika 26**, gut für den Cappuccino zwischendurch, hier gehen auch die Einheimischen hin, Goethestr. 13. **Ritterbar 21**, kleine Bar (und Bistro), sympathisch geführt, Silbergasse 12. **Gelateria Avalon 2**, ungewöhnliche, aber leckere Eissorten, Freiheitsstr. 44.

Abends/Kultur **Neues Stadttheater 37**, Verdiplatz 40, theater-bozen.it. **Konzerthaus Bozen 36**, Dantestr. 15, haydn.it. **Carambolage 25**, Kleinkunstkellertheater, Silbergasse 19, carambolage.org. **Cortile/Theater im Hof 12**, Kleinkunstbühne, Obstplatz 37, theaterimhof.it. **Waltherhaus 28**, Schlernstr. 1, waltherhaus.org. **Filmclub 14**, Dr.-Streiter-Gasse 8d, filmclub.it. **Laurin Bar 31**, im Hotel Laurin, Laurinstr. 4. **Insere Bar 27**, L.-da-Vinci-Str. 1c. **Nadamas 9**, Obstmarkt 43. **Latino 38**, Marconistr. 25.

So sieht man den Rosengarten nur von Tiers

Von Brixen zum Rosengarten → Karte S. 60

Das Rosengartengebiet

Wie ein so schroffes, schier unbezwingbares Gebirge nur so heißen kann? Da steckt ein Geheimnis dahinter: Die Flucht der Dolomitenwände im Hintergrund von Tierser Tal, Eggental und Regglberg leuchtet noch nach Sonnenuntergang märchenhaft in Rot.

Vor seiner Verwandlung war das Gebirge ein Rosengarten und König Laurin sein Herr. Das glauben Sie nicht? Macht nichts, die Sage ist trotzdem schön (→ S. 108). Und sie ist überall gegenwärtig im Raum zwischen Tiers, Welschnofen, Karersee und Deutschnofen. Da gibt es Laurinstuben und Rosengartenhotels und Andenken mit König Laurin und Laurinnächte usw.

Während der Ort *Tiers* noch dem Tourismusverband der Seiser Alm zugeschlagen ist, gehört das Gebiet um die mächtigen Wände des Rosengartenmassivs bereits zum Einzugsbereich des Tourismusverbands Eggental. Das gilt auch für den südlich anschließenden, ebenso schroffen, aber weniger sagenumwobenen Gebirgszugs des Latemar sowie den talauswärts auf der südlichen Seite des Tierser Tals gelegenen Ort *Steinegg* mitsamt seinem Nachbarort *Gummer* (beide gehören zu Karneid). Auf den von Einzelhöfen und kleinen Weilern gekrönten Wiesen- und Waldkuppen des Regglbergs liegt nahe dem freundlichen Urlaubsdorf *Deutschnofen* Südtirols bedeutendster Wallfahrtsort *Maria Weißenstein*. Es gibt also gute Gründe für den Besuch der insgesamt nicht allzu umtriebigen Ferienregion.

Tiers und das Tierser Tal

Eine wildere Schlucht kann man sich kaum vorstellen als die des äußeren Tierser Tals. Vom Eisacktal quälte sich bis in die 1970er-Jahre nur ein schmales Sträßchen bis hinauf nach Tiers, dem einzigen echten Dorf des Tals. Von dieser Abgeschiedenheit ist heute

St. Zyprian im Tierser Tal

kaum noch etwas zu merken, zumindest in Tiers selbst. Mit der neuen Straße nach Völs und Seis kam der Geschäftsgeist. Eine ganze Reihe von Hotels, Gasthöfen und Pensionen, Ferienwohnungen und Privatzimmern bietet ein freundliches Quartier. Die Ski- und Wandergebiete von Rosengarten, Karersee und Latemar sind nahe, das bringt Gäste ins Haus. Vor allem aber locken die großartige Natur des Tals mit den mächtigen Dolomitwänden im Hintergrund und die immer noch funktionierende bäuerliche Tradition samt Heumahd von Hand auf den Bergwiesen und Käseproduktion auf der Alm. Zu wenig los? Bozen ist dank der guten Straße und häufiger Busverbindungen nahe herangerückt.

Sehenswertes/Ausflüge

Im Ort: Tiers besteht aus drei Teilen, dem eigentlichen Dorf mit der Pfarrkirche, dem Weiler St. Zyprian und dem Heilbadbereich um Weißlahnbad. Die *Pfarrkirche St. Georg* hat einen romanischen Turm, der Kirchenraum wurde erst im Spätbarock (1766) an den spätgotischen Chor angebaut.

Nach Weißlahnbad: Ein Wanderweg führt vom oberen Ortsende (Schilder) zur einsam auf einer Waldlichtung gelegenen *Pestkapelle zum hl. Sebastian.* Sie wurde im Pestjahr 1635 errichtet, nachdem 124 Menschen an der Seuche gestorben waren – Tiers war nach dieser Katastrophe nahezu ausgestorben. Von der Kapelle führt ein Fahrweg nach Weißlahnbad, wo früher wie heute Rheumakranke Linderung suchen. Das hiesige Wasser ist leicht säuerlich und schwach radioaktiv. Die Nutzung ist heute von der Gemeinde überprüft und geregelt, Bademöglichkeiten in den dortigen Hotels. Zurück geht man über *St. Zyprian* auf der Oberstraße (Beginn bei der Kirche), von der man noch einmal herrliche Blicke auf das Tierser Tal und die Rosengartengruppe hat (hin/zurück 1:30–2 Std.).

Der Tierser Höfeweg: Eine lohnenswerte Wanderung, die man mit dem Oachner Höfeweg kombinieren kann (→ S. 84), beginnt an der Kirche St. Katharina in Breien (s. u.). Sie führt hinab zum Grund des Tierser Tals und nach einem Abschnitt durch dichten Wald entlang des Breibaches (vorbei an einem alten Kalkofen und einer verfallenen Mühle) am uralten Goflmorthof vorbei in steilem Schlussanstieg hinauf nach Tiers, Dauer etwa 2 Std. Das Tierser Tal war entlang des Breibachs seit dem frühen Mittelalter eine richtige Gewerbezone. Es gab Schmiede, Müller, Brettersägen und sogar eine Gerberei, insgesamt sind 46 Betriebe (!) dokumentiert. Eine schwere Hochwasserkatastrophe zerstörte 1882 fast alle Betriebe. Heute existiert nur noch die Manötscher Säge in Breien (beim Goflmorthof gelegen). Mehrere Infotafeln entlang des Höfewegs informieren anschaulich über diese bewegte Geschichte.

St. Katharina in Breien: Die sehenswerte, von einigen alten Höfen umgebene, kleine Kirche liegt unmittelbar unterhalb der Straße nach Tiers (hier auch Bushaltestelle) nahe der Gemeindegrenze zu Völs. Sie ist der hl. Katharina von Alexandria gewidmet. Die gotischen Wandgemälde der südlichen Außenwand erzählen vom Martyrium und Tod der Heiligen. Ein Bankerl vor der Kirche lädt zur meditativen Rast. Ein Blick nach oben kann lohnen, denn es ist gar nicht so unwahrscheinlich, dass im Himmel über den steil aufragenden Wänden der Völseggspitze Adler ihre Kreise ziehen. Der eigentliche Ort Breien liegt weiter unten recht abgelegen im schattigen Talgrund

Auf der Nigerpassstraße: Die Straße nach Karersee führt unter den Wänden des Rosengartens hindurch. Sie gehört zu den eindrucksvollsten alpinen Höhenstraßen. An mehreren Stellen gibt's Wanderparkplätze. Seit dem schweren Sturm „Vaia" im Spätherbst 2018 haben sich die Panoramen hier allerdings nachhaltig verändert. Vielerorts dominieren kahle Flächen, aus denen wie Beulen Hunderte von Baumstümpfen hervorbrechen – letzte Überreste der massiven Waldschäden, die von den fleißigen Südtirolern in weiten Teilen längst beseitigt wurden. Dennoch wird die Natur Jahrzehnte benötigen, um sich komplett zu erholen (→ Kasten, S. 257).

Das Tschamintal und der Naturpark Schlern-Rosengarten

Wer von Weißlahnbad weiter talaufwärts wandert, erlebt im Tschamintal, das Schlern und Rosengartengruppe trennt, wilde und ursprüngliche Natur. Wie wild es noch vor gar nicht so langer Zeit war, mag man daran ermessen, dass ein Nebental Bärenfalle heißt und der Aufstieg auf den Schlern Bärenloch genannt wird. Das Tal ist übrigens ein Teil des Naturparks Schlern-Rosengarten. Kurz hinter Weißlahnbad passiert man das Naturparkhaus Schlern (Informationen zum Naturpark, großer Parkplatz, ab hier Fahrverbot, daneben Gasthaus Tschaminschwaige). Der Weg durch das Tschamintal in die Rosengartengruppe ist am schönsten im oberen Teil, wo eine Felsenschlucht auf einem Bohlensteg und Holztreppen bezwungen wird.

■ **Naturparkhaus Schlern,** Tschamintal, Mitte Juni bis Ende Sept. Di und Fr 9.30–17.30 Uhr, ✆ 0471/642196. Die Infostelle des Naturparks befindet sich in der ehemaligen *Steger Säge* von 1598, die nach wie vor betriebsbereit ist. Neben dem Mühlwerk und den ehemaligen Unterkünften des Sägewerkers gibt es Infos über Natur und Kultur des Schlern. Vorführung der Venezianer Säge Di 11 und 15 Uhr. Eintritt frei, naturparks.provinz.bz.it.

Praktische Infos

Information **Tourismusverein Tiers am Rosengarten,** St.-Georg-Str. 79, Tiers/Tires, ✆ 0471/642127, tiers.it.

Verbindungen **Bus:** nach Bozen bis zu 17x tgl. (So 7x), mehrmals tgl. weiter zum Karerpass.

Gästekarte Da Tiers zum Tourismusverband Seiser Alm zählt, gilt hier der kostenlose **Südtirol – Alto Adige Guest Pass** der regionalen Beherbergungsbetriebe. Inkludiert sind die öffentlichen Verkehrsmittel und diverse Ermäßigungen.

Einkaufen **Weindiele Tiers,** große Auswahl an regionalen Weinen und Feinkost, einen weiteren Laden gibt es in Bozen Karneid, St. Georgstr. 9, weindiele.com.

Baden/Schwimmen **Freibad** beim Försterhaus in Steinegg (oberhalb der Erdpyramiden).

Wintersport **Skigebiet Carezza,** im Winter kostenlose Skibusse zwischen Karerpass und Latemar sowie von Tiers über Welschnofen und Karerpass nach Vigo di Fassa. **Langlaufloipe** ab Wieslhof, an der Gabelung der Straßen nach Karneid und Gummer. **Eislaufplatz** und **Eisstockschießen** in St. Zyprian. **Schneeschuh-Wanderkarte** im Tourismusbüro (Tiers nennt sich „Südtirols Schneeschuhhochburg").

Cabrio-Seilbahn Tiers, lange Zeit machte es Tiers so reizvoll, dass es keine Aufstiegsanlagen gab. Das ist vorbei. Seit Winter 2021/22 verbindet eine 4 km lange, hochmoderne Bahn mit offener Aussichtsplattform auf dem Dach (daher der Name „Cabrio") den Ort mit der Frommer Alm. Damit hat man von Tiers aus den Anschluss an die Aufstiegsanlagen des Rosengartens. Die mächtigen Stützen und Seile der Bahn, die ein bisher unberührtes Tal überspannen und auch den Blick auf den Rosengarten verändern, sind nicht unumstritten, aber wie fast immer in Südtirol hat sich in den heftigen Diskussionen im Vorfeld des Baus die ökonomische Sichtweise durchgesetzt. Mitte Mai bis Anf. Nov. 8.15–17.45 Uhr, in der HS 8–18.15 Uhr, in der NS kürzer. Einzelfahrt 16 €/erm. 9 €, Berg- und Talfahrt 22 €/erm.13 €, carezza.it.

Übernachten/Essen ******* Cyprianerhof,** inzwischen ein großer Gebäudekomplex, aber nach wie vor ausgesprochen familiär und freundlich, mit viel hellem Holz innen und außen, Naturholzböden und Vollholzmöbel. Im Restaurant auch vegetarische Gerichte, Bio-Ecke beim Frühstücksbuffet. Saunen, Kneippanlage, großzügig geschnittene Zimmer. St. Zyprian 69, ✆ 0471/642143, cyprianerhof.com. **€€€€**

***** Weißlahnbad,** das Hotel ist der Nachfolger des alten Rheumabades und hat auch seinen Namen „Weißlahnbad" übernommen; das Wasser kommt aus der eigenen Quelle. Das angeschlossene „Tierser Badl" und die Heu-, Kräuter- und Milchbäder samt Sauna und Fitnessraum sind die Hauptattraktion des kleinen Hotels in schöner Waldrandlage. Weißlahn 21, ✆ 0471/642126, weisslahnbad.com. **€€€**

****** Vajolet,** schick modernisiertes Hotel mit verglaster Panorama-Lounge-Bar, Dampfbad und Sauna. Nur für Erwachsene. St.-Georg-Str. 42, ✆ 0471/642139, hotel-vajolet.it. **€€€–€€€€**

Veraltenhof, an der „Oberstraße" zwischen Tiers und St. Zyprian sind die Ausblicke besonders weit. Hübsche Zimmer, man kann reiten, beim Brotbacken zusehen und auf dem Hof mithelfen. Der Hof stellt gerade um auf Biobetrieb. Auch Spielplatz und Tischtennis. St. Zyprian 61, ✆ 0471/642332, veraltenhof.com. **€€€**

Steinegg und Gummer

Am Ausgang des Tierser Tals liegt auf sonniger Terrasse der Ort Steinegg, Teil der Gemeinde Karneid. Von Tiers ist er nur zu Fuß auf einer Wanderung erreichbar, mit dem Auto vom Eggental (unterhalb Birchabruck) über Gummer oder auf einer steilen Serpentinenstraße von Blumau aus. Eine ausgebaute Zufahrtsstraße hat der Ort mit seinen weit verstreut auf sanft gewellter Hochebene liegenden Häusern erst seit ein paar Jahrzehnten. Seither wächst das Dorf mit jedem Jahr ein bisschen, denn unter Sommerfrischlern und begeisterten Anhängern des Südtiroler Herbstes hat sich herumgesprochen, wie schön es hier oben ist, wenn die Sonne scheint, während Etsch- und Eisacktal im Nebel begraben sind. Immer noch hat sich Steinegg durch seine relativ abgeschiedene Lage jedoch das Ambiente eines Ortes bewahrt, an dem Hektik und Kurzlebigkeit weitgehend vorbeigehen. Im kleinen Zentrum an der Bushaltestelle findet sich neuerdings eine Auflademöglichkeit für E-

Bikes, ein Hinweis darauf, dass die Gegend populär bei Radlern ist.

Interessant ist das **Heimatmuseum** unter der Kirche (mit stolzen 18 Räumen auf drei Stockwerken, insgesamt 1000 m² und u. a. mit historischer Getreidemühle). Vom Kirchenvorplatz genießt man einen grandiosen Ausblick auf den Ritten, die Villanderer Almen, Tiers und die Hammerwände. Am Ortsrand befinden sich Erdpyramiden. Sie entstanden im lockeren Moränenmaterial, als große Decksteine die Abtragung des Materials verhinderten. An der Straße zwischen Steinegg und Gummer befindet sich der Abzweig zur ersten Sternwarte Südtirols, der **Sternwarte Gummer** (Volkssternwarte). Sie wurde von einer Gruppe von Amateuren eingerichtet, dem Hobbyastronomenverein „Max Valier“, benannt nach einem in Bozen gebürtigen Astronomen und Pionier der Raketenbautechnik. Ihr Spiegelteleskop hat einen Durchmesser von 80 cm, was für uns Laien schon mehr als ausreichend ist, um Neues am Sternehimmel zu erspähen.

Nach weiteren 2 km erreicht man den winzigen Ort Gummer mit einem modernen, schön gestalteten Dorfplatz hoch oberhalb des Eggentals. Einzige Sehenswürdigkeit ist mit dem **Planetarium** Südtirol eine „Artverwandte“ der Sternwarte – himmlische Aussichten gewissermaßen.

Information **Tourismusbüro Steinegg,** Steinegg/Collepietra, Kirchweg 5, ✆ 0471/619 560, sternendorf.it.

Heimatmuseum Palmsonntag bis Okt. geöffnet, Besichtigung nur mit Führung. Anmeldung im Tourismusbüro. Kirchweg 5, museumsteinegg.com.

Sternwarte Gummer Ganzjährig jeden Do 20 und 21 Uhr, im Sommer 21 und 22 Uhr. Eintritt 6 €, erm. 3 €, Anmeldung erforderlich. ✆ 0471/610020, sternwarte.it.

Planetarium Südtirol Vorführungen für Familien und Erwachsene tgl. (außer Mo und Sa), Programm auf der Homepage. Gummer 13, ✆ 0471/610020, planetarium.bz.it.

Übernachten/Essen *****S Oberwirt – Weißes Kreuz,** altehrwürdiges Gasthaus mit toller holzgetäfelter Stube und modernem Anbau, Hallenbad samt Whirlpool und Sauna. Seit 2019 ein Erlebniszimmer in einer originalgroß nachgebauten Apollo-11-Raumkapsel (apollo-experience.it), für Weltraumfreaks auf Hochzeitsreise möglicherweise der ultimative Romantikspot. Apollo-11-Zimmer 500 €. Peter-Anich-Weg 5, ✆ 0471/376525, gasthofoberwirt.com. **€€€–€€€€**

Steineggerhof, das Bio- und Bike-Hotel hat seine Küche komplett auf vegane Gerichte ausgerichtet, einzigartig in Südtirol. Die Zimmer mit Naturholzmöbeln sind angenehm schnörkellos. Indoor-Pool und Sauna. Geführte Biketouren, E-Bike-Verleih. Bühlweg 14, ✆ 0471/376573, steineggerhof.com. **€€€–€€€€**

Astra, Spitzenküche erwartet man nicht unbedingt an diesem etwas abgeschiedenen Ort, doch der Name verpflichtet: Das Gourmetrestaurant unter Chefkoch Gregor Eschgfäller wurde mit 3 Hauben im Gault-Millau ausgezeichnet. Regional-mediterrane Gerichte. Edles Ambiente, sehr gute Weinbegleitung. Mi–Sa abends. Hauptstr. 26, ✆ 0471/376516, restaurant-astra.com. **€€€€**

Das Eggental

Welschnofen ist der größte Ort des Eggentals, das als enge Schlucht bei Kardaun am östlichen Rand von Bozen beginnt und sich bei Birchabruck in zwei Täler gabelt, das eigentliche Eggental und den Ast von Welschnofen. Über Welschnofen führt die alte und neue Verbindung über den Karerpass ins Fassatal, heute viel befahrener Teil der Großen Dolomitenstraße.

Aber man muss nicht als Fan großartiger Hochgebirgsstraßen (und welche ist großartiger als die Dolomitenstraße) hierherkommen, denn die Landschaft allein ist interessant genug.

Rosengarten und **Latemar:** Wandern, Bergsteigen und Klettern, Mountainbiketouren, Skifahren. Schließlich der **Karersee** als Glanzpunkt, in dem sich der Latemar spiegelt, weite Wälder und viele Wanderwege mit hübsch verteilten Jausenstationen.

Von Brixen zum Rosengarten → Karte S. 60

Welschnofen

Das alte Dorf hat man schnell durchlaufen, vom Gasthof Mondschein bis zur Kirche geht man 5 Min. Das moderne Dorf mit seinen Hotels und Pensionen braucht ein Vielfaches an Platz, ist aber dennoch gut überschaubar: Von der Kirche weiter talabwärts an der Gummererstraße (sie führt weiter nach Gummer und Steinegg, → S. 102) liegen die meisten Neubauten, man will schließlich vom Ausblick profitieren. Vom Weg zum Rosengarten profitieren hingegen die Bauten an der Rosengartenstraße im schmalen Frommerbachtal. Zu den Skigebieten muss man auf der Karerseestraße weiterfahren bis Karersee oder nochmals runter nach Birchabruck und dann hinauf nach Obereggen. Da haben es die Sommergäste gut: raus aus dem Haus und rauf auf den Wanderweg. Und wenn es der im Übrigen wunderschöne Weg 7 ist, auf dem man bis zum „Schwarzen Adler" wandert, um dort gepflegt zu speisen oder Kaffee zu trinken und mit dem nächsten Bus nach Welschnofen zurückzufahren. Fazit: Nach Welschnofen kommt man wegen der berauschenden Umgebung oder der zahllosen Sportmöglichkeiten, aber kaum wegen des Orts selbst.

Ortszentrum von Welschnofen

Wanderung auf der Elisabethpromenade: Kaiserin Elisabeth von Österreich (Sisi) verbrachte 1897 einen Erholungsurlaub im Grandhotel Karersee. Einer der Wege, die sie damals nahm, ist heute als „Elisabethpromenade" ausgebaut. Ein Denkmal erinnert an die unglückliche Kaiserin, die ein Jahr später in Genf ermordet wurde. Am besten beim Hotel Rosengarten im Frommerbachtal beginnen (Rosengartenstraße), von wo man auf Weg 3 direkt zum Elisabethdenkmal nahe dem Hof Zenai geführt wird, um dann auf der eigentlichen Promenade (Weg 6/9) gemütlich bis zum Hotel Karersee zu spazieren (im zweiten Teil für Pkw gesperrter Fahrweg). Dabei passiert man den Gasthof Schönblick mit Erfrischungsmöglichkeit. Bis zum höchsten Punkt des Wegs oberhalb des Denkmals ca. 1 Std. (300 m Steigung), von dort bis Grand-Hotel Carezza ca. 1:30 Std. (geringer Höhenunterschied). Bushaltestelle beim Grand-Hotel Carezza (zur Rückfahrt).

Information **Tourismusverein Eggental,** Dolomitenstr. 4, Welschnofen/Nova Levante, ✆ 0471/619500, eggental.com.

Verbindungen **Pkw:** Dolomitenstraße aus dem Eisacktal ab Bozen/Karneid, Autobahnabfahrt Bozen-Nord. Im Ort beschränkte Parkmöglichkeiten, Tankstelle talaufwärts an der Karerseestraße. Von Osten aus dem Fassatal Straße über Vigo und den Karerpass.

Bus: tgl. bis zu 10x nach Bozen, bis zu 20x zum Karersee, davon 8x weiter zum Karerpass und nach Vigo (Fassatal), dort Anschluss nach Moèna und Predazzo, zum Passo San Pellegrino und nach San Martino di Castrozza. Bushaltestelle im Ort bei der Touristeninformation bzw. gegenüber beim Supermarkt. Der kostenlose Eggentaler **Wanderbus** verbindet im Sommer jeden Di und Do die Orte Karerpass, Welschnofen, Birchabruck, Eggen/Obereggen, Deutschnofen und Petersberg (Weißenstein).

Auf der Großen Dolomitenstraße

Das erste Teilstück der heute weltberühmten Dolomitenstraße zwischen dem Eisacktal bei Bozen und Cortina d'Ampezzo war die Straße durch das Eggental nach Welschnofen. Die wilde Schlucht des Karneidbaches zwischen Eisack und Birchabruck unterhalb von Welschnofen erschien bis in die Mitte des 19. Jh. als unlösbare Aufgabe für Straßenbauer. Die Schluchtwände nähern sich an den engsten Stellen bis auf wenige Meter, bei Hochwasser gab es keine Möglichkeit, die Schlucht zu passieren. Aber clevere Ingenieure fanden die Lösung: Sie bauten die Straße als eine Folge von Hangbrücken unter Felsüberhängen so hoch über dem Bach, dass er sie auch bei Hochwasser nicht erreichen konnte; eine Talschlinge durchstießen sie mittels eines Tunnels. 1860 war Welschnofen schließlich auf der direkten Straße durch das Eggental erreichbar. Das stieg den Welschnofnern in den Kopf. Bis dato waren sie Teil der Gemeinde Kardaun, 1870 durften sie sich stolz als eigene Gemeinde konstituieren.

Dann kam der Wiener Theodor Christomannos mit seiner Idee einer Dolomitenstraße, die quer durch die österreichischen Dolomiten von Bozen nach Cortina führen sollte. Ein riesiges Touristenhotel nahe dem wunderschönen Karersee oberhalb Welschnofen zog bald viele Touristen in die Gegend – dass diese nicht über den Karerpass weiter nach Osten ziehen konnten, das war den Welschnofnern gerade recht. Noch im selben Jahr 1896 wurde die Karerpassstraße fertiggestellt, bis 1909 war sie auf 110 km Länge angewachsen.

Wer heute im Auto, auf dem Motorrad oder gar dem Rennrad auf der Großen Dolomitenstraße unterwegs ist, der hat eine sehr gut ausgebaute, nirgends steile (Maxima bei 12 %), durchgehend asphaltierte, aber sehr kurvenreiche Straße vor sich (für Gespanne östlich des Fassatals nicht geeignet). Ab dem Karerpass führt die Große Dolomitenstraße durch das Fassatal (Vigo, Pozza und Canazei in der Provinz Trento) zum Pordoijoch, hinunter nach Arabba in Buchenstein (Provinz Belluno) und von dort über den Falzàregopass nach Cortina d'Ampezzo (Provinz Belluno).

Der **Guest Pass Eggental** ermöglicht die kostenlose Benutzung der Seilbahnen sowie der öffentlichen Verkehrsmittel, der Wander- und Skibusse. Der **Mountain Pass** beinhaltet die Fahrt mit 17 Aufstiegsanlagen im Gebiet Rosengarten, Latemar und Schlern. Er gilt von Mitte Mai bis Anf. Nov. und kostet je nach Geltungsdauer an 72 oder 100 €, Kinder 51/72 €. Günstiger mit dem Guest Pass.

Veranstaltungen Passionierte MTBer und solche, die es werden wollen, können beim **Rosadira Bikefestival** im Juni an geführten Touren und spannenden Workshops teilnehmen. Auch für E-MTBer ist was dabei. 4 Tage lang wird ein umfangreiches Rahmenprogramm geboten mit Konzerten, Kinderprogramm und Vorführungen. Tickets und Infos auf rosadira-bike.com.

Einkaufen **Bäckerei Näckler,** Café und Bäckerei mit mehreren Filialen, fertigt u. a. die Lieblings-Dinkelgrissini des Autors, dazu noch allerlei andere feine Getreideprodukte. Karer-

Von Brixen zum Rosengarten → Karte S. 60

seestr. 17/19, naeckler.com. **Bauern- und Krämermarkt** Juni bis Okt. jeden Fr ab 15.30 Uhr, Rathaus Welschnofen.

Baden/Schwimmen **Freibad** in der Sportzone mit Whirlpool, Liegewiese und Bar, 10–18 Uhr.

Golf **Golf Club Carezza** am Karersee, der anspruchsvolle 9-Loch-Platz (Par 70, 2670 m) mit dem interessanten Namen „The Mountain Beast" wurde 2017 neu gestaltet und modernisiert. Karerseestr. 171, ☏ 0471/1660056, golfandcountry.it.

Radfahren/Mountainbiken **Verleih** bei Bike Rent Carezza beim Sporthotel Alpenrose, Karerseestr. 161a, ☏ 0471/612530, skiservicecarezza.com. Hochwertige E-Bikes auch bei Sport Laurin, Karerseestr. 12, ☏ 0471/613575, sommer.sportlaurin.com. Im **Bike Park Carezza,** einem Trainingspark an der Bergstation der Kabinenbahn, können MTBer Tricks und Technik verbessern. Der **Carezza-trail** (4,4 km, 500 hm) und die **Carezza Pump Line** sind etwas für Könner.

Klettern **Alpinzentrum Rosengarten,** Planggenweg 31, Kletter- und Bergsportprogramm, Kletterkurse, Freikletterkurse, ☏ 0471/613487, berge-erleben.com. **Klettergarten** an der Straße zum Nigerpass bei der (für Pkw) gesperrten Abzweigung der Paolinahütte links: Bouldern in einem Bergsturzgelände.

Reiten **Horsecenter Angerle Alm,** Karersee, Christomannosstr. 50, ☏ 0471/612224, horsecenter.it.

Wintersport Das **Skigebiet Carezza** mit seinen 15 Aufstiegsanlagen und 41 km Pisten ist ein familienfreundliches Skiareal. Der Regionalskipass „Fassa-Carezza" gilt auch für die Aufstiegsanlagen des Fassatals. Kostenlose Skibusse zwischen Karersee und Latemar sowie von Tiers über Welschnofen und Karersee nach Vigo di Fassa. **Schneeschuhbusse** zu den wichtigsten Zielen. Schneeschuhverleih z. B. bei Sport Carezza (Karersee) und bei der Talstation des Sessellifts König Laurin.

Skischule Carezza, Karerseestr. 157, ☏ 0471/612236, carezzaskischool.com. Außerdem 24 km **Langlaufloipen** aller Schwierigkeitsgrade und **Eislaufen** in der Sportzone Welschnofen, Schlittschuhverleih, ☏ 0471/613273.

Übernachten in Welschnofen ******S Engel,** Wellness wird im modernen „Engel" wirklich großgeschrieben, nicht nur bei den Einrichtungen wie Hallenbad, Sauna, Dampfbad, Fitnessraum, Tennisplatz, Radverleih, sondern

Winterabend beim Karerpass

auch im Servicebereich samt Heubad, Beautystudio und Massage. Komfortable Zimmer mit Terrasse oder Balkon. Gummererstr. 3, ✆ 0471/613131, hotel-engel.com. **€€€€**

*****S Rosengarten,** weiter oben und ruhiger können Sie in Welschnofen nicht wohnen. Himmlische Ruhe, freundlich-familiäre Gastgeber. Das Ganze selbstverständlich komfortabel, modern und mit einem großzügigen Wellnessbereich ausgestattet. Schöne Zimmer, nicht alle mit Balkon. Rosengartenstr. 43, ✆ 0471/613262, hotelrosengarten.it. **€€€–€€€€**

*****S Friedrich,** modernes Haus mit angenehmen Zimmern mit Balkon oder Terrasse. Wellnessbereich mit Sauna und Dampfbad. Pretzenbergerweg 16, ✆ 0471/613104, friedrich.it. **€€€–€€€€**

Übernachten in Karersee ****** Moseralm,** ruhig gelegenes Haus im Tiroler Stil. Freundlicher Service, reich gedeckter Frühstückstisch, üppige Halbpension. Fitnessbereich samt Hallenbad, sehr freundliche Zimmer in hellen Tönen und mit Balkon. Schönblickweg 8, ✆ 0471/612171, moseralm.com. **€€€€**

***** Savoy,** freundlicher, älterer, aber sorgfältig renovierter Steinbau mit blau-weißen Fenstern und Balkonen, Hallenbad und Sauna, gegenüber mündet die Skiabfahrt vom Latemar. Das Hotel liegt auf der Trentiner Seite des Passes. Vigo di Fassa, Karerpass, ✆ 0471/612124, hotelsavoycarezza.it. **€€€–€€€€**

Angerle Alm, Urlaub auf dem Bio-Bauernhof mit Reitzentrum und vielen Tieren zum Streicheln. Der Karersee ist nur 2 km entfernt. Großzügige und bestens ausgestattete Apartments für bis zu 8 Personen. Christomannosstr. 50, ✆ 0471/612224, angerlealm.com. **€€–€€€**

Essen & Trinken **Johannesstube,** erlesene Küche im Hotel Engel mit Fantasie bei den Vorspeisen und Tradition bei den Hauptspeisen (1 Michelin-Stern, 3 Gault-Millau-Hauben). Für Nicht-Hausgäste nur Mi bis Sa am Abend, Tischreservierung unter ✆ 0471/613131. Gummerer Str. 3. **€€€€**

Post Weißes Rössl, Restaurant des gleichnamigen Hotels, sehr gute Küche, besonders gut die Knödel- und Nudelgerichte. Karerseestr. 30, ✆ 0471/1775321, romantikhotelpost.com. **€€**

Hagner Alm, die Hütte ist unter kulinarischen Aspekten eine der 7 besten Almhütten Südtirols (Gault-Millau). Die Aussicht auf Rosengarten und Latemar ist grandios, die Südtiroler Küche deftig und durch eigene biologische Produkte verfeinert, Mi Ruhetag und nur im Sommer geöffnet. Hagnerweg 9, ✆ 340/2251889, hagneralm.com. **€–€€**

Im Rosengarten

So schroff wirkt der Rosengarten, dass man meint, es könne keine Steige für Bergwanderer geben. Weit gefehlt. Mehrere auch für durchschnittliche Bergwanderer geeignete Wege queren das Gebirge, und von den Stützpunkten, die man mit Seilbahn oder Hüttentaxi erreichen kann, können sogar Nichtbergsteiger einen Spaziergang in hochalpiner Umgebung wagen.

Die berühmtesten Gipfel der Rosengartengruppe sind nicht so sehr die höchsten (Catinaccio di Antermoia/Kesselkogel, 3004 m, zwei versicherte Klettersteige), sondern die Gruppe der **Vajolettürme** im Norden des Gebirgszugs. Von Westen aus sieht man sie abends so herrlich im Abendrot, das von den Ladinern „Enrosadüra" genannt wird. Diese drei Türme wurden unter z. T. abenteuerlichen Bedingungen erstbestiegen und sind heute noch erfahrenen Kletterern vorbehalten. Als erster Turm fiel 1887 der später nach ihm benannte *Winklerturm*, der Münchner Bergsteiger Georg Winkler bezwang ihn in 3 Std. im Alleingang. *Stabelerturm* und *Delagoturm* sind ebenfalls nach ihren Erstbesteigern benannt.

Bergbahnen Alle Infos unter ✆ 0471/614139 bzw. carezza.it. Erreichbar sind: Paolinahütte mit Paolinalift ab Karersee, Rosengartenhütte/Kölner Hütte mit Laurinliften ab Welschnofen oder mit Cabrio-Seilbahn Tiers, die Mittelstation von König Laurin mit dem Tschein-Sessellift. Der **Rosengartenpass** ermöglicht die Benutzung aller 6 Bahnen, Tageskarte 33 €, Kinder 21 €, einfach 22/13 €. Als Einzelticket kosten die Bahnen und Sessellifte jeweils einfach 16 €, Berg/Tal 22 €, Kinder 9/13 €.

Sessellift Paolina, Ende Mai bis Mitte Okt. 8.30–17.30 Uhr, in der HS 8–18 Uhr.

Cabrio-Seilbahn Tiers, zur Frommer Alm, Mitte Mai bis Anf. Nov. 8.15–17.45 Uhr, in der HS 8–18.15 Uhr, in der NS kürzer.

Von Brixen zum Rosengarten → Karte S. 60

Kabinenbahn König Laurin I und II, zur Kölner Hütte, Ende Mai bis Anf. Nov. 8.30–17.30 Uhr, in der HS 8–18 Uhr.

Kabinenbahn Welschnofen – Laurin I, zur Frommer Alm, Mitte Mai bis Anf. Nov. 8.20–17.40 Uhr, in der HS 8–18.20 Uhr, in der NS kürzer.

Sessellift Tschein, zur Moseralm (Mittelstation), Ende Mai bis Mitte Okt. 9.30–17.30, in der HS 9–18 Uhr.

Das **Rifugio Ciampedie** ist erreichbar mit Rosengartenlift ab Vigo di Fassa.

Seilbahn Catinaccio Rosengarten, Vigo di Fassa – Ciampedie, Anf. Juni bis Anf. Okt. 8–18 Uhr, in HS bis 18.30 Uhr, in der NS mit Mittagspause, einfach 13,50 €, Berg/Tal 25 €, Kinder 9,50/16 €. ✆ 0462/763242, fassa.com.

König Laurin und der Rosengarten

Die germanischen Stämme, die während der Völkerwanderung durch das Etschtal zogen, staunten nicht schlecht, als sie die rot glühenden Sonnenuntergänge der Dolomiten sahen, insbesondere des heute „Rosengarten" (ital. Catinaccio) genannten Gebirges. So etwas waren sie nicht gewohnt. Klar, das konnte nicht mit rechten Dingen zugehen. Die im Vergleich mit den großen, blauäugigen Goten kleinen und dunklen Alpenromanen, die heutigen Ladiner, mussten ein Geheimnis kennen, das den Germanen verborgen war. Das ist Sagenstoff wie der auch anderswo vorkommende Zaubergürtel oder der Tarnhelm. Dietrich von Bern, der mit der Sage vom Rosengarten verbunden wurde, ist der historische Gotenkönig Theoderich, dessen Hauptsitz sich im nahen Verona (= Berne) befand. Und so (in Kürze) lautet die Sage vom Rosengarten:

Wo sich heute nur noch kahler Fels befindet, hatte der Zwergenkönig Laurin seine Burg. Sein Stolz war ein Rosengarten, in dem das ganze Jahr über die roten Rosen blühten. Laurin besaß einen Gürtel, der ihm die Kraft von 12 Männern verlieh, und eine Tarnkappe, die ihn unsichtbar machte. Er verliebte sich in die (natürlich) blonde Prinzessin Simhild, entführte und heiratete sie und lebte mit ihr ab sofort in seinem Schloss. Deren Bruder Dietleib ließ die Sache nicht auf sich beruhen. Er wandte sich an Dietrich von Bern, und die beiden zogen mit einer großen Schar von Rittern ins Gebirge, um Simhild zu befreien und Laurin zu bestrafen. Durch eine List gelang es ihnen, dem zunächst unangreifbaren, unsichtbaren Laurin Gürtel und Tarnkappe zu entreißen. Laurin konnte sich nicht rächen, aber er konnte zumindest sein Reich unzugänglich machen, sodass seine Überwinder mit leeren Taschen (aber mit Simhild, nehmen wir an) abziehen mussten. Durch einen Zauberspruch verschwand die Burg, der Rosengarten erbleichte. Aber Laurin hatte einen Fehler gemacht: Er hatte nicht die Dämmerung bedacht. So kommt es, dass wir heute zwischen Tag und Nacht den Rosengarten leuchten sehen, voller rot glühender Rosen, wie damals, als er noch der ganze Stolz des unglücklichen Zwergenkönigs war.

Latemar spiegelt sich im Karersee

Von Brixen zum Rosengarten → Karte S. 60

Der Karersee

Der smaragdgrüne See, in dem sich die wilden Felstürme des Latemar spiegeln, umgeben von dichtem, grünem Wald, gehört zu den bekanntesten Bildern der Alpen. Leider gehört er auch zu den am leichtesten erreichbaren Seen der Alpen, denn als man vor mehr als 100 Jahren die Karerseestraße schuf, trassierte man möglichst nahe am Ufer. Der See liegt in einer abflusslosen Karstmulde, so konnte man die Straße nur oberhalb (außer Sichtweite, aber sehr wohl in Hörweite) ziehen. Sehr oft hat der See im Spätsommer und Herbst einen so niedrigen Wasserstand, dass sein Westteil abgeschnitten ist und sich als kleines Seelein präsentiert. Ein hochmodernes Besucherzentrum trägt der Popularität des Sees Rechnung. Ein großer Parkplatz im Wald (1 €/Std.) sowie ein Café und Geschäfte mit allerlei Schnickschnack locken Busladungen von Touristen an. Immerhin: Das Zentrum fügt sich harmonisch in die Landschaft ein. Ein die Straße unterquerender Fußweg führt zu einer hölzernen Aussichtsplattform (Zugang tägl. 9–18 Uhr). Wem es gelingt, die ekstatisch knipsenden Nebenleute auszublenden, der kann sich der Magie des spiegelglatten Wassers mit der Latemar-Silhouette in HD-Schärfe hingeben. Wer den Massen etwas entfliehen möchte: Ein hübscher **Spazierweg** führt rund um den Karersee. Dauer etwa 25–30 Min., mit Abstiegen zu den einzelnen Aussichtspunkten gut und gerne über 1 Std. Die Spuren des Orkans „Vaja" (→ Kasten, S. 257) sind hierbei nicht zu übersehen, ließen wundersamerweise aber die fototechnisch relevanten Baumreihen am Seeufer weitestgehend unberührt.

Allein im Latemarwald wurde 24-mal so viel Holz umgeworfen, wie dort jährlich an Nutzholz entnommen wird. Um eine Borkenkäferplage zu verhindern, wurde das gefallene Holz schnellstmöglich entfernt und eingelagert – eine Mammutaufgabe angesichts der betroffenen Flächen.

Im Latemar

Die zerrissenen Felszacken des Latemar, die sich im Karersee spiegeln, bestehen aus leicht zerfallendem, oft in der Hand zerbröselndem Kalk. Das heißt größte Vorsicht beim Bergsteigen und Klettern! Dementsprechend gibt es auf den Latemar kaum einen Wanderweg, sieht man vom Weg 18 zum Bivacco M. Rigatti auf der *Latemarspitze* ab (2791 m, sie ist nicht die höchste Spitze, sondern der Östliche Latemarturm mit 2842 m). Sehr schön sind jedoch Wanderungen am Bergfuß zwischen Karerpass, Latemarwiesen und im Geplänk, dem gewaltigen Schuttkar am Nordfuß der Wände. Wer will, kann auf Weg 21/21 a, der direkt am Karerpass beginnt, bis hinüber nach Obereggen wandern (ca. 1:30 Std.). Aufgrund

Ein bisschen Mittelalter: im Ortszentrum von Deutschnofen

des Orkans „Vaia" (→ Kasten, S. 257) und der nötigen Holzarbeiten sind allerdings immer noch Wanderwege gesperrt, eine Aufzählung der geöffneten Routen findet sich z. B. beim Infozentrum am Karersee.

Deutschnofen

Von Deutschnofen hat man einen Traumblick auf Latemar, Rosengarten und Schlern, gegen Westen auf Mendel und Adamello, gegen Nordwesten auf die Sarntaler und die Texelgruppe. Der Ort liegt ideal für Spaziergänge und leichte Wanderungen. Auch Mountainbiker müssen nicht unbedingt die schweren Touren der Dolomiten machen, sondern können mit der Familie den **Regglberg** erkunden, die waldbekleidete Hügellandschaft im Süden von Deutschnofen. Bergsteiger und Bergwanderer haben die Dolomiten direkt vor sich, auf der Straße erreicht man sie leicht per Pkw oder Linienbus. Skifahrer wissen schon: In **Obereggen,** einem Gemeindeteil von Deutschnofen, beginnen die Lifte des *Skizirkus Val di Fiemme/Obereggen*, auf denen man zwischen Südtirol und Trentino hin- und herpendeln kann.

Sehenswertes/Ausflüge

Im Ort: Die spätgotische *Pfarrkirche St. Ulrich* besitzt einen gotischen Flügelaltar (Rahmen neugotisch) des Hans von Judenburg (1421–24). Er befand sich ehemals in der Bozener Pfarrkirche, wo man ihn aber während der Barockisierung ausmusterte und den altmodisch gewordenen Kram den Deutschnofern schenkte. Heute ist er der große Stolz von Dorf und Gegend, die fünf Holzreliefs fügen sich wunderbar in den Hochaltar (und in einen Seitenaltar), die vom schönen Netzgewölbe der Decke überspannt werden. Mitten in der Flur im Osten des Orts steht die *Kapelle der hl. Helena* (Schlüssel nebenan im Kreuzhof). Sie stammt wie der massige Turm aus dem 12. Jh. Innen ist sie vollständig mit Fresken der Bozner Schule ausgemalt (von 1410), die Szenen aus dem Alten und Neuen Testament zeigen. Ca. 30 Min. Fußweg hin und zurück ab Gasthaus Pfösl an der Straße nach Birchabruck bzw. Obereggen auf einem guten, für Pkw gesperrten Sträßchen.

Wallfahrtskirche Maria Weißenstein: Die berühmte Kirche liegt ganz einsam an einem flachen Hang südlich von Deutschnofen, gehört aber zum Ort Petersberg. Ihre Gründung geht auf ein Gelübde zurück: Der Legende nach wurde ein gewisser Leonhard, Bauer auf dem Weißensteinerhof und wahrscheinlich Epileptiker, von der Gottesmutter nach einem Sturz in eine Schlucht gerettet und bedankte sich mit dem Bau einer Kapelle. Leute, die ebenfalls Heilung suchten, begannen, hierher zu pilgern. Die bald zu kleine Kapelle wurde 1561 durch eine Kirche ersetzt, die 1718 dem Servitenorden übergeben wurde. Der ließ die Kirche erweitern und vergrößern, 1753 barock erneuern und die beiden kleinen Türme sowie die Kuppel errichten. Die Fresken des Wiener Hofmalers Adam Mölk aus dieser Zeit sind im Inneren die größte künstlerische Attraktion (das Kloster war zwischen 1787 und 1836 aufgehoben, und Kloster wie Kirche wurden teilweise ihres Schmucks beraubt). Auf der linken Seite der Kirche befinden sich die alte Kapelle und die Sammlung der Votivgaben, die in Jahrhunderten der Gottesmutter überbracht wurden. An Marienfeiertagen, v. a. am 15. August, ist Maria Weißenstein Pilgerziel für Zehntausende. Selbst der Papst war schon da (1988).

Kirche Wallfahrtsstätte Maria Weißenstein, die Kirche ist tgl. 7.30–19 Uhr geöffnet. ✆ 0471/615124, weissenstein-pietralba.com.

Auf dem Regglberg: Das wellige Hügelland südlich von Deutschnofen nennt sich Regglberg. Eine Fülle von Forststraßen, Wanderwegen und Steigen führt durch das dünn besiedelte Gebiet.

Maria Weißenstein: Wallfahrtsbarock

Als einziger wirklicher Berg ragt das *Weißhorn* aus dem Waldgrün (einfache Besteigung von Osten vom Joch Grimm). Auch für Mountainbiker ein ideales Revier, solange sie den Bereich des *Bletterbachs* meiden, der den Südwesten durchschneidet. Das tiefe, steile Tal ist den Wanderern vorbehalten, die sich aber bei Regen zumindest vom Talgrund fernhalten sollten! Doch gibt es ab Deutschnofen einen hervorragenden, sehr gut beschilderten Weg, der die **Bletterbachschlucht** quert, es ist der *Europäische Fernwanderweg E 5*.

Obereggen und Umgebung: Das kleine Dorf gehört zur Gemeinde Deutschnofen, liegt aber weit entfernt im Tal unter den Felsspitzen des Latemar und ist bekannt für den *Skizirkus Val di Fiemme/Obereggen*. Obereggen ist ein komfortables Skidorf. Aber auch ein angenehmer Sommeraufenthalt ist möglich, schließlich beginnen die Wanderwege auf den Latemar unmittelbar im Ort, wie der großartige Weg auf die Latemarhütte (Rif. Torre di Pisa), oder man fährt auf 2150 m zur Bergstation des Sessellifts Oberholz mit seiner neuen Berghütte und beginnt dort. Von *Rauth* unterhalb von Eggen führt eine Straße zum **Lavazèjoch** mit kleinem Seelein an der Provinzgrenze und weiter hinunter nach *Cavalese*, dem Hauptort des Fleimstals. Die Bergbahnen hier oben wie auch jene auf dem Reiterjoch und in Pampeago, die man auf der in Obereggen beginnenden Straße nach Tèsero im Fleimstal erreicht, sind im regionalen Skipass Fiemme/Obereggen eingeschlossen. Vom Lavazèjoch gibt es eine Straße zum *Joch Grimm* unter dem Weißhorn, der Weiterweg nach Radein und Kaltenbrunn ist nur zu Fuß oder mit dem Mountainbike möglich.

Sessellift Obereggen–Oberholz, Mitte Juni bis Anf. Okt. 8.30–18 Uhr, einfach 14,50 €, Berg/Tal 20 €, Kinder 12/16 €, Kombiticket mit Sessellift Gardonè + 1 Fahrt Alpine Coaster Gardonè 33 €, Kinder 22 €, obereggen.com.

Latemarhütte (Rif. Torre di Pisa), 2671 m, komplett renoviert mit Bruchstein und hellem Holz. 36 Lager. Mitte Juni bis Anf. Okt. ✆ 348/364379, rifugiotorredipisa.it.

MeinTipp **Oberholz,** die moderne Berghütte auf 2096 m an der Bergstation des Sessellifts ist ein architektonisches Meisterwerk aus Holz, Sichtbeton und Glas und wirkt im Inneren durch das lamellenartige Holzgewölbe wie eine dreischiffige Kirche. Grandiose Aussicht, die durch große Glasfenster und auf einer großzügigen Sonnenterrasse genossen werden kann. Hervorragende Südtiroler Küche – der Graukäse mit Rotweinzwiebeln oder das Latschenkieferrisotto sind alleine die Anreise wert! ✆ 0471/618299, oberholz.com.

Information **Tourismusverein Eggental,** Dorf 9a, Deutschnofen/Nova Ponente, ✆ 0471/619540, eggental.com. Obereggen: obereggen.com.

Verbindungen **Pkw:** Straße aus dem Eisacktal ab Bozen/Karneid. **Bus:** tgl. bis zu 15x Bozen–Deutschnofen; Busverbindung von Obereggen nach Deutschnofen nur mäßig, z. T. nur 2x ab Bozen, ab Birchabruck öfter.

Einkaufen Die **Hofkäserei Learner** stellt 9 versch. Käsesorten vom Südtiroler Grauvieh her, da sollte für jeden etwas dabei sein! Lehnerweg 15, ✆ 0471/616367, hofkaeserei.it.

Golf **Golfclub Petersberg,** 18-Loch-Platz – Par 71. Der Platz liegt in ca. 1200 m Höhe auf der Hochfläche des Regglbergs südlich von Deutschnofen und ist normalerweise von April bis Nov. geöffnet. Petersberg, Unterwinkl 5, ✆ 0471/615122, golfclubpetersberg.com.

> Eine **Latemar-Umrundung** mit dem MTB ist mithilfe von Bergbahnen komfortabel möglich: 34 km Länge, 380 hm bergauf, 2200 hm bergab. Die **Mountainbike-Card** ermöglicht die Benutzung der Kabinenbahn Welschnofen, im Trentino der Kabinenbahn Predazzo und des Sessellifts Gardonè (34 €), für die große Latemar-Umrundung (53 km, 750 / 3.000 hm) zusätzlich des Sessellifts Lusia (45 €). Erhältlich an den jeweiligen Talstationen.

Radfahren **Verleih** und Reparatur bei Paul's Bikeshop, Egeregg 22, Deutschnofen, ✆ 349/2821927. Fahrtechniktraining und **geführte Touren** bei der Bikeschool Eggental, Bike Info Point, Hauptstr. 22, bikeschuleeggental.com. Im **Bike Park Deutschnofen** können Profis und solche, die es werden wollen, ihre Technik verfeinern.

Reiten **Reitstall Ortner Hof,** Obereggen 18, ✆ 0471/615722, ortnerhof.it.

Wandern/Bergsteigen/Klettern Der Tourismusverein Eggental bietet von Juni bis Sept. tgl. **geführte Wanderungen** an, Anmeldung bis spätestens 17 Uhr am Vortag. Das Tourismusbüro Steinegg veranstaltet von Juli bis Sept. wöchentlich eine geführte Wanderung. Von Juli bis Sept. fährt zwischen Welschnofen und Steinegg ein kostenloser **Wanderbus.**

Bergführer Hansjörg Welscher, ✆ 0471/618035, welscher-hansjoerg.com.

Erlebnisreich **Latemarium:** 11 Themenwege, viele interaktive Stationen für Kinder, Infotafeln, Installationen und Skulpturen sowie aussichtsreiche Wanderwege für Familien. Es gibt Kunst am Berg zu bewundern (Latemar.Art), Laufstrecken (Latemar.Run), MTB-Routen (Latemar.Bike), eine Aussichtsplattform (Latemar.360°) und Erlebniswege zu den Themen Entspannung, Natur, Wetter, Alpen, Panorama, Abenteuer und Geschichten. Das Latemarium ist mit dem Sessellift Oberholz erreichbar. Es erstreckt sich bis zur Alpe Pampeago im Trentino und ist auch von dort aus erreichbar. In der Sommersaison werden Familienwanderungen und Veranstaltungen zu bestimmten Themen angeboten. Zum Erlebnisreich gehört das **Lärchenwaldele** oberhalb von Obereggen (ein Park mit geschnitzten Tierfiguren) und der **Hochseilgarten** an der Talstation mit 4 verschiedenen Parcours. Hochseilgarten Juni bis Okt. tgl. 10–18 Uhr, in der NS erst ab 14 Uhr, Erw. ab 18 €, Kinder ab 13 €. Infos unter latemarium.com.

Wintersport Das **Skigebiet Obereggen-Pampeago-Predazzo (Ski Center Latemar)** mit seinen 49 km Pisten und 18 Aufstiegshilfen gehört mit dem Fleimstal auf der Südseite des Latemar zur Skiregion Obereggen/Val di Fiemme (insgesamt 111 km Pisten) und zum Skiverbund Dolomiti Superski. Im Winter **Skibusse** Petersberg – Deutschnofen – Obereggen, mit Skipass gratis. Für **Boarder** Snowpark und Halfpipe Obereggen, für Langläufer 100 km **Loipen** in Deutschnofen, Petersberg und auf dem Lavazèpass, Loipenmaut 5 €/Tag, kostenlose Karte mit Beschreibungen beim Tourismusverein. **Rodeln** auf 2 Bahnen, darunter eine 2,5 km lange beleuchtete Bahn. **Ski- und Snowboardschule Obereggen,** Obereggen 16F, ✆ 0471/615667, obereggenski.com. **Eislaufplatz** und Eisstockschießbahn im Sportcenter, Forastr. 1.

Übernachten/Essen in Deutschnofen
******S Pfösl,** außerhalb des Orts an der Straße aus dem Eggental auf einem Hochplateau in idealer Sommerfrischeposition gelegen. Das architektonisch auffällige Haus hält ein umfangreiches Programm parat: für Sportbegeisterte, für Entspannungssuchende und für Familien. Außerdem wird man kulinarisch mit üppigem Frühstuck Gerichten aus „Pfösl's Naturküche" bestens versorgt. Schöne Zimmer mit Balkon, luxuriöse Waldchalets. Schwarzenbach 2, ✆ 0471/616537, pfoesl.it. €€€€

***** Obkircher,** am grünen Hang auf dem Obkircher Berg mit tollen Ausblicken samt Rosengarten, ruhig und verkehrsarm gelegen, aber zu Fuß nicht weit vom Ort. Pool und Sauna mit Panoramablick, Liegewiese, familiäre Atmosphäre. Im Winter gelangt man vom Hotel direkt auf die Loipe. Platzviertel 6, ✆ 0471/616 542, hotelobkircher.it. €€€–€€€€

*****S Stern,** zentraler Hotel-Gasthof gegenüber der Kirche, eine lokale Institution. Motorradfahrerfreundlich. Kleines Hallenbad, Sauna und Sonnenterrasse, einfache, aber angenehme Zimmer. Im Restaurant (Di Ruhetag) gehobene gutbürgerliche Küche. Dorf 18, ✆ 0471/616518, hotel-stern.it. €€€

***** Residence Wiesenhof,** 19 Ferienwohnungen im Stammhaus und 8 moderne Apartments im Anbau für 2–4 Personen, Hallenbad und Sauna. Brötchenservice oder Frühstücksbuffet für 10 €/Pers. Holzerstr. 4, ✆ 0471/616 501, faller-wiesenhof.it. €€–€€€

Schadnerhof, ganz am Ende der Straße und hoch über dem Brantental liegt dieser Hof, der Urlaub auf dem Bauernhof anbietet. Einfache Zimmer/Apartments meist mit Balkon, Frühstücks- und Speiseraum im Wintergarten, Bauernstube als Aufenthaltsraum, sympathische Wirtsfamilie. Prentnerviertel 22, ✆ 0471/616 586, schadnerhof.it. €€–€€€

Jausenstation Höggerhof, Familie Zelger bietet echte bäuerliche Küche mit Würsten, Sauerkraut, frischen Krapfen, Strudel. Auf der Terrasse, im Saal oder im Kellerlokal findet sich sicher ein Platz. Prentnerviertel 21, ✆ 0471/616 585, hoeggerhof.com.

Übernachten/Essen in Obereggen
******S Cristal,** viel Sport und Wellness im sehr komfortablen Hotel. Im Wellnessbereich Hallenbad, Saunenlandschaft, Fitnessraum. Diskret elegante Zimmer aus Zirben- oder Lärchenholz, alle mit Balkon. Sehr gutes Restaurant. Obereggen 31, ✆ 0471/615511, hotelcristal.com. €€€€

*****S Royal,** gutes Hotel seiner Kategorie, lichte Zimmer mit Balkon, schicker Wellnessbereich: Hallenbad, Saunen, Heubett, Frühstücksbuffet. Obereggen 32, ✆ 0471/615891, h-royal.com. €€€–€€€€

Sonnalp Gourmetstube, gehobene Küche im Gourmetlokal des Hotels Sonnalp, geadelt mit 3 Hauben im Gault-Millau. Die Küche von Chefkoch Martin Köhl zeichnet sich durch die fantasievolle Zusammenstellung wie auch die besonders gute Qualität der verwendeten Produkte aus. Degustationsmenü. So/Mo Ruhetag. Obereggen 28, ✆ 0471/615842, sonnalp.com. €€€

Von Brixen zum Rosengarten → Karte S. 60

Das Gadertal und das Grödner Tal

Ins Herz Ladiniens locken mächtige Felswände, kunterbunte Blumenwiesen, tausende Wanderkilometer, weitläufige winterliche Pistenareale, geheimnisvolle Sagengestalten und eine deftige Knödel- und Pastaküche – braucht man mehr zum Glück?

Infos zu Gader- und Grödner Tal finden Sie unter altabadia.org und valgardena.it.

Rund um die gewaltige Sella leben die Dolomitenladiner in den ladinischen Tälern Grödner Tal, Gadertal, Fassatal, Buchenstein und Ampezzo. Im Grödner- und Gadertal ist Ladinisch neben Deutsch Alltagssprache, und Italienisch kann man auch – eine ziemlich polyglotte Basis.

Das **Grödner Tal** zweigt bei Waidbruck in östlicher Richtung vom Eisacktal ab und erweist sich im unteren Teil als schmal, von steilen, teils bewaldeten Hängen umgeben. Nach Pontives folgt die engste Stelle. Danach weitet sich der Talgrund etwas, in dichter Be- und Zersiedelung folgen St. Ulrich, St. Christina und Wolkenstein als touristische Hauptorte vor dem zugegeben sensationellen Panorama von Geisler, Langkofel und Sella. Zahlreiche Liftanlagen lassen im Sommer den Wanderern und im Winter den Skifahrern eine Auswahl, die ihresgleichen sucht. Wer Ruhe mag, ist hier eher fehl am Platze. Auf der weitläufigen Raschötz oder im hintersten Langental kann man sie manchmal noch finden. Oder hoch oben an den Talhängen, wo die alten Paarhöfe liegen, nur durch schmale Sträßchen und Wege zu erreichen.

Das **Gadertal** ist ein Seitental des Pustertals und verläuft in südlicher Richtung. Es zeigt zu Beginn seine raue Seite und will erst auf kurviger Straße in enger Schlucht auf der Fahrt durch zahllose Tunnels erobert werden. Im hinteren Teil weitet es sich, prachtvolles Alpenglühen am Kreuzkofel, unterhalb die verstreuten alten Höfe von Wengen (sog. Viles), das ladinische Longiarü, das mächtige Schloss Thurn mit seinem Museum, in den Touristenhochburgen Corvara und Kolfuschg der Sellablick. Am Talschluss geht es hinauf zum Lagazuoi, wo der Erste Weltkrieg tobte und Schützengräben, Fels höhlen und Stacheldrahtreste hinterließ – Mahnmale für die herumkraxelnden Touristen inmitten der grandiosen Berglandschaft.

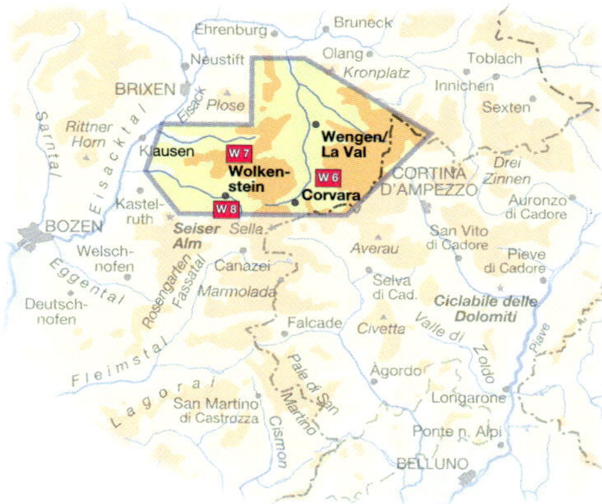

Tipp: Vermeiden Sie an einem Sonntag im August die Dolomitenpassstraße um das Sellamassiv, außer Sie stehen gerne im Stau.

Was anschauen?

Ladinisches Heimatmuseum in St. Ulrich: Die Mischung macht's, von Grödner Schnitzkunst über archäologische und mineralische Funde, Memorabilia des berühmtesten Bürgers des Ortes, Luis Trenker, bis zu einer originalen Bauernstube aus dem Mittelalter. Hier ist für jeden etwas dabei – auch für Kinder! → **S. 141**

Museum Ladin Ćiastel de Tor in St. Martin und Ursus Ladinicus in St. Kassian: Zwei wirklich sehenswerte Museen zur ladinischen Kultur. Das in Schloss Thurn in St. Martin nimmt sich interessant aufbereitet u. a. der Geschichte, Sprache und Sagenwelt der Ladiner an. Die Außenstelle in St. Kassian widmet sich dem Fund eines Höhlenbären, der vor etwa 40.000 Jahren in den Dolomiten gelebt hat. → **S. 130**

Piz Boè Alpine Lounge: Wer auf moderne Bergarchitektur steht, sollte mit der Boè-Seilbahn von Corvara zur Berghütte fahren. Die innovative, luftige Holz-Glas-Komposition bietet durch die bodentiefen Fenster einen grandiosen Ausblick. Die große Panoramaterrasse ist wie geschaffen für einen Aperitivo. Wer unbedingt will, kann sich auch etwas die Füße vertreten. → **S. 125**

Was unternehmen?

Wandern in La Val/Wengen: Die Armentara- und Ritwiesen unterhalb mächtiger Felswände lassen sich am besten bei frühsommerlicher Blumenpracht erwandern – Einkehr in eine der urigen Hütten inklusive. → **S. 128**

Auf dem Mühlenweg im Campilltal (Longiarü): In Sères im mittleren Gadertal begegnen sich ladinische Dorfstruktur und ein paar liebevoll restaurierte, alte Mühlen. Abseits vom Massentourismus reicht das für einen kindergeeigneten Spaziergang in wunderschöner Umgebung. → **S. 132/133**

Das Langental samt Burgruine erkunden und nach Adlern Ausschau halten: Der Spaziergang ist für alle zwischen 3 und 103 geeignet. Das schmale Tal ist eingerahmt von steilen Felswänden, in denen ein Adlerpärchen haust. Unter einen Felsvorsprung der Stevia am Anfang des Tales duckt sich die Ruine der mittelalterlichen Burg Wolkenstein, zu der man auf einem schmalen Steig in wenigen Minuten hochkraxeln kann. Am hinteren Ende des Tals lockt eine riesige Almfläche zur Brotzeit, zum Herumtoben oder einfach mal zum Hinlegen. → **S. 152**

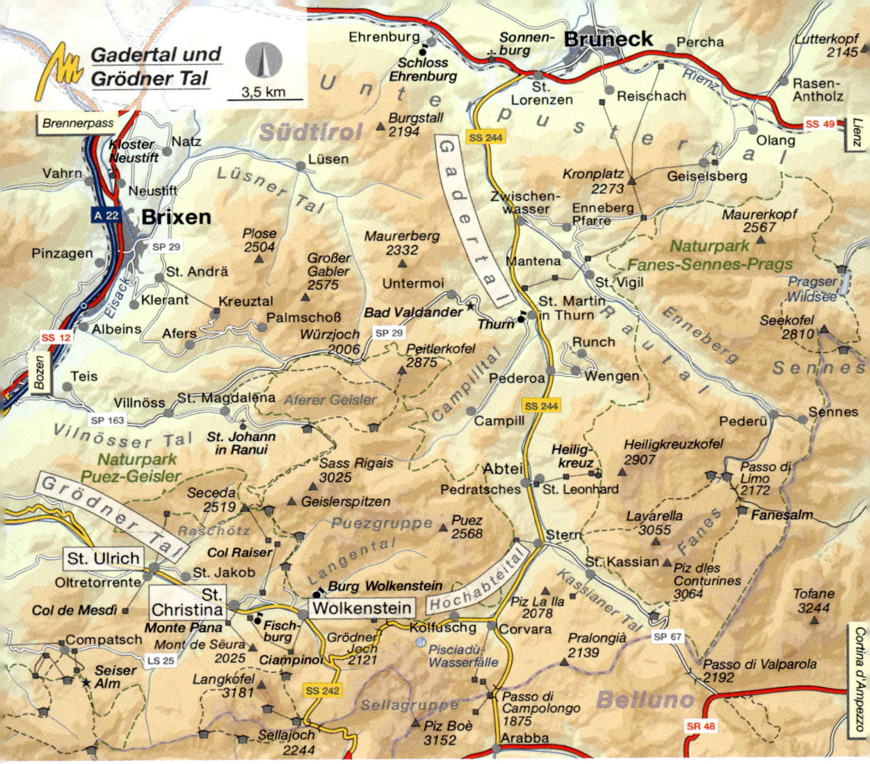

Das Gadertal (Abteital)

Das Tal des Gaderbachs, das sich über mehr als 30 km vom Pustertal bei Bruneck bis an den Fuß des gewaltigen Sellamassivs zieht, ist gleichzeitig eines der touristisch am stärksten entwickelten und am wenigsten berührten Täler der Dolomiten.

Während man im Schatten des mächtigen Sellamassivs im **Hochabteital,** in den Fremdenverkehrsorten *Corvara, Kolfuschg, Stern/La Villa* und *St. Kassian,* manchmal das Gefühl hat, sich trotz der vielen Natur ringsum gegenseitig auf die Füße zu treten, scheint in manchen *Viles,* wie die Ladiner ihre eng gebauten Weiler nennen, die Zeit stehen geblieben. Das Hochabteital lockt Massen an Bergsteigern und Wanderern mit zahlreichen Hotels und Pensionen sowie mit Dutzenden bewirtschafteter Hütten auf den Almen. Dagegen sind die Weiler über *Pedratsches, St. Leonhard* oder *St. Martin in Thurn* im **mittleren Gadertal** kaum besucht. Das Tal ist hier grüner, breiter und fruchtbarer als weiter oben im Hochabteital. Die **Talschaft Enneberg,** die dritte Landschaft des Gadertals, grenzt an Bruneck und den Kronplatz und damit an den deutschen Sprachraum. Ihr rasch gewachsener, quicklebendiger Hauptort *St. Vigil* lebt vom Fremdenverkehr, die *Viles* auf dem Sonnenhang darüber immer noch von der Landwirtschaft. Das alte Pfarrdorf mit dem Namen *Enneberg Pfarre* ist heute nur noch ein unbedeutender Weiler.

Das Gadertal, wie sich das gesamte Tal samt allen Nebentälern nennt, wird oft auch *Abteital* genannt. Die italienische Bezeichnung *Val Badia* bedeutet nichts anderes, und *Badia* wird es auch von den Ladinern genannt. Im Mittelalter und der frühen Neuzeit gehörte das gesamte Tal – mit Ausnahme der Gegend von St. Martin in Thurn und Kolfuschg – den Nonnen des Klosters Sonnenburg im Pustertal, der Abtei eben.

Alta Badia – das Hochabteital

Kommt man vom Grödner Joch die Kehren herunter, wirkt das Becken von Kolfuschg und Corvara zwischen der Puezgruppe mit dem mächtigen Sass Songher und den Felsfluchten der Sella wie ein grünes Paradies. Ein Paradies, in dem erst in den letzten Jahren viel gebaut wurde, in dem man aber schon suchen muss, um die alten Bauernhäuser zu finden, die sich um die Kirche von Kolfuschg scharen. Das Niveau der Hotellerie ist hoch, die Preise ebenfalls – **Kolfuschg** und **Corvara** werben mit Qualität, nicht mit dem Preis. Nicht anders in **Stern (La Villa),** etwas weiter draußen im Tal, und in **St. Kassian** in seinem freundlichen Tal. Genügend Hotels und Pensionen also, reichlich Restaurants. Daneben Wanderwege, wohin das Auge blickt: Wiesenwanderungen am Fuß der Sella, Almwanderungen auf *Piz la Ila* und *Pralongià* im Osten, Touren auf die Fanesgruppe zur wunderschönen *Fanesalm* und von dort vielleicht weiter auf dem Dolomitenhöhenweg 1. Bergtouren in Sella- und Puezgruppe, Klettertouren zuhauf, ein schwieriger versicherter Klettersteig, der *Pisciadù-Steig,* und im Winter jede Menge Lifte und Abfahrten, darunter die weltberühmte schwarze *Gran Risa* der Ski-Weltcups, auf der einst *Alberto Tomba* seine Siege feierte.

Sehenswertes/Ausflüge

Corvara: Den besten Gesamteindruck bekommt man im oberen Ortsteil, wo die *Streda Col Alt* einen Bogen macht, um Höhe zu gewinnen. Man blickt durch den ganzen neuen Ort und hinüber auf den Hang von *Pescosta,* wo Jahr um Jahr neue Häuser entstehen. Darüber erhebt sich mit gewaltiger

Corvara im hintersten Abteital

Wand der *Sass Songher*, dessen zeltähnlicher Gipfel die südöstliche Aussichtskanzel der Puezgruppe bildet. Diese großartige Lage ist der Trumpf von Corvara, sie nutzt auch der Golfplatz etwas oberhalb an der Straße zum Campolongo-Pass. Einige idyllisch anmutende alte Höfe finden sich am Hang hinter dem Hotel La Perla (sie gehören größtenteils zum Restaurantkomplex des Hotels, → Essen & Trinken, S. 124). Ansonsten ist der Ort architektonisch nicht der Rede wert. Das Hotelniveau ist hoch, das Angebot gut und teuer, wen der Ort ästhetisch nicht anspricht, kann jederzeit in die Natur ausweichen.

Ein hübscher Weg (Tafel „Grödnerjoch") führt von der Talstation der Boè-Seilbahn in Corvara zu den Pisciadù-Wasserfällen und zum Ausgang des Val de Mesdì. Von dort geht es über blumenreiche Wiesen nach Kolfuschg (Weg 650) mit tollen Blicken auf den Sass Songher.

Kolfuschg: Während Corvara nach Norden schaut, bietet Kolfuschg sonnige Südlage und Blick auf die imponierende, bis zu 1000 m hohe und fast senkrechte Nordflanke der Sellagruppe. Der auf 1650 m (!) liegende alte Dorfkern ist im Kreis der Neubauten kaum noch auszumachen. Dass das heute gut erreichbare Kolfuschg einmal isoliert war, mag man kaum glauben: Bis ins späte 19. Jh. gab es keine Straße durch das Gadertal, der Ort hatte keine eigene Pfarre, sondern war von Lajen im Eisacktal abhängig (wie das gesamte Grödner Tal). Dorthin gab es aber bis zum Bau der Straße übers Grödner Joch (erst um 1970 voll ausgebaut) nur einen Saumweg. Als Kolfuschg dann an die Gadertalstraße angebunden wurde, kam es administrativ zu Buchenstein jenseits des Campolongopasses, wo immerhin bereits ab 1901 eine Fahrstraße hinüber nach Arabba existierte.

Sehenswert ist die *Kirche des hl. Vigil*, spätgotisch mit Spitzbogenfenstern und einer kleinen barocken Zwiebelhaube. Die eine oder andere altladinische *Ciasa* mit Steinmauerwerk im Erdgeschoss und teilweise hölzerner Außenverkleidung (zur Isolierung) steht noch im alten Dorf, einige alte *Majun*, die einfachen Heustadel, in den umgebenden Heuwiesen.

Alpenglühen an der Sella, von Wolkenstein aus gesehen

Die Sellagruppe: Eine Sellaumrundung, das ist für Autofahrer, Motorradfahrer, Rennradfahrer, Wanderer und Skifahrer die größte Herausforderung. Das mächtige Massiv mit dem 3152 m hohen Piz Boè liegt im Herzen des ladinischen Sprachraumes, bis auf das Ampezzo haben alle ladinischen Täler hier ihren Ursprung. Gewaltige, an den meisten Stellen nur durch Kletterrouten und versicherte Klettersteige bezwingbare Wände umgeben ein wild bewegtes, zerrissenes Hochplateau. Karst prägt die Region, also kein fließendes Wasser, meist sehr karge Vegetation, heller Kalkstein, dessen Schichten und Banken im Aufriss der Sella immer noch gut zu sehen sind. Kein Wanderland, wer sich auf die Sella traut, sollte Bergsteiger sein und entsprechende Ausrüstung bei sich haben. Von Norden bildet die *Boè-Seilbahn* ab Corvara eine einfache Möglichkeit auch für Nicht-Bergsteiger ins Gebirge zu kommen, vom Süden her bietet die Seilbahn vom Pass Pordoi auf den *Sass Pordoi* ähnlich Optionen.

Die Puezgruppe: Der auf Corvara blickende *Sass Songher* (2665 m) ist nur eine Aussichtskanzel des riesigen dahinterliegenden Plateaus der Puezgruppe. Dieses Bergland teilen sich Grödner Tal, Hochabteital und Villnösstal, die Zugänge vom Hochabteital sind vom Grödner Joch, von Kolfuschg und von Stern/La Villa. Trotz der Nähe zu den Touristenhochburgen ist es in weiten Bereichen des Plateaus einsam – die Sella gegenüber ist einfach populärer. Die Seilbahn Plans – Frara von Kolfuschg ist nun der einfachste und vor allem schnellste Aufstieg bis unter die Felswände der Puezgruppe. Bei der meist umlagerten Hütte Ütia Jimmy beginnt nämlich der viel begangene Aufstieg zur Puezhütte, aber auch der ungemein aussichtsreiche und leicht zu gehende Wanderweg durch die blumenreichen Bergwiesen am Fuß der Felswände, der bei der Edelweißhütte oberhalb Kolfuschg in den Weg auf den Sass Songher mündet.

Schluchten zerschneiden das Karstplateau der Puezgruppe

Seilbahn Plans–Frara (mit Mittelstation/Umsteigen) von Kolfuschg aus bis oberhalb Grödner Joch auf 2222 m, Berg 16,20 €, Berg/Tal 23,50 €. **Ütia Jimmy** (2220 m), besser bekannt als Jimmy's Hütte, urgemütlich und sehr beliebt, das Essen wird gelobt, ✆ 333/4332262, jimmyhuette.com. **Ütia Edelweiß** (1832 m), Restaurant und Pizzeria, ✆ 0471/836024, rifugioedelweiss.it.

Zur Puezgruppe siehe auch Villnösser Tal und Grödner Tal, zum Naturpark Puez-Geisler → S. 78.

Stern (ital. La Villa, lad. La Ila): Im alten Dorf oberhalb der Straße hat sich wenig verändert, nur wenige Häuser stehen zwischen der Kirche und dem *Ansitz Ciastel Colz* aus der Renaissance, heute

Hotel und Restaurant. Der Blick auf die Fanesgruppe, die sich vom Dorf mit Conturinesspitze (rechts, 3064 m), Lavarella (Mitte, 3055 m) und der Felswand nach Norden Richtung Kreuzkofel (links) präsentiert, ist umwerfend. Der Publikumsmagnet ist die Seilbahn auf den *Piz La Ila*, die Umlaufbahn kann bis zu 2200 Personen pro Stunde transportieren.

Im Ski- und Wanderparadies Pralongià: „Gran Risa" nennt sich die berühmteste Piste des Hochabteitals, das ist die schwarze Abfahrtspiste vom Piz La Ila hinunter nach Stern. Der berühmte Skirennfahrer *Alberto Tomba* („Tomba la Bomba", so wurde er wegen seines, sagen wir mal, stämmigen Aussehens auch genannt ...) konnte hier achtmal auf dem Treppchen stehen. Der Weltcup-Skizirkus macht in der Vorweihnachtszeit hier Halt. Im Sommer ist das Gebiet zwischen der Bergstation auf dem Piz La Ila und dem Pralongià-Kamm ein **Familienwandergebiet:** Wiesen und Weiden wohin das Auge schaut, viel Wasser zum Planschen, keine gefährlichen Stellen. Und Hütten mit Verpflegung in kindgerechten Abständen!

- **Club Moritzino,** 2100 m, die Edelhütte auf dem Piz La Ila ist ein Prominenten- und Schickimickitreff, das Essen ist fein (Grödner und Südtiroler Küche), aber wohl eher Nebensache. Pralongià, St. Kassian, ✆ 0471/847403, moritzino.it.

St. Kassian: Das **Kassianer Tal** zieht sich von Stern/La Villa über den Hauptort St. Kassian und den Weiler **Armentarola** bis hinauf unter die Wände des *Lagazuoi* im äußersten Süden der Fanesgruppe, wo man am *Passo di Valparola* (2168 m) den höchsten Punkt erreicht – der Falzàregopass ist nur noch 2 km entfernt. Die Hotellerie in St. Kassian kann sich mit der wesentlich größerer Orte messen, an Wandermöglichkeiten fehlt es nicht: Fanesgruppe, Puezgruppe, die Sellagruppe um die Ecke, direkter Lift auf das Wanderparadies Pralongià. Im Ort lohnt das *Ladinische Museum,* ein Mineralien- und Fossilienmuseum mit einem 40.000 Jahre alten Höhlenbärenskelett aus der Conturineshöhle in der Fanesgruppe als größter Attraktion.

Museum Ladin Ursus ladinicus, Streda Micurà de Rü 26. Mineralien- und Fossilienmuseum mit den Knochen, Zähnen und dem Schädel eines 40.000 Jahre alten Höhlenbären (Ursus ladinicus). Mai bis Anf. Nov. Di–So 10–18 Uhr, Weihnachten bis Mitte März Do/Fr 10–18 Uhr, Eintritt 6 €, Familien 12 €, Kombiticket mit dem Museum Ladin Ćiastel de Tor in St. Martin in Thurn 10 €, Familien 20 €. Im Juli/August versch. Veranstaltungen und geführte Wanderungen, z. B. zur Conturines-Höhle. Anmeldung unter ✆ 0474/524062, museumladin.it.

Ausflug/Hütte: Rifugio Scotoni, 2040 m, gemütliche, im Winter und Sommer geöffnete Schutzhütte auf dem Weg von Stern zum Lagazuoi, 45 Min. Fußweg vom Parkplatz an der Capanna Alpina (Stichstraße), gute Hausmannskost, hübsche Mehrbettzimmer, ✆ 0471/847330, scotoni.it.

Praktische Infos

Information Tourismusverband Alta Badia, altabadia.org, Infobüros in Corvara, Streda Col Alt 36, ✆ 0471/836176; Kolfuschg/Colfosco, Streda Pecëi 2, ✆ 0471/836145; Stern/La Villa, Streda Colz 75, ✆ 0471/847037; St. Kassian/San Cassiano, Micurà de Rü 26, ✆ 0471/849422; Abtei/Badia, Streda Pedraces 29a, ✆ 0471/839695.

Verbindungen Pkw: In Corvara und Kolfuschg parken z. B. bei den Seilbahn-Talstationen, in St. Kassian großes Parkhaus an der Durchgangsstraße und an der Talstation der Seilbahn Piz Sorega.

Bus: Die Südtiroler SAD verbindet die Orte des Hochabteitales v. a. untereinander und mit Bruneck, nach Westen (Gröden) und Süden (Buchenstein/Bellunese) sind die Verbindungen schlecht. Im Sommer **Bus** 471 „Dolomitenpässe", der mehrmals tgl. in beiden Richtungen rund um den Sellastock fährt: Corvara – Kolfuschg – Grödner Tal – Canazei (Fassatal) – Arabba (Buchenstein) – Corvara und umgekehrt.

Gratis-Skibus: zwischen Wengen und Stern/La Villa, zwischen Corvara und Pescosta, zwischen Corvara und Kolfuschg.

Vorteilskarten Mit der **Alta Badia Summer Card** können alle Lifte im Hochabteital genutzt werden, Tageskarte Erw. 44 €, Junior (8–16 J.) 31 €, 3 auf 4 Tage 66/46 €, 5 auf 7 Tage 85/60 €, 12 auf 14 Tage 151/106 €. **Dolo-**

Die Höfe über St. Kassian unterhalb der Felswände

miti Super Summer Cards → Hochpustertal/Vorteilskarten.

Einkaufen Den rahmigen **Ziger-Käse** (sowie Schnittkäse und Joghurt) gibt's beim Bauernhof Lüch da Pćëi, Pecei 17, St. Kassian, und in weiteren Filialen in Corvara, Wengen/Pederoa und St. Vigil, altabadialat.it. Große **Feinkostauswahl** (Grappe, Honig und eingelegte Früchte, Bauernspeck, Weine und Spirituosen) bei Delizius, Micurà de Rü 51, St. Kassian, delizius.it. Einen weiteren Feinkostladen, La Tradiziun, gibt es in Stern/La Villa, Colz 36a, im Angebot Südtiroler und ladinische Spezialitäten. Eine Filiale des **Maso dello Speck** aus Val di Fiemme befindet sich in Corvara, La Siëia 6, große Auswahl an Speck, Wurstwaren und Käse, darüber hinaus regionale Spezialitäten wie Honig, Marmeladen, Soßen und Knödel, titospeck.it.

Märkte: 2. und letzter Sa im Monat in Corvara, letzter Do im Monat in Stern/La Villa, Traditioneller Handwerker- und Bauernmarkt im Juli/Aug. jeden Mi ab 16 Uhr im Zentrum von St. Kassian und Fr ab 15 Uhr auf dem Kirchplatz in Kolfuschg.

Veranstaltungen In Stern/La Villa **Pferdeschlittenrennen** und Skijöring mit Fackelzug (wechselnde Termine), **Pferdeschlittenfahrt** „Slitada da paur" mit traditionellen Schlitten und Trachten in Badia im Februar.

Der **Dolomites Bike Day** Mitte Juni führt über die Bergpässe rund um den Lagazuoi, 51 km, 1370 hm. An dem Radtag sind die Straßen für den motorisierten Verkehr gesperrt, jeder kann teilnehmen, es ist keine Anmeldung notwendig. dolomitesbikeday.it.

Radmarathon „Maratona dles Dolomites", Anf. Juli, 9.000 Teilnehmer, 3 verschiedene Strecken: die Sellaronda-Strecke über 55 km, 1.780 hm, die sog. mittlere Strecke über 106 km, 3.139 hm, und die Maratona-Strecke über 138 km, 4.230 hm, Start in La Villa und Ziel in Corvara, maratona.it.

Smach, ein alle 2 Jahre stattfindendes Kunstprojekt im ladinischen Teil der Dolomiten, nächster Termin: 2025. Die Kunstinstallationen in Berg und Tal sind zu Fuß erreichbar, eine Dreitagestour verbindet sie miteinander. Objekte früherer Installationszyklen sind im Kunstpark Val dl'Ert in St. Martin in Thurn gegenüber dem Museum zu sehen. Geführte Touren können gebucht werden, mehr unter smach.it.

Dorffest „Paîsc in Festa" in St. Kassian an mehreren Mittwochen im Sommer jeweils 16–22 Uhr, Markt mit regionalen Produkten, Handwerk, Musik und Kinderprogramm.

Lebende Krippe am 26. Dez. in Badia.

Sport

Explore your way Einen guten Überblick über das umfangreiche Outdoor-Sportprogramm der Region bietet der Tourismusverein über die Webseite exploreyourway.altabadia.org.

Alta Badia Balance Zahlreiche Veranstaltungen und kurze Einheiten rund um das innere Wohlbefinden im Juli/August: Yoga, Waldbaden, Qigong. Teils auch für Kinder, Teilnahme ist teils kostenlos, Programm und Veranstaltungsorte unter altabadiabalance.com.

Baden/Schwimmen Am **Biotop-See Sotscofes** in Corvara (mit botanischem Lehrpfad) befindet sich auch ein kleiner Badebereich mit Liegewiese, Umkleidekabinen und Snackbar.

Bergsteigen/Wandern/Klettern
Bouldercenter mit Kletterwand in Corvara, Str. Burjé und in St. Kassian, Hotel Störes, Plan 22, ✆ 0471/849486.

Bergführerverein Alta Badia Guides, tgl. 17–19 Uhr, großes Veranstaltungsprogramm. Col Alt 94, Corvara, altabadiaguides.com.

Golf **Golf Club Alta Badia,** Tranrüs oberhalb von Corvara an der Straße zum Campolongopass, 9-Loch-Platz (par 72), Driving Range und Putting Green, auf 1700 m Höhe, seit 1997. Planac 9, ✆ 0471/836655, golfaltabadia.it.

Paragliding **Tandemflights,** Tandemflüge z. B. von der Bergstation der Boè-Seilbahn auf 2150 m, bis zur Talstation. Str. Burjé, Corvara, ✆ 347/0652549, tandemflights.it.

Radfahren **MTB-Verleih:** Da Carlo in Corvara, Col Alt 70, ✆ 0471/830977, noleggiodacarlo.it. Alta Badia Bike Rental in La Villa, Colz 60, ✆ 0471/847616, und in St. Kassian, Mikurà de Rü 48, ✆ 0471/849374, altabadiabike.it. Sport Edoardo in Kolfuschg, Pecëi 12, ✆ 0471/836212, sportedoardo.it.

Service für E-MTBs: An den 3 Bergstationen Col Alto, Piz la Ila und Piz Sorega sowie an 2 Stationen in Corvara und La Villa können geliehene E-Bikes aufgeladen und abgegeben werden. Infos zu E-MTB-Sharing beim Tourismusverein.

Sellaronda Mountainbike: Da einige Seilbahnen Räder transportieren, ist es auch für durchschnittliche Könner (aber nicht für Anfänger) möglich, die Sella mit dem Mountainbike an einem Tag zu umrunden.

Ein interessantes und vielfältiges Programm an geführten Touren bieten die **Bikeschulen** der Region für MTBs, E-MTBs und Freerider, z. B. Dolomite Biking, La Villa, Ninz 78, ✆ 345/843 0374, dolomitebiking.com.

Neu angelegt wurden 8 **Trails für Mountainbiker** – die „Bike Beats“. Unterschiedliche Schwierigkeitsgrade, daher auch für Anfänger, Kinder und sogar E-MTBs geeignet. Gestartet wird ab der Bergstation Piz Sorega.

Seilbahnen Die Lifte sind im Sommer meist nur von Juni bis Mitte Sept. in Betrieb, dazu natürlich in der Wintersaison. Betriebszeit ist meist von 8.30–17.30 Uhr.

In Corvara: Kabinenbahn Col Alto, Berg 10 €, Berg/Tal 15,20 €. Sessellift Braia Fraida, Berg 6,60 €, Berg/Tal 10 € (Col Alto und Braia Fraida zusammen, Berg 15,10 €, Berg/Tal 23 €). Kabinenbahn Boè, Berg 13,90 €, Berg/Tal 21,10 €. Sessellift Vallon, Berg 7,60 €, Berg/Tal 11,50 € (Boè und Vallon zusammen, Berg 19,80 €, Berg/Tal 30,10 €). Sessellift Pralongià, Berg 8,30 €, Berg/Tal 12,60 €. Bec de Roces (Campolongo), Berg 8,50 €, Berg/Tal 10,50 €.

In Kolfuschg: Kabinenbahn Plans–Frara, Berg 16,20 €, Berg/Tal 23,50 €. Kabinenbahn Col Pradat, Berg 8,60 €, Berg/Tal 13 €. Kabinenbahn Borest, Berg 8,20 €, Berg/Tal 13,10 €. Kabinenbahn Colfosco, Berg 9,70 €, Berg/Tal 14,70 €.

In Stern/La Villa: Kabinenbahn Piz La Ila, Berg 12,80 €, Berg/Tal 19,40 €. Sessellift Gardenaccia, Berg 8,30 €, Berg/Tal 12,60 €. Sessellift Bamby, Berg 7,50 €, Berg/Tal 11,40 €.

In St. Kassian: Kabinenbahn Piz Sorega, Berg 10,80 €, Berg/Tal 19,40 €. Sessellift La Fraina, Berg 7,50 €, Berg/Tal 11,40 €.

In Abtei/Badia: Sessellift La Crusc 1, Berg 10,40 €, Berg/Tal 15,80 €. Kabinenbahn La Crusc 2, Berg 7,80 €, Berg/Tal 11,80 € (Kombiticket 16,40 €/25 €). Infos unter santa-croce.it.

Wintersport Jede Menge Möglichkeiten, das Skigebiet **Alta Badia** hat 53 Skiliftanlagen und 130 km Pisten. Es gehört zum Skiverbund Dolomiti Superski, Infos unter dolomitisuperski.com.

Skischulen: 6 Ski-, Snowboard- und Langlaufschulen im gesamten Tal, ebenso Skikindergärten mit Betreuung, genaue Infos unter altabadiaski.com. Der neue Hauptsitz der Skischule Colfosco, das Mountain Sport Resort, bietet ein Komplettprogramm mit Schule, Verleih, Depot und Bistro, im Sommerprogramm auch Bike and Hike. Infos unter msrc.it

Langlauf, Schneeschuhlaufen, Boarder/ Freerider: Langlaufzentrum Alta Badia, Langlaufloipen v. a. im Bereich St. Kassian-Armentarola (Loc. Sarè), Skiverleih, Langlauf- und Biathlonschule, Geräteservice und Bar, 4 Loipen mit 26 km beginnen vor dem Haus, zum Programm gehört seit Kurzem auch Schneeschuhlauf mit geführten Wanderungen und Kursen (✆ 339/8068111, scuolafondo.it). Eine klassische Freerider-Abfahrt ist das Val de Mesdì, Boarder treffen sich im Snowpark Alta Badia auf dem Piz Sorega.

Eislaufen: Eisstadion Corvara, Burjé 3, ✆ 0471/830301. Außerdem am Sompunt-See Badia, mit Schlittschuhverleih.

Speziell für Kinder In Kolfuschg gibt es den kindgerechten **Hochseilgarten** „Adventure Park", Juni bis Sept. tgl. 10–19 Uhr, 13–30 € je nach Dauer und Schwierigkeit des Parcours, Kinderparcours 7–19 €; das Personal besteht aus geschulten Bergführern. ✆ 347/6866545, altabadiaguides.com.

Movimënt-Freizeitparks: An 3 Aussichtsplätzen auf der Hochebene zwischen Corvara, La Villa und St. Kassian, erreichbar durch die Seilbahnen Col Alto, Piz La Ila und Piz Sorega, befinden sich die Freizeitparks, die durch die Öffnung der Sessellifte Bamby und Fraina auch untereinander bestens vernetzt sind. Kneippanlagen und Fitnessgeräte für Erwachsene, Trampolins, Slacklines, Kletterwände und Ziplines für Kinder, Infotafeln über die Tierwelt der Dolomiten, Jogging- und Nordic-Walking-Strecken – und Internet-Hotspots. Alle Aktivitäten sind kostenlos, nur für E-MTB-Sharing, Bogenschießen und den Verleih von GPS-Geräten und Kinderwagen muss man zahlen. In der HS wird ein umfangreiches Programm geboten, von Geocaching über eine Bienenführung bis zu Spielenachmittagen. Teils kostenpflichtig und mit Anmeldung, Infos unter moviment.it.

An der Bergstation des Sessellifts La Crusc 1 erwartet der **Summer Park La Crusc** die Kinder mit verschiedenen Stationen und Wasserspielen, verbunden durch einen schön und spannend angelegten Rundweg. Infos unter santa-croce.it.

Im Winter: „Dolomites Fun Park", großer Spielplatz mit Rutschbahnen und Reifen an der Bergstation Piz La Ila, Eintritt 15 €/Std. Kinderbetreuung bieten die Skischulen Corvara, Colfosco, La Villa und Dolomites.

Übernachten/Camping

In Corvara ****** Romantikhotel La Perla,** elegante Zimmer, möbliert mit Originalen aus dem 19. und 18. Jh. Wellnessbereich mit Sauna, Dampfbad, Fitnessraum. Bemerkenswerter Weinkeller mit eindrucksvoll hinter Glas präsentierten Raritäten. Das dazugehörige Restaurant „La Stüa de Michil" hat einen Michelin-Stern. Streda Col Alt 105, ✆ 0471/831000, laperlacorvara.it. **€€€€**

*****S La Tambra,** zentral gelegenes Familienhotel, moderne Zimmer, im Hotelrestaurant ladinische Spezialitäten. Kleiner Wellnessbereich. Streda Sassongher 2, ✆ 0471/836281, latambra.com. **€€€–€€€€**

*****S Tablé,** neueres Hotel der Mittelklasse mit angenehmen Zimmern, Sauna, Dampfbad, Whirlpool, Massage, im Haus gute Konditorei. Streda Col Alt 8, ✆ 0471/836144, table.it. **€€€–€€€€**

Mersahof, es gibt sie noch, die Bauern in Corvara. Die Familie Pezzedi gehört zu den wenigen, die Urlaub auf dem Bauernhof anbieten, ruhig und sonnig an der wenige Meter weiter für Pkw gesperrten Straße zwischen Pescosta und Kolfuschg, Mitarbeit am Hof möglich, eigene Alm. Streda Merscia 27, ✆ 0471/836125. **€–€€**

In Kolfuschg ******S Kolfuschger Hof,** von der Terrasse des großen Hotelkomplexes blickt man auf die Sella, die vom Val de Mesdì wie durch ein Riesenmesser in zwei Teile getrennt wird. Hallenbad, Sauna, Dampfbad, Whirlpool und Fitnessraum, Liegewiese und kleiner Kinderspielplatz, gepflegte Zimmer mit tollem Blick. Attraktive Stuben mit schönen Kaminen. Streda Rönn 7, ✆ 0471/836188, kolfuschgerhof.com. **€€€€**

***** Larix,** freundliches Garni mit geschmackvoll eingerichteten Zimmern und 2 hübschen Apartments für 2–4 Pers. Streda Sorà 4, ✆ 0471/836096, garnilarix.it. **€€**

**** Haflingerhof,** familienfreundliches Apartmenthaus hoch oben am Ortsrand unter der Puezgruppe, 6 gemütliche Apartments für 2–6 Pers. Streda Ruac 13, ✆ 0471/836323, haflingerhof.cc. **€€**

*** Camping Colfosco,** zwischen Corvara und Kolfuschg am Waldrand unter dem Sass Songher, gepflegter Sanitärbereich, Bungalows.

Das Gadertal und das Grödner Tal → Karte S. 116

Stellplatz und 2 Pers. 30–45 €. Juni bis Sept. und Wintersaison. Streda Sorega 15, ✆ 0471/836515, campingcolfosco.org.

In Stern/La Villa ******S Cristallo,** moderner Bau, innen komfortabel, Weinbar und Smoking Room, schickes Restaurant, sehr schön mit Holz getäfelte Stube und mit typisch ladinischem Heizofen, im Haus Sauna und Dampfbad. „Wanderhotel" mit eigenem Wanderbus, Liegewiese, Kinderspielplatz, großzügig geschnittene Zimmer. Streda Verda 3, ✆ 0471/847762, hotelcristallo-altabadia.it. **€€€€**

**** Garni Miriam,** von der Terrasse des Garni und von den Balkonen der Zimmer schaut man auf die gewaltigen Abstürze des Kreuzkofels jenseits des Gadertals. Große Wiese mit Kinderspielplatz. Einfache Zimmer, auch 4-Bett-Zimmer und Apartments. Streda Marin 96, ✆ 0471/847018, garnimiriam.it. **€€**

In St. Kassian ***** La Stüa,** gutes Hotel, Zimmer mit großen Balkonen, modern ausgestattete Apartments und großzügige Familienzimmer, im Haus Sauna und Dampfbad, Hydromassage, einmal wöchentlich ladinisches Essen im rustikalen Kellerlokal. Streda Micurà de Rü 31, ✆ 0471/849456, hotel-lastua.it. **€€€–€€€€**

meinTipp **Lüch da Pcëi,** im alten ladinischen Stil erbauter Hof in exponierter Lage. Geräumige, stilvolle Zimmer sowie hübsche Apartments, sehr gutes Frühstück mit hofeigenen Produkten. Streda Pecei 17, ✆ 0471/849286, luchdapcei.it. Der Bauernhof Majun da Pcëi mit seinen 60 Milchkühen versorgt den Hofladen mit leckerem Käse, Feinkost gibt es aber auch (altabadialat.it). **€€€–€€€€**

meinTipp **Farmhouse Plang,** sympathisches und kinderfreundliches B & B mit 10 individuell und naturnah eingerichteten Zimmern, im Haus daneben 5 Apartments für 2–6 Pers. Gutes Frühstück, Panoramasauna (gegen Gebühr) und eine nette Bar für den Aperitivo am Abend. Ladestation für E-Autos. Streda Plang 31, ✆ 0471/849451, plang.it. **€€–€€€**

***** Camping Sass Dlacia,** 4 km außerhalb von St. Kassian mitten im Wald unter den Wänden der Fanes, die Wanderwege sind einen Katzensprung, der Skilift Armentarola 800 m entfernt. Gute Sanitäranlagen, kleiner Markt, Bar, Kinderspielpark und Apartments. Neu sind die Mini-Cabins aus Holz. Ganzjährig geöffnet. Stellplatz und 2 Pers. 30–50 €, Apt./Cabin (2–4 Pers.) 93–325 €. ✆ 0471/849527, campingsassdlacia.it.

Essen & Trinken

Die Gastronomie des Hochabteitals ist als besonders exklusiv bekannt. Tatsächlich sind die meisten Lokale, ob bürgerlich, rustikal oder Pizzeria, recht durchschnittlich – nicht die Preise, die sind gesalzen. Unter dem Label „Skifahren mit Genuss" bieten seit ein paar Jahren einige Berghütten des Hochabteitals im Winter verschiedene kulinarische Veranstaltungen an bestimmten Tagen an, z. B. Gourmetmenü, Weinverkostung etc.

In den Wiesen des Gadertals

In Corvara **La Stüa de Michil,** Restaurant des Hotels La Perla, 1 Michelin-Stern, 4 Gault-Millau-Hauben. Weinkeller als Gralsburg mit dem beleuchteten Gral hinter Glas – anschauen! Menü mit mediterranen und ladinischen Anleihen, viel Seefisch. Zum La Perla gehören auch die direkt vor dem Haus liegende Osteria L'Murin, das Bistrot La Perla und das Gasthaus Ladinia. So Ruhetag. Streda Col Alt 105, ✆ 0471/831000. **€€€€**

La Tambra, Trattoria des gleichnamigen Hotels, vorzügliche italienische Küche mit Tiroler bzw. ladinischem Einschlag. Streda Sassongher 2, ✆ 0471/836281. **€€**

Fornella, im Wintergarten und auf der Terrasse der Fornella gibt es gute Pizza, Bruschetta und einheimische Gerichte wie Schlutzkrapfen. Streda Rütort 1, ✆ 0471/1682432, morin.it.

Iceberg Lounge Bar, im Hotel Col Alto in prominenter Lage an der Abzweigung zum Grödner Joch, beliebt bei Radlern, hippes Interieur, perfekt auch zum Aperitivo. Streda Col Alt 9.

Konditorei Tablé, im Hotel Tablé, mit Terrasse, exquisit, nicht nur die verschiedenen Strudel, super-delikat: Flockentorte und Aprikosenkuchen. Ambiente à la Fin de Siècle, sehenswert. Streda Col Alt 8.

Chocolaterie, im Hotel Villa Eden, die Schoko-Stube (Café-Konditorei) bietet alles, was mit Schokolade zu tun hat, von 30 Kakaospezialitäten über Schokofondue bis zum Schokoeis. Streda Col Alt 47.

Piz Boè Alpine Lounge, luftige Holz- und Glaskonstruktion an der Bergstation der Corvara-Seilbahn, Essen mit Panoramablick! ✆ 0471/1888166, boealpinelounge.it.

In Kolfuschg **Luianta,** Restaurant mit ladinischer Küche, aber auch mediterrane und internationale Gerichte und gute Pizza, angenehmes Ambiente, toller Ausblick. Streda Pecëi 31, ✆ 0471/836005, luianta.it. **€€**

In Stern **La Tor,** Restaurant/Pizzeria des Hotels Dolomit mit ladinischer und Südtiroler Küche, Holzofenpizza. Am Di „Ladinischer Abend" mit Livemusik. Streda Colz 9, ✆ 0471/844091, la-tor.it. **€€**

In St. Kassian **St. Hubertus,** Restaurant des Hotels Rosa Alpina. Das einstige Flaggschiff der Südtiroler Gastronomie mit 3 Michelin-Sternen und 5 Gault-Millau-Hauben (mit 19 von 20 Punkten) muss sich seine Meriten nach einem Komplettumbau (bis 2024/25) vermutlich neu erarbeiten. Zum Zeitpunkt der Recherche (Herbst 2023) war noch unklar, wie es weitergeht. Nähere Infos am besten vor Ort.

La Sieia, Restaurant-Pizzeria in rustikal-urigem Ambiente, gute Pizza und Pastagerichte, Produkte und Käse vom Hof Lüch da Pcëi. Neben der quirligen Pizzeria bietet das renovierte Ristorante eine historische Säge und vier unterschiedlich eingerichtete, ruhige Stuben, dort keine Pizza. ✆ 0471/849517, lasieia.com. **€€–€€€**

Café-Konditorei Ploner, Eisdiele, Panini und andere Snacks. Streda Micurà de Rü 24.

Wanderung 6: Von Stern auf die Fanes und nach St. Kassian → S. 297
Zweitagestour mit Überschreitung des Fanes-Massivs

Das mittlere Gadertal

Das mittlere Gadertal zwischen Stern/La Villa und St. Martin in Thurn ist neben Buchenstein das ursprünglichste der ladinischen Täler. Das trifft nicht so sehr auf die Bebauung entlang der Talstraße zu als auf die kleinen Dörfer weiter oben und die vielen Viles, die ladinischen Weiler.

Die Siedlungen *Pedratsches* und *St. Leonhard* – beide zusammen verwirrenderweise oft **Abtei** bzw. **Badia** genannt –, **Wengen/La Val** und **St. Martin in Thurn** sind die Zentren eines weit verstreuten Siedlungsraums, der bis hoch hinauf unter die Felswände von Heiligkreuzkofel und Peitlerkofel reicht. Hier haben sich Bräuche und Fertigkeiten erhalten, die anderswo selten geworden sind: Noch wird die Kunstweberei von einigen Familien betrieben. Der Speck kommt meist aus der eigenen Räucherkammer. Wallfahrten wie diejenige zum Kloster Säben in Klausen werden wie seit Jahrhunderten zu Fuß unternommen. *St. Leonhard* veranstaltet noch immer seinen Leonhardiritt zu Ehren des Ortspatrons. Im *Val di Morins* kann man instand gesetzte Mühlen

Das Gadertal und das Grödner Tal → Karte S. 116

Gadertal mit Heiligkreuzkofel

bewundern. Und in den Küchen der Bäuerinnen wird konsequent gekocht, was seit Jahrhunderten auf dem Speisezettel stand. Eine Region für Nostalgiker, die gerne zu Fuß, mit dem Mountainbike, zu Pferd (die Pferdezucht ist ein Standbein der Landwirtschaft im Tal) unterwegs sind.

Seit der Heiligsprechung des Paters Josef Freinademetz aus Oies bei St. Leonhard im Oktober 2003 ist das mittlere Gadertal um eine Attraktion reicher, denn nicht nur Gläubige wollen sehen, wo der Pater zur Welt kam.

▪ **Information:** Zu Abtei, Wengen und St. Martin in Thurn durch *Tourismusverband Alta Badia* (→ Hochabteital, S. 117), über Enneberg durch den *Tourismusverband Kronplatz* (→ Enneberg, S. 134).

Abtei (ital. Badia)

Eine leichte Weitung des Tales bietet Platz für **Pedratsches** und **St. Leonhard,** die zwei Ortsteile von Abtei. Pedratsches/Pedraces liegt an der Straße und St. Leonhard am östlichen Hang unter den gewaltigen Abstürzen des Heiligkreuzkofels, an dessen Fuß die alte *Kirche des Heiligen Kreuzes* mit Pilgerhospiz steht. *Viles* liegen verstreut in den Wiesen und Weiden. Einige scheinen noch immer im 19. Jh. zu leben, so wenig berührten sie die Veränderungen, die sonst die Dolomiten überzogen haben.

Sehenswertes/Ausflüge

Pfarrkirche St. Leonhard: Die große Kirche ist dem Viehpatron Leonhard gewidmet, einem der wichtigsten Heiligen für die Bauern des süddeutsch-österreichischen Raums. Reiche Rokokoausstattung von Franz Singer und Matthäus Günther, unbedingt anschauen! Schöner Blick auf die Kirche und die Puezgruppe im Hintergrund vom kleinen Spielplatz mit künstlichem Teich weiter oben.

Wallfahrtskirche und Hospiz Heiligkreuz: Die Kirche auf 2045 m Höhe, 1484 errichtet unter Bischof Konrad von Brixen, wurde im Barock erweitert, und ein Turm wurde angebaut. Das ehemalige Hospiz, in dem früher die Pilger nächtigten, wird heute als Schutzhütte geführt. Mit dem Sessellift von St. Leonhard geht es bis auf 1841 m, ab dort startet die neue Gondel, oder man erklimmt den steilen Fußweg auf dem alten Kreuzweg (hin/zurück ca. 1:30 Std.).

Schutzhütte Heiligkreuz (Rif. S. Croce), 2045 m, Pedratsches altehrwürdiges Ambiente (Steinboden) im Hospiz, rustikale Küche, Südtiroler Weine, ✆ 0471/839632, lacrusc.com.

Wissenswertes und Infos zur Region auf der Webseite santa-croce.it.

Geburtshaus des hl. Josef Freinademetz in Oies: Von St. Leonhard kann man mit dem Auto oder zu Fuß auf dem neuen Meditationsweg zum Geburtshaus des 2003 heiliggesprochenen Paters Josef Freinademetz (1852–1908) wallfahren. Der Gadertaler wirkte ab 1881 als Missionar in China. Er war wohl auch deshalb erfolgreich, weil er sich nicht nur chinesisch kleidete und die Sprache sprach, sondern sich auch in seiner Lebensführung anpasste. In Oies steht sein schlichtes Geburtshaus, daneben eine neue Kapelle.

■ Broschüre in der Touristinformation Badia; Geburtshaus, Oies 6, tgl. 8–20 Uhr, ✆ 0471/839635, freinademetz.it.

Praktische Infos

Information **Tourismusbüro Badia,** Streda Pedraces 29/A, Abtei/Badia, ✆ 0471/839695, altabadia.org.

Feste & Veranstaltungen **Leonhardi-Ritt** in St. Leonhard am 1. oder 2. Sonntag im November zu Ehren des Viehpatrons St. Leonhard. Großer Pferdeumzug, Festzelt, Gastronomie und Musik.

Einkaufen Käse, Butter und Joghurt in der Hofkäserei **Chi Pra,** Parüs 7, chipra.eu.

Übernachten/Essen *****S Lech da Sompunt,** freundliches Hotel direkt am kleinen See Sompunt, idyllisch gelegen: vorne See, hinten Wald, großer Spielplatz, eigene Konditorei/Eisdiele, Restaurant mit ladinischer Küche, am Do „Ladinischer Abend", frische Forellen. Sauna, Dampfbad, Fitnessraum, angenehme Zimmer mit Balkon. Streda Sompunt 36, ✆ 338/6285643, lechdasompunt.it. **€€€–€€€€**

***** La Müda,** gleich nach der S-Kurve durch das Gadertal und noch vor der Talstation der Heiligkreuzbahn nach rechts bis zum Ende der Straße; eine ruhige, familiäre, nette Pension, Zimmer mit Balkon, Liegewiese, 1 Apt., gute Küche. Streda La Müda 13, St. Leonhard, ✆ 0471/839698, lamuda.it. **€€€**

mein Tipp **Maso Runch,** Maria Nagler serviert im Weiler Runch oberhalb von Pedratsches bäuerliche Kost von der Gerstlsuppe über Knödel bis zu Gulasch mit Polenta und Strudel. Nur mit Reservierung. Streda Runch 11, ✆ 0471/839796, masorunch.it. **€€**

Wengen (ital. La Val)

Das Dorf Wengen hat sich die Sonnenseite eines Nebentals ausgesucht, auch jeder einzelne der ladinischen *Viles* bekommt Sonne, kein einziger liegt am schattigen Hang südlich des Orts. Die Weiler von Wengen machen den Ort aus, das Zentrum selbst ist nicht größer. Wer hier den Sommerurlaub verbringt, lernt wieder, mit Ruhe umzugehen. Seit 2015 trägt Wengen den Titel

Frühsommer in Wengen

 → Karte S. 116

„zertifiziertes europäisches Wanderdorf". Es punktet mit einem weitläufigen, gut ausgebauten Netz an Wanderwegen, blumenreichen Bergwiesen, entsprechenden Veranstaltungen und wanderfreundlichen Beherbergungsbetrieben. Auch MTBer kommen auf ihre Kosten, die Zahl der befahrbaren Forstwege ist hoch.

Sehenswertes/Ausflüge

Wengen und seine Viles: Wengen/La Val ist immer noch ein Dorf und Zentrum der Weiler im Tal des Rü de Ciampló mit Kirche (nur der Turm ist alt), Gasthaus, Rathaus, Post. Das eigentliche ladinische La Val sind aber die *Viles*, die rund um den Kirchort über den Hang verstreut sind, von **Pederoa** im Gadertal sind es **Ciampló** und **Lunz,** höher liegen **Runch** mit seinem gotischen Hof ohne Holzaufbau, in dem ehemals das Gericht tagte, **Ciablun, Miribun, Tolpëi,** keiner hat mehr als 10

Der Schutzpatronin der Bergleute geweiht: die Barbarakapelle

Häuser, von denen viele mittelalterlichen Ursprungs sind. Besonders malerisch zeigt sich Tolpëi, das von zwei Kirchtürmen dominiert wird. Der eine gehört zur alten Pfarrkirche **St. Genesius,** die aus dem 15. Jh. stammt. Allerdings sind nur noch der hohe, schlanke Turm und einige Mauerreste erhalten. In einem kleinen, offenen Raum gibt es Informationstafeln zum Ort. Wenige Meter weiter talauswärts thront die **Barbarakapelle** am steilen Wiesenhang, geweiht der Schutzpatronin der Bergleute und aus dem Jahre 1491 stammend, mit einem schönen Kreuzgewölbe und einer holzgefassten Empore, zu der man hinaufsteigen kann (tagsüber i. d. R. geöffnet).

An der Straße von Lunz nach Spëscia liegt rechter Hand der unauffällige Gasthof „Al Bagn". Ein Stopp lohnt unbedingt, denn an diesem Ort, **Bad Rumestluns** genannt, entspringt eine schwefelhaltige Quelle, an der bereits im Mittelalter ein beliebtes Bauernbad existierte. Selbst Max Planck soll den Weg hierher gefunden haben. Das Wasser, hilfreich gegen Rheuma, Skorbut und 1001 andere Leiden, ist etwa 6 Grad kalt. 2009 wurde der Bereich um den Quellbrunnen neu gestaltet, es entstand eine Ruhezone mit einer schönen Holzbank, und das Wasser kann an einem eigenen Hahn verkostet werden. Es schmeckt, wie es riecht: nach faulen Eiern.

Kurz vor den Häusern von Coz am Talende (etwa 150 m vor dem Maierhof) befindet sich an der linken Straßenseite eine kleine **Kneippanlage,** die aus einer eiskalten Quelle etwas oberhalb der Straße gespeist wird - für Mutige am Ende eines schweißtreibenden Wandertages vielleicht genau das Richtige!

Wanderungen zu den Ritwiesen und den Armentarawiesen: Zu beiden Seiten des Talschlusses erheben sich Almhänge, die zunächst in Nadelwald und dann auf etwa 1800 m Höhe in weitläufige Wiesenflächen übergehen. In etwa 1 Std. gelangt man vom Wanderparkplatz bei Coz oder Ciablun zu den sanften Ritwiesen, die mit zahlreichen kleinen Hütten gesprenkelt sind. Ende Juni erreichen sie ihre höchste Blumenfülle, dann sind sie als farbenprächtige Trockenwiesen besonders sehenswert (Einkehr in der Ütia da Rit, s. u.). Die wesentlich größeren Armentarawiesen zu Füßen der mächtigen Felswände von Zehner und Heiligkreuzkofel blühen etwa zur gleichen Zeit. Als Feuchtwiesen gedeihen sie üppiger, ein Farbenteppich aus Rosa, Orange, Gelb, Violett und Blau erstreckt sich bis zum Horizont, aufgrund ihrer Weite erinnern sie stellenweise an die Seiser Alm (Einkehr in der Ranch da Andrè, s. u.). Vom Wanderparkplatz erreicht man die Armentarawiesen, die ebenfalls von vielen Holzhütten überzogen sind, in etwa 1:30 Std. In weiteren 45 Min. ist man dann an der Heiligkreuzkofelhütte angelangt.

meinTipp **Ütia da Rit,** seit 2019 gibt es diese moderne Hütte im Blockhausstil mit freundlicher Wirtsfamilie, gute Ladinisch-Tiroler Küche, schöne Panoramaterrasse inmitten der Ritwiesen, Steckdosen zum Laden für das E-Bike und einige Tische und Bänke etwas abseits für das eigene Picknick, Juni bis Mitte Okt. geöffnet. ✆ 338/8997207, utiadarit.it.

Ranch da Andrè, urige Hütte mitten in den Armentarawiesen, Ziegen meckern im Freilaufgehege, ein holzgeschnitzter Adler thront auf einem Baumstamm, Wiesen und ein kleiner Spielplatz für Kinder zum Herumtollen, geräumige Außenterrasse und dazu eine deftige Almküche. Juni bis Ende Okt. geöffnet. ✆ 328/8091870.

Wanderung zum Antoniusjoch (2466 m): Von den Wanderparkplätzen im Talschluss von Wengen geht es zunächst über Almwiesen, dann ansteigend durch lichten Nadelwald ins schmale, urtümliche Fanestal hinein. Zunehmend ragen zu beiden Talseiten Felswände empor, das Gelände wird steinig und am Talschluss zieht sich der Steig durch ein steiles Schuttkar bis zum Joch nach oben (gut 2 Std. ab Wanderparkplatz). Der Blick zurück ist atemberaubend,

Schwefelquelle beim Al Bagn

nach Osten Richtung Fanes- und Sennesalpe ebenso. In 20 Min. lässt sich auf schmalem, aber gut begehbarem Steig die Antoniusspitze (2655 m) erklimmen, von der die Aussicht noch mal grandioser ist. Mit hoher Wahrscheinlichkeit sind im Aufstieg und am Joch Murmeltiere zu sehen.

Praktische Infos

Information **Tourismusbüro La Val,** San Senese 1, Wengen/La Val, ✆ 0471/843072, altabadia.org. Infos zum Wanderdorf La Val und weiteren europäischen Wanderdörfern unter europas-wanderdoerfer.com.

Verbindungen **Bus:** von/nach Bruneck und ins Hochabteital häufig, lokaler Bus Wengen – St. Martin – Campill 7x tgl., 3x weiter zum Würzjoch. **Parken:** mehrere Wanderparkplätze bei Ciurnadu und Coz, bei Spëscia und nach Furnacia.

Veranstaltungen Der **Wandermarathon** Tru di Pra findet Juni/Juli statt. Start und Ziel ist La Val, Streckenlänge 26,6 km, 1.509 hm, Dauer ca. 8 Std., mit Anmeldung, 20 € Startgeld.

Einkaufen **Kunstweberei Nagler,** hier, in der Handwerkerzone 13 in Pederoa, werden traditionelle Stoffe hergestellt, bei der Arbeit an den alten Webstühlen kann man zuschauen.

Das Gadertal und das Grödner Tal → Karte S. 116

Für Vorführungen vorher anrufen unter ☏ 0471/843188, tessituranagler.it. Ebenfalls in Pederoa befindet sich eine Verkaufsfiliale des Hofs **Lüch da Pćëi** aus St. Kassian, in der Käse, Speck, Feinkost und Spezialitäten der Region angeboten werden.

Übernachten/Essen *****S Pider,** Gasthof mit einheimischer Küche mit Speck, Gerstensuppe, Tirteln, Schlutzkrapfen. Sauna, Dampfbad, Whirlpool, im Untergeschoss „Bowling-Bar" mit Kegelbahn, E-MTB-Verleih und geführte Touren. Angenehme Zimmer, nach vorne mit toller Aussicht. San Senese 22, ☏ 0471/843129, pider.info. **€€€–€€€€**

***** Ciurnadù,** aussichtsreich und äußerst ruhig gelegenes Hotel etwas außerhalb von Wengen. Auf dem weitläufigen Gelände verstreut mehrere Ruheoasen, hübsche, holzbetonte Zimmer. Kleiner Saunabereich mit Outdoor-Whirlpool. Im neuen Anbau liegt der Speisesaal mit seiner Panoramaterrasse. Streda Ciurnadù, ☏ 0471/843145, ciurnadu.it. **€€€**

Maierhof, Streda Colz 4, wunderschöner alter ladinischer Hof in typischer Steinbauweise im alten Weiler am Ende des Tals und der Straße, herrliches Panorama. Die Familie Rubatscher bietet Urlaub auf dem Bauernhof in 4 gemütlichen Apartments, ☏ 0471/843171, maierhof.it. **€€**

Lüch Miribung, Mirbun 1, Familie Miribung vermietet im Weiler Miribun etwas oberhalb von Wengen im neuen Haus 4 schöne Apartments für 2–4 Personen, sehr freundlich, herrlicher Blick vom Balkon. ☏ 0471/843255, miribunghof.it. **€–€€**

Mein Tipp **Lüch de Survisc,** im Hofschank der sympathischen Familie Vallazza mit seiner gemütlichen Stube wird hervorragende ladinische Küche serviert. Das Menü besteht aus den traditionellen „Tutres", gefüllten Teigtaschen, zartem Gulasch, diversen Knödeln und Mehlspeisen (Apfelküchl), gute Weinauswahl. Das Fleisch stammt vom eigenen Hof. Nur mit Vorbestellung. Cians 13, ☏ 0471/843149, survischof.bz. **€€**

Der **Hof Ciablun** ist ebenfalls ein Hofschank mit authentischer Ladinisch-Tiroler Küche (Spezialitäten vom Angusrind aus eigener Herde), So geschl. Ciablun 1, ☏ 0471/843094, ciablun.it. **€€**

Soví, Privatzimmer im hübschen Neubau in Soví an der Straße nach Aiarëi (im Gadertal), ruhig, einsam, Wiesen und Wald, mit viel hellem Holz gestaltete Zimmer. Soví 1, ☏ 0471/843349, hofsovi.it. **€€€**

Trafői, Gaststube im Tiroler Stil, Holzofenpizza, in der NS Mo geschl. Pederoa 30, ☏ 0471/843024, trafoei.com.

St. Martin in Thurn

(ital. San Martino in Badia, lad. San Martin de Tor)

Zwei Täler münden unterhalb von Wengen von Westen her ins Gadertal, das Campilltal und das Tal von Untermoi (Antermoia), zwischen ihnen liegt der locker über einen grünen Hügel verstreute Ort St. Martin in Thurn. Hier hatten die Brixner Fürstbischöfe ihren Verwaltungssitz für den Besitz im Gadertal. Das großartige Schloss Thurn, in dem heute das Ladinische Museum untergebracht ist, legt davon Zeugnis ab. Im Ort und in den Tälern geht es geruhsam zu.

Sehenswertes/Ausflüge

Das Ladinische Museum im Schloss Thurn (Ćiastel de Tor): Das Landesmuseum ist ein Besichtigungsmuss, wenn man mehr über Ladinien und die Ladiner erfahren will.

Die Landschaft zwischen Peitlerkofel und Sennesalpe, die historische Burg mit ihrem romanischen Baukörper, dem großen Bergfried und den vielen späteren Bauerweiterungen ist ein idealer Standort. Wo früher die Vögte der Brixner Fürstbischöfe deren Besitz im Gadertal verwalteten, dürfen wir heute einen fundierten Blick in Geschichte, Kultur und Lebensraum der Dolomitenladiner werfen. Vier Stockwerke der Burg und der massive Bergfried sind zu besichtigen. Am interessantesten sind die Sparten *Kunsthandwerk* mit einer kompletten Puppenmacherwerkstatt, die *geologische Abteilung* mit Mineralien und Fossilien aus den Dolomiten, die als Ganzes hierher versetzte *Bauernstube* und schließlich die multimedial ausgestattete Abteilung zur *Sprache der Ladiner*. An das Museum ist das ladinische Kulturinstitut *Micura de Rü* angeschlossen.

Die Viles des Gadertals

Aus dem deutschsprachigen Tiroler Raum, etwa dem Pustertal, kennt man die isoliert gelegenen Paarhöfe (seltener liegen zwei Höfe nebeneinander), Ergebnis der Bevölkerungsexplosion im 17. Jh., als viele Höfe geteilt wurden. Paarhöfe bestehen aus zwei Bauten, dem Wohn- und dem Wirtschaftstrakt. Aber nur im Ladinischen gibt es Weiler mit sieben, acht, sogar zehn dicht aneinandergebauten Paarhöfen. Besonders gut haben sie sich im Gadertal erhalten, wo sie heute noch die charakteristische Siedlungsform darstellen. Warum die Ladiner so siedelten und die Deutschtiroler anders, weiß man nicht. Ansonsten sind beide Gruppen kulturell einander sehr ähnlich. Doch die Viles sind unverwechselbar: Brunnen und Backofen in der Mitte, die Häuser mit schmalen Durchgängen eng dazwischen, Bänke, damit man nach der Arbeit miteinander schwatzen kann. Die Häuser haben unten einen Stein-, darüber einen Holzbau, der weit überkragt und zusätzliche Intimität schafft, ein Söller umgibt den Holzaufbau, darin konnte man die Ernte trocken und an der frischen Luft aufbewahren, bis sie nachgereift war. Die Holzflächen sind häufig mit Schnitzereien verziert, auf vielen verputzten Steinwänden sind Fresken zu sehen, dargestellt ist meist die Gottesmutter mit Kind. Fensterstöcke und Wände sind oft mit geometrischen Sgraffiti dekoriert, wie sie mit der Renaissance auch in bäuerlichen Gebieten üblich wurden. Die Wirtschaftsbauten stehen so am Hang bzw. sind so in ihn hineingebaut, dass an der Rückseite eine Brücke in den ersten Stock führt, in dem das Heu aufbewahrt wird, während sich im Erdgeschoss der Stall befindet. Meist ist auch ein Kapellchen zu finden, und rundum stehen in vielen Viles noch die Harpfen, die überdimensionalen Gerüste zum Trocknen der Favas (Saubohnen) im Herbst.

Ladinisches Museum in Schloss Thurn

▪ **Museum Ladin Ćiastel de Tor:** Mai bis Anf. Nov. Di–So 10–18 Uhr, Weihnachtsferien tgl. 15–19 Uhr, Jan. bis Ostern Do–Sa 15–19 Uhr. Eintritt 8 €, Familien 16 €, Kombiticket mit dem Museum Ladin Ursus ladinicus in St. Kassian 10 €, Familien 20 €. Juli/Aug. versch. Veranstaltungen und geführte Wanderungen, z. B. ins Mühlental von Campill. Anmeldung unter ✆ 0474/524020, Infos unter museumladin.it.

Campilltal (Longiarü) und Val di Morins: Das stille Campilltal ist ideal für Menschen, die im Urlaub Ruhe suchen. Das idyllische Dorf Longiarü auf 1400 m Höhe, in dem sich ganze Reihen mittelalterlicher Höfe an den Hang schmiegen, schmückt sich seit 2018 mit dem Titel „Bergsteigerdorf" und verpflichtet sich damit dem nachhaltigen und naturnahen Tourismus gemäß der Alpenkonvention. Ein besonders gut ausgebautes Wegenetz und ausreichende Übernachtungsmöglichkeiten aller Kategorien gehören mit dazu. Alpenvereinsmitglieder erhalten in den meisten Betrieben 10 % Rabatt (mehr unter bergsteigerdoerfer.org). Für Konditionsstarke empfiehlt sich der *Roda dles Viles*, eine 10 km lange Rundwanderung, die in Longiarü beginnt und bergauf, bergab nahezu alle Weiler des Tales streift, bis sie nach 700 hm und etwa 3:30 Std. in **Misci** endet (1671 zum ersten Mal urkundlich erwähnt, zwei eindrucksvolle Harpfen zum Trocknen von Heu sind noch erhalten).

Sehr interessant und nur gut 45 Min. lang ist das Teilstück *Val di Morins* (Mühlental), ein Museum unter freiem Himmel. Entlang dem Sèresbach haben die Bauern Wassermühlen gebaut, in denen früher das Korn gemahlen wurde. Heute wird hier oben kein Korn mehr angebaut, die Bauern haben auf Viehzucht umgestellt, die Felder sind verschwunden. Die Mühlen stehen noch und dank den EU-Geldern sind sie hervorragend in Schuss und denkmalgeschützt. Ein idyllischer Spaziergang führt als **Rundweg** den Bach entlang und an den zehn Mühlen vorbei. Er beginnt in **Sères** auf 1568 m am Ende der durch das Tal führenden Straße und führt bergan bis auf ca. 1730 m, dabei werden alle Mühlen berührt, auf dem Rückweg kommt man durch **Miscì.** Die beiden eng gebauten Viles Sères und Misci gehören zu den ursprünglichsten und eindrucksvollsten des Gadertals. Im Sommer wird ab und an in einer der Mühlen Korn gemahlen, Infos bei der Auskunft in St. Martin, dort ist auch ein erklärender Faltprospekt erhältlich.

Über das Würzjoch ins Villnösstal, zur Plose oder nach Lüsen: Von St. Martin in Thurn führt eine Straße Richtung Würzjoch. Sie passiert den kleinen Ort **Untermoi/Antermoia,** der idyllisch eingebettet in eine wellige Wiesenlandschaft unterhalb der Nordabstürze des Peitlerkofels liegt. Sie passiert in der Folge den Wanderparkplatz *Pé de Börz*. Von dort erreicht man in gut 40 Min. auf breitem Forstweg (auch MTB!) die spektakulär gelegene **Maurerberghütte** und nach weiteren 20 Min. den flachen Aussichtsgipfel des Maurerbergs (2332 m).

Ab dem Wanderparkplatz führt die Straße in vielen Kurven zum Würzjoch (2006 m), den Pass zwischen Gadertal und Eisacktal. Hier gibt es einen weiteren großen Wanderparkplatz, u. a. kann man von hier zur Umrundung des Peitlerkofels starten (13 km, 640 hm, 4 Std.). Über das oberste Lüsner Tal und das Halsl (1867 m) führt die Straße nach einer Gabelung (Abzweig nach Lüsen) weiter nach St. Peter in Villnöss (links) und Afers bzw. Brixen (rechts). Die Strecke ist landschaftlich ausgesprochen lohnend.

Praktische Infos

Information **Tourismusverein San Vigilio/San Martin,** St. Martin in Thurn, Streda Tor 18, ✆ 0474/523175, sanmartin.it.

Gästekarte Der **Holidaypass Museum** der Beherbergungsbetriebe beinhaltet die Mobil Card Südtirol, den Mareo-Bus, die Skibusse im Pustertal und den Eintritt in rund 80 Museen in Südtirol.

Feste & Veranstaltungen **Mühlenfest** im Juli/Aug. an den Mühlen des Val di Morins mit Musik und Verkostung lokaler bäuerlicher Produkte in den Weilern Sères und Miscì. **Bauernmarkt** in Campill (Longiarü) an 4 Tagen im Juli/Aug.

Übernachten/Essen in St. Martin in Thurn ***** Dasser,** eingesessener Gasthof im Ort, schöner alter Steinbau (16. Jh.), gemütliche Zimmer, Mountainbikeverleih. In der traditionellen Stube wird authentische ladinische Küche serviert. Streda Toer 20, St. Martin in Thurn, ✆ 0474/523120, dasser.it. **€€€**

***** Osti Nicl,** imposanter und schön sanierter Hof mit komfortablen Apartments (2–4 Pers.) im Naturstil und dem Restaurant Ciano d'Nicl. Italienisch-ladinische Küche, Pizza. Streda Stufles 21, ✆ 320/5355287, ostinicl.it. **€€–€€€**

Übernachten/Essen im Campill- und im Mühlental ***** Sanví,** das hübsch renovierte Berghotel mit seinen nur 12 komfortablen und eleganten Zimmern liegt zentral im Ort Longiarü. Kleiner Saunabereich, gutes Frühstücksbuffet, regionale Küche. Streda Lizia 160, ✆ 0474/590104, hotelsanvi.it. **€€€–€€€€**

Tlisöra Speckstube, nicht nur bäuerliche Kost in der Speckstube, sondern auch gemütliche, holzbetonte Zimmer und ein Apt. für Urlaub auf dem Bauernhof. Streda Sères-Miscì 17, ✆ 0474/590145, tlisora.it. **€€–€€€**

Mühle in Longiarü

Lüch de Vanc, Hausmannskost in der Stube und im Anbau eines Bauernhofs von Tirolerknödeln über Gulasch bis zur Buchweizentorte. Schöner Außenbereich. Einfache Wohnungen, die Zimmer teils schön modernisiert. Streda Sères-Miscì 22, ✆ 0474/590108, vanc.it. **€€**

***** Odles,** aussichtsreich gelegene Pension, die von der Familie des Restaurants Vanc geführt wird, daher wird das Essen auch dort serviert. Hübsche, holzbetonte Zimmer mit Balkon oder Garten, auch Familienzimmer. Rustikal-uriger Wellnessbereich mit Sauna. Streda Sères-Miscì 23, ✆ 0474/590152, odles.it. **€€€**

MeinTipp **Übernachten/Essen in Richtung Würzjoch Maurerberghütte,** 2157 m, große, moderne Hütte mit Panoramaterrasse, spektakulärer Blick auf Peitlerkofel und Aferer Geisler. Die umfangreiche Speisekarte bietet eine große Auswahl an (vegetarischen) Knödel- und Schlutzergerichten, Fleischgerichten wie Gulasch und Jausen wie Speckplatte sowie Kuchen. Übernachtungsmöglichkeit in komfortablen Zimmern., Juni bis Okt., ✆ 0474/520059, maurerberg.com. **€€€**

***** Ütia de Börz,** der Gasthof auf dem Würzjoch ist ein moderner Holzbau im alten Stil mit hübschen Doppel- und Mehrbettzimmern, gutem Restaurant und Terrasse mit Panoramablick; wird seit 2020 von den Betreibern des Camping Sass Dlacia im Gadertal geführt. Tagsüber wegen der Straße etwas laut (Motorräder). Streda Börz 26, ✆ 0471/520066, boerz.it. **€€€** (Übernachten), **€€** (Essen)

Enneberg

(ital. Marebbe, lad. Mareo)

Das sonnige Tal von Enneberg, ein Nebental des Gadertals, ist ein beliebtes Ferienziel geworden – im Sommer mit Wanderungen in die Fanes- und Sennesgruppe, im Winter mit dem Skizirkus Kronplatz, an den Enneberg von Süden Anschluss hat.

Um den Hauptort **St. Vigil in Enneberg,** v. a. aber um **La Pli de Mareo/ Enneberg Pfarre** scharen sich typisch ladinische Viles, während unten im Tal Hotel um Hotel, Apartmenthaus um Apartmenthaus gebaut wird. Im Hintergrund aber, gleich am Ortsrand beginnend, liegt der *Naturpark Fanes – Sennes – Prags*, pure und einsame Dolomitennatur mit ein paar spektakulär gelegenen Almen wie der Großen Fanesalm unter der Lavarella.

Information Tourismusverein San Vigilio/San Martin, Streda C. Lanz 14, 39030 St Vigil in Enneberg/San Vigilio, ✆ 0474/501037, sanvigilio.com. Ennenberg ist Teil des Tourismusverbands Kronplatz, Infos auf sanmartin.it.

Sehenswertes/Ausflüge

Im Ort: Die *Rokokopfarrkirche St. Vigil* ist seit der Bauzeit um 1728 nicht verändert worden, sie ist ein kunsthistorisches Juwel und ein Fest für die Augen. Wie in St. Leonhard waren der Maler Matthäus Günther und der Stuckateur Franz Singer hier beschäftigt, der Architekt war Giuseppe de Costa, ein Einheimischer. Das *Standbild der Catarina Lanz* auf dem Kirchplatz erinnert an die wehrhafte Dienstmagd aus den Franzosenkriegen.

Naturparkhaus Fanes – Sennes – Prags: am Ortsende von St. Vigil an der Straße in Richtung Pederü. Das interessante Haus zum Naturpark Fanes – Sennes – Prags hat die Form einer mit Holz verkleideten Rotunde. Die Sammlungen sind sehr kindgerecht aufbereitet, so gibt es einen Raum für *Kinderarchäologie* mit Exponaten zum Anfassen.

Mai bis Okt. und Ende Dez. bis März Di–Sa 9.30–12.30/14.30–18 Uhr, Juli/Aug. auch So. Eintritt frei. ✆ 0474/506120, naturparks.provinz.bz.it.

Enneberg Pfarre (ital. Pieve di Marebbe, lad. La Pli de Mareo): Die *Wallfahrtskirche Unserer Lieben Frau vom Guten Rat* war seit ca. 1100 die Mutterpfarrei des gesamten Gadertals, erst 1449 bekam dann Abtei eine eigene Kirche. Die einstige Bedeutung kann man dem winzigen Ort La Pli, in dem sie steht, nicht ansehen. Die gotische Kirche wurde im Barock umgebaut und ausgeschmückt, es entstanden die heutige Fassade mit der illusionistischen Lüftlmalerei, der schöne Hochaltar (1638) und im Spätbarock die Kanzel

Berg-und-Wiesen-Idylle in St. Vigil in Enneberg

(1760). Besonders interessant sind vier Votivbilder in großem Format. Sie zeigen Pilgerprozessionen der Welsberger aus dem Pustertal, die nach der wundersamen Rettung vor der Pest 1636 zum Dank alle hundert Jahre stattfinden (die Tafeln sind von 1637, 1738, 1838, 1936).

Gran Ciasa, der eindrucksvolle Ansitz hinter der Kirche ist ein Gasthof, in dem auf Vorbestellung ladinische Speisen serviert werden. Fr Ruhetag. ✆ 0474/501511.

Berghaus Pederü, 1548 m, privat, gutes alpines Essen, 12 Zimmer und Lager, ✆ 0474/501 086, pederue.it. **Schutzhaus Fodara Vedla,** 1980 m, privat, Doppel- und Mehrbettzimmer, 12 Lager, ✆ 0474/51093, fodara.t. **Ućia de Sénes,** 2126 m, privat, 32 Betten, 30 Lager, ✆ 0474/501837, sennes.com. **Ućia Lavarella,** 2050 m, Restaurant und Schutzhütte mit Zimmern, Sauna und E-Bike-Ladestation, ✆ 0474/501079, lavarella.it. **Ućia de Fanes,** 2060 m, gemütliche Zimmer und Lager, ✆ 0474/453001, rifugiofanes.com.

Mit dem Mountainbike über Fanes und Sennes: Mit einer Nächtigung auf der Fanes- oder Lavarellahütte ist die Strecke von Enneberg über die Fanes ins *Höhlensteintal* eine beliebte Tour, die sich auch MTB-Fahrer zutrauen können, die sich nicht zu den Cracks zählen. Man nimmt von Pederü die private Zufahrtstraße bis zu einer der beiden Hütten und weiter auf die *Große Fanesalm* (streckenweise steil, aber problemlos zu fahren). Von der Alm geht es auf dem guten Zufahrtsweg durch das *Val di Fanes* hinunter zur Straße Cortina – Toblach, die man in einer Haarnadelkurve mit Super-Panorama erreicht. Wieder aufwärts durch das oberste *Val Boite* erreicht man die *Ücia de Sénes,* von wo man das Sträßchen zur *Ütia Fodara Vedla* und hinunter nach Pederü nimmt (Hütten →„Unterwegs im Naturpark Fanes-Sennes-Prags“, S. 137). Der letzte, kurvige und steile Teil ist wegen Lockermaterials auf der Straße mit Vorsicht zu fahren. Länge ca. 35 km, Dauer ab ca. 4 Std., Höhenunterschied ca. 1250 m; Karte: Tabacco (1:25.000) Nr. 03, Cortina d'Ampezzo.

Praktische Infos

Verbindungen **Bus:** bis zu 20x pro Tag nach Bruneck mit Umsteigen in Zwischenwasser.

Gästekarte Der **Holidaypass Museum** der Beherbergungsbetriebe beinhaltet die Mobil Card Südtirol, den Mareo-Bus, die Skibusse des Pustertals und den Eintritt in rund 80 Museen in Südtirol.

Bergbahnen Kabinenbahn Piz de Plaies (St. Vigil), Ende Juni bis Anf. Okt. 9–17 Uhr, Berg 18 €, Berg/Tal 24 €. **Kabinenbahn Ruis** (Furkelpass–Kronplatz), Mitte Juni bis Anf. Okt. 9–17 Uhr, in der NS nur am Wochenende, Berg 18 €, Berg/Tal 24 €, Bike jeweils 5 €. Die **Mountain Card Pustertal** lohnt sich für Vielfahrer: 3 Fahrten in 5 Tagen Erw. 68 €, Kinder (8–16 Jahre) 49 €, 5 in 7 85/61 €, 8 Fahrten im Sommer 125/88 €. Online kaufen unter mountaincard.it.

Einkaufen Kunstweberei und **Holzobjekte** bei Artejanat ladin, Streda Plan de Corones 9. Gute **Bäckerei/Konditorei Mupan** in der Streda Fanes 4, gute Auswahl an „Südtiroler Brot" (die Marke ist geschützt). **Honig,** Met, Konfitüren und Kräuter im Hofladen des Biohofs Lü de Pincia, Streda Mantena 1, ludepincia.it. Leckeren **Ziegenkäse** und Joghurt kann man im Hofladen vom Corcela Hof erwerben, auch Führungen werden angeboten, Streda Al Plan dessora 40, corcela.it. Im Restaurant Tló Plazores kann man nicht nur hervorragend speisen (→ Essen & Trinken), sondern die hofeigenen Produkte wie **Speck** und Wurstwaren auch kaufen. Streda Plazores 14, plazores.com.

Markt In der Saison freitags Bauernmarkt mit Honig, Kräutern, Käse, Schnaps etc. aus lokaler Produktion. Markt am 1. Do des Monats in St. Vigil beim Sportcenter Mareo.

Reiten Reitstall Mareo, Islandpferde und Ponys beim Sportplatz Ciamaor, ✆ 331/2752 268, horsetrekking.it.

Radfahren/Mountainbiken Verleih von MTBs und E-Bikes bei Miribung, Streda C.-Lanz 14, miribung.it. Zahlreiche Routen in den beiden Naturparks, berühmt und anspruchsvoll die **Naturparkrunde** über Pederü und die Fanes-Almen zur Senneshütte. Für Freerider gibt es den **Piz de Plaies Trail,** erreichbar mit der Kabinenbahn.

Zipline/Segway: Die mit 3,2 km längste Zipline Europas startet ab der Bergstation der Kabinenbahn Piz de Plaies. Eine Fahrt ab 89 €. Streda Catarina Lanz 24, ✆ 0474/6466221, adrenalineadventures.it.

Wintersport Enneberg ist Teil der Skiregion Kronplatz von Dolomiti Superski. Die Miara- und die bei der Bergstation ansetzende Col-Toron-Kabinenbahn erlauben den Anschluss an den eigentlichen Skizirkus um den Kronplatz, Infos unter skiareamiara.it oder kronplatz.com. Ab Pikolein gibt es einen Shuttlebus, der mit dem Skigebiet Alta Badia/Hochabteital verbindet. **Skischule Sporting Al Plan,** Büro an der Talstation der Kabinenbahn Miara, ✆ 0474/506152, skisporting.com. **Langlaufloipen** im Val de Mareo/Rautal (23 km). **Rodelbahn** „Cianross" (680 m), erreichbar durch die Kabinenbahn Cianross, dort auch Verleih. **Eislaufen** am Hallenbad.

Übernachten ****S Almhof Call, großes Hotel am oberen Ortsrand im Grünen, Gemeinschaftsräume (Bibliothek, Kaminstube, Wintergarten ...). Gute Zimmer, sehr gut ausgestatteter, attraktiv mit Kunstlandschaft und Wasserfall gestylter Wellnessbereich. Streda Plazores 8, ✆ 0474/501043, almhof-call.com. **€€€€**

***** Bad Cortina,** das Bad im Waldtal des Rü d'Al Plan hat sich zur Wellnessoase eines angenehmen Hotels gemausert, die Tradition des Thermalbades hat sich erhalten. Hübsche Sil-

Enneberg Pfarre vor der Fanesgruppe

houette mit Anklängen an Gründerzeithotels, viel Holz, angenehme Zimmer. Streda Fanes 40, ☏ 0474/501215, aquabadcortina.com. **€€€€**

***** La Stöa,** gemütliches Hotel mittlerer Größe, günstig gelegen (5 Min. vom Zentrum, ruhig), Sky-Pool und Sauna. Der familiäre Betrieb wird als B & B geführt mit sehr gutem Frühstück und interessantem Abendbüffet. Adults only. Streda C. Lanz 30, ☏ 0474/501055, lastoea.com. **€€€€**

**** Iosc,** ein Garni, in dem man sich gleich wohlfühlt, herzliche Atmosphäre, freundliche Zimmer komplett in Holz und mit Balkon. Großer Frühstücks- und bequemer Aufenthaltsraum mit Blick auf die umgebenden Wiesen. Streda Al Plan Dessora 13, ☏ 0474/501136, iosc.it. **€€–€€€**

***** Chalet Marlene,** Apartmenthaus im Grünen in biologischer Bauweise mit naturbelassenem Holz und anderen Biomaterialien, viel Wert wurde aufs Energiesparen gelegt, Holz- und Kachelöfen, Sauna. Idyllischer Naturbadeteich vorm Haus. Apt. (2–7 Pers.). Streda Ciasè 4, ☏ 0474/501806, chaletmarlene.com. **€€€**

***** Camping Al Plan,** echte Camper sollten dem Schild in Zwischenwasser, das ins grüne Tal von Enneberg leitet, folgen: „4 km Camping Al Plan“. Am Ortsende wird man nicht enttäuscht: Berge, Wiesen, Wald, Fitnessparcours und Reitstall, Naturparkhaus und Sportplatz Ciamaor um die Ecke. Großzügige Anlage (1 ha), z. T. schattig, Sauna (extra), kleiner Markt, etwas oberhalb liegt die empfehlenswerte Restaurant-Pizzeria Arnold. Ende Mai bis Anf. Okt. und in der Wintersaison. Stellplatz und 2 Pers. 46–68 €. Streda Catarina Lanz 63, ☏ 0474/501 694, campingalplan.com.

Essen & Trinken **Ciolà,** Restaurant/Grill-Pub im Stil eines Ansitzes. „Ciolà“ bezeichnet den Teil der Berghütte, in dem der Käse hergestellt wird. Rustikales, Pasta und Süßes aus dem italienischen und Tiroler Repertoire. Do geschlossen. Streda Plan de Corones 17, ☏ 0471/501701, ciola.info. **€€–€€€**

Mein Tipp **Tló Plazores,** gotischer Bau mit tollen Stuben (gotische Steinbögen, Holzvertäfelung), entspannte Atmosphäre im gemütlichen Außenbereich beim alten Backhaus aus dem 17. Jh. Verwendet werden Zutaten vom eigenen Hof und der Umgebung, hervorragende ladinische Küche, freundlicher Service. Streda Plazores 14, ☏ 0474/506168, plazores.com. **€€–€€€**

Garsun, Dorfwirtshaus alten Stils im Weiler Mantena zwischen St. Vigil und Zwischenwasser an der Straße. Hier kommt ausschließlich

Brotbacken im Backhaus

auf den Tisch, was immer auf den Tisch kam: *paniccia* (Gerstlsuppe), *cancij* (Schlutzkrapfen), *crafun* (Bauernkrapfen mit süßer Füllung). Nur nach tel. Vorbestellung (es gibt nur ein paar Tische). Mo geschl. Streda Mantena 14, ☏ 0474/501282. **€**

Tabarel, elegantes Restaurant mit gehobener Küchenleistung und mediterran-französischen Anklängen, das Bistro mit leichter Südtiroler Küche der ladinischen Art. In der NS Di geschl. Streda C. Lanz 27, ☏ 0474/501210, tabarel.com. **€€€**

Café Mutsch, Café-Konditorei der Bäckerei Mupan. Leckere Auswahl, nette Terrasse. Streda Fanes 4.

Weiter in Richtung Bruneck

Folgt man dem kaum befahrenen Sträßchen nach Maria Saalen und St. Lorenzen (mit „Bruneck“ ausgeschildert), kommt man im nächsten Bachtal an eine funktionstüchtige (aber stillgelegte) *alte Wassermühle*. Auf Straßen kann man die schönsten *Viles* oberhalb des Orts besuchen (kaum Verkehr, daher auch als Spaziergang möglich): auf der Straße weiter bis Pliscia, zurück bis zur Abzweigung Ciaseles, von dort nach *Ellemunt*. Zurück bis *Brach*, dort nach *Corterei* und *Frontü* und wieder zurück nach La Pli.

Ciastel, Urlaub auf einem herrlich sonnig gelegenen Bauernhof mit Kühen, Schweinen, Ziegen und einem zugehörigen Schloss (Ciastel) in Steinbauweise im Weiler Brach an der Straße nach Maria Saalen. Familie Agreiter vermietet angenehme und großzügige Apartments, besonders schön sind die Wohnungen im renovierten Schloss. Angeschlossen ist eine stilvolle und empfehlenswerte Osteria, in der hauptsächlich eigene Produkte verwendet werden. Ras Costa 6, ☏ 0474/501748, ciastel.it. **€€€**

Das Gadertal und das Grödner Tal → Karte S. 116

Unterwegs im Naturpark Fanes-Sennes-Prags

25.680 ha hat der Naturpark, in den das **Rautal (Val de Mareo und Val dai Tamersc)** von St. Vigil her tief hineinführt. Auf einer öffentlichen Straße (12 km) kann man selbst oder mit dem Linienbus bis nach Pederü fahren (optional mit dem Rad oder auf dem parallel verlaufenden Wanderweg zu Fuß), wo man sowohl die Fanes- als auch die Sennesalpe auf befahrbaren, aber für den motorisierten Verkehr gesperrten Sträßchen erreicht. Fanes wie Sennes sind riesige Karstplateaus mit ausgedehnten Almen, mit wenigen, bald wieder versickernden Wasserläufen, mit Seelein in tonigen Mulden und mit seitlichen Gipfeln mit auffälligem Kalk, der wie eine Riesentreppe wirkt und am Rand steil abstürzt. Das Rautal ist das einzige größere Tal, das tiefer hineinführt, fast alle anderen Zugänge sind mit Steilanstiegen verbunden. Mehrere sehr angenehme Hütten bieten Verpflegung und Unterkunft.

In der **Fanesgruppe** führt das Fahrsträßchen von Pederü zur Kleinen Fanesalpe mit der Lavarella- und der Faneshütte, ein kleiner, klarer See wird dort von einem Bach gespeist, der eine halbe Wegstunde oberhalb in einer starken Schichtquelle entspringt. Über die höherliegende Kleine Fanesalpe mit Almwirtschaft (keine Übernachtung) führt das Sträßchen am Ostrand der Fanes bergab ins Ampezzo zur Straße Toblach – Cortina. Diese Strecke ist sowohl zu Fuß als auch mit Mountainbike leicht zu machen. Großartige Touren von der Lavarella- und Faneshütte über das Plateau auf die umgebenden Gipfel Heiligkreuzkofel, Lavarella, Conturinesspitze und auf dem Dolomitenhöhenweg 1 zum Kriegsmuseum Lagazuoi und zum Falzàregopass oder hinunter nach St. Kassian (→ Wanderung 6).

In die **Sennesgruppe** muss man sich zuerst über ein steiles Serpentinensträßchen aus dem Ersten Weltkrieg hochquälen (für Mountainbiker anstrengend, da zu Beginn extrem steil und viel loses Geröll). Bei der Hütte auf der Alm *Fodara Vedla* merkt man aber, dass sich die Mühe gelohnt hat, so freundlich ist diese grüne, wellige Alm mit den alten Almgebäuden zur Seite. Von hier einfache Wanderungen über das Plateau zur Senneshütte und Seekofelhütte und auf den Kreuzkofel, aber auch hinunter zum Pragser Wildsee und nach Prags (→ Wanderung 1) oder hinüber zur Hohen Gaisl (schwierig) und hinunter ins Ampezzo zur Straße Toblach – Cortina.

▪ Maut von Ende Juni bis Mitte Sept. auf der Straße ins Rautal (für Inhaber der Gästekarte Ermäßigung); Taxidienst der Hütten mit Voranmeldung.

Goldener Herbst bei Wolkenstein mit Blick auf den Langkofel

Das Grödner Tal

Das Grödner Tal mag mal ruhig, idyllisch und bäuerlich gewesen sein, heute sind die zusammengewachsenen Orte St. Ulrich, St. Christina und Wolkenstein ein lautes und sehr touristisches Siedlungsband. Dafür sind die Sportmöglichkeiten schier unglaublich, angenehme Zimmer gibt es nicht nur in der obersten Preiskategorie, und das Nachtleben ist passabel.

Im Grödner Tal (lad. Gherdëina, ital. Val Gardena), oft einfach „Gröden" genannt, ist immer Saison, nicht nur, was die Hotel- und Restaurantpreise betrifft. Sieht man vom November ab, muss man in jedem Fall ein Zimmer vorbestellen. Besonders Weihnachten, Februar, Ostern und Mitte Juli bis Ende August sind Hauptsaisonzeiten mit großem Andrang. In Wolkenstein mit seinen 2.600 Einwohnern gibt es 8.000 Gästebetten, und man zählt jährlich jeweils mehr als eine Million Übernachtungen – das sagt alles. Deutsche und Italiener teilen sich die Spitzenpositionen, abgeschlagen liegen Österreicher, Niederländer und andere Nationen auf den Plätzen, in den letzten Jahren kommen immer mehr Polen. Tradition? An Mariä Himmelfahrt, wenn die Mädchen Tracht und „Krönchen" austragen.

Aber Sportmöglichkeiten ohne Vergleich: Rund 80 Lifte (Rekord für Südtirol und die italienischen Alpen), Hunderte Kilometer Wanderwege, unzählige Bergrouten aller Schwierigkeitsgrade, Kletterführen, einige der berühmtesten versicherten Klettersteige der Welt. Dazu jede Menge Berghütten zum Verschnaufen, für die *Merende* (den Süd-

tiroler Imbiss) und zum Übernachten. Dann die Mountainbikerouten vom Hotel aus und auf guten Sträßchen und Wegen bis in Höhen weit über 2000 m. Und schließlich noch Hallenbäder, Eislaufstadion, zahlreiche Langlaufloipen, Drachenfliegen, fast alle Aktivsportarten, Skiabfahrten aller Schwierigkeitsgrade (mehrere nach FIS-Standard) und ein flottes Skibussystem, das für ein paar Cent alle Lifte miteinander verbindet. Und „Wellness", wohin das Auge blickt.

Information **Tourismusverband Dolomites Val Gardena,** valgardena.it. Das Programm **Val Gardena Active** beinhaltet zahlreiche organisierte Aktivitäten, Näheres bei den Tourismusbüros oder unter valgardena-active.com.

Verbindungen **Bus:** Das Grödner Tal ist mit SAD-Bussen ganzjährig mit Bozen (über Kastelruth) und Brixen (über Lajen) verbunden; häufige Fahrten. Im Sommer Busse auf Grödner Joch und Sellajoch mit Verbindung durch Sella-Ronda-Busse über Canazei, Arabba und Corvara rund um die Sella in beiden Richtungen.

Vorteilskarten Die **Gardena Card** ist gültig von Juni bis Anf. Okt. 6 Tage 135 €, 3 Tage 103 €, Kinder 8–16 J. 93/72 €, unter 8 J. 5 €. Sie erlaubt freie Benutzung von 15 Aufstiegsanlagen und ist erhältlich bei den Tourismusbüros und den Liftanlagen. Infos unter gardenacard.com.

Die **Val Gardena Mobilcard** erhält man als Gast bei den meisten Beherbergungsbetrieben. Sie berechtigt zur kostenlosen Busbenutzung.

Die **Super Summer Card** beinhaltet die Nutzung von 120 Liftanlagen des Dolomiti-Superski-Gebiets inkl. Radtransport: 1 Tag 56 €, 3 aus 4 Tagen 120 €, 5 aus 7 Tagen 160 €, dolomiti supersummer.com. Die Points Value Card ist in Gröden nicht gültig!

Feste & Veranstaltungen Gröden hat eine lange Liste gemeinsamer Veranstaltungen im Sommer und Winter. Darunter Konzertwochen wie das Musikevent **Rock the Dolomites** im März mit Bandmusik im Skigebiet Gröden, Programm unter rockthedolomites.com. Auch das überregionale **Südtirol Jazzfestival** begeistert im Sommer mit einigen Darbietungen an spektakulären Orten (suedtiroljazzfestival.com). Das Fest **Gröden in Tracht** findet Anf. August statt.

Außerdem gibt es Wanderwochen, Bike-Events, gastronomische Veranstaltungen und Abend-Shopping. Die genauen Termine und Programme stehen in der **Urlaubsfibel,** die in jedem Tourismusbüro des Tals zu bekommen ist. Hier ist auch das Programm der **Val Gardena Active Events** erhältlich mit zahlreichen geführten Ausflügen, Wanderungen, Schnupperkursen im Sommer und im Winter.

Einkaufen Die Kaufleutevereinigung in Gröden hat ein Buch über alle Geschäfte im Grödner Tal herausgebracht, das in den Tourismusbüros und einigen Geschäften erhältlich ist: **L buteghier de Gherdëina.** Die Texte sind auch auf Deutsch.

Kinder Das umfangreiche Wochenprogramm **Val Gardena Kids Active** hält im Sommer ein tolles Outdoor-Angebot bereit. Es richtet sich an Kinder zwischen 6 und 12 Jahren, Teilnahme teilweise kostenlos bzw. ermäßigt.

Paragliding **Fly 2** bietet Tandemflüge, ✆ 335/5716500, fly2.info.

Radfahren/Mountainbiken Im Grödner Tal stark beworbene Sportart, viele ausgeschilderte Routen, Touren und Trails, Gröden wurde als „Approved Bike Area" ausgezeichnet, die Touren bieten versch. Schwierigkeitsgrade, Biketransport in den Liften möglich. Die **MTB Trail Arena Val Gardena** vereint verschiedene Trails in unterschiedlichen Schwierigkeitsstufen. Das Tagesticket (46 €, 9–16 J. 30 €) gilt für 7 Lifte, befahrbar sind insgesamt 13,9 km.

MTB-Schule Gröden, ✆ 339/1600153, mtbvalgardena.com.

Wintersport Das **Skigebiet Gröden/Seiser Alm** ist Teil des Skiverbunds Dolomiti Superski (→ S. 277). Es ist eines der größten des Landes und mehrfach ausgezeichnet. Insgesamt 175 km Piste, 79 Aufstiegsanlagen und über 60 Hütten. Eine Attraktion ist die **unterirdische Standseilbahn** namens Gherdëina Ronda Express, die die Skigebiete Saslong/Ciampinoi und Col Raiser/Seceda verbindet und damit alle Skigebiete des Tals verlinkt.

Übernachten Im Winter ist, zumindest in der Hauptsaison, oftmals nur Halbpension erhältlich.

Campingplätze gibt es im Gröden nicht, für Wohnmobile bietet St. Ulrich einen Stellplatz an (→ S. 147); ein weiterer (gebührenpflichtig, 12 €) liegt in Plan de Gralba oberhalb von Wolkenstein. Das Nächtigen auf Parkplätzen ist nicht gestattet (aber an den Parkplätzen der Seilbahn-Talstationen die Regel – erkennbar an der schon frühmorgens hohen Zahl an Wohnmobilen).

St. Ulrich (ital. Ortisei, lad. Urtijëi)

St. Ulrich ist der größte Ort des Grödner Tal, geschäftig und touristisch, mit guten Hotels und entsprechend hochpreisig. Im Winter dominiert bei allen Altersgruppen der Skilauf, im Sommer mischen sich Aktivurlauber mit Sommerfrischlern und Gelegenheitswanderern.

Die „herzliche Intimität eines Gebirgsdorfes", von dem ein Buch über Ladinien noch 1985 schwärmte, wird man in St. Ulrich heute vergeblich suchen. Beim Bummel über die Hauptstraße des Städtchens (Streda Rezia) von der Kirche hinunter zum Antoniboden passiert man einige schöne alte Häuser, von einem Dorf ist nichts zu bemerken. Alte Bauernhöfe gibt es im weiteren Ortsbereich nicht mehr, nur oberhalb an den Talhängen. Vom Ort aus sieht man die mächtige Gestalt des *Langkofel*. Wenn die Sonne untergeht, beleuchten ihn ihre letzten Strahlen. Wäre man bei Sonnenuntergang dort oben – was für einen Blick hätte man dann auf das Tal und die Dolomiten!

Achtung: Administrativ gehört die Talseite links vom Grödner Bach (Oltretorrente/Überwasser), zu Kastelruth, alltagspraktische und touristisch ist sie aber ein Teil von Gröden und St. Ulrich.

Sehenswertes/Ausflüge

Im Ort: Sagen wir's ganz offen. Außer dem Grödner Heimatmuseum (ein Muss) gibt's in St. Ulrich nicht viel zu sehen. Man kommt wegen der Umgebung und der Sport-, Freizeit- und Erholungsmöglichkeiten.

Der Marktort zieht sich entlang der *Streda Rezia* von unterhalb des Kirchplatzes bis hinunter zum sogenannten Antoniboden mit seiner kleinen Kirche. Dieser Straßenabschnitt ist eine einzige Einkaufsmeile mit Boutiquen, aber auch mehreren Straßencafés und Gasthausterrassen. Etwas oberhalb des westlichen Endes der Straße steht die *Pfarrkirche St. Ulrich*, ein Bau von 1797 (auf älteren Vorgängern). Von der Ausstattung ist das aus dem 18. Jh. stammende Kirchengestühl zu erwähnen. Zwischen Kirche und Straße schiebt sich der öde Betonklotz des 1970 entstandenen *Kongresshauses*, in dem sich auch der Tourismusverein befindet. Im Haus ist auch die ständige Ausstellung der Grödner Holzschnitzkunst untergebracht. Am *Antoniboden* trennt der schlichte Kirchenbau die heutige Fußgängerzone von der großen Platzerweiterung mit der Bushaltestelle und dem Taxistandplatz. *St. Anton in Boder* (Plaza S. Antone) mit seinem spitzen Dach mit dem Dachreiter entstand 1673 und ist dem Wüsteneremiten Antonius gewidmet.

Museum Gherdëina in der Cësa di Ladins: Das Heimatmuseum im Ladinischen Kulturhaus zeigt eine Reihe sehr

In den oberen Ortsteilen von St. Ulrich finden sich noch alte Höfe

Das Gadertal und das Grödner Tal → Karte S. 116

interessanter Objekte, v. a. die Grödner Schnitzereien, darunter einige der bedeutenden Familie Vinazer, die von 1622 bis 1817 am Ort tätig war. Neben den Heiligenstatuen und Madonnen bewundert man Gliederpuppen, Hampelmänner, Nachziehpferde und bewegliches Spielzeug, das zwischen 1810 und 1940 entstand. Daneben gibt's Mineralien der Dolomiten und aus aller Welt zu sehen, eine sehr interessante geologische Abteilung, die über die Entstehung der Dolomiten informiert, und schließlich einen ganzen Saal mit Erinnerungen an den Bergsteiger, Schriftsteller und Filmregisseur Luis Trenker (→ Kasten, S. 148). Im Aufgang zum Oberstock hängt ein riesiges Fastentuch aus der Kirche St. Jakob mit 20 Szenen der Passion Christi (17. Jh.), das früher in der Fastenzeit vor Ostern im Chor der Kirche aufgehängt wurde. Im Obergeschoss des Museums befindet sich das Original eines mittelalterlichen Bauernzimmers, das aus einem verfallenen Hof stammt und mit uralten Fresken ausgeschmückt ist. Den vielen alten Höfen im Tal selbst, von denen immer mehr abgerissen werden, ist eine Ausstellung vor dem Eingangsbereich des Museums gewidmet. Im Rahmen einer Forschungsarbeit wurden insgesamt 1000 Höfe und Stadel kartiert.

In der Fußgängerzone von St. Ulrich

▪ Mitte Mai bis Okt. Mo–Fr 10–12.30/14–18 Uhr; Juli/Aug. auch Sa, 1. Dez. bis Ende März Di–Fr 14–18 Uhr, in den Weihnachtsferien tgl. Eintritt 8 €, Familie 16 €. Streda Rezia 83, ✆ 0471/797554, museumgherdeina.it.

Kirche St. Jakob: Der hoch über die Bäume herausragende spitze Kirchturm verrät die Kirche des hl. Jakob (Sacun) schon von unten. Die leider ständig verschlossene gotische Kirche und ihr kreisrunder Friedhof (ständig offen) hinter der hohen Mauer stehen auf einer Lichtung mitten im Wald, eine halbe Stunde oberhalb des Dorfs *St. Jakob*. Wer mit dem Wagen ankommt, lässt ihn bei der Abzweigung (mit Schild) stehen und geht zu Fuß weiter – eine Straße zur Kirche gibt es nicht.

Teile der barocken Ausstattung kann man im Heimatmuseum bewundern (s. o.), wie einige der Altarstatuen und das großartige Fastentuch. An der südlichen Außenwand – und deshalb mittags am besten beleuchtet – sind sehr schöne, kürzlich restaurierte spätgotische Fresken: Ein riesiger hl. Christophorus trägt das Christuskind auf der Schulter. Ein Schmerzensmann vergießt sein Blut, das in kleinen Rinnsalen zu den Menschen rinnt. Auf deren Schultern hocken Teufel, aber auch Engel bemühen sich um sie.

▪ Besichtigung und Führung im Sommer Mo–Fr 10.30–12 Uhr, Mi und Fr 15.30–17 Uhr.

Auf der Luis-Trenker-Promenade und dem Alten Bahnweg nach Wolkenstein: Wie angenehm, dass es statt der Straße diesen bequemen Promenadenweg gibt, der über *St. Christina* bis nach Wolkenstein und Plan führt. Hier fuhr ehemals eine im Ersten Weltkrieg eingerichtete Schmalspurbahn. Das geringe Gefälle ermöglicht heute einen gemütlichen Spaziergang zwischen den drei Orten. Die Promenade beginnt als „Luis-Trenker-Promenade" in St. Ulrich an der Streda Stufan, kurz darauf liegt links der Tunnel zur Seceda-Seilbahn; außerhalb von St. Ulrich nennt sie sich nur noch „Alter Bahnweg".

Gehzeit St. Ulrich – Wolkenstein ca. 1:30 Std., zurück unwesentlich kürzer. Zurück kann man auch den regelmäßig verkehrenden SAD-Bus nehmen.

Auf den Außerraschötz: Die neue Raschötz-Standseilbahn führt von St. Ulrich (Streda Resciesa, 1280 m) auf die Almweiden des Außerraschötz (2093 m). Der Blick auf Schlern, Seiser Alm und Langkofelgruppe ist phänomenal. Ein leichter Spaziergang führt von der Bergstation zur *Raschötzhütte*, die 80 m Höhenunterschied schaffen fast alle. Wer besser zu Fuß ist, kann von dort aus die Spitze des *Außerraschötz* (2281 m) erreichen und einen Blick über imposante Felsabstürze ins Villnösstal auf der anderen Bergseite werfen.

Standseilbahn Raschötz, Mitte Mai bis Mitte Okt. tgl. 8.30–17 Uhr, in der HS bis 18 Uhr, einfach 19 €, Berg/Tal 28 €, ✆ 0471/796174, resciesa.com.

Raschötzhütte, 2170 m, etwas oberhalb der Bergstation gelegen. Die Hütte bietet eine Terrasse mit toller Aussicht, eine schöne Stube und gute Südtiroler Küche. Moderne Doppelzimmer, aber auch 4-, 8- und 14-Bett-Zimmer, ✆ 335/5630007, rifugioresciesa.com. **€€€**

Im **Winter** führt von der Bergstation eine Abfahrt zur Mittelstation der Seceda-Bahn (s. u.). Eine 6 km lange Rodelbahn führt von der Berg- zur Mittelstation der Bahn. Wer das Rodelerlebnis noch länger genießen mag, geht weiter Richtung Raschötzhütte, unterhalb der Hütte Abzweig zur Rodelbahn. Rodelverleih 10 €, Tageskarte der Bahn mit Rodelverleih 31 €, dann lässt sich das Vergnügen beliebig oft wiederholen.

Auf der Seceda: Hinauf kommt man mit der Kabinenseilbahn. Die Talstation erreicht man von der Fußgängerzone (Plaza San Antone) über eine Serie von überdachten Rolltreppen hinauf zur Luis-Trenker-Promenade, von der aus

Spätherbst am Col Raiser

Das Gadertal und das Grödner Tal → Karte S. 116

ein Tunnel mit Rollbändern bis direkt an die Seilbahn führt. Die Seceda ist durch Schlepp- und Sessellifte für den Wintersport erschlossen. Im Sommer ist sie ein echtes Wanderparadies. Genusswanderer bleiben auf den Almhängen der Aschgleralm und frequentieren die Jausenstationen (Troier, Sofie).

Seceda-Bahn, Mitte Juni bis Anf. Nov. 8.30–17.30 Uhr, einfach 30 €, Berg/Tal 39,50 €, Kinder 15,50/21 €; Teilstrecke St. Ulrich – Furnes oder Furnes – Seceda einfach 17 €, Berg/Tal 24 €, Kinder 10/15,50 €. **Sessellift Fermeda,** Anf. Juni bis Ende Sept. 9.30–16.30 Uhr, einfach 13 €, Berg/Tal 20 €, Kinder 9/13 €. ✆ 0471/796 531, seceda.it.

Juac-Hütte, 1905 m, traditionelle Küche, ein 4-Bett-Zimmer und 16 Lagerplätze, ✆ 335/8082 321, juac.it. **€€€**

Regensburger Hütte (Rif. Firenze) → S. 294.

Baita Troier, 2250 m, Tiroler Küche von Gerstlsuppe bis Kaiserschmarrn, ✆ 339/8212 373, troier.com.

Baita Sofie, 2410 m, etwas unterhalb der Bergstation, freundliche Hütte mit Tiroler Spezialitäten und erlesenem Weinkeller, ✆ 335/5271240, seceda.com.

Hoch überm Abgrund schwebt die Seceda-Seilbahn

Auf die Seiser Alm: Von *Oltretorrente* (Streda Setil) führt eine Kabinenbahn flott auf die Seiser Alm, die man auf 2005 m am *Col de Mesdì* erreicht. Blicke auf den Langkofel, so toll, dass man am liebsten gleich dableiben will, aber auch Wanderwege auf die Blumenwiesen der Seiser Alm. Scharen von oft nicht mehr ganz jungen Wanderern bevölkern die ganze warme Saison über die vielen Wege. Die Jausenstationen, Gasthöfe und Restaurants liegen jeweils nur einen Steinwurf voneinander entfernt. Im Winter wird dieser Teil der Seiser Alm mit mehreren Sessel- und Schleppliften zur beliebten Skiarena für Skifahrer, die es entspannt mögen (keine Abfahrt ins Tal!).

Umlaufbahn Seiser Alm, Ende Mai bis Anf. Nov. 8.30–17, in der HS bis 18 Uhr, Nachtfahrten zu bestimmten Terminen, Berg 19 €, Berg/Tal 28 €, Kinder 13,30/19,60 €, seiseralm-seilbahn.com.

Das **Bergrestaurant Mont Sëuc** mit Panoramafenstern bietet tagsüber warmes Essen und Brotzeiten, im Juli/Aug. Mi abends Candle-Light-Dinner (Bahn läuft bis 23 Uhr, Berg/Tal dann nur 9,90 €), ✆ 0471/727881, montseuc.com.

Von der Seiser Alm per Mountainbike hinunter ins Grödner Tal

Mountainbiker können ihr Rad mit dem Lift hinauf auf den Col de Mesdì befördern, nehmen danach das bei der Bergstation beginnende Sträßchen hinunter zur Schgaguler Schwaige und stellen fest, dass sie an der Einmündung in eine breitere Straße nach rechts und auf einen kleinen Pass kommen. Auf dieser Straße geht es in großem Linksbogen über die Hochflächen der Seiser Alm zuerst zur Ritschschwaige (bei Gabelung vorher links), zur Radauer Schwaige (dort wieder links) und über eine Forststraße durch das Val de Iender bis fast hinunter auf den Talboden des Grödner Tals. Dort bleibt man bei einer Gabelung links und erreicht auf wenig befahrenen Sträßchen Oltretorrente und St. Ulrich.

Die Grödner Holzschnitzkunst

Grödner Holzschnitzereien sind weltweit bekannt. Was als Nebenerwerb und aus Not entstand – auf vielen Höfen war es früher schwierig, allein von der Landwirtschaft zu leben –, wurde in der Neuzeit und vor allem ab dem 19. Jh. zum typischen Gewerbe. Krippen und Heiligenfiguren stellten früher das Gros der Arbeiten, dazu kam Spielzeug, heute machen Grödner Holzschnitzer vermehrt Ausflüge in die Kunst der Gegenwart. Um Grödner Arbeiten zu schützen und zu garantieren, dass sie weiterhin in Gröden entstehen, wurde das Gütesiegel „Gardena Art“ geschaffen, das nach Aufdeckung eines Skandals („echt Grödner Holzschnitzereien“, die aus China kamen) besondere Bedeutung erlangt hat. Alte Grödner Weihnachtskrippen, wie sie seit dem 18. Jh. geschnitzt werden, besitzen z. B. die Kirche in St. Jakob oberhalb von St. Ulrich und das Grödner Heimatmuseum.

Praktische Infos → Karte S. 146/147

Information **Tourismusverein St. Ulrich,** Streda Rezia 1, St. Ulrich/Ortisei, ✆ 0471/777 600, valgardena.it.

Verbindungen **Pkw und Wohnmobil:** Der Durchgangsverkehr wird um den verkehrsberuhigten Ortskern herumgeführt, Staus sind trotzdem die Regel. Größere gebührenpflichtige Parkplätze liegen an der Talstation der Seiser-Alm-Seilbahn und der Seceda-Seilbahn, weiter draußen parkt man an der Streda Rezia, Abzweigung Streda Trebinger oder an der Bahnhofstraße. Wohnmobilstellplatz im Ortsteil Pontives.

Bus: zentrale Bushaltestelle auf der Plaza San Antone am unteren Ende der Fußgängerzone und Busparkplatz an der Seiser-Alm-Bahn.

Veranstaltungen An einem So Mitte Okt. traditionelles Kirchweihfest **Segra Sacun** an der Kirche St. Jakob oberhalb des gleichnamigen Dorfs. Der **Blättermarkt,** auf dem kulinarische und handwerkliche Produkte angeboten werden, findet am darauffolgenden Mo statt. Er zählt zu den größten Märkten der Region.

Einkaufen Die Streda Rezia rauf und runter erschließt in etwa das Angebot von St. Ulrich.

Grödner Holzschnitzereien, Musterschau und Kunstausstellung **ART 52** des Grödner Kunsthandwerks im Kongresshaus. Tgl. 9–22 Uhr, art52.it.

Im Sept. findet die **Grödner Skulpturmesse Unika** statt (im Tenniscenter Runggaditsch), dabei wird die Tennishalle in eine riesige Werkstatt verwandelt, in der rund 30 Bildhauer ihre Kunst zeigen. ✆ 0471/792227, unika.org.

Holzschnitzer: z. B. Conrad Moroder, Streda Rezia 198, ✆ 0471/996187.

Avesani, Streda Rezia 106, sehr gute Weinauswahl, große Auswahl an Grappe, getrockneten Pilzen, besten Olivenölen, avesani-shops.com.

Athesia, Plaza S. Antone 82, große Auswahl an Südtirolensien und Belletristik in Deutsch und Italienisch, Landkarten, Postkarten, Kalender.

Maso dello Speck, Streda Rezia 165, großes Angebot an Speck und Käse im betörend duftenden Ausstellungsraum.

Vinotheque Rabanser, Streda Arnaria 41, Weine, Destillate und Feinkost.

Gioia Köstlichkeiten, im Sommer Eis, im Winter Glühwein, ansonsten Wein, Tee, Marmeladen und Schokolade. Streda Rezia 125, gioia-val-gardena.com.

Märkte **Wochenmarkt** jeden Fr in der Bahnhofstraße und Bauernmarkt am Kirchplatz. Am Montag nach Kirchweih Mitte Okt. **Blättermarkt (Segra Sacun)** zur Kirchweih St. Jakob, kulinarische Spezialitäten und handwerkliche Produkte.

Speziell für Kinder **Spielplatz** (einer von acht) an der Luis-Trenker-Promenade neben der nicht zu übersehenden Dampflok der ehemaligen

Grödner Talbahn; großer Spielplatz am Spazierweg ins Annatal (Start an der Seceda-Talstation). Unbedingt besuchen: **Spielzeugsammlung** im Heimatmuseum.

Baden/Sauna **Erlebnisbad Mar Dolomit,** Streda Promeneda 2, Komplex mit Hallenbad inkl. Kinder- und Außenheißbecken samt Strömungskanal, Salzwasser. Dazu mehrere Saunatypen, Blockhaussauna mit Zugang ins Freie. Ganzjährig offen mit wechselnden Öffnungszeiten, Kernzeit (Bad) tgl. 13–20 Uhr, Di u. Fr bis 22 Uhr, in der HS tgl. 9.30–20 Uhr, Ende April bis Mai zu. Tageskarte Schwimmbad 14,70 €, Kinder 7,30/10 €, Sauna/Bad 24 €. ✆ 0471/797 1431, mardolomit.com.

Radfahren **Verleih** bei Skischool Ortisei an der Talstation der Seceda-Bahn, ✆ 0471/786 242, mtbschool.it; E-Bikes Carlo's Ski, Streda Rezia 71a, carloski.com. **Geführte E-Bike-Touren** bei Sellaronda E-Bike Tours, ✆ 0471/798225, ebike-valgardena.com. Zahlreiche Ladestationen auf den Hütten in Gröden und der Sellaronda.

Für Mountainbiker gibt es die Karte „Funbike" mit **Tourenvorschlägen** für das Grödner Tal (in der Info oder im Buchladen).

Wandern/Bergsteigen/Klettern Wandern ist der klassische Sport des Grödner Tals, man kann fast überall von der Tür des Hotels aus beginnen. Mehrere Aufstiegshilfen bringen einen in wenigen Minuten in kühle Wanderhöhen.

Alpinschule Catores Gröden, die Alpinschule veranstaltet geführte Wanderungen, Kletter- und Klettersteigtouren und gibt Kletterkurse für Anfänger und Fortgeschrittene. Streda Rezia 5, Stetteneck Platz, ✆ 0471/798223, catores.com.

In der Tennishalle Runggaditsch Boulderhalle auf 220 m² sowie Kletterwand, gardenaclimb.it. Etwa 400 m talauswärts von Runggaditsch gibt es rechts der Straße einen kleinen **Klettergarten** für Freikletterer.

Hochseilgarten Emozion Col de Flam, am Eingang zum Annatal neben der Talstation der Seceda-Bahn, Mitte Juni bis Sept. tgl. 9.30–19 Uhr, ab Mitte Sept. seltener, Erw. 20–25 €, Kinder 14–17 € (je nach Parcours). Es gibt eine 680 m lange Fly-Line und mehrere Trampolins, die extra kosten. Außerdem eine Holzkugelbahn und einen kleinen Tierpark mit Ponyreiten. Geleitet wird der Hochseilgarten von der Alpinschule Catores, Infos bei der Talstation und unter coldeflam.it.

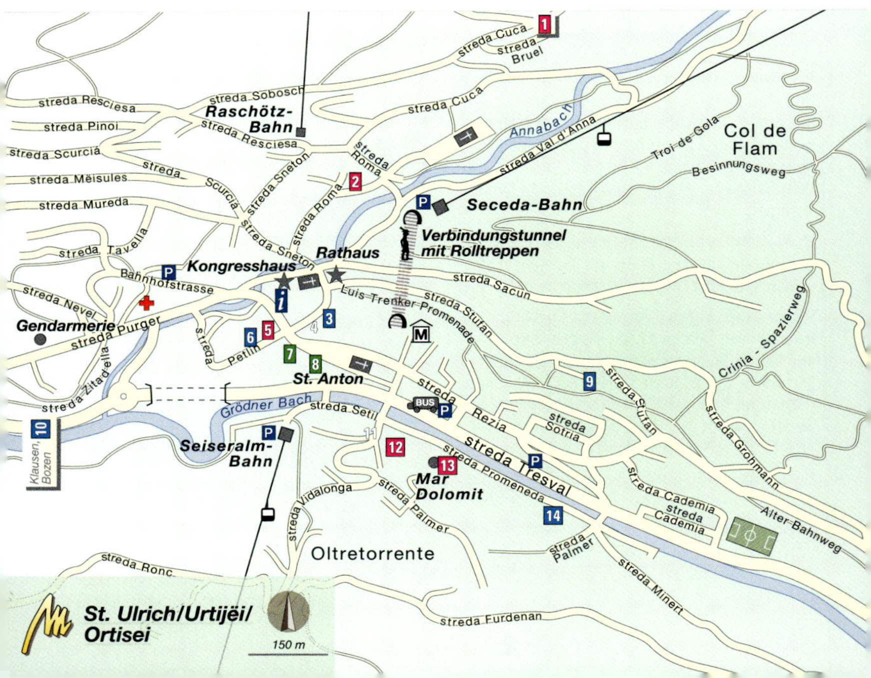

Wintersport **Alpinski, Langlauf, Snowboard:** Im Dez. sprießen in St. Ulrich die Skiverleiher wie die Pilze aus dem Boden, im Sommer werden sie zugemacht. Hier nur zwei verlässliche Adressen: Ski- & Snowboardschule St. Ulrich, Streda Rezia 75a und Streda Promeneda 1, ✆ 0471/796153, valgardenaski.com; Ski- & Snowboardschule Saslong, Streda Rezia 10, ✆ 0471/786258, skisaslong.com. Weitere unter valgardena.it.

Rodeln: Ein Weg von der Berg- zur Mittelstation der Raschötz-Standseilbahn ist die längste Rodelstrecke des Tals (6 km), an der Talstation Rodelverleih.

Eislaufen: Freilufteislaufplatz „Setil" neben der Talstation der Seiser-Alm-Bahn, tgl. 16.30–19 Uhr, Di und So auch 20–22 Uhr.

Übernachten St. Ulrich ist wie das gesamte Gröden eher hochpreisig. In den aufkommensschwachen Zeiten machen viele Hotels einfach Pause (Nov. bis Mitte Dez., nach Ostern bis Mitte Juni). Zu den Winterferien, zu Ostern und im Juli/Aug. unbedingt reservieren! Die Hotels und Gasthöfe mit Restaurant vermieten in der Hauptsaison nur mit Halbpension. Am größten ist die Auswahl bei den Ferienwohnungen.

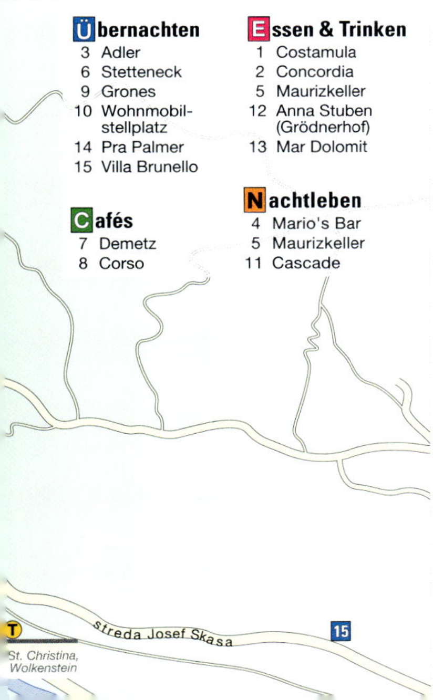

******* Adler 3,** das Traditionshotel im Zentrum bietet als „Spa Resort" jeden erdenklichen Komfort. Eingangsbereich und Stiegenhaus wurden von Clemens Holzmeister entworfen, dem Architekten des Neuen Festspielhauses in Salzburg. Großzügige Wellnesslandschaft auf 3500 m² mit Hallenbad, Pool, Saunen, Felsengrotte, Kneippanlage, dazu ein parkähnlicher Garten. Sehr aufmerksamer Service. Streda Rezia 7, ✆ 0471/775000, adler-dolomiti.com. **€€€€**

****** Grones 9,** familiengeführtes Hotel, das durch den Neubau den Bedürfnissen der Zeit angepasst wurde. Großzügig geschnittene Zimmer, modern eingerichtet; Wellnessbereich mit Schwimmbad, Whirlpool und Sauna (finnisch, bio, Dampfbad). Streda Stufan 110, ✆ 0471/797040, hotelgrones.com. **€€€€**

*****S Stetteneck 6,** freundlicher Gründerzeitbau mit langer Geschichte an der Hauptstraße. Große, angenehm und zurückhaltend eingerichtete Zimmer, z. T. mit Balkon, nach vorne Erker. Attraktives Hallenbad mit Sauna. Streda Rezia 14, ✆ 0471/796563, stetteneck.com. **€€€€**

*****S Pra Palmer 14,** der kürzlich nach ökologischen Gesichtspunkten erfolgte Umbau zum B & B steht dem sympathisch geführten Haus gut. Schöne Lage an der Uferpromenade, hübsche Zimmer mit viel Holz, mit Balkon oder Loggia, Eintritt ins Mar Dolomit gratis. Streda Promeneda 5, ✆ 0471/796710, prapalmer.com. **€€€€**

Außerhalb *****S Villa Brunello 15,** in Coi gelegenes, angenehm renoviertes Albergo mit gemütlich eingerichteten Zimmern und Mini-Apartments, einem kleinen Saunabereich und einem Restaurant mit offener Küche. Streda Coi 1, ✆ 0471/796487, hotelbrunello.it. **€€€**

Wohnmobilstellplatz 10, beim Hotel Pontives. Strom- und Wasseranschluss, Frühstück auf Anfrage, Loc. Pontives 36, ✆ 0471/797991, pontives.com.

Essen & Trinken/Abends Essen kann man in zahllosen Lokalitäten, Feinschmecker müssen allerdings schon gezielt suchen. Auch das Nachtleben ist nicht unbedingt eine Spezialität in einer Provinz, in der man um 21 Uhr die Läden runterklappt (in fast allen Restaurants endet die warme Küche um 21.30 Uhr).

Anna Stuben 12, Anna Demetz eröffnete 1923 mit ihrem Gatten Anton eine Gastwirtschaft, nach ihr ist das Renommeerestaurant im heutigen Grödnerhof benannt. Die hiesige Gourmetküche setzt vorrangig auf Produkte

Das Gadertal und das Grödner Tal → Karte S. 116

Luis Trenker

Luis Trenker (1892–1990) stammte aus St. Ulrich und damit aus dem Herzen der Dolomiten. Mit einer Mischung aus Abenteuer, Bergromantik, Nervenkitzel, Schmalz und Sex-Appeal machte der gelernte Architekt als Bergsteiger, Buchautor, Filmschauspieler, Regisseur und Schriftsteller eine bergbezogene Karriere. Der Stummfilm „Kampf ums Matterhorn" katapultierte ihn 1928 unter die populären Regisseure. Die Heimattümelei und die Verherrlichung naturnahen Lebens als Gegensatz zur „verderbten" städtischen Zivilisation dieses Films und späterer wie „Berge in Flammen" gefielen auch den faschistischen Machthabern in Berlin und Rom. Trenker protestierte nicht gegen die Vereinnahmung durch die Diktatoren, was ihn nach 1945 besonders in der Bundesrepublik Deutschland zur Persona non grata machte. Was seine Popularität kaum beeinträchtigte, der fesche Bergfex mit der Pfeife und die schmalzige Bergtümelei seiner Filme blieben Teil der deutschsprachigen Massenkultur. St. Ulrich besitzt heute den Nachlass Luis Trenkers, das „Luis Trenker Zentralarchiv" ist seit 2004 ein Teil des Museums Gherdëina.

aus dem Alpenraum und bekommt hohes Lob von allen Gastrokritikern, Küchenchef Reimund Brunner wurde mit einem Michelin-Stern und 4 Gault-Millau-Hauben bedacht. So Ruhetag. Streda Vidalong 3, ✆ 0471/796315, annastuben.it. **€€€€**

Concordia 2, gutes Restaurant im oberen Ortsteil in einem Stockwerk einer Gründerzeitvilla. Gehobene Italo-Tiroler Küche: Hirschschinken mit Ziegenkäse, Kaninchenfilets in weißer Trüffelcreme mit Kroketten, Südtiroler Käseplatte, Birnensorbet. Streda Roma 41, ✆ 0471/796 276, restaurantconcordia.com. **€€–€€€**

Mar Dolomit 13, das Restaurant mit Pizzeria im großen Grödner Hallenbad ist zu Recht gut besucht. Das Essen in dem lichten, mit dem Hallenbad durch ein gemeinsames Dach verbundenen Saal ist gut und günstig, die Pizza (25 zur Auswahl) ist unten knusprig, oben schmackhaft. Auch rustikale Tiroler Kost im Angebot. Kein Ruhetag. Streda Promeneda 2, ✆ 0471/797352. **€–€€**

mein Tipp **Costamula 1**, grandios renovierter Hof aus dem 17. Jh. mit behaglicher Atmosphäre in den aus Bruchstein und massivem Holz gestalteten Gasträumen, typische Südtiroler Küche auf gehobenem Niveau, mittags und abends geöffnet, So/Mo/Mi abends geschl. (außer Aug.), Di/Sa/So auch Brunch. Streda Cuca 184, ✆ 371/5676548, costamula.com. **€€€**

Demetz 7, das beste Café des Ortes, großzügige Räume im klassischen Kaffeehausstil, große Terrasse. Umfangreiche Auswahl an vorzüglichen Torten, Kuchen und Strudeln. Streda Rezia 48.

Corso 8, schöne, sonnige Terrasse seitlich zur Straße, gutes Angebot an Kuchen und Torten. Streda Rezia 74.

Mario's Bar 4, im Hotel Adler. Wer Pianomusik als Hintergrund für gepflegte Gespräche schätzt, ist hier richtig. Eher gediegenes Publikum. ✆ 335/5280120.

Cascade 11, in einem etwas kitschigen Neubau sind – trickreich aufgeteilt – eine moderne Restaurant-Pizzeria und die schick gestylte Bar untergebracht. Am Tresen gibt's nicht nur Drinks, sondern auch diverse Weine. Tgl. bis 23 Uhr. Streda Promeneda 1, ✆ 0471/786465, gardenahotels.com.

Maurizkeller 5, Kellerlokal mitten in der Fußgängerzone, ganzjährig geöffnet, Pizza aus dem Holzofen, Tiroler Küche. Tanzlokal mit Unterhaltungsmusik und Après-Ski ab 23 Uhr. Streda Rezia 28, ✆ 0471/797301, maurizkeller.com.

Wanderung 7: Von der Seceda nach Wolkenstein
Einfache Almwanderung auf guten Wegen → S. 298

St. Christina (ital./lad. Santa Cristina)

Von den drei großen Grödner Orten der ursprünglichste, dennoch geschäftig und touristisch. Idealer Ausgangspunkt für Wanderungen, Berg- und Skitouren in die Puezgruppe, auf die Seiser Alm und zur Langkofelgruppe.

St. Christina ist ein lang gezogener Ort etwas oberhalb der Durchgangsstraße des Grödner Tals, die nach Eröffnung des unterhalb verlaufenden Umfahrungstunnels nun ausgesprochen verkehrsarm ist. Das Tal ist hier enger als in St. Ulrich, die Siedlung hat die steilen Hänge oberhalb des Orts gemieden. Erst auf der Sonnenterrasse zwischen Plesdinaz und Ulëta gibt es wieder Häuser, die einen fantastischen Ausblick auf Langkofelgruppe, Sella, Seiser Alm und Schlern haben. Nach Süden engt der kühle, steile Schatthang die Siedlung ein, dort will keiner wohnen, nur die Skifahrer interessieren sich für ihn und seine bis zum Tal reichenden Pisten. Sehenswürdigkeiten? Die *Pfarrkirche* und die größte *Weihnachtskrippe* der Welt, die sich am Sportcenter Iman befindet, mit lebensgroßen Holzfiguren, die von Grödner Künstlern gefertigt wurden.

Achtung: Administrativ gehört die linke Bachseite des Cislestals zu Wolkenstein (z. B. Supermarkt Maciaconi), im täglichen Leben ist sie Teil von St. Christina und wird hier eingeschlossen.

Sehenswertes/Ausflüge

Pfarrkirche: Die ursprüngliche romanische Kirche, von der noch der Turm erhalten ist, wurde im 15. Jh. gotisiert, aus dieser Zeit stammt auch der Chor. Um 1730 hat man sie dann vergrößert und barock modernisiert, 1840–45 hat der Historismus noch seinen Teil beigesteuert. Der Hauptaltar in Gold, Bernstein und Weiß stammt noch aus der barocken Kirche (Dominik Vinazer, um 1690). Barock sind auch die Reliquienschreine unter den Seitenaltären, die in bestickte Gewänder gehüllten Gebeine mehrerer Heiliger liegen hinter Glas. Vor der Tür lädt der *Friedhof* zu einem Rundgang ein, die meisten Gräber haben schöne schmiedeeiserne Kreuze. Sehen Sie sich die massigen, mehrstöckigen Steinhäuser unterhalb der Kirche an, etwa die Grundschule *(scola elementera)*. Sie sind die einzigen Zeugen für die Zeit vor dem Tourismus.

Fischburg: Auf der anderen, schattigen Talseite liegt die hervorragend erhaltene Burganlage. Zwei Arkadenhöfe, zwei Wohntrakte, eine Kapelle, zwei viereckige Haupt- und drei Nebentürme bilden ein eindrucksvolles Ensemble. Die Burg wurde erst 1622–1641 unter einem Wolkensteiner errichtet, als man anderswo längst keine derartigen Anlagen mehr baute, als Sommer- und Jagdschloss imitierte es nur mittelalterliche Wehrhaftigkeit.

▪ Keine Besichtigung, da in Privatbesitz.

Auf der Via Crucis Col da Mëssa nach Plesdinaz: Von etwas oberhalb der Kirche von St. Christina führt der alte Kreuzweg hinauf zum lang gestreckten Weiler Plesdinaz auf seiner Sonnenterrasse.

Im unteren Teil Weg, oben Straße, die 14 Kreuzwegstationen wurden von Grödner Künstlern neu gestaltet (Bronze auf Porphyr).

Monte Pana: Das grüne Plateau südlich von St. Christina ist zum Besteigen im Sommer wenig interessant, allerdings gibt es von der Talstation des Sessellifts Mont de Sëura ausgehend den „Naturerlebnisweg Pana Raida". Er führt an 10 Stationen (u. a. Labyrinth, Kletterstamm, Kistenbahn, Riesenschaukel und Wasserspielplatz) vorbei zur Kapelle vom Architekten Franz Baumann und ist für Kinderwagen geeignet (ca. 1 Std.). Im Winter ist der weiße Boden ein ideales Revier für Skihaserl und Langläufer (Bergbahn). Letztere können sich auf einem leichten und einem mittelschweren Rundkurs austoben.

Wanderung auf dem Mont de Sëura: Vom Monte Pana geht ein Sessellift auf die Höhe von 2025 m zum Almboden Mont de Sëura. Im Winter führen hier eine mittelschwere und eine schwere Abfahrt hinunter zum Monte Pana. Im Sommer ist die Bergstation Ausgangspunkt für großartige Wanderungen und Bergtouren – und für eine rasante Abfahrt mit der neuen Zipline. Mit 90 km/h saust man die 1600 m lange Strecke hinab. Besonders beliebt ist die leichte Wanderung zum *Rifugio Comici* (hin/zurück 1:30 Std.), wo man eine anständige Brotzeit bekommt. Und natürlich kann man hier die berühmte Tour rund um den Langkofel beginnen (→ Wanderung 8, S. 299), von hier aus wirkt er wie ein völlig unbesteigbarer Zahn. Wunderbare Ausblicke auf Seiser Alm und Schlern auf der einen, die Sellagruppe auf der anderen Seite.

▪ **Sessellift Monte Pana,** Mitte Juni bis Ende Sept. 8.30–17 Uhr, in der HS bis 17.30 Uhr, einfach 10,50 €, Berg/Tal 18 €. **Sessellift Monte Pana – Mont de Sëura,** Anf. Juni bis Mitte Okt. 8.30–17, in der HS bis 17.30 Uhr, einfach 15 €, Berg/Tal 22 €. **Sessellift Tramans,** Juli bis Ende Aug. 9–17 Uhr, einfach 9,50 €, Berg/Tal 16,50 €. **Zipline Monte Pana,** geöffnet in Sommer- und Wintersaison, ca. 9.30–17 Uhr, eine Fahrt 58 €, ziplinemontepana.com.

Wanderungen auf dem Col Raiser: Flott ist man mit der Umlaufbahn in 2107 m Höhe angelangt, die Fermeda-Hütte lädt gleich zur Rast ein. Aber selbst

Warten auf den Frühling in St. Christina

nicht so aktive Bahnbenutzer wollen einen Spaziergang machen, da bietet sich der Bummel zur Regensburger Hütte im Cislestal an, nur 70 m tiefer gelegen (hin/zurück 1 Std.). Oder die sehr schöne kleine Wanderung durch die Blumenwiesen der Aschgleralm zur Jausenstation Troier. Oder der Spaziergang zum idyllisch gelegenen kleinen See Lech Sant, an dem verschiedene prähistorische Fundstücke zutage gefördert wurden. Wer sich mehr zumuten will, kann auf breiten Wegen durch Almflächen hindurch die Seceda besteigen, zur einsam gelegenen kleinen Almhütte Pieralongia mit ihren herumstrolchenden Eseln spazieren oder gar mit Klettersteigausrüstung den beherrschenden Gipfel der Geisler, den *Sass Rigais*, erklimmen (technisch mittelschwerer Klettersteig, 1000 Höhenmeter ab Bergstation, im Hochsommer sehr heiße Tagestour, deswegen vor allem im Spätherbst zu empfehlen, der Rundblick auf Dolomiten und Hauptalpenkamm ist unübertroffen!).

Umlaufbahn Col Raiser, Ende Mai bis 2. Nov. 8.30–17 Uhr, in der HS bis 17.30 Uhr, einfach 19 €, Berg/Tal 28 €, Kinder 13/17 €, colraiser.it. **Sessellift Fermeda,** Anf. Juni bis Ende Sept. 9.30–16.30 Uhr, einfach 13 €, Berg/Tal 20 €, Kinder 9/13 €, seceda.it.

Fermeda Hütte, 2109 m, Restaurant und Pizzeria, es gibt auch Doppel- und Mehrbettzimmer, ✆ 335/7061089, fermeda.com. **€€€–€€€€**

Regensburger Hütte (Rif. Firenze), 30 Min. von der Bergstation Col Raiser, klassische Berghüttenküche mit Speck, Röstkartoffeln und Polenta, 20 Betten und 70 Lager, Anf. Juni bis Mitte Okt., ✆ 0471/796307, rifugiofirenze.com. **€€–€€€**

Pieralongia, urige Almhütte und Jausenstation, eigener Joghurt, leckere Mehlspeisen und Marenden, Juni bis Mitte Okt, ✆ 0471/793029.

Praktische Infos

Information **Tourismusverein St. Christina,** Streda Chemun 89, St. Christina/Santa Cristina, ✆ 0471/777800, valgardena.it.

Verbindungen Wenige **Pkw-Parkplätze** an der Hauptstraße unterhalb des Rathauses, größere Parkplätze beim Centro Iman. **Bus:** Haltestellen unterhalb des Rathauses, am Ortseingang und -ausgang (beim Kaufhaus Maciaconi).

Eislaufen/Klettern **Sportcenter Iman** mit Sportkletterhalle und Kletterwand, Natureisbahn mit Schlittschuhverleih. Streda Dursan 72, ✆ 0471/793046.

Paragliding Tandemflüge veranstaltet **Fly 2,** Streda Dursan 98 (Intersport), ✆ 335/5716500, fly2.info.

Radfahren **Verleih** und Bikeschule bei der Bike Academy, Streda Dursan 98, ✆ 0471/790 015, valgardena.bike.

Bergsteigen Zweigstelle der **Alpinschule Catores** am Dosses-Platz, ✆ 0471/793099, catores.com.

Seilbahnen Umlaufbahn Col Raiser, Sessellift Monte Pana, Sessellift Mont de Sëura, Sessellift Tramans.

Wintersport **Ski- und Snowboard-Schule St. Christina** mit Verleih im Center Iman, auch Langlaufkurse, ✆ 0471/792045, santacristinaski.com.

Einkaufen Im **Local** kann man nicht nur frühstücken oder einen Aperitivo genießen, sondern auch lokale Produkte erwerben. Streda Dursan 37 a, shop-local.it.

Übernachten *****S Mirabel,** angenehme Zimmer und gemütliche Apartments im Garnihotel der Familie Stuffer, die Holzarbeiten im Haus wurden mit Sorgfalt und handwerklichem Geschick ausgeführt. Dazu verschiedene Saunen und Außen-Whirlpool. Streda J. Skasa 5, ✆ 0471/797037, mirabel.it. **€€€**

***** Uridl,** zentral und ruhig bei der Pfarrkirche gelegenes Hotel mit langer (wie es heißt, 400-jähriger) Tradition, das geschickt mit viel Holz und Glas modernen Ansprüchen angepasst wurde. Schöne holzgetäfelte Stube mit Kachelofen, gute Zimmer. Streda Chemun 43, ✆ 0471/793215, uridl.it. **€€€–€€€€**

Kaserer, nur 6 einfache Zimmer mit Balkon sind im Tirolerhaus oberhalb der Kirche zu vermieten. Kinderfreundlich, toller Ausblick auf die Langkofelgruppe. Streda Paul 34, ✆ 0471/793 345, kaserer.com. **€€–€€€**

Essen & Trinken **La Posta,** Restaurant und Steakhouse in einem der wenigen alten Steinhäuser im Ort. Innen viel Holz, schönes Ambiente, gute einheimische Gerichte und Grillspezialitäten: mit Spinat gefüllte Salbeiravioli, Filet vom Kalb, Fisch. Streda Dursan 22, ✆ 333/2578392, la-posta.eu. **€€**

Das Gadertal und das Grödner Tal → Karte S. 116

Mesc da Paratoni, der Hofschank der Familie Insam liegt etwas oberhalb des Ortes Richtung Col Raiser. In den 2 historischen Stuben wird authentische ladinische Küche serviert, auf den Tisch kommt, was Hof und Saison bereithalten. Geöffnet nur von Do bis Sa jeweils abends und nur mit Reservierung. Streda Insom 17, ☏ 333/5443668, paratoni.com. **€€**

Café Calés, selbst produziertes Eis, gute Kuchen, bürgerliches Ambiente. Streda Val 55.

Local, recht neues, modernes Café, in dem man gut frühstückt, aber auch abends einen Aperitivo (Di bis 22.30 Uhr) genießen kann. Dazwischen gibt's Kaffee und Kuchen, außerdem Leckereien zum Einkaufen. Streda Dursan 37 a, shop-local.it.

Wolkenstein (ital. Selva Valgardena, lad. Sëlva)

Wolkenstein ist der aktivste der drei großen Grödner Orte, eine „Nebensaison" kennt man nicht. Was vor ein paar Jahrzehnten noch ein Weiler war, ist heute ein international bekannter Urlaubsort, der vor allem in der Skisaison meist ausgebucht ist.

Die meisten Quartiere sind Hotels in der oberen Preisklasse und Apartments, es gibt auch ein paar preiswertere Privatzimmer, billig wird's jedoch nirgends. Man kommt hierher nicht wegen des netten Hotels oder des Essens (überwiegend durchschnittlich), man kommt, um selbst aktiv zu sein. Es dominiert der Wintersport mit Skifahren, Eislaufen und Rodeln. Drei Liftanlagen führen vom Ort auf die umgebenden Berge Langkofel, Sella und Puezgruppe, alle um und über 3000 m hoch. Im Sommer haben Wandern, Bergsteigen, (Frei-)Klettern, Mountainbiken und Paragliding Konjunktur.

Sehenswertes/Ausflüge

Ruine Wolkenstein: Die Reste des Stammsitzes der Wolkensteiner sind unspektakulär, dafür ist die Lage äußerst eindrucksvoll: unter einem Felsüberhang und teilweise in ihn hineingebaut, kaum vom umgebenden Fels zu unterscheiden. Im Bauernkrieg 1525 wurde die Burg zerstört. Die Ruine ist entweder über den Kreuzweg von Wolkenstein aus oder über einen steilen Pfad von der Zufahrtsstraße ins Langental (Start beim Carabinieri-Gebäude) zu erreichen.

Wanderung im Langental (Puezgruppe) und Dantercëpies: Das Langental führt auch Spaziergänger auf einfachem Weg tief hinein in den *Naturpark Puez-Geisler*. Vom Talschluss aus führen Wanderwege Bergsteiger auf die Höhen der Berggruppe. Ganz einfach ist der Weg bis zum *Pra da Rì* am Talschluss (ca. 1 Std., auch im Winter geräumt). Nach dem Pra da Rì wird der Weg schmaler, wer jetzt noch weiterwill, muss fürs Bergsteigen ausgerüstet sein. Man kann über den Talschluss mit seinen sprudelnden Karstquellen zur modernen *Puezhütte* hinaufgehen (Weg 14) oder (Weg 14 a) zur Scharte *Somafurcia* und auf dem Dolomitenhöhenweg 2 durchs Kar über dem Crespeinasee zur *Forcela Danter les Pizes* und hinunter zur Bergstation der Seilbahn Dantercëpies.

Seit auf der Seite des Hochabteitales von Kolfuschg ebenfalls eine Seilbahn heraufführt, wenn auch nicht direkt, ist es an der Bergstation Dantercëpies noch belebter geworden. Zumindest den Spaziergang zwischen den beiden Bergstationen, also hinüber zur neuen Ütia Jimmys mit ihrer großen Terrasse schafft fast jeder. Der kurze und leichte Spaziergang führt durch ein wahres Blumenparadies und schenkt prachtvolle Ausblicke auf die Sella.

Kabinenbahn Dantercëpies, Mitte Juni bis Anf. Okt. 8.30–17.30 Uhr, einfach 16 €, Berg/Tal 22 €. **Sessellift Cir** (Dantercëpies – Grödner Joch), Mitte Juni bis Mitte Sept. 9–17 Uhr, einfach 7 €, Berg/Tal 10 €.

Abendstimmung über Wolkenstein mit Blick auf den Sellastock

Zur Bahn von der Kolfuschger Seite und zur Ütia Jimmy → Hochabteital, S. 117.

Puezhütte, 2475 m, 4 Mehrbettzimmer, 2 Lager, ✆ 0474/646427, rifugiopuez.it. **€€–€€€**

Das Grödner Joch und das Sellajoch: Das Grödner Joch verbindet das Grödner Tal mit dem ladinischen Hochabteital und Gadertal und stellt die kürzeste Verbindung mit Bruneck her. Das Sellajoch verbindet mit dem Fassatal im Trentino, auch dieses Gebiet ist zwischen Canazei, das man auf der anderen Seite erreicht, und Moèna ladinisch. Das Grödner Joch ist von Gaststätten belagert, dagegen blieb das Sellajoch fast ohne Bebauung. Beim Neubau des Passo Sella Dolomiti Mountain Resorts befinden sich Parkplätze, von hier fährt der Lift zur *Langkofelscharte* mit der *Schutzhütte Toni Demetz* und hier starten die Wanderwege. Wer will, kann Wanderung 8 (→ S. 299) rund um den Langkofel von hier starten. Auf die mit gewaltigen Wänden zum Pass abbrechende Sella allerdings kommen von hier aus nur Kletterer (auf dem versicherten Pössnecker Steig).

Gondelbahn Langkofelscharte, Mitte Juni bis Anf. Okt. 8.15–17 Uhr, einfach 21 €, Berg/Tal 28 €. Die Bahn funktioniert ein bisschen anders als andere Seilbahnen: Man steht zu zweit hintereinander in einer schmalen Kabine, Zu- und Ausstieg sind nicht ganz einfach. Aber es gibt hilfsbereites Personal. **Kabinenbahn Piz Seteur,** Mitte Juni bis Anf. Okt. 9–17 Uhr, einfach 13 €, Berg/Tal 15 €. **Sessellift Gran Paradiso,** Mitte Juni bis Mitte Sept. 9–17 Uhr, einfach 11 €, Berg/Tal 13 €. Verbindung zur Sellaronda vom Parkplatz Plan de Gralba aus.

Toni Demetz Hütte, 2685 m, spektakuläre Lage in der engen Scharte, drei 4-Bett-Zimmer und 12 Lager. ✆ 0471/795050, tonidemetz.it. **€€**

Auf den Ciampinoi (Ciampinëi): Vom Ciampinoi, den man von Wolkenstein aus mit der Umlaufbahn erreicht, geht nicht nur eine weltbekannte Skiabfahrt ins Tal, es führen auch Wanderwege in den Bereich nördlich des *Langkofels* und um ihn herum. Selbst wer an der Bergstation bleibt, hat seinen Tag gemacht: Das Panorama nach Süden zum Langkofel, nach Osten zur Sella, nach Norden in die Puezgruppe und nach Westen auf Seiser Alm und Schlern ist atemberaubend. Die Wanderung schlechthin ist natürlich die Langkofelumrundung (→ S. 299)!

■ **Kabinenbahn Ciampinoi,** Anf. Juni bis Anf. Okt. 8.30–17.30 Uhr, einfach 18 €, Berg/Tal 25 €, ciampinoi.it.

Das Gadertal und das Grödner Tal → Karte S. 116

Adler im Langental

Zwei bis drei Steinadlerpaare leben im Naturpark Puez-Geisler. Immer wieder kreisen sie an den Steilwänden der Stevia und lassen sich in kurzer Zeit vom Aufwind in schwindelerregende Höhen tragen. Allein im Langental sind sieben Horste bekannt, die schon einmal als Wohnsitz gedient haben. Die imponierenden Vögel können bis zu 35 Jahre alt werden. Männchen erreichen eine Flügelspannweite von 230 cm und werden fast 7 kg schwer. Ein lautes Rauschen, ein schwarzer Schatten und dann: Staunen und Schweigen ...

Praktische Infos

→ Karte S. 155

Information **Tourismusverein Wolkenstein,** Streda Mëisules 213, 39048 Wolkenstein/Sëlva, ✆ 0471/797900, valgardena.it.

Verbindungen **Pkw:** kein Parken an der Hauptstraße, Parkhäuser nahe der Apotheke und neben dem Hotel Gran Baita.

Bus: nach Bozen, Brixen und Plan, im Sommer auch über das Sellajoch ins Hochabteital (Corvara) und Fassatal (Canazei). Mehrere Haltestellen entlang der Hauptstraße; im Winter **Skibus** Plan – St. Ulrich.

Veranstaltungen In den Tagen vor Silvester findet ein **Schneefiguren-Wettbewerb** statt, der immer mehr internationale Teilnehmer anzieht. Es gibt oftmals fantastische Schneegebilde zu bewundern.

Die beiden größten Veranstaltungen finden jedoch im Sommer statt: Beim **SellaRonda Bike Day** (im Juni und Sept.) werden die Pässe um die Sella zwischen 8.30 und 16 Uhr für den motorisierten Verkehr gesperrt, Tausende Radler versuchen sich mehr oder weniger erfolgreich an der Umrundung des Gebirgsstocks, es herrscht Volksfestatmosphäre, Infos auf sellarondabike day.com. Der meist kurz danach stattfindende **Hero Dolomites** ist ein MTB-Rennen, das zur Weltcup-Serie gehört. Auch hier ist die Stimmung fantastisch, die Straßen sind voller bunt gewandeter Berghelden, im Ortszentrum buhlen große Rad- und Getränkehersteller an Ständen um Kundschaft – einfach hindurchspazieren und sich für einen Moment wie ein Profi fühlen! Infos: herodolomites.com.

Einkaufen Im Tourismusbüro gibt es einen empfehlenswerten Prospekt, in dem die Namen und Adressen sämtlicher **Holzschnitzer** des Ortes aufgeführt sind: „Scultori Bildhauer Selva Wolkenstein". Ein Kärtchen für das raschere Auffinden ist abgedruckt.

Hofkäserei Valin, Familie Mussner betreibt die einzige Käserei am Ort (die Kühe weiden im Langental) und verkauft ihre Produkte (darunter auch Milch, Joghurt und Eier) im Hofladen. Streda Daunëi 49, ✆ 0471/79406, valin.it.

Maso dello Speck, auch in Wolkenstein gibt es eine Filiale dieser Kette, die neben Speck und anderen geräucherten Wurstwaren auch Käse und Feinkost verkauft. Streda Mëisules 253, titospeck.it.

Kultur Das Kulturzentrum **Tublà da Nives** vereint einen historischen Stadel mit einem futuristischen Anbau. In den mit viel Holz und Glas gestalteten Räumen finden Ausstellungen und kulturelle Veranstaltungen statt, tubladanives.it.

Bibliothek Oswald von Wolkenstein, Streda Nives 7, schräg gegenüber vom Rathaus. Moderner Bau, innen wie außen, gute Auswahl an deutschsprachigen, italienischen und ladinischen Büchern zu Südtirol, Ladinien, Kunst, Kultur, Belletristik, dazu einige Zeitschriften.

Wandern/Bergsteigen/Klettern **Kletterhalle Nives** im Zentrum am Nivesplatz. 320 m² Kletterfläche, 12 m Wandhöhe, Kletterkurse. Dort auch **Bergführervereinigung.** Nivesplatz 2, ✆ 0471/794133, climbing-nives.it, gardenaguides.it.

Radfahren Service und **Verleih** bei Dolomiti Adventures, Streda Mëisules 242, ✆ 0471/770 905, dolomiti-adventures.com.

Slackline Der erste offizielle **Slackline Park** in Südtirol befindet sich am nördlichen Ortsrand auf der Gemeindewiese. Es gibt 13 verschiedene Möglichkeiten für Anfänger und Fort-

geschrittene, Slacklines anzubringen. Slacklines können selbst mitgebracht oder im Tourismusverein ausgeliehen werden. Es gibt auch Kurse für Anfänger, Infos beim Tourismusverein.

Wintersport **Ski- & Snowboardschule Wolkenstein,** auch Skiverleih und Langlaufschule im Langental, Streda Dantercëpies 4, ✆ 0471/795156, scuolasciselva.com. **Eisstadion Pranives,** Juli bis Anf. April, mehrmals wöchentl. freier Schlittschuhlauf, Infos unter ✆ 0471/795303, pranives.it. **Langlaufzentrum** im Langental, unterschiedlich lange Loipen, darunter die 10 km lange Tour durch das Langental.

Übernachten Wolkenstein ist eine der Tourismushochburgen Südtirols und in der Hauptsaison trotz hoher Preise ausgebucht. Es gibt unendlich viele teure und dabei mittelprächtige Hotels. Am preiswertesten sind die Zimmer mit Frühstück und Apartments, die von den wenigen verbliebenen Bauern als „Urlaub auf dem Bauernhof" angeboten werden.

******S Nives 7,** direkt am zentralen Platz gelegenes Boutique-Hotel mit 13 geräumigen Komfortzimmern und Suiten, viel Holz, Sauna, Spa, Hallenbad, Whirlpool im Außenbereich, Gourmet-Restaurant. Streda Nives 4, ✆ 0471/773329, hotel-nives.com. **€€€€**

****** Chalet Gerard 18,** in fantastischer Panoramalage an der Straße zum Grödner Joch, inmitten von Wiesen vor den Wänden der Sel-

Wanderung 8: Rund um den Langkofel → S. 299
Lange, anstrengende Wanderung rund um ein berühmtes Gebirgsmassiv

lagruppe gelegen, moderne Architektur mit geschwungenem Dach, helle Zimmer mit viel Holz, Sauna, Fitnessbereich und Whirlpool. Der Blick auf die Sella und den Langkofel lohnt auch einen kurzen Stopp ohne Übernachtung, dafür mit Cappuccino und Buchweizentorte. Plan de Gralba 37, ✆ 0471/795274, chalet-gerard.com. €€€€

****** Passo Sella Dolomiti Mountain Resort 17**, wo bis 2013 das zunehmend marode Sellajochhaus stand, prunkt nun ein modernes, energieeffizientes Resort mit hellen, holzgetäfelten Zimmern, türkischem Dampfbad, Sauna und Kneippanlage. Restaurant und Bar, in der man auch einfach nur einen Cappuccino trinken kann (Staunen inklusive). Mit der historischen Grandezza der früheren Passhäuser hat das alles nicht mehr viel zu tun, trotzdem ein charmantes Domizil. Passo Sella 2, ✆ 0471/795136, passosella-resort.com. €€€€

*****S Stella 13**, gutes Mittelklassehotel an der Hauptstraße, Rezeption mit Zirbenholz. Teilweise modern renovierte Zimmer mit Balkon zur Straße. Schöne Bar ganz aus Holz, Aufenthaltsraum. Wellnessbereich mit Sauna, Caldarium, Ruheraum. Streda Mëisules 283, ✆ 0471/795162, hotel-stella.com. €€€–€€€€

*****S Giardin 16**, Boutique-B-&-B im obersten Ortsteil von Wolkenstein. Wellnessbereich mit Sauna und Hydromassage in rustikalem Hütten-Stil, Mountainbikeverleih. Angenehme Zimmer, farbenfroh eingerichtet. Streda Frëina 3, ✆ 0471/795375, giardin.it. €€€–€€€€

Abendliche Wolken am Sellajoch

*****S Dlaces 6**, Garni mit modern und ansprechend renovierten Zimmern und Apartments mit Holzbalkon. Schöner Frühstücksraum, Wellnessbereich mit Sauna, Dampfbad, Outdoor-Whirlpool und Liegewiese. Sehr freundliche, familiäre Betreuung. Streda La Sëlva 98, ✆ 0471/795446, dlaces.it. €€€–€€€€

***** La Majon 4**, das Garni liegt auf einem grünen Hügel mit wunderbarer Aussicht, die Zimmer haben z. T. Balkon (zum Garten ausgerichtet). Kleiner Wellnessbereich mit Sauna und Dampfbad. Streda Larciunëi 28, ✆ 0471/794 040, lamajon.it. €€€

MeinTipp ****** Elvis 15**, 4 geschmackvolle Apartments für 2–6 Pers., die gekonnt Holz und heimelige Atmosphäre mit moderner Architektur verbinden. Hausherrin Heidi Überbacher arbeitet zusätzlich im Tourismusbüro und hat, neben ihrer guten Laune, auch immer einen Tipp parat. Streda Ciampinëi 27–31, ✆ 0471/794639, villaelvis.com. €€€

***** Villa al Bosco 8**, die junge Familie Rabanser kümmert sich persönlich und aus Überzeugung um ihre Gäste, dabei ist das Haus allein wegen seiner Lage empfehlenswert: am Hang über der Fischburg, ruhig, allein stehend. Im Sommer kostenlose Mountainbikes, Bergtourenbegleitung auf Wunsch. Hunde willkommen! Schöne Apartments, modern und gemütlich eingerichtet, mit Balkon oder Terrasse. Streda La Sëlva 76, ✆ 0471/794252, villaalbosco.com. €€€

Valin 2, ruhige Lage, mit Kinderspielplatz, Katzen, Kaninchen, Liegewiese, Kräutergarten. Von Familie Mussner hilfsbereit und aufmerksam geführt. Es gibt 4 Apartments für 2–6 Pers. Brötchenservice. Die Familie betreibt zudem die einzige Käserei am Ort (die Kühe weiden im Langental), Verkauf im Hofladen. Streda Daunëi 49, ✆ 0471/79406, valin.it. €€€

Tubla 1, traditioneller Hof in Daunëi, Zimmer mit schönen Balkonen und Dolomitenblick, auch 1 Apt. Produkte des Bauernhofs kommen auf den Tisch und können erworben werden. Streda Daunëi 100, ✆ 0471/795360, tubla.it. €€–€€€

Essen & Trinken/Abends **Nives 7**, das Gourmet-Restaurant des gleichnamigen Hotels bietet ausgefallene und auf den ersten Blick gewagte Gerichte auf hohem Niveau (1 Gault-Millau Haube), auf der Karte hausgemachte Pasta, hervorragende Lammgerichte und eine große Auswahl an Speck, Käse und Wein.

SellaRonda – im Winter oder Sommer sportlich um die Sella

Was Auto- und Motorradfahrer (→ Hochabteital, S. 115) können, das können Skifahrer schon lange – das muss die Grundidee der *SellaRonda* gewesen sein. Rund um die Sella sind die Lifte so dicht und die Pistennetze so eng verbunden, dass es tatsächlich möglich ist, an einem einzigen Tag um die Sella herumzufahren. Das Ganze ist allerdings einigermaßen anstrengend, und man verbringt jede Menge Zeit in Aufstiegsanlagen. Da die letzten Lifte spätestens um 17 Uhr, meist aber schon um 16.30 Uhr bergan fahren, wird man schnell zum Getriebenen. Dennoch eine faszinierende Runde, am Abend wird's allerdings nix werden mit dem ausgelassenen Après-Ski, denn nach insgesamt 26 km Pisten (40 km Gesamtstrecke) und 4500 hm bewältigtem Höhenunterschied denkt man eher ans Bett als an die Bar.

Das sommerliche Pendant zur Skiumrundung ist die *MTB Tour Sellaronda*. Da die Lifte nun mal da sind, kann man sie doch auch als Unterstützung für die Sportradler nutzen, dachte man sich. Es gibt zwei ausgeklügelte Routen mit jeweils etwas über 50 km Länge, einmal mit (320 hm) und einmal gegen (1020 hm) den Uhrzeigersinn, beide sind mit Liftunterstützung gut an einem Tag zu schaffen, das Tagesticket für die Aufstiegshilfen ist allerdings mit 47 € kein Schnäppchen. Wer sich nicht so recht traut, kann die Tour organisiert buchen (Infos unter sellaronda-mtb.com.).

- Merkblatt und Übersichtsplan zu beiden Touren bei jeder Touristeninformation.

Glutenfrei wird auch gekocht. Streda Nives 4, ✆ 0471/773329, restaurant-nives.com. **€€€**

MeinTipp **Ciastel de Val 3**, Restaurant mit tollem Blick auf Wolkenstein und Schlern, die moderne Stube aus Lärchenholz schafft eine gemütliche Atmosphäre. Bodenständige regionale Küche, interessant das „Mus im Pfandl" mit folgender Rezeptur: Weißmehl, Polentamehl und Milch werden aufgekocht und mit heißer brauner Butter und Ei garniert, das Ei stockt in der Hitze und bildet die Kruste des Mus. Früher war dies das Alltagsessen der Hirten, es ist kalorienreich und sehr schmackhaft! Streda Val 2, ✆ 0471/795467, ciasteldeval.com. **€€**

Rino 10, nahe Tourismusbüro, beliebt und immer gut besucht, leckere Pizza (unten kross, reichlich Belag), aber auch Schnitzel & Co, flotter Service. Streda Mëisules 217, ✆ 0471/795272. **€€**

La Bula 14, gut frequentierte Restaurant-Pizzeria, Pizza und Pasta, das Personal ist freundlich und fix. Streda Mëisules 287, ✆ 0471/795208, la-bula.com.

Monica 9, angenehmes, kleineres Café, nicht zu voll, da nicht an der Hauptstraße, viel lokales Publikum. Sacher-, Topfen-, Flockensahnetorte, Milchshakes und Eis, freundliche Bedienung. Streda Nives 47.

Villa Frainela 5, gemütliche Teestube mit leckeren Kuchen und schöner Terrasse, auch kleine, deftige Speisen und Jausen, Di geschlossen. Streda Dantercëpies 66, villafrainela.it.

Abends **Kronestube 12**, hier geht's sehr urig und oft recht laut zu; die bis 1 Uhr früh geöffnete Gaststätte des Hotels Corona serviert zum späten Drink auch den Imbiss. Mi Ruhetag. Streda Mëisules 266.

Bar Saltos 11, sympathische, kleine Bar, perfekt zum Après-Ski oder zum Après-Bike im Sommer. Oder für den Espresso am Morgen. 7–1 Uhr. Streda Dantercëpies 6, barsaltos.com.

Das Gadertal und das Grödner Tal → Karte S. 116

Die Trentino-Dolomiten

Dolomitenvielfalt jenseits des Rosengartens! Fassatal und Fleimstal punkten mit gut erschlossenen, spektakulären Gipfeln sowie reizvollen Wander- und Radtouren an dicht bewaldeten Hängen – immer inklusive kulinarischem Vergnügen. Die grandiose Pale di San Martino im Norden und mittelalterliche Ortskultur im Süden – das ist das Primiero.

Infos zu den Trentiner Dolomiten finden Sie unter fassa.com, visitfiemme.it und visittrentino.it.

Einige der gewaltigsten Berggruppen der Dolomiten liegen vollständig oder teilweise im Trentino: Rosengarten, Latemar, Langkofel, Sella, Marmolada, Pale di San Martino, Lagorai. Wanderer, Mountainbiker, Alpinskifahrer und Langläufer finden ebenso ein ideales Revier wie Bergläufer und Paragleiter.

Vom Karerpass an der Grenze zu Südtirol bis zum Pordoijoch an der Grenze zur Provinz Belluno (Ampezzo) quert die Große Dolomitenstraße das ladinischsprachige **Fassatal,** bis 1919 wie die gesamten Trentino-Dolomiten Teil des alten Tirol. Wir folgen ihr auf diesen 39 km mit einem Abstecher talabwärts nach Moèna. Von der Sellagruppe und dem Wintersportort Canazei erstreckt sich das Tal nach Südwesten. Hier lockt die „SellaRonda" im Winter wie im Sommer, und die Vierpässefahrt um die Sella kann man von Corvara wie von Canazei aus starten. In diesem breiten und flachen oberen Teil des Tales reiht sich ein Ort an den anderen, dichte Besiedlung, viel Verkehr. Auf der Höhe von Pozza liegt das Rosengartenmassiv. Ab Soraga wird es enger, steiler und waldig, bis das Fassatal bei Predazzo ins Fleimstal mündet.

Das **Fleimstal** (Val di Fiemme) und das Primiero sind nicht weniger gute Feriengebiete, wenn auch im deutschen Sprachraum weniger bekannt. Im oberen Teil ist das Fleimstal breit und flach und wird durch einzelne Dörfer, Höfe und weite Wiesenflächen charakterisiert. Endlose Nadelwälder ziehen sich über die weiten Hänge bis in große Höhen – der Holzreichtum des Tals ist legendär. Ab Cavalese wird es schmaler und windet sich noch weit hinab bis Lavis im Etschtal.

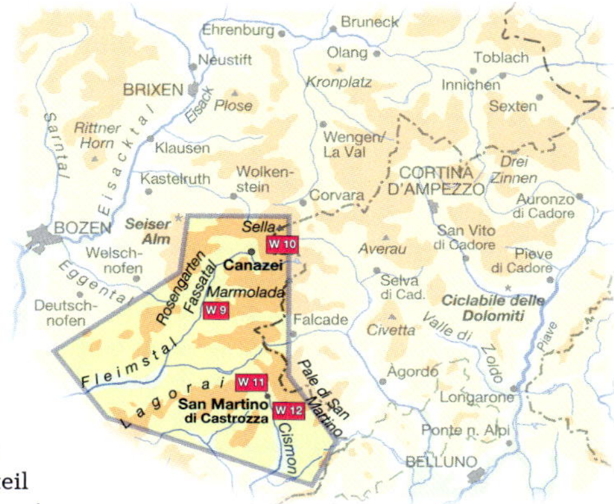

Dieses Buch folgt der Route von Cavalese talaufwärts über Predazzo ins Fassatal. Über den Rollepass erreicht man San Martino di Castrozza, den wichtigsten Fremdenverkehrsort im **Primiero** und einen der schönstgelegenen der Dolomiten unterhalb der wild gezackten Pale di San Martino. Von San Martino geht es in endlosen Kurven steil bergab durch das bewaldete, im unteren Teil dicht besiedelte und grüne Primiero, dessen Berge weniger felsig und wild sind als weiter nördlich.

Was anschauen?

Wallfahrtskirche Santa Giuliana: Oberhalb von San Giovanni di Fassa liegt diese Kirche auf einem Hügel. Selbst wenn sie verschlossen sein sollte: Der Aufstieg durch Wiesen und der Ausblick ins Fassatal bei einer Brotzeit auf der alten Mauer lohnt in jedem Fall! **→ S. 164**

Comunità Magnifica di Fiemme: In diesem mächtigen, freskenverzierten Renaissancebau in Cavalese ist ein lohnenswertes Museum untergebracht. Im Ort führt ein Rundgang über Treppen und Stege am Mühlbach entlang und an der alten Mühle vorbei, heute ein Gourmetrestaurant. **→ S. 186**

Museo Ladin de Fascia: Dieses Museum besteht aus mehreren Außenstellen, die im oberen Fassatal verteilt sind. Ein historischer Schießstand gehört ebenso dazu wie eine Käserei, eine Venezianersäge und eine Mühle. Sehenswert, gerade auch für Kinder! **→ S. 165**

Mezzano: Der Ortskern mit seinen jahrhundertealten Häusern und Stadeln ist fast komplett erhalten (I borghi più belli d'Italia); ein Rundgang informiert über Bauweise und früheres Leben. **→ S. 201**

Was unternehmen?

Die Pale di San Martino erobern: Die gezackte Bergkette ist von gewaltigen Hochflächen durchzogen. Wer will, erkundet sie auf einer Tagesrundtour oder als mehrtägige „Palaronda" (→ S. 196). Nicht-Bergsteiger wählen den Spaziergang vom Rollepass (→ S. 191/192) zur idyllischen Baita Segantini und bewundern sie von unten. Auch sehr schön!

Familien-Radtour von Canazei nach Molina di Fiemme: Auf dem grandiosen Radweg durch Fassa- und Fleimstal geht es auf 48 km 650 Höhenmeter bergab – bis auf kurze Steilstücke eine entspannte Tour in Flussnähe, bei der man es nahezu ständig laufen lassen kann. Und zurück kann man mit dem Shuttlebus fahren. **→ S. 171**

Natur und Genuss pur beim Rifugio Fuciade: Das Hüttendorf auf einer weiten Almfläche, umgeben von Kühen und Murmeltieren, ist zugleich ein Gourmettempel. In einer entspannten Stunde läuft man vom Passo San Pellegrino hinauf, teilt sich das Erlebnis mit Hunderten anderer Gäste – aber alle finden irgendwo Platz. Wer über Nacht bleibt, kann den Traumblick auf die Pale di San Martino länger genießen, samt unvergleichlich klarem Sternenhimmel. **→ S. 175**

Die Trentino-Dolomiten

Das Fassatal (ital. Val di Fassa, lad. Fascia)

Der Torrente Avisio entspringt am Fuß der Marmolada und mündet nördlich von Trient in die Etsch. Sein Oberlauf zwischen den Kolossen Sella, Langkofel, Rosengarten, Latemar auf der rechten sowie Marmolada und Monzonigruppe auf der linken Talseite ist das Fassatal, eines der fünf Täler der Ladiner.

Gleichermaßen für Sommer- wie Wintersport gerüstet und mit einer das Gadertal noch übertreffenden Zahl von Fremdenbetten (vorwiegend in Apartments) bieten die Orte *San Giovanni di Fassa* (mit den früher eigenständigen Fraktionen *Vigo* und *Pozza*), *Moèna*, *Campitello* und *Canazei* eine echte Alternative zu den Tälern nördlich von Sella und Langkofel. Hierher reisen vor allem Italiener, dabei kommt man mit Deutsch ganz gut durch. Als es (vor 1918) darum ging, Italienisch oder Deutsch als Schulsprache festzulegen, optierten die Fassaner, allerdings vergeblich, für Deutsch. Das Tal gehört historisch zum alten Tiroler Kulturraum, heute aber ist es italienischer als die ladinischen Täler Südtirols. Dennoch ist man sich hier der Herkunft sehr bewusst: So wurden sämtliche Orts- und Straßennamen für den offiziellen Gebrauch und folglich auch auf den Schildern ladinisiert, die italienischen Straßennamen existieren offiziell nicht mehr (werden aber in der vor allem auf italienischsprachige Gäste setzenden Tourismusindustrie unbeirrt weiterverwendet).

Information **APT della Val di Fassa,** Canazei, Strèda Roma 36, fassa.com.

Verbindungen **Pkw/Bus:** Das Fassatal ist über die Dolomitenstraße und den Karerpass sowie über Predazzo und Cavalese (Fleimstal) mit Südtirol verbunden, das Sellajoch verbindet mit dem Grödner Tal und Pordoijoch sowie Passo di Fedaia und Passo San Pellegrino mit der Provinz Belluno. Im Sommer werden alle diese Verbindungen von Bussen von Trentino Trasporti (einige Strecken auch vom Südtiroler SAD) bedient, im Winter nur die Strecke Penìa – Canazei – Predazzo – Trient und die Strecke über Vigo und den Karerpass nach Bozen. Im Winter kostenloser **Skibus** Tiers – Karersee – Karerpass – Vigo – Pera, ein weiterer Skibus verkehrt zwischen Canazei und Pera. **Bahn:** Nächste Bahnhöfe sind Bozen und Trient, wobei man Bozen schneller erreicht.

Bergbahnen Insgesamt 18 im Sommer geöffnete Aufstiegsanlagen gibt es im Fassatal, viele davon mit Fahrradtransport. Einen

Sèn Jan di Fassa? San Giovanni di Fassa? Vigo di Fassa? Pozza di Fassa?

Für Touristen, die vor 2018 schon einmal im Fassatal waren, ist die Namenszuordnung der Ortschaften verwirrend. Pozza und Vigo wurden am 1. Jan. 2018 zu Sèn Jan di Fassa, obwohl beide Orte geografisch eigenständig liegen. Da Sèn Jan di Fassa aber ein ladinisch-italienischer Mischname ist, hat das italienische Verfassungsgericht ihn für ungültig erklärt: San Giovanni di Fassa sei zu verwenden. Hier im Buch wird die Trennung in Vigo und Pozza beibehalten, weil es für den Reisenden mehr Sinn macht.

Überblick über Öffnungszeiten, Tarife, Kombimöglichkeiten und Aktivitäten gibt es unter valdifassalift.it.

Preisangaben Im Trentino wird von vielen Hoteliers in der Wintersaison ein einwöchiger Aufenthalt erwartet. Die Mindestaufenthaltsregelung gilt auch für viele Campingplätze.

Speziell für Kinder An 7 Orten des Fassatales gibt es sog. **Kinderparks,** in denen sich Kinder mit ihren Eltern, aber auch (kostenpflichtig) unter Aufsicht vergnügen können, während die Eltern alleine etwas unternehmen. 3 Kinderparks befinden sich an Bergstationen (Campedìe, Lusialand Valbona – Alpe Lusia, Ciampac), 7 weitere in der Talebene (2 in Moèna, 3 in San Giovanni di Fassa und 2 in Canazei). Infos zu den Kinderparks sowie der **Fly-Line** bei Vigo und den 2 **Hochseilgärten** bei Campitello und Pera gibt es bei den Tourismusämtern.

Der Park in Moèna mit Namen **Fiabilandia** verdient eine besondere Erwähnung. Hier hat man wirklich nichts vergessen, was Kindern Spaß macht, sei es Sommer oder Winter. So gibt es im Sommer Hüpfburgen, Planschbecken und Rutschen, im Winter Tube- und Rutschbahnen, Iglu und Miniclub. Eintritt 15 €/Tag.

Auffallend: Die öffentlichen **Spielplätze** in den Ortschaften sind geräumig, schön angelegt und großzügig mit tollen Spielgeräten ausgestattet.

Gratis vom Vermieter erhält man in Betrieben, die mit **Fassalandia** gekennzeichnet sind, eine Karte, die zur Teilnahme am Kinder-Unterhaltungsprogramm des Tales berechtigt, z. B. Ausflüge in den Wald, Besuch im Hochseilgarten, Kletter- und Mountainbikekurse.

Vorteilskarten **PanoramaPass,** ermöglicht die unbegrenzte Benutzung der 28 Lifte im gesamten Fassatal und am Karerpass. 3 in 6 Tagen zu 81 €, erm. 47 €, 6 in 6 Tagen zu 114 €, erm. 73 € oder 7 in 13 Tagen zu 134 €, erm. 84 €. **Val di Fassa Guest Card,** die kostenlose Gästekarte der Beherbergungsbetriebe bietet die freie Nutzung der öffentlichen Verkehrsmittel, die kostenlose Teilnahme an Veranstaltungen und zahlreiche Ermäßigungen, seit Kurzem auch als digitale Version. **Trentino Guest Card,** die Gästekarte von den Beherbergungsbetrieben ermöglicht die Nutzung zahlreicher öffentlicher Verkehrsmittel, man kann die Karte auch auf der gleichnamigen App registrieren, Infos auf visittrentino.info.

Veranstaltungen **I Suoni delle Dolomiti,** Outdoor-Konzerte im Aug./Sept. vom klassischen Jazz über Kammerkonzerte bis Pop, viele an ungewöhnlichen Orten in den Bergen (→ S. 279). Genaues Programm unter isuonidelledolomiti.it.

Panorama Music, Juli/Aug., Konzertreihe unter freiem Himmel, an besonderen Naturplätzen im Fassatal. Zuhören ist kostenlos!

Circen Dolomites Festival, Zirkusfestival in der 1. Augustwoche, gegründet von der hiesigen Jongliergruppe „Circensema" werden eine Woche lang spektakuläre Zirkusshows gezeigt und Workshops an Naturschauplätzen im Tal und auf den Bergen angeboten. Die Teilnahme ist kostenlos. Infos zum Programm auf circendolomitesfestival.com.

Marcialonga, das berühmte Langlaufrennen findet 2024 zum 51. Mal statt, klassisch sind es über 70 km über das Fassa- und Fleimstal, die Light-Variante geht über 45 km. Mittlerweile gibt es zwei Ableger: Ende Mai eine Radvariante („craft") und Anfang September eine Läufervariante („coop"). Infos zu allen unter marcialonga.it.

Einkaufen Eine echte Schlemmerstraße ist die **Strada dei Formaggi delle Dolomiti** (Käsestraße) des Trentino. Puzzone („Stinker") aus Moèna, Caprino (Ziegenkäse) di Cavalese, Nostrano di Fassa, Toselà di Primiero und andere lernt man bei den Erzeugern und in teilnehmenden Gaststätten kennen. Eine kostenlose Karte mit Infos und Adressen gibt es in allen Touristeninformationen und auf stradadeiformaggi.it.

Originell ist das Konzept **Cheesenic.** Dahinter verbirgt sich, ausgewählte Speisen zu ordern und damit ein Picknick im Freien zu genießen. Den Inhalt des Picknickkorbs wählt man am Vortag in den teilnehmenden Restaurants, Almen und Geschäften. Ende Juni bis Mitte Sept., auch im Fleimstal und im Primiero. Infos auch unter tastetrentino.it (unter *scoprire/eventi* etwas versteckt).

Radfahren/Mountainbiken Der Fassa Bike Park Belvedere bei Canazei ist nur etwas für Downhill-Profis und Leute, die es werden wollen. Mehrere Strecken mit unterschiedlichen Schwierigkeitsgraden, Juni bis Sept., Tagesticket 43–47 €, Infos und Mountainbike-Schule, fassabike.com.

Zum Radweg Canazei – Moèna – Cavalese – Molina di Fiemme → S. 171.

Wintersport Die 6 Skigebiete des Fassatals sind Alpe Lusia, Belvedere – Col Rodella, Buffaure – Ciampac, Carezza, Catinaccio und San Pellegrino – Falcade. Alle Skigebiete sind Teil der Skischaukel Dolomiti Superski, mit 77 Aufstiegsanlagen und 192 Pistenkilometern eines der größten Gebiete. Es gibt mehrere Snowparks für Snowboarder, z. B. Snowpark Carezza, Sanpe Snowpark, Boardercross Lusia. Außerdem befinden sich im Fassatal 4 Langlaufgebiete mit 50 km gespurten Loipen.

Vigo di Fassa (lad. Vich)

Vigo liegt im Gegensatz zu den anderen größeren Orten des Fassatals nicht im Tal, sondern am Sonnenhang unter dem Rosengarten. Von Vigo blickt man auf das obere Fassatal, auf Langkofel und Sella; die Gipfelfelsen der nahen Monzonigruppe jenseits des Fassatals leuchten abends glutrot auf.

Ein schöner Ort für den Urlaub und gut ausgerüstet, was Hotellerie und Gastronomie anbelangt, also auch in der Hauptsaison nicht völlig überfüllt. Zudem zentral für viele Unternehmungen zwischen Bozen, der Sella und Cavalese, wenn nicht sogar Trient, und kaum jemand spricht nicht wenigstens etwas Deutsch. Der Sonnenhang zog seit Jahrtausenden die Menschen an und vom Mittelalter bis in die Neuzeit war *San Giovanni*, die etwas unterhalb stehende Kirche, die „Pieve", die Pfarrkirche für das gesamte Fassatal. Vigo ist stolz darauf, ein ladinischer Ort zu sein. Ladinisch wird fast von allen gesprochen, das *Ladinische Kulturinstitut* und eines der fünf *Museen* Ladiniens befinden sich hier. Durch die Kabinenbahn auf den Ciampedìe unter den Wänden des Rosengartens hat der Ort eine Ausgangsbasis für Berg- und Klettertouren wie für rasante Skiabfahrten (Tomba- und Thöni-Abfahrt). Oder für einen Paraglider-Tandemflug mit garantiertem Dolomitenblick.

Aussicht von Santa Giuliana auf das Fassatal

Die Trentino-Dolomiten → Karte S. 160

Sehenswertes/Ausflüge

Ladinerhäuser: Trotz Tourismus haben sich in Vigo typische Häuser in Steinbauweise erhalten. Einige davon haben schöne alte Fresken an der Außenwand, so die Häuser am Beginn der Via Pontac und der Via Vaèl. Im Ortsteil *Costa* und in *Larcioné*, beide unterhalb der Straße zum Karerpass, finden Sie ebenfalls schöne alte Häuser, in Larcioné u. a. eines (Nr. 2) mit zwei übereinander gebauten Backöfen.

Pfarrkirche San Giovanni: Etwas unterhalb des Orts liegt die Ur-Pfarrkirche des Fassatals, ein schöner spätgotischer Bau mit dreischiffigem Innenraum. Die Säulen aus Sienit aus der Monzonigruppe gehen ohne Kapitelle ins gotische Netzrippengewölbe über, das lässt den Raum höher erscheinen, als er ist. Der Taufstein im Übergangsstil von der Gotik zur Renaissance (1538) erinnert an die alte Bedeutung. Bis 1554 wurden hier alle Taufen des Tals vorgenommen, alle Eheschließungen, alle Begräbnisse. Im Chor sind Fresken mit Szenen zum hl. Johannes dem Täufer (des Kirchenpatrons) erhalten, sie stammen aus der Erbauungszeit der heutigen Kirche, die 1489 geweiht wurde.

Wallfahrtskirche Santa Giuliana hoch über dem Ort

Museo Mineralogico Monzoni: Das kleine private Museum in alter Tobià in Blockbauweise zeigt schöne Mineralien, v. a. der vulkanischen Monzonigruppe.

▪ Mitte Juni bis Mitte Sept. tgl. 16–19 Uhr, Eintritt frei. Strada de Pilat 10 (Abzweig von der Strada de Portolina bergab), ✆ 0462/764173.

Wallfahrtskirche Santa Giuliana: Hoch über dem Ort, erreichbar über die steile Strada de Pizagol, liegt eine weitere gotische Kirche (Schiff 1519 geweiht), auch sie mit tief herabgezogenem Dach. Der Turm ist älter als Schiff und Chor, er stammt noch aus der Romanik, was man seinen Fensteröffnungen ansieht. Auch hier ist die Südwand von einem riesigen, leider stark verblassten und auch von Kulturbanausen bekritzelten Fresko mit dem hl. Christophorus samt Christuskind geschmückt, drinnen ziehen zwei Fresken mit Darstellungen des Martyriums der hl. Juliana (Kirchenpatronin) die Augen auf sich. Besonders schön sind die Chorfresken. Sie stammen von Meistern der Brixner Schule (15. Jh.). Die *Kapelle San Maurizio* nebenan, 1297 dokumentiert, ist vermutlich das älteste Steingebäude des gesamten Tals. Auf der sie umfassenden Steinmauer lässt sich bei fantastischem Blick auf Vigo und den Buffaure wunderbar ein meditatives Päuschen einlegen.

▪ Kirche Santa Giuliana, Öffnungszeiten im Tourismusbüro erfragen.

Wandmalereien im Fassatal

Wer etwas auf sich hält im Fassatal, lässt an der Außenwand eine Malerei anbringen. Das galt früher wie heute. Die ältesten erhaltenen Fresken sind aus dem 14. Jh., Jahr um Jahr werden neue geschaffen. Ob Christophorus oder Maria mit Kind, Heilige oder Evangelisten, die Themen waren fast immer religiösen Inhalts, während heute auch Landschaften zu sehen sind. Besonders fleißig waren Maler der Brixner Schule, die in Campitello und Vigo tätig waren (15. Jh.). Barockkünstler waren der Agordiner Giovanni Forcellini (17. Jh.), dem der Christophorus in Campitello und Fresken in Moèna und Soraga zugeschrieben werden, und Valentino Rovisi (1715–1783), ein Schüler des großen Tiepolo, der den Christophorus an der Kirche in Gries (Canazei) und Fresken in Moèna und Vigo geschaffen hat.

Museo Ladin de Fascia (Ladinisches Museum in Fassa): Das moderne Museum in einem schweren, alten Steinbau präsentiert eine komplette *Stua* samt *Musha* und schöner Täfelung, Karnevalsmasken, wie sie im Tal seit langer Zeit üblich waren und heute noch angetragen werden (Langnase mit angehängter Karotte), lebensgroße Figuren mit Karnevalskleidung und Tracht, bäuerliche Alltagsobjekte, Volkskunst, Schnitzereien sowie eine interessante historische Abteilung. Videos u. a. auf Deutsch mit historischen Filmen zum bäuerlichen Leben (Aufnahmen aus Penìa von 1982 wirken, als ob sie aus dem 19. Jh. stammten). Das Museum verfügt über fünf Außenstellen („museo al territorio", → S. 169).

▪ 10. Juni bis 10. Sept. tgl. 10–12/15–19 Uhr, 11. Sept. bis 11. Okt. und 1. Dez. bis 1. April So–Fr 15–19 Uhr; Eintritt 7 €. Loc. San Giovanni, Strada de Sèn Jan 5, ☏ 0462/760182, istladin.net.

Auf den Ciampedìe: 100 Personen fasst die Kabinenbahn von Vigo auf den Berg (1997 m) mit seiner Traumaussicht auf Rosengarten, Langkofel und Monzonigruppe. Im Winter hat man von oben die Abfahrt auf der roten *Thöni-Abfahrt* nach Vigo und zwei Sessellifte in unmittelbarer Nähe, die schwarze *Tomba-Abfahrt* führt zum *Pian Pecei* (1900 m). Im Sommer ist die Bergstation Ausgangspunkt für Wanderungen in den Rosengarten, vor allem zur *Roda de Vaèl* mit ihren beiden Schutzhütten und weiter zum Karerpass (→ Wanderung 9) und zur Vajolethütte mit ihren vielen Anstiegen auf Rosengarten, Vajolettürme, Kesselkogel.

▪ **Bergbahnen:** Kabinenseilbahn Catinaccio Rosengarten, Anf. Juni bis Anf. Okt. 8–13/14–18 Uhr, in der HS 8–18.30 Uhr, einfach 13,50 €, Berg/Tal 25 €. Paolina-Sessellift (Karerpass), Ende Mai bis Mitte Okt. 8.30–17.30 Uhr, in der HS 8–18 Uhr, einfach 16 €, Berg/Tal 22 €, catinacciodolomiti.it.

Wanderung 9: Vom Ciampedié zur Paolina → S. 302
Einfache Wanderung unter dem Rosengarten

Basis-Infos

Information **Tourismusbüro,** Vigo di Fassa, Strada Rezia 10, ✆ 0462/709700.

Verbindungen **Parken:** z. B. an der zweiten Kurve der Via Nuova unterhalb des Ortes, auf der Piazza Europa und bei der Seilbahnstation Ciampedìe. **Bus:** Stop der Linie Bozen – Predazzo (SAD) im Ortszentrum, die Linie Canazei – Cavalese (Trient) von Trentino Trasporti hält nur an der ersten Kurve der Via Nuova unterhalb des Ortes, dort auch Umsteigen vom SAD- auf den TT-Bus!

Einkaufen **La Cianeva dela Sgnapa,** Grappabrennerei mit Direktverkauf. Strada de Piz 7, lacianeva.it.

Macelleria Bolgi, hier kann man nicht nur Speck, sondern auch andere lokale Produkte und Feinkost kaufen. Strada de Soraporta 14.

Osteria da Carpano, mit Verkaufsgeschäft, in dem vor allem Speck und Salami, aber auch Käse, Wein und andere Spezialitäten angeboten werden. Am Ortseingang gelegen und nicht zu übersehen, einkehren und speisen kann man natürlich auch. Strada de pra del Monech 18, osteriadacarpano.com.

Biohof Fiores (→ Übernachten), Tee, Kräuter, Gewürze und Kosmetik aus eigener Herstellung und in Bioqualität. Strada de Pala Verda 5, fiores.it.

Biohof Soreie, im Hofladen werden Beeren, Käse und Joghurt verkauft. Strada Soverei 2, soreie.it.

Fassa COOP-Center, größtes Einkaufszentrum des Fassatals, Strada Rezia 30 (an der Straße unterhalb von Vigo).

Wandern/Bergsteigen Alpinschule → Pozza. Einfachster Anstieg in die Rosengartengruppe von der Bergstation der Ciampedìe-Seilbahn.

Fly-Line Die Fly-Line Catinaccio-Rosengarten startet an der Bergstation des Sessellifts Pian Pecei, ist 1,1 km lang bei 190 hm. Juni bis Sept., 1 Fahrt inkl. Sessellift 16,50 €. Infos unter catinacciodolomiti.it.

Wintersport Skischule Vigo di Fassa ✆ 0462/763125, scuolascivigo.com. Vigo ist durch die Ciampedìe-Bahn an die Skiarena Val di Fassa/Carezza angeschlossen.

Übernachten

Viele Hotels und Apartments – wie überall in den Dolomiten außerhalb Südtirols sind in Vigo Zimmer mit Frühstück eher rar. Hilfreich ist die Nachfrage in den Tourismusbüros. Die junge Generation entdeckt offenkundig den Agriturismo für sich, mal sehen, wie sich das noch entwickelt.

****** Ciarnadoi,** nach ökologischen Kriterien erbautes Designhotel. Viel Holz und klare Linien finden sich im ganzen Haus, großzügiger Eingangsbereich, helle Zimmer, moderner Wellnessbereich mit großem Hallenbad, Saunen und Whirlpools. Strada Veia 2, ✆ 0462/769110, hotelciarnadoi.it. **€€€€**

mein Tipp **Fiores,** umgeben von Wiesen und Blumenfeldern liegt dieser Biohof mit seinen 8 angenehm zurückhaltend eingerichteten Zimmern und einem originellen Baumhaus. Die Gastgeberin Nadja Pitto hat das Haus entworfen und ein kleines Paradies geschaffen, für Gäste und Familie. Tolles Frühstück mit eigenen Produkten, Hofladen mit Tee, Kräutern und Kosmetik. Überaus herzliche und familiäre Atmosphäre. Strada de Pala Verda 5, ✆ 389/9309667, fiores.it. **€€€–€€€€**

***** Ladin,** Garni mit individuell und originell eingerichteten Zimmern, die Zimmer zum Tal und die Terrassenzimmer im obersten Stock mit schöner Aussicht. Hübsche Stube. Strada de la Piazedela 9, ✆ 0462/764493, ladin.it. **€€€**

Soreie, Bio-Landwirtschaftsbetrieb in schöner Lage etwas außerhalb des Ortes, unter den 8 geschmackvoll mit viel Holz eingerichteten Zimmern befindet sich auch ein Familienzimmer. Frühstück mit eigenen und lokalen Produkten, Abendessen auf Vorbestellung. Strada Soverei 2, ✆ 333/8421841, soreie.it. **€€€**

Essen & Trinken/Abends

L'Chimpl da Tamion, hervorragendes kleines Restaurant im Hotel Gran Mugon, mit einem Michelin-Stern gekrönt, ladinische Küche mit mediterranen Anklängen, nur 5 Tische, unbedingt reservieren. So Ruhetag. Strada de Tamion 3, Loc. Tamion, ✆ 0462/769108, lchimpl.it. **€€€€**

El Tobià, regionale ladinische Gerichte in einem urig-gemütlichen Ambiente. Polenta, Knödel und Wild, sogar vegan wird gekocht. Schön und überdacht sitzt man auch draußen. Di Ruhetag. Strada de la Piazedela 9, ✆ 0462/764493, ladin.it. **€€**

La Grotta, zu Recht populäre, preiswerte Pizzeria mit mehreren Räumen im Stil eines Kellerlokals, auch Nudelgerichte und andere Speisen, es gibt auch Pizza aus Kamut-Mehl. Mo geschl. außer HS. Strada de Masc Ren 1, ✆ 0462/763368.

Bar Bianco, Eisbecher, Snacks und Torten direkt im Zentrum, angeschlossen Bäckerei. Strada Rezia 28.

Picol Bar, auch bei Einheimischen beliebte, lange (7–24 Uhr) und ganzjährig geöffnete Bar/Eisdiele am Dorfplatz mit kleiner, schattiger Terrasse und schönem Gastraum mit traditionellem Kamin. Piaz de Vich.

Holzschnitzkunst im Dorfzentrum

Pozza di Fassa (lad. Poza), Pera und Meida

Die praktisch zusammengewachsenen Orte im Tal des Avisio sind neueren Datums. Ausnahmen sind einige alte Scheunen in herkömmlicher Blockbauweise, sie stehen in Meida, das sich entlang dem *Rio San Nicolò* das gleichnamige Nebental hinaufzieht. In Pera gibt es eine vom Museum für Ladinische Kultur betreute alte Mühle, **L Molin de Pèzol** genannt. In Pozza haben sich an einer Handvoll Häuser *Außenfresken* erhalten, die aber durch den durchbrausenden Verkehr immer stärker in Mitleidenschaft gezogen werden, gut erkennbar noch die Madonna mit Heiligen von 1658 an der Fassade von Strada delle Dolomiti 92. Von Meida aus bietet sich das **Val San Nicolò** für Ausflüge an, die Straße endet etwas oberhalb der *Alm Ciampié*. Die *Buffauregruppe* im Norden und die *Monzonigruppe* im Süden sind noch ein vergleichsweise familiäres Ausflugsziel ohne den ganz großen Rummel. Von Pera mit seinem malerischen, etwas oberhalb der Durchgangsstraße gelegenen alten Dorfkern erreicht man durch das *Valle del Vaiolet* die Hütten in der Rosengartengruppe, vom nur wenig talaufwärts liegenden *Mazzin* das Val de Dona, die Antermoiahütte und über die Tierser-Alpl-Hütte den Schlern und die Seiser Alm.

Praktische Infos

Information **Tourismusbüro,** Pozza di Fassa, Piaza de Comun 2, ✆ 0462/609670.

Feste & Veranstaltungen Das **Festa ta Mont** findet alljährlich an einem Sonntag Anf. Aug. im Val San Nicolò statt. Stände mit typischen kulinarischen Genüssen, sportliche Aktivitäten und musikalische Darbietungen, für Kinder gibt es tolle Aktionen. Infos unter festatamont.it.

Einkaufen In Pera hat die *Caseificio Sociale Val di Fassa/Mèlga de Fascia* ihren Hauptsitz mit Direktverkauf zahlreicher **Käsesorten,** auch Joghurt, Honig, Marmeladen; weitere Verkaufsorte sind Canazei und Campitello. Strada Dolomites 233, formaggidimontagna.com. Guten lokalen **Käse** und Feinkost kann man in Pozza in der Casa del Formaggio/L Malghèr kaufen, Piaza del Malghèr 4. **Wein,** Grappa und Liköre in der Enoteca neben der Weinbar Mirò, Piaza del Malghèr 24.

Bergsteigen **Scuolad'Alpinismo Dolomiti,** Piaza de Comun 2, guidealpinedolomiti.net.

Hochseilgarten **Adventure Park Piciocaa** bei Pera, Juni bis Ende Sept., Kosten je nach Parcour 17–29 €, adventureparkpiciocaa.it.

Wellness **QC Terme Dolomiti,** schickes Thermalzentrum auf 4300 m² Gesamtfläche. Sauna, Dampfbad, mehrere Pools im Innen- und Außenbereich, dazu Wellness- und Beautybehandlungen. Das Heilwasser entspringt der Thermalquelle Alloch, einer Schwefelquelle, die auch die Terme Dolomia nutzt. Kernzeit tgl. 9–22 Uhr, Tagespreis ab 62 €. Strada di Bagnes, qcterme.com.

Terme Dolomia, Thermalbad des Hotel Antico Bagno (s. u.) mit verschiedenen Anwendungen und medizinischen Behandlungen. Kernzeit tgl. 9–19 Uhr. Strada di Bagnes 25, termedolomia.it.

Übernachten ****** Antico Bagno,** das angenehme Hotel im Grünen ist Nachfolger des seit dem Mittelalter bekannten Bauernbadls *bagno da tof,* das in der Zwischenkriegszeit abbrannte. In der heutigen, im Hotel integrierten „Terme Dolomia" kann man das mineralreiche kalte (9,5 °C) Wasser mit seinem hohen Sulfat-, Magnesium- und Fluorgehalt für Trink- und Badekuren nutzen, kalt im Kneippbad, gewärmt in den Bade- und Saunaanlagen. Strada di Bagnes 23, Pozza, ✆ 0462/763232, hoteltermeanticobagno.it. **€€€–€€€€**

Malga Aloch, urige Einkehr über Pozza

Camping ***** Camping Catinaccio Rosengarten,** direkt am Fluss, große Anlage mit vielen Sportmöglichkeiten, schönen Apartments, Café, Kinderanimation, außerdem Sauna, türkisches Bad und Ruheraum; Juni bis Okt. und Dez. bis April. Stellplatz und 2 Pers. 33–55 €. Strada de Pucia 4, Pozza, ✆ 0462/763305, catinacciorosengarten.com.

***** Camping Soal,** ruhiger Platz, Bar, Restaurant und Minimarket, ganzjährig geöffnet, Stellplatz und 2 Pers. 21–46 €. Strada Dolomites 190, Pera, ✆ 0462/764519, campingsoal.com.

MeinTipp ****** Camping Vidor,** „Family & Wellness Resort" mit Schwimmbad, Café und empfehlenswertem Restaurant, saubere Sanitäranlagen, Wellness nur mit Eintritt, Kinderanimation; sehr freundlicher Service, schöne Zimmer, Apartments und Chalets, ganzjährig geöffnet. Stellplatz und 2 Pers. 33–75 €. Strada de Ruf de Ruacia 15, Vidor, ✆ 0462/760022, campingvidor.it.

Essen/Abends **Le Giare,** Restaurant und Pizzeria, großes Lokal mit ebenso großer Auswahl an Pizzen, einheimischen und italienischen Gerichten. Piaza del Malghèr 20, ✆ 0462/764696, legiare.net. **€€**

Café Bar Mirò, zentral gelegene, sympathische Weinbar und Café, gute Weinauswahl, Aperitivi, leckere Panini mit üppigem Belag. Perfekt nach einer Wanderung oder Radtour. Piaza del Malghèr 24.

MeinTipp **Malga Aloch,** die hübsche Alm mit angeschlossenem Hof liegt oberhalb von Pozza und ist auf einem Forstweg zu erreichen. Auf den Tisch kommen deftige, authentisch ladinische Gerichte, wie mit Käse gefüllte Teigtaschen, Wildragout und Polenta, die Zutaten stammen hauptsächlich vom eigenen Hof. Schöner Blick von der Terrasse. Unbedingt reservieren, wer keinen Platz mehr bekommt, kann im unterhalb gelegenen Hof **Masc Aloch** Hamburger aus dem Fleisch der eigenen Angus-Rinder kosten, auch sehr gut! ✆ 338/2317590, lavacanegra.it.

Sehenswertes/Ausflüge

Museo Ladin di Fascia sul Territorio: Sechs Außenstellen des Museums befinden sich in Pozza, Pera und Penia. Das Gebäude *L Segat* in Pozza an der Straße ins Val San Nicolò präsentiert ein erneuertes, modernes Sägewerk und informiert über die Forstwirtschaft im Spiegel von Tradition und Moderne. Das historische Pendant, die Venezianersäge *La Sia* aus dem 18. Jh., befindet sich in Penia. Die an einem idyllisch plätschernden Bach gelegene, ebenfalls aus dem 18. Jh. stammende Mühle *L Molin de Pezol* steht etwas abseits des Ortszentrums in Pera und die kleine Ausstellung *L Malghier* über die historischen Abläufe „von der Milch zum Käse" liegt bei der Käserei „Mèlga de Fascia" an der Hauptstraße am Ortsausgang von Pera. Eine weitere Außenstelle wurde 2018 nach aufwendiger Renovierung in Campitello eröffnet: *L Stònt*, il Casino di Bersaglio – der Schießstand, ein Gebäude aus dem Jahr 1905. Diese Anlage diente im alten Tirol den örtlichen „Standschützen" dazu, den Umgang mit Gewehr und Pistole zu erlernen und zu üben, und ist ein seltenes Zeugnis. Zudem gibt es im *Theater Navalge* in Moèna eine umfassende Ausstellung zum Ersten Weltkrieg und zu seinem Verlauf in dieser Gegend der Dolomiten mit zahlreichen Schautafeln und über tausend Exponaten.

L Segat in Pozza/Meida, Strada Ruf de Ruacia, Juli bis Sept. So–Fr 16–19 Uhr, Führung 17 Uhr. Eintritt frei.

L Molin de Pezol in Pera, Strada Jumela, Juli bis Sept. So–Fr 10–12/16–19 Uhr, Führung Do 17 Uhr. Eintritt frei.

L Malghier in Pera, Strada Dolomites 233, Juli bis Sept. Do/Fr 16–19 Uhr, Führung Mi 17 Uhr. Eintritt frei.

La Sia in Penia, Strada de Ciamp Trujan, Juli bis Sept. So–Fr 10–12/16–19 Uhr, Führung Fr 11 Uhr. Eintritt frei.

L Stònt in Campitello, Strèda da Pènt de Sera, Juli bis Sept. So–Fr 16–19 Uhr, Führung So–Fr 17 Uhr. Eintritt frei.

1914–1918 „La Gran Vera" in Moèna, Theater Navalge, Juli bis Mitte Sept. Di–So 10–12.30/15.30–19 Uhr, im Winter unregelmäßige Öffnungszeiten, Eintritt 7 €, granvera.it.

Im Sommer finden an allen 6 Standorten wöchentlich geführte Besichtigungen statt, 3–8 €, Anmeldung am Vortag im Ladinischen Museum.

Die Trentino-Dolomiten → Karte S. 160

Das Valle del Vajolet: Zu Fuß oder mit dem MTB geht es auf asphaltierter Straße von Pera ins spektakuläre Valle del Vajolet durch den Weiler Monzon (bis hierhin mit dem Auto möglich, aber nur wenig Parkplätze) mit schönen alten Höfen. Stets hat man einen tollen Blick auf die Felswände des Rosengartens. Nach 5 km und 600 hm erreicht man mehrere Hütten. Das Rifugio Gardeccia, das Rifugio Stella Alpina, die Baita Enrosadüra und, etwas unterhalb, die neu erbaute Malga Couler reihen sich aneinander, es sind also genug Einkehrmöglichkeiten vorhanden.

Ab hier geht es in 50 Min. zu Fuß zum Rifugio Preuss oder Vajolet (300 hm). Aber die großflächigen Almwiesen laden auch dazu ein, sich einfach nur hinzulegen, die Augen zu schließen, Sonne zu tanken und dem Gebimmel der Kuhglocken zu lauschen. Und wenn man die Augen dann öffnet, blickt man in ein Kunstwerk aus Felswänden, Zacken, Graten und Türmen – Bergsteigerherz, was willst du mehr?

Das Val San Nicolò: Die Berggruppe auf der rechten, nördlichen Seite des Val San Nicolò sieht gar nicht dolomitisch aus. Keine wilden Zacken, keine Hochplateaus, dunkles, basaltisches Gestein statt hellem Kalk, viel Wasser – die Gruppe besteht aus vulkanischen Gesteinen. Das Tal selbst erreicht man auf geteerter Straße von Pozza aus (4 km). Nach etwa 2 km passiert man die Wegkreuzung zum idyllischen *Val Monzoni;* hier befinden sich eine Bushaltestelle und ein Parkplatz. Nach der Durchfahrung einer eindrucksvollen, schmalen Felsklamm, durch die der Rio di San Nicolò schäumend hinabstürzt, weitet sich das Tal. Zur Rechten befindet sich ein großer kostenpflichtiger Parkplatz. Ab hier verläuft eine schöne Wanderung durch sanft ansteigende Almwiesen, die von zahlreichen Hütten gesprenkelt sind, bis zur *Baita Ciampie* (45 Min.). In weiteren 45 Min. gelangt man durch lichten Lärchenwald zur *Baita delle Cascate* mit schönem Wasserfall.

Buffaure: Eigentlich ein Skigebiet, aber in den letzten Jahren zunehmend von Wanderern frequentiert. Unterhalb der Lifttrasse tummeln sich die Murmeltiere auf den steilen Grashängen des *Col de Valvacin*. An der Bergstation Buffaure gibt es ausgedehnte Spielanlagen für Kinder und weitläufige Wiesenhänge laden zum Picknick oder Sonnenbaden ein. Hier ist es selbst in der Hochsaison nicht überlaufen und sehr entspannt. Von der Bergstation des Sessellifts am Col de Valvacin führt eine kurze Wanderung über grasbewachsene Kuppen und Grate in 30 Min. zum *Sas de Adam* mit Dolomiten-Rundumblick.

Bus: Im Sommer fährt tgl. etwa halbstündlich von 8 bis 18.30 Uhr ein Sammeltaxi von Pozza (Start am Tourismusbüro) ins Val San Nicolò (6 €) und ins Val Monzoni (6 €). Infos unter ✆ 335/6454755, unter ctago.it (Registrierung nötig) lassen sich Tickets auch reservieren.

Kabinenbahn Pozza – Buffaure und **Sessellift Buffaure – Col de Valvacin,** Mitte Juni bis Ende Sept. 8.30–17.50 Uhr (der Sessellift hat eine Mittagspause), Kombikarte Berg 17 €, Berg/Tal 24 €.

Wintersport: Durch die Kabinenbahn Alba – Col dei Rossi, die Kabinenbahn Alba – Ciampac und 2 Sessellifte ist eine interessante Skischaukel zwischen Belvedere, Ciampac und Buffaure entstanden. Nachtskifahren auf der Aloch-Piste Mi–Fr 19.30–22 Uhr.

meinTipp **Baita Cuz** auf 2213 m, bewirtschaftete Alm mit toller Aussicht auf den Rosengarten, deftige Gerichte und Süßes, urig-gemütliche Zimmer für 2–6 Pers., Fass-Sauna; 30 Min. von der Bergstation der Buffaure-Bahn, über einen geologischen Themenpfad erreichbar und mit einer eindrucksvollen lokalen Mineraliensammlung ausgestattet. ✆ 0462/760354, rifugiobaitacuz.com. **€€€**

Soraga/Sorega: Der kleine Ort mit seinen schönen alten *Tabià* (Holzscheunen) liegt etwas oberhalb der Straße, die Kirche isoliert etwas unterhalb. Im Ortskern, im höheren Ortsteil *Soraga Alta* und in *Palua* sind einige ehrwürdige ladinische Häuser zu bewundern. In Soraga Alta haben mehrere Häuser schöne Außenfresken, z. B. die *Ciasa Zepelin* (Madonna mit Kind und zwei Heiligen).

Tourismusbüro Soraga, Piaz Bepo Roch 1, Soraga, ✆ 0462/609750.

Der Radweg Ciclabile delle Dolomiti von Canazei nach Molina di Fiemme: Der fast durchgehend asphaltierte Radweg beginnt 3,5 km hinter Canazei, aber schon im Ort selbst kann man den Radwegschildern folgen, die zur Ciclabile und ab da entlang dem Avisiofluss talauswärts führen (natürlich auch in die andere Richtung möglich, mit Start in Molina di Fiemme). An der Strecke gibt es mehrere Radstationen mit Picknick- und z. T. Einkehrmöglichkeiten, dieses Angebot wird sukzessive ausgebaut. Befahrbar ist der Radweg mit allen gängigen Rädern; die an Wochenenden zahlreichen Familien nutzen zum Teil gar Stadträder. Bis auf ein kurzes Stück entlang der Straße im Ort Moèna (eine MTB-taugliche Variante führt zwischen Moèna und Soraga hoch über dem Tal über die Via del Termen über Soraga Alta) unterbricht dann nichts die Asphalttour. Ab Predazzo führt sie in malerischer Routenführung durch weitläufige Wiesen und vorbei an alten Höfen durch das grüne Fleimstal. Besonders malerisch ist der alte Ort Masi di Cavalese mit mittelalterlichen Häusern, einer gepflasterten Dorfstraße und einem schönen steinernen Brunnen samt Seife und hölzernen Waschbrettern (direkt gegenüber lockt das Garni Maso San Michele, → Cavalese, S. 189). Der Radweg endet schließlich in Molina di Fiemme, wo die alte Bahnstrecke – auf deren ehemaligem Gleiskörper der Radweg hier verläuft – in Richtung Passo San Lugano und Auer im Etschtal abbiegt. 48 km sind es von Canazei, 39 km von Pozza bis Molina, der Gesamthöhenunterschied beträgt 650 m – abwärts. Die Landschaft von Fassatal und Fleimstal lässt sich so in aller Ruhe genießen, und für den Rückweg gibt es ganz bequem den Fiemme-Fassa-Bike Express!

Transport: Kleinbusse und Radanhänger bzw. Radbusse (Fassa & Fiemme Bike Express) verbinden Start- und Zielort der Ciclabile tgl. von Mai bis Okt., pro Strecke 10 €, Kinder 5 €. Drei Fahrten von Molina nach Alba di Canazei. Reservierung unter ✆ 0462/609500 oder ctago.it, in der NS Reservierung am Vortag. Infos und kostenlose Faltkarte mit Streckenbeschreibung bei den Tourismusämtern und unter fassa.com.

Die Trentino-Dolomiten → Karte S. 160

Moèna

Moèna markiert den südlichen Beginn des ladinischen Sprachraumes und des Fassatales an der Abzweigung des Valle di San Pellegrino. Nur an der Durchgangsstraße ist der Ort dicht verbaut, an den Rändern lassen sich noch die alten Weiler ausmachen, aus denen er sich zusammensetzt. Moèna wurde bereits im Mittelalter vom Fürstbistum Brixen abgetrennt und Trient zugeschlagen, es hat also eine etwas andere Geschichte als der Rest des Fassatals. Aber im Gegensatz zum ebenfalls tridentinischen Fleimstal hat es sich mit dem Ladinischen seine alte Sprache erhalten.

Praktische Infos

Information **Tourismusbüro,** 38035 Moèna, Piaz de Navalge 4, ✆ 0462/609770.

Feste & Veranstaltungen **Moèna in Musica** im Juli/Aug., an 3–4 Tagen ab 21 Uhr wird an verschiedenen Orten Musik gespielt – von Pop über Swing bis Jazz.

Festa di Turchia im Aug., das Dorffest feiert ein halbhistorisches Ereignis (ein Türke soll sich nach der Belagerung von Wien 1683 hierher verirrt haben) mit Aufzügen in „türkischer" Tracht und ebensolcher Musik – ein amüsantes Spektakel (das in ähnlicher Form am **Faschingsdienstag** zelebriert wird).

In Moèna startet im Jan. die **Marcialonga,** das klassische Langlaufevent über 70 km, die

Light-Variante über 45 km, 2024 bereits zum 51. Mal. Infos unter marcialonga.it.

Fußgängerzone Das Ortszentrum wird in der Saison zur Fußgängerzone: tgl. 17–19 und 21–23 Uhr, So zusätzlich 10–12 Uhr. Sehr angenehm und gästefreundlich, wenn man bedenkt, welch Dauerstau samt Lärm und Dreck sich üblicherweise durch den Ort quält!

Einkaufen Do im Sommer **Bauernmarkt** am Piaz de Ramon. Im **Naturkostladen** Eder, Piaz de Ramon 52, findet sich für jeden Geschmack etwas: Speck, Käse, Marmeladen, Tee, Grappa, Likör und Naturkosmetik. El Cajelo heißt der **Hofladen** des Agritur El Mas. Verkauft werden Käse aus eigener Herstellung und lokale Produkte, Strada de Saslonch 176, agriturelmas.it.

Radfahren/Mountainbiken Der Ort ist Ausgangspunkt der anspruchsvollen **Rampilonga** und im Sommer voll auf Mountainbiker eingestellt. Kostenloser Übersichtsplan über MTB-Routen in der Info. Mehrere **Radverleihe,** darunter Sport Navalge, Strada de S. Pelegrin 8, ✆ 0462/573050, sportnavalge.it.

Wintersport Die **Skiarena Alpe Lusia/San Pellegrino** mit 23 Liften (davon 6 Kabinenbahnen) ist ein Teil vom Skiverbund Dolomiti Superski; Infos unter alpelusiasanpellegrino.it.

Die Brunnen im türkischen Viertel

Langlaufzentrum Alochet, 3 km vor dem Passo San Pellegrino, 3 Loipen (18 km). Die Benutzung ist gebührenpflichtig.

Übernachten/Essen *****S Faloria,** hinter der blauen Fassade des an der Straße gelegenen Baus steckt ein ausgesprochen sympathisches Hotel mit stilvoll renovierten Zimmern und schicken Apts., einige auch mit schönem Balkon zum Fluss. Im Erdgeschoss Bistro. Piaz de Sotegrava 18, ✆ 0462/573149, hotelfaloria.it. **€€€–€€€€** (Übernachten), **€–€€** (Essen)

El Mas, der Bergbauernhof liegt etwas oberhalb von Moèna und bietet Urlaub auf dem Bauernhof in traditionell und gemütlich eingerichteten Zimmern, ein sehr gutes Frühstück mit Produkten vom eigenen Hof und eine hochgelobte Küche, die ladinische Gerichte gekonnt erweitert und vqerfeinert. Die Zutaten sind selbstredend vom Hof und aus der Region. Strada de Saslonch 176, ✆ 0462/574 221, agriturelmas.it. **€€€–€€€€** (Übernachten), **€€** (Essen)

Malga Panna, 1340 m, im raffiniert-modernen Saal mit Holzkonstruktionen, die alte Bauten des Fassatals heraufbeschwören, wird eine fassanisch-italienische Küche auf höchstem Niveau zelebriert. Seit 1993 1 Michelin-Stern. Strada de Sort 64 ✆ 0462/573489, malgapanna.it. **€€€€**

Tyrol, Ostaria im Zentrum, Polenta aus der eigenen Maismehlmühle, rustikale Zubereitungen, Deftiges wie Hirschragout mit Pilzen und Polenta. Di in der NS geschlossen. Piaz de Ramon 8, ✆ 0462/573760, posthotelmoena.it. **€€**

Foresta, Restaurant des gleichnamigen Hotels an der Nationalstraße im Ortsteil Forn, klassische Trentiner Küche, der Betrieb wurde als „osteria tipica trentina" ausgezeichnet. Kein Ruhetag. Strada de la Comunità de Fiem 42, ✆ 0462/573260, hotelforesta.it. **€€€**

Enoteca del Pinter, Weinbar, Grappoteca und Speckstube mit einer großen Auswahl an Weinen, Spirituosen und Imbissen, auch entspannt zum Draußensitzen. Strenta de Ischiacia 1.

Bar Ramon, Strudel, Krapfen, Buchweizentorte, Walnusstorte mit heißer Creme und jede Menge Eisbecher auf der Terrasse an der Durchgangsstraße. Piaz de Ramon 57.

Central Bar Pasticceria, moderne Bar an geschäftigem Platz. Der große Außenbereich lädt zum Verweilen bei einem oder mehreren Aperitivi und einem mächtigen Tramezzino oder Panino ein. Piaz de Sotegrava 8.

Sehenswertes/Ausflüge

Im Ort: In den Gassen rund um Piaz de Ramon (ehemals Piazza Italia) auf der linken und die malerische und geschäftige Piaz de Sotegrava (ehemals Piazza C. Battisti) auf der rechten Seite des Avisio stehen ein paar Dutzend alte Häuser, einige mit Fresken. Daneben der eine oder andere alte Heustadel (sog. „Tabià"), wie der *Tabià Janac* an der Via San Pellegrino in typischer Blockbauweise und der 1567 errichtete *Tabià Deville* in der Via F. Filzi (beide nahe Piaz de Ramon). Südlich der Piaz de Ramon lohnt auch die *Strada de Turchia* einen Abstecher. Sie befindet sich im gleichnamigen Ortsteil. Ihr Name geht angeblich darauf zurück, dass die Bewohner des Viertels einen erschöpften türkischen Soldaten wieder aufpäppelten, der auf der Rückkehr nach der türkischen Niederlage vor Wien den Passo San Pellegrino überquerte und dann in Moena entkräftet zusammenbrach. Gerührt von der freundlichen Behandlung, die ihm zuteil wurde, verblieb er im Ort, heiratete eine Einheimische und gründete mit ihr eine Familie. An der Straße mit mehreren alten Gebäuden befindet sich der Brunnen „Fontana del Turco". Ein steinerner Bildstock von 1922 ist mit einem streng dreinblickenden Türkenkopf verziert und mit Halbmond und Stern. Jährlich Mitte August feiern die Bewohner für drei Tage ein Dorffest mit türkischem Umzug, Musik und Culinaria. Neben der auf einem Hügel westlich über dem Ort stehenden neugotischen Pfarrkirche ist die kleine *Wolfgangskirche* (San Volfango) einen Besuch wert. Im Inneren wurde ein Freskenzyklus des 15. Jh. aufgedeckt, der verschiedene Motive zeigt, u. a. einen schönen hl. Martin, die Verkündigung und Passionsszenen.

Durch das Valle di San Pellegrino zur Monzonigruppe: Das Tal des Rio San Pellegrino zweigt in Moèna vom Fassatal ab, eine Straße führt über den Pellegrinopass nach Falcade und ins Belluneser Agordino. Zur Linken erhebt sich die eindrucksvolle und kaum erschlossene Monzonigruppe mit ihren dunklen, basaltischen Gesteinen, zur Rechten die wahrscheinlich noch einsamere Berggruppe um *Cima Bocche* und *Cima di Laste*. Auf diesen Höhen gibt es keine Schutzhütten, nur Biwakschachteln. Belebt ist im Sommer und Winter nur die Umgebung der *Alpe Lusia*, die man vom Weiler Ronchi per Seilbahn erreicht (s. u.). Das historische Almgasthaus Larezila ist besuchenswert, insgesamt lohnt der Aufstieg von Süden aber mehr (→ S. 191).

Lago di San Pellegrino

Über dem *Passo San Pellegrino* (ladin. Pas de Sèn Pelegrins) liegt auf 1918 m Höhe die kleine Kirche **Sant'Antonio de Padova,** 1934 errichtet. Sie markiert den Standort des mittelalterlichen Pilgerhospizes aus dem 14. Jh.

und seiner Kirche, die 1915 im Gebirgskrieg zerstört wurden. Heute werden hier an Sonn- und Feiertagen Messen gelesen (auch im Winter), was Einheimische wie Touristen anzieht. Ein Sträßchen führt zum idyllischen **Lago delle Pozze,** an dessen von Wiesen und Wald (farbenprächtige Lärchen im Spätherbst) flankiertem Ufer ein einziges Gebäude steht, das Gasthaus Miralago. Nur wenige Meter unterhalb des Parkplatzes Costabella, von der Straße aber nicht zu sehen, leuchtet der **Lago di San Pellegrino,** ein idyllisches Kleinod, das von Lärchen umgeben ist. Seit 2022 sind interessante Holzskulpturen um den See aufgestellt, der sich in etwa 15 Min. auf einer Reihe von Holzstegen und einem schönen Pfad umwandern lässt.

Wanderungen und Bergtouren in der Umgebung: Am Pass beginnt der Wanderweg 604. Nach ca. 2:30 Std. Fußmarsch (700 hm, 10 km) erreicht man den **Passo delle Selle** mit der kleinen *Bergvagabundenhütte*. Die schwierige Ferrata Bepi Zac beginnt oberhalb der Hütte und führt über den zackigen Kamm der Costabella. Etwas unterhalb der Hütte hat der Wirt Floriano ein kleines Weltkriegsmuseum eingerichtet, das man auf Anfrage besichtigen kann. Der gelbe Rhätische Mohn wächst hier zwischen den zahlreichen Resten österreichischer Stellungen aus dem Dolomitenkrieg. Ein halbstündiger Rundweg (Schwindelfreiheit!) entlang des Grates nach Süden vermittelt neben spektakulären Panoramen einen lebendigen Eindruck von Höhlen, Tunneln und Schützenstellungen.

Geschützstellung aus dem 1. Weltkrieg am Passo delle Selle

Zwei tolle Touren beginnen am Rifugio Fuciade (s. u.): Auf die **Forca Rossa** gelangt man über die Wege 607 und 693, zurück auf dem Weg 694 (10 km, 600 hm, 3:30 Std.). Schöne Rundtour für Trittsichere durch Hochalm- und Schuttkargelände immer unterhalb trutziger Felswände mit grandiosen Rundblicken; die Chance auf eine Murmeltiersichtung sind besonders am Hinweg hoch! Eine Traumtour für schwindelfreie und trittsichere Alpinisten führt von Fuciade zum **Passo Ombrettola** (18 km, 5:30 Std., 950 hm). Durch eine grandiose Felswelt steigt man in 2:10 Std. steil an zum **Passo delle Cigale.** Dann 50 Min. auf und ab durch Geröllhänge bis zum Endpunkt, Blicke auf Sella, Langkofel, später Marmolada, Civetta. An beiden Pässen finden sich Hunderte von Metallteilen, verrosteten Dosenresten, Holzbalken und Stacheldraht – Überreste aus den Stellungskämpfen im Ersten Weltkrieg. Zurück geht's auf dem gleichem Weg (2:30 Std.).

Kabinenbahn Ronchi – Valbona – Le Cune, Mitte Juni bis Mitte Sept. 8.30–12.45/14–17.15 Uhr, Kombikarte Berg 18 €, Berg/Tal 22 €, eine Strecke 10,50/16 €, Sessellift Le Cune – Campo einfach 6,50 €, Berg/Tal 11 €, Kombikarte 28 €, Infos unter alpelusia.it.

Sessellift Costabella, Ende Juni bis Mitte Sept. 8.30–12.50/14–17.30 Uhr, einfach 10 €, Berg/Tal 14,50 €.

Seilbahn Col Margherita, Ende Juni bis Mitte Sept. 9–17.30 Uhr, einfach 11 €, Berg/Tal 18 €.

***** Miralago,** Hotel/Gasthaus mit gutem Restaurant am Bergsee Lago di Pozze in herrlicher, einsamer Berglandschaft, Stube mit Kachelofen, ansprechend renovierte Zimmer. Pas de

Sèn Pelegrins, ✆ 0462/573791, albergomiralago.com. **€€–€€€**

Bergvagabundenhütte (Rif. Passo Le Selle), 2528 m, hübsche, aussichtsreiche Hütte, Juni bis Okt., 24 Betten, ✆ 347/4039331, rifugioselle.wixsite.com. **€€**

Rifugio Larezila, 1800 m, Alpe Lusia, historisches Berggasthaus, im 19. Jh. auf älterem Almgebäude errichtet, im Anbau Restaurant mit ladinischer Küche. Juni bis Sept. Straße mit Parkplatz in 3 km Entfernung, von dort Abholdienst durch Hüttenwirt (✆ 0462/573357) oder Lusia-Seilbahn. Abends nur nach Voranmeldung, rifugiolarezila.it.

meinTipp **Rifugio Fuciade,** 1900 m, Passo San Pellegrino, seit 1983 im Besitz der Familie Rossi (ein Sohn betreibt die *Locanda degli Artisti* in Canazei, → S. 181). Inmitten weiter Almflächen und einiger Stadel, mit unübertroffenem Blick auf die Pale di San Martino. Verspielt-verwinkelte Hütte mit holzgetäfelter Stube, zahlreichen alten Möbeln und einer Sammlung von 300 Butterformen aus Holz. Hochklassige Küche mit kreativen Pastavariationen, Kinderspielplatz, gemütliche Sitzecken im Freien. In der Hochsaison stark frequentiert, trotzdem findet jeder sein Plätzchen. Wer in einem der gemütlichen Zimmer oder einer der zwei Wohnungen des Chalets übernachtet, darf im Sommer mit dem Auto hochfahren, im Winter gibt es einen Schneemobil-Shuttle. Zu Fuß vom Pass 45 Min. ✆ 0462/574281, fuciade.it. **€€€€** (Übernachten), **€€€** (Essen)

Canazei (lad. Cianacei)

Fast 1500 m hoch liegt das quirlige Zentrum des Fassatals, ruhiger ist es in der Nebensaison, wenn die Gehsteige hochgeklappt werden.

Im Norden winken Langkofel und Sella, im Osten die Marmolada – Sellajoch und Pordoijoch laden Passstraßensammler mit Pkw, Motorrad, Fahrrad zum schnellen Rutsch rund um die Sella. SellaRonda funktioniert mit Seilbahnen auch auf Skiern oder im Sommer zu Fuß. Vielleicht sollten Sie aber

Das ladinische Haus des Fassatals

Das Fassaner Haus ist oft ein verputzter und außen oft mit Fresken geschmückter Steinbau, nur der Dachaufbau ist aus Holz. In einem zweiten, fast immer aus Holz in Blockbauweise errichteten Bau, der *Tabià*, befindet sich der Wirtschaftstrakt mit Stall und Stadel. Wie auch im Grödner Tal ist der am Hang stehende Wirtschaftstrakt halb in den Berg hineingebaut, sodass das Vieh unten bequem rein- und rausgetrieben und oben über einen Holzsteg das Heu eingefahren werden kann. Im Haus ist die *Stua* (Wohnzimmer), sie ist holzverkleidet mit geschnitzten Motiven, hat Holzmöbel, zur kleinen Küche gibt es eine Durchreiche. Eine *Musha* heizt die Stube, der traditionelle gemauerte Kamin mit halbtonnenförmigem Aufsatz, einer angrenzenden Bank und einem Holzaufsatz für das Trocknen von Kleidern. Die Stube liegt meist im Südostteil des Hauses und grenzt an das ebenfalls getäfelte Schlafzimmer der Eltern. Alle Zimmer inkl. Küche und weitere Schlafzimmer gehen auf einen Mittelgang, den *Pòrtech*. Früher gab es kein fließendes Wasser im Haus, man holte es vom Brunnen.

nicht nur vorüberflitzen, Canazei und das anschließende *Campitello* eignen sich genauso wie die Grödner Orte oder die des Hochabteitales für einen Urlaub am Fuß der Sella.

Sehenswertes/Ausflüge

In den Ortsteilen: Der Ort besteht aus mehreren Teilen, die allmählich zusammengewachsen sind. Im Zentrum ist die Siedlung um die **Piaz de Sèn Florìàn** mit der *Kirche des hl. Florian* und älteren Steinhäusern noch gut zu erkennen (Straße zum Sellajoch, nach der Brücke über den Ruf de Antermont). Etwas unterhalb hat sich die Gemeinde einen modernen funktionalistischen Renommierbau geleistet, das *Neue Rathaus* (mit Touristeninformation) vom Star-Architekten Ettore Sottsass.

Der westlichste Ortsteil nennt sich **Gries,** er wirkt z. T. noch ländlich. An der *Pfarrkirche Madonna della Neve* (Maria Schnee) zieht ein großartiges, lebendiges Wandfresko des 18. Jh. die Augen auf sich. Der Christophorus ist ein Werk des Tiepolo-Schülers Valentino Rovisi. Vor der Kirche befindet sich ein großer Brunnen mit eiskaltem Trinkwasser und drei großen Becken. Das Wasser läuft vom vorderen Becken in die beiden hinteren, in denen Wäsche gewaschen wurde, weshalb sie mit als Waschbretter dienenden breiten Holzflächen umrandet sind. Ähnliche Brunnen finden sich noch in vielen Dörfern der Dolomiten. *Majón de Roces,* ein hervorragend erhaltenes ladinisches Haus des 17. Jh., steht etwas oberhalb der Strèda Dolomites, es ist zu Ausstellungen geöffnet (Teil des Museo Ladin de Fascia).

Historischer Bauernhof in Canazai

Penìa: Die höchste Dauersiedlung des Trentino schart sich um die gotische *Pfarrkirche San Sebastiano* mit ihrem großen Christophorus-Außenfresko. Dass hier trotz Neubauten kein Geld gescheffelt wird, erkennt man vom Weg zu den beiden Gehöften Vèra (1680 m) und Lorenz, den höchsten Höfen des Trentino: Die Dächer des alten Ortes Penìa sind großenteils geflickt, Wellblech der 50er-Jahre deckt einige von ihnen. Wie altertümlich die Landarbeit noch vor einer Generation war, zeigen die Videos, die 1982 z. B. beim Heumachen aufgenommen wurden. Noch heute werden auf dem steilen Hang über dem Dorf Kartoffeln angebaut, und die wegen der Steilheit des Hangs abgerutschte Erde wird mit Bütten auf dem Rücken zur Oberkante des Feldes getragen. Die heute noch funktionsfähige Venezianische Säge La Sia aus dem 16. Jh. ist eine von mehreren Außenstellen des Ladinischen Museums Fassa (Juli bis Mitte Sept. So–Fr 10–12/16–19 Uhr, Führung Fr 11 Uhr, → S. 165).

Im unteren Ortsteil ist das **Museo Colombo Dantone** sehenswert, ein privates Museum zur bäuerlichen ladinischen Tradition im 19. und 20. Jh., in Vielfalt und Qualität jedem Volkskundemuseum ebenbürtig. Einen weiteren wichtigen Teil der Sammlung stellen militärische Objekte aus dem Ersten Weltkrieg, allesamt Fundstücke von der Dolomitenfront.

▪ Im Sommer tgl. 17–19 Uhr, ✆ 0462/602063; Eintritt frei (evtl. Spende), Strèda de Treve (Ortshauptstraße).

Im Wander- und Skigebiet Ciampàc: südlich von Alba, einem Ortsteil von Canazei, auf dem Weg zum Fedaiapass. Die Skiregion Ciampàc liegt zwischen

2100 und 2440 m an der schneesicheren Nordseite der mit dem Colac 2715 m erreichenden Gebirgskette westlich der Marmolada. Großartige schwarze Abfahrt ins Tal auf 1502 m (Talstation). Im Sommer ist die grüne Almmulde um die Bergstation der Seilbahn ein **Familienwanderziel** mit mehreren bewirtschafteten Hütten (der steile Aufstieg von Alba auf dem Fahrweg ist nicht zu empfehlen). Hauptziel des Ausflugs ist aber auf jeden Fall der Ausblick: Der mächtige Gebirgsstock der Sella liegt genau gegenüber. Ein *botanischer Rundwanderweg* („Sentiero naturalistico Ciampàc") ab Rifugio Tobià del Giagher empfiehlt sich sehr (ca. 30 Min., Begleitbuch in der Hütte zu erwerben). Die Touren über die Kämme nach Westen und Osten sind versierten Bergsteigern vorbehalten (Roseal-Kamm nur mit Klettersteigausrüstung).

Kabinenbahn Alba–Ciampàc und **Sessellift Roseal–Giumela,** Mitte Juni bis Mitte Sept. 8.30–17.30 Uhr (Sessellift mit Mittagspause), Kombikarte Berg 15 €, Berg/Tal 23 €.

Rifugio Tobià del Giagher, 2200 m, nahe der Bergstation der Ciampàc-Seilbahn, Holzbau im traditionellen Stil, rustikale Küche, Streichelzoo und Hüpfburg. 27 Betten, ✆ 0462/602385. **€€€** (Übernachten), **€€** (Essen)

Das Contrintal hinauf: Von Alba genau nach Süden zieht sich das Tal des Ruf (= Fluss) Contrin mit seinen beiden Almen, der *Malga Robinson* im Mittelteil und der *Malga Contrin* mit dem Schutzhaus Rifugio Contrin. Bis dorthin Fahrweg 602, der an der Talstation der Kabinenbahn Ciampàc in Alba beginnt (insgesamt 5,5 km, Aufstieg 1:30 Std., Abstieg 1:15 Std., auch MTB, aber nicht für Anfänger geeignet!). Der Forstweg führt zunächst geröllig und steil durch den Wald, bis man das fast ebene Hochtal erreicht, das von steilen Felswänden umschlossen ist. Am Beginn ein renovierter historischer Kalkofen. Dann lange Zeit eben, Kuhweiden und ein breites Flussbett. Zum Talende hin ansteigend bis zum Rifugio Contrin mit geräumigem Innenbereich und großzügigem Außenbereich. Von dort sind Überschreitungen ins Valle San Nicolo und zum Rifugio Fuciade möglich. Man sitzt direkt unter den wilden Westabstürzen der Marmolada, die nochmals 1300 m höher ist.

Rifugio Contrin, 2016 m, besonders bei Freunden der alpinen Küche beliebtes Ziel, eigene Butter, Käse, Joghurt, köstliche Mehlspeisen. Gehört zu den Almen, die im Rahmen von „Andar per malghe" besucht werden, die Termine erfährt man beim Tourismusbüro. Hübsche Zimmer und Lager. ✆ 0461/601101, rifugiocontrin.it. **€€–€€€** (Übernachten), **€€** (Essen)

Auf den Passo Pordoi (Sella): Ob zu Fuß, mit dem Bus, Pkw, Fahrrad oder der Seilbahn (Pecol ab der Strèda Roma und weiter Belvedere, neue Kabinenbahn ab Alba), eine der ersten Aktivitäten jedes Canazei-Besuchers führt auf das Joch unter der Südwand des Sass Pordoi. Vom Belvedere erste fantastische Blicke auf die Marmolada. Wer von hier den leichten *Bindelweg* zum *Fedaiasee* geht (zurück nach Canazei per Bus), bekommt noch mehr zu sehen. Wer sich dann die Fahrt auf den *Sass Pordoi* und damit auf 2950 m gönnt, ist vollends im wilden Hochgebirge, und die Blicke sind so großartig, dass man gar nicht mehr weg will. Doch wartet der *Piz Boè*, höchster Gipfel des Sellastocks (3152 m) und ein ganz einfacher noch dazu (oben Capanna Fassa mit Imbiss). Steige verbinden mit der Straße zum Grödner Joch und quer über die Sella mit Kolfuschg, Corvara und dem Grödner Joch, außerdem versicherte Klettersteige dorthin und zum Sellajoch. Wasser mitnehmen, auf dem Hochplateau gibt es keinen Tropfen! Unweit des Passes, bereits auf der Belluneser Seite, liegt ein merkwürdig gestufter runder Bau, der 1959 eingeweiht wurde. Es handelt sich um ein *Ehrenmal* für im Ersten Weltkrieg gefallene österreichisch-ungarische (81.289) und deutsche (454) Soldaten, Gefallene der deutschen Wehrmacht im

Die Trentino-Dolomiten → Karte S. 160

Zweiten Weltkrieg (842) wurden in den dazugehörenden Friedhof umgebettet.

Kabinenbahn Canazei – Pecol, Seilbahn Pecol – Col dei Rossi, Mitte Juni bis Ende Sept. 8.30–17.30 Uhr. Kombikarte Berg 14 €, Berg/Tal 25 €.

Seilbahn Sass Pordoi, Mitte Mai bis Allerheiligen 9–17, in NS bis 16.30 Uhr. Berg 15 €, Berg/Tal 27 €.

Kabinenbahn Alba – Col dei Rossi, Mitte Juni bis Mitte Sept. 8.30–17.20 Uhr, Berg 14 €, Berg/Tal 25 €.

Es gibt unterschiedliche **Kombitickets.**

Auf den Pass im Sommer **Busse** von Canazei und von Wolkenstein über das Sellajoch, die Busse starten in Canazei am Parkplatz gegenüber der Talstation der Pecol-Seilbahn.

Rifugio Capanna Piz Fassa, 3152 m, 22 Betten in 3-, 4- und 8-Bett-Zimmern, vom Sass Pordoi 2 Std., zuletzt leichte Gratkletterei. Mitte Juni bis 1.Okt., ✆ 0462/601723, rifugioapannapizfassa.com. **€€–€€€**

Zum Fedaiapass und auf die Marmolada: Auf dem Weg zur Marmolada passiert man zunächst einen großen See, den **Fedaiasee.** Es gibt zwei Fedaiaseen, den natürlichen auf 2028 m und den künstlichen auf 2053 m, beide liegen noch vor dem *Fedaiapass* auf Trentiner Gebiet. Der Stausee ist landschaftsbeherrschend, vom Bindelweg sieht man nur ihn, den winzigen natürlichen Lech de Fedaia nimmt man erst beim Abstieg zum Pass wahr. Auf dem Pass selbst lohnt es sich, zu rasten und das dortige private **Kriegsmuseum** zu besuchen, bevor es weitergeht zur Malga Ciapela und zur Königin der Dolomiten.

Man sieht es ihr immer noch an, die Marmolada entstand als gigantisches Korallenriff im tropischen Meer des Mesozoikums. 3342 m hoch ist heute der höchste Punkt, die *Punta Penìa*. Die etwas weniger steile Nordseite des Gebirges ist von abnehmenden Gletscherresten bedeckt, die Südseite ist eine einzige gewaltige Wand von bis zu 800 m Höhe. Die Kabinenbahn hinauf führt zunächst auf die *Serauta* (2950 m) unmittelbar am Gletscherrand, eine weitere Bahn führt von dort bis auf die *Punta Rocca* unterhalb des Ostgipfels der Marmolada (3250 m). Die Bergstation ist ein metallisch glänzender, futuristischer Bau mit Aussichtsplattform. Unterhalb der Punta Rocca kam es im Juli 2022 zu einem gewaltigen Eissturz, bei dem 11 Alpinisten ihr Leben verloren. Seither ist Bergsteigen hier nicht mehr möglich. Das Unglück gab eine düstere Vorahnung auf das, was in den nächsten Jahrzehnten aufgrund des Klimawandels in den Gletschergebieten der Alpen geschehen könnte und welche Auswirkungen auf den Alpintourismus möglich sind. Die Fahrt mit der Gondel von der Serauta bis zur Punta Rocca führt über schmutzig graues Eis und einige kleine Gletscherspalten. Manche Abschnitte sind zum Schutz vor zu starker Sonneneinstrahlung und der daraus resultierenden weiteren Abschmelzung mit weißen Kunststoffplanen abgedeckt – ein hilfloser Versuch, das Unvermeidliche wenigstens zu verlangsamen.

Serauta: Die Mittelstation beherbergt das *Bergrestaurant* und das überaus lebendig gestaltete *Museo Marmolada Grande Guerra 3000 m*, in dem zahlreiche Funde von Kleidung und Alltagsgegenständen sowie interaktive Elemente den Stellungskrieg von 1915 bis 1917 zwischen Italienern und Österreichern veranschaulichen. In mehreren Räumen werden militärische und menschliche Aspekte des Krieges im Hochgebirge anhand historischer Fotos, Videos und Schaukästen behandelt. Beeindruckend ist die Ausstellung zur sog. Eisstadt, einem komplexen Labyrinth aus Eisstollen von zusammen ca. 10 km Länge. Das gesamte Gebiet der Marmolada war im Dolomitenkrieg Kampfzone, in Höhen über 3000 m spielten sich erbitterte Kämpfe ab. Die österreichischen Stellungen lagen vor der Offensive im Herbst 1917 im Visier der Italiener. Mit dem dichten Tunnelnetz, das die Österreicher in das Eis gruben, schufen sie sich

Schutz vor den Bomben wie auch vor Kälte und Lawinen. Wer gut zu Fuß ist, kann die Stellungen und Tunnel auf einer maximal zweistündigen Tour auch selbst erkunden. Die Steige sind seilversichert und führen zum Teil senkrecht durch die Felsen, man sollte also schwindelfrei und trittsicher sein und bestenfalls sogar eine Klettersteigausrüstung nutzen (der vordere Teil geht ohne Ausrüstung). Belohnt wird man mit spektakulären Ausblicken, und man bekommt eine Ahnung, wie trostlos das Soldatendasein in den finsteren Tunnels gewesen sein muss.

Von Malga Ciapela aus ist es nur noch ein Katzensprung nach Osten ins malerische Bergdorf **Sottoguda** mit der spektakulären Felsschlucht *Il Serrai* (→ S. 223).

Im Sommer von Canazei, aber auch 7x direkt von Trento **Busse** zum Passo Fedaia.

Museo della Grande Guerra, kleine, aber interessante private Sammlung im Anbau des Rifugio Alla Seggiovia beim ehemaligen Korblift zum Pian dei Fiacconi, Juni bis Sept. tgl. (außer Di) 10–17.30 Uhr, Eintritt 6 €.

Kabinenbahnen Malga Ciapela – Serauta und **Serauta – Marmolada,** Mitte Juni bis Mitte Sept. 9–16.30 Uhr und in der Wintersaison, Kombiticket Berg/Tal 35 €, funiviemarmolada.com.

Museo Marmolada Grande Guerra 3000 m, Öffnungszeiten wie die Seilbahn, Eintritt frei, museomarmoladagrandeguerra.com.

Praktische Infos

Information **Tourismusbüro Canazei,** Canazei, Piaz G. Marconi 5, ✆ 0462/609600. **Tourismusbüro Alba**, Alba di Canazei, Strèda de Costa 262 b, ✆ 0462/609550.

Verbindungen **Pkw:** Parkplätze beim Wellnesszentrum Eghes, gegenüber der Talstation der Pecol-Seilbahn und in Alba vor der Talstation der Ciampàc-Seilbahn. **Bus:** Busse von/nach Cavalese ca. 10- bis 12x, Direktbusse nach Trento ca. 6x pro Tag. Der **Fassa Express** (eine der in Italien sehr beliebten Touristen-Bimmelbahnen) verbindet Penìa, Alba, Canazei und Campitello.

Ambulatorium/Arzt Gemeindeambulatorium, Strèda de Cercenà 18, ✆ 0462/602022.

Einkaufen **Kaufhaus** und **Supermarkt:** Coop, Strèda Dolomites 104; **Enoteca** Valentini, Strèda do Ruf de Antermont 2 und Strèda Dolomites 109, ausgezeichnetes Angebot an Weinen des Trentino und Südtirols, außerdem Feinkost, Speck und Käse, enotecavalentini.com.

mein Tipp Hervorragender **Käse** und lokale Produkte im originellen Casa del Cucù, Piaz G. Marconi 4, nebenan Verkauf von Holzschnitzkunst, netter Sitzbereich draußen mit Selbstbedienung. Und: Punkt 18.35 Uhr (vielleicht öfter?) öffnet sich die von 19 Glocken umgebene Kuckucksuhr an der reichverzierten Hausfassade und ein Glockenspiel (nach Münchner Vorbild?) flutet den Platz mit grellen Klängen.

Markt: jeden Samstag.

Speziell für Kinder **Kinderland** nennt sich das Sommer- und Winterprogramm (Juli bis Mitte Sept., Mitte Dez. bis März) für Kinder in einer Kinderspielanlage neben der Skischule. Bei einigen Hotels ist das Programm im Preis inbegriffen, ansonsten müssen für einen Tag 85 €, für 6 Tage 360 € gezahlt werden (inkl. voller Verpflegung), mehr auf scuolascicanazei.com.

Kinderspielplatz an der Strèda Roma, Loc. Al Parco, großer **Abenteuerspielplatz** in Alba im Tal unterhalb an der Fassa-Express-Haltestelle Spiagetta.

Baden/Schwimmen **Aquarena Dòlaondes,** Strèda del Piz 7, architektonisch innovatives Erlebnisbad auf 2400 m², 5 Schwimmbäder, Wellness mit allen Schikanen, Sport und Fitness, Restaurant. Kernzeit tgl. 14.30–20 Uhr, an manchen Tagen schon ab 10 Uhr bzw. bis 22 Uhr. Eintritt (2:30 Std.) Schwimmbad 17 € (Kinder 9 €), Wellness 29 €, Kombiticket 39 €, dolaondes.it.

Bergsteigen/Klettern **Alpinschule Scuola di Alpinismo,** Strèda Dolomites 147, ✆ 339/5620591.

Wanderung 10: Der Bindelweg → S. 303
Leichte Bergwanderung auf aussichtsreichem Höhenweg

Die Trentino-Dolomiten → Karte S. 160

Golf Driving Range mit 10 Abschlägen, Loc. Ischia (Centro Sportivo) in Campitello, ✆ 335/6063499.

Paragliding Flüge vom Belvedere del Pordoi und von der Rodella-Bergstation, Landewiese zwischen Canazei und Campitello (von dort stammt der ehemalige Weltmeister dieser Sportart Jimmy Pacher); **Flugschule FassaFly,** ✆ 335/6757667, fassafly.com.

Radsport **Verleih und Verkauf** von Rädern und Ausrüstung bei Detomas, Strèda de Parèda 29, ✆ 0462/602447, detomasshop.com. **MTB-Verleih:** Northland, Strèda del Piz 15, ✆ 0462/601656, northlandski.com. Siehe auch Ciclabile delle Dolomiti (→ S. 171).

Wintersport Canazei ist dank mehrerer im Ort und der Umgebung beginnender Kabinenbahnen ein erstklassiges Wintersportziel. **Ski-**

und Snowboardschule Canazei Marmolada, Strèda del Piz 18, ✆ 0462/602688, scuolascicanazei.com; Langlaufloipen und Runden bei Canazei und Alba. Großes Eislauf- und Eishockeystadion Gianmario Scola in Alba.

Veranstaltungen Ende Juli findet der mittlerweile traditionelle **Skyrace** statt: Von Canazei auf den Piz Boè (12 km) und auf anderem Weg zurück (11,5 km) führt dieser spannende Gebirgslauf mit einer Höhendifferenz von fast 2000 m. **Karneval** in alten Masken und Kostümen in Penìa (ab Mitte Jan.), an jeden Umzug schließt sich ein auf Ladinisch *Mascherède* genanntes burleskes Spiel mit Masken an, großer Umzug in Campitello. **SellaRonda:** Skimarathon rund um die Sella im Febr./März, sellaronda.it.

Übernachten/Camping

In Canazei ****** Astoria 4,** große Klasse in Zimmern, Aufenthaltsraum und Restaurant (→ „Essen & Trinken"), moderner Wellness- und Spabereich mit Hallenbad, Saunen, Whirlpool und Fitnessraum, Teen Spa; Kinderanimation, MTB-Verleih. Strèda Roma 98, ✆ 0462/601302, hotel-astoria.net. **€€€€**

****** Locanda degli Artisti 5,** spektakulär gestaltetes Art Hotel aus viel Holz und Glas. Die einzelnen Zimmer sind individuell im Stil verschiedener einheimischer Künstler ausgestattet. Auch Gänge und Speiseräume bieten unterschiedlichsten Kunstwerken Platz und laden zu spannenden Entdeckungsreisen ein. Strèda Roma 23, ✆ 0462/601143, locanda-degli-artisti.com. **€€€€**

***** Al Viel 7,** sympathische, moderne Frühstückspension in zentraler Lage, Steinbau mit großen Holzbalkonen für jedes komfortable Zimmer. Die Familie kümmert sich persönlich um jeden Gast. Leckeres Gebäck und Kuchen zum Frühstück. Strèda de Ciampàc 11, ✆ 0462/600081, hotelalviel.it. **€€€**

**** International 2,** Frühstückspension bei der Kirche, etwas von der Straße zurückgesetzt in einem gemütlichen Winkel, im Haus Eiscafé mit Terrasse. Angenehm schlichte, teils modernisierte Zimmer, meist Balkon. Strèda Dolomites 193, ✆ 0462/601375, albergointernational.it. **€€–€€€**

*** Camping Marmolada 8,** einfacher Platz, praktisch im Zentrum von Canazei, z. T. schattig, ganzjährig geöffnet. Stellplatz u. 2 Pers. 30–48 €. Strèda de Parèda 60, ✆ 0462/601660, campingmarmolada.com.

In Alba ****** La Cacciatora 10,** das gediegene Hotel mit seiner Qualitätsausstattung gibt sich wie ein großer Gasthof. Gute Zimmer, Hallenbad, Sauna, Fitnessraum, Schlamm- und Heubäder, Bowlingbahn in der hauseigenen Pizzeria und Bierstube El Binocol. Strèda de Contrin 26, ✆ 0462/601411, lacacciatora.it. **€€€€**

Die Trentino-Dolomiten → Karte S. 160

Essen & Trinken/Abends

→ Karte S. 180/181

De Tofi 6, schickes Restaurant des Hotels Astoria, sehr feine, gehobene Küche mit französischen und (Trentiner) ladinischen Zügen: hausgemachte Spaghetti mit Rucolapesto und Walnüssen, Saiblingfilet auf Mandeln und Majoransoße, aber auch schlicht warmer Apfelstrudel mit Vanillesauce. Strèda Roma 98, ✆ 0462/601302. **€€**

Ristorante alla Locanda 5, Restaurant des gleichnamigen Hotels mit raffinierter italienischer Küche, die regionale Anklänge integriert und auch bei den Produkten auf Nachhaltigkeit Wert legt. Strèda Roma 23. **€€€–€€€€**

Laurin 1, große Pizzeria des gleichnamigen Hotels, rustikales Ambiente, die Pizza sehr gut, krosser Boden und authentischer Stil. Auch traditionelle Küche. Strèda Dolomites 97, ✆ 0462/601286, laurinhotel.net.

Edy 9, Pizzeria, auch mittags Pizza, viele Nudelgerichte, einige vegetarische Speisen, einfaches, rustikales Ambiente. Strèda de Costa 153, ✆ 0462/601546.

Bar Ladin 3, zentral gelegene Bar-Gelateria mit einer etwas erhöhten Außenterrasse, angenehm modern eingerichtet. Kuchen, Panini, leckeres Eis (barladin.com).

Abends **Kaiserkeller**, im Hotel Dolomiti, Pub und Après Ski, tgl. 20–2 Uhr, im Winter ab 16 Uhr, Strèda Dolomites 82, kaiserkeller canazei.it. **La Teneta**, originell-rustikale Bar im Hotel Miramonti, 20.30–2 Uhr, Strèda de Costa 213.

Campitello (lad. Ciampedel)

Der Nachbarort von Canazei wirkt und ist traditioneller, ländlicher, ruhiger als Canazei, obwohl ebenfalls ganz auf Tourismus eingestellt. Geht man vom Bach durch die Via SS. Filippo e Giacomo und dann die Salita alla Chiesa zur Kirche hinauf, bekommt man noch etwas vom bäuerlichen Charakter des Ortes mit. Das gilt vor allem für **Pian**, den Ortsteil, der 100 m höher auf dem Sonnenhang thront. Der Bach, der durch Campitello fließt, der Ruf Duron, kommt übrigens aus dem Rosengarten. Auf einer Anhöhe liegt die Kirche *SS. Filippo e Giacomo*, der seltsame Turm fällt ins Auge, er wirkt eher wie der einer Burg. Wie vielerorts im Fassatal außen großes Christophorus-Fresko und weitere Malereien.

Sehenswertes/Ausflüge

Ins Durontal: Das etwa 10 km lange Durontal bildet den nördlichen Abschluss der Rosengartengruppe. Zu Beginn eng, bewaldet und steil ansteigend, weitet es sich ab dem Rifugio Micheluzzi (Duronhütte, rifugiomicheluzzi.it) zu einem grandiosen Hochtal, in das man fast eben hineinwandern oder -radeln kann. Der Duronbach trägt viel Schwemmmaterial mit sich und hat stellenweise ein breites Kiesbett geschaffen. Die 2019 erbaute Baita Lino Brach (baitalinobrach.it) bietet eine weitere originelle Einkehrmöglichkeit mit allerlei skurrilen Figuren auf dem großen Außengelände. Am Talende geht es in steilen Kehren nördlich zum Passo Duron (Mahlknechtjoch), dem Übergang zur Tierser Alpl und der Seiser Alm. Von Campitello zur Duronhütte verkehrt im Sommer von 8 bis 19 Uhr alle 30 Min. ein **Shuttletaxi** (einfach 10 €/erm. 5 €, Fahrrad 5 €, keine Voranmeldung).

MTB-Tour Durontal – Sellajoch – Seiser Alm: Anspruchsvolle Tour, 42 km und 1000 hm gegen den Uhrzeigersinn unter Benutzung der Seilbahn von Campitello zum Col Rodella. Zwar breite Wege, aber steile und sehr geröllige Abschnitte. Von Campitello mit der Seilbahn auf den Col Rodella. Sehr steil bergab (ggf. schieben), dann auf einem Forstweg bis zum Sellajoch. Durch die steinerne Stadt zur Comici-Hütte. Kurze, steile Abfahrt, dann nach links in den Wald bergab - nicht geradeaus zur Alm! Durch den Wald bis zur Cason Alm. Von dort lange Abfahrt bis zum Forstweg, der von St. Christina kommt. Auf dem Forstweg durch Wald und Wiesen bis Saltria, von dort auf der Asphaltstraße bis Kompatsch. Von Kompatsch zum Goldknopf, über die Mahlknechthütte zum Mahlknechtjoch/Passo Duron, steile Anstiegspassagen! Auf Geröllweg ins herrliche Durontal, erst steil, dann gemütlich. Weiter auf breitem Forstweg bis Campitello, zum Schluss nochmals eine Abfahrt durch den Wald.

Ausflüge auf Col Rodella und Langkofel: Der Col Rodella (ladin. Rodela) ist der Aussichtsberg schlechthin im Fassatal. Man sieht vom Gipfel mit seiner Schutzhütte Rosengarten, Schlern, Seiser Alm, Langkofel, Puez- und Geislergruppe, Sellastock, Antelao, Pelmo, Marmolada, Monzonigruppe – darüber gerade noch zu erkennen der Cimone della Pala und die Cima d'Asta, Lagorai und, links vom Latemar, die Brenta-Dolomiten. Der Fuß des Langkofels ist in einer halben Stunde zu erreichen, bei der *Friedrich-August-Hütte* kann man sich in den Weg rund um den Langkofel einklinken (→ Wanderung 8). Oder man macht nur den schönen Wanderweg hinüber zur Comicihütte auf der Nordseite des Langkofels, der die Steinerne Stadt quert, eine gewaltige Bergsturzlandschaft. Oder man geht einfach irgendwohin in den Almwiesen ganz ohne Programm und lässt die Seele baumeln zwischen Kohlröserln und Enzian.

Der Col Rodella, ob gleich von der Bergstation oder vom Gipfel, ist der ideale Startplatz für **Gleitschirm- und Drachenflieger** – der große Landeplatz in Campitello liegt direkt darunter. Zu Spitzenzeiten wie an Föhntagen im Herbst muss man schon mal mit Warteschlangen rechnen.

Seilbahn Campitello – Col Rodella, Mitte Juni bis Anf. Okt. 8.30–17.30 Uhr, Berg 14 €, Berg/Tal 25 €.

Rifugio des Alpes, 2440 m, an der Bergstation, gute Küche, 24 Betten. Juni bis Okt. und Dez. bis April. ✆ 0462/601184, rifugiodesalpes.it. **€€€** (Übernachten), **€€** (Essen)

Praktische Infos

Information **Tourismusbüro,** Campitello, Strèda Dolomites 48, ✆ 0462/609620.

Verbindungen **Shuttledienst** zu den Schutzhütten der Umgebung: In der Hochsaison gibt es einen festen Shuttledienst, für Val Duron (Rosengarten), Val Monzoni und die Gardecciahütte im Rosengarten (die Zufahrtsstraßen sind für den Privatverkehr gesperrt). Genaue Pläne, Zeiten und Telefonnummern über fassa.com, auf den Aushängen an der Bushaltestelle im Zentrum von Campitello oder im Tourismusbüro.

Einkaufen **Caseificio Sociale Val di Fassa,** Strèda de Pènt de Sera 17, große Auswahl im Verkaufsladen der Käserei (formaggidimontagna.com). Speck, Käse, Liköre und lokale Produkte bei **Bosin Speck,** Strèda Dolomites 81, bosinspeck.it.

Markt: am Montag, im Sommer am Donnerstag Bauernmarkt.

Klettern **Kletterhalle Adel** mit Außenbereich, in der Nähe der Talstation Col Rodella, im Sommer tgl. geöffnet, sonst Di, Do und Wochenende 14–22 Uhr, Eintritt 13 €.

Hochseilgarten **Dolomiti Action Adventure Park** in der Strèda de Pènt de Sera, im Wald gelegener Abenteuerpark, Juni bis Sept. tgl. 9.30–19 Uhr, in der NS mit Mittagspause, dolomitiaction.com.

Übernachten/Essen *****S Salvan,** sehr persönlich geführtes, ansprechendes Hotel im üblichen Tiroler Stil, frei stehender Kachelofen in der Lobby, zwei Speiseräume, einer mit toller Aussicht, Hallenbad, Sauna, Fitnessraum, große Wiese daneben und dahinter, geschmackvoll mit modernen Möbeln eingerichtete Zimmer. Das Restaurant hat eine eigene Fondue-Stube. Strèda Dolomites 10, ✆ 0462/750307, hotelsalvan.it. **€€€€**

*** Camping Miravalle,** am Fluss direkt unterhalb vom Ort, relativ große Stellplätze, wenig Schatten, viele Dauercamper, gute Sanitäranlagen, Restaurant, Bar, Apartments. Stellplatz und 2 Pers. 34–59 €. Juni bis Sept. und Dez. bis März. Strèda de Grèva 39, ✆ 0462/750 502, campingmiravalle.it.

Ciclabile delle Dolomiti im Fleimstal

Das Fleimstal (ital. Val di Fiemme)

Im Gegensatz zum Fassatal ist das italienischsprachige Fleimstal touristisch weniger erschlossen. Die angrenzenden Berggruppen besitzen kaum bewirtschaftete Hütten. Dafür ist die Landschaft urtümlicher, einsamer und kaum weniger großartig als weiter nördlich.

Von Auer oder Neumarkt im Etschtal fährt man auf einer schmalen, ausgesetzten Panoramastraße über Montan zum Pass von Kaltenbrunn/San Lugano. Dann senkt sich die Straße zum Fleimstal, bleibt aber am Sonnenhang. Der Ausblick ist traumhaft, man blickt über das Fleimstal hinweg auf den Monte Agnello und die wild gezackte *Lagoraikette*, dann auf das hübsch gelegene **Cavalese.** Dann **Tèsero** mit der großen Pfarrkirche mit gotischem Turm, barockem Aufsatz und wie so oft im Fleims- und Fassatal, einem riesigen Christophorus-Fresko. Erst bei Ziano berührt die Straße den Talboden und gabelt sich, nach links in Richtung *Predazzo* und Fassatal, nach rechts durch das *Val Travignolo* auf den *Rollepass* und nach *San Martino di Castrozza* und in die Palegruppe.

Im Skisprungstadion in Predazzo und am Lago di Tèsero werden 2026 während der Olympischen Winterspiele die Wettkämpfe im Skispringen und Langlauf ausgetragen.

Information **APT Valle di Fiemme,** Cavalese, Via F.lli Bronzetti 60, ✆ 0462/241111, visitfiemme.it.

Verbindungen **Pkw:** gute Straßen nach Auer (Etschtal), ins Fassatal und zum Rollepass, die Straßen durch das Fleimstal sind sehr kurvenreich. **Bus:** Verbindungen mit Trient (über Auer) und dem Fassatal; nach San Martino/Primiero sowie nach Bozen 2x tgl. (mit Umsteigen in Vigo). **Bahn:** nächster Bahnhof ist Auer.

Vorteilskarten **Fiemme Mountain Pass** für Seilbahnnutzung im Sommer, gültig für Fleimstal und Obereggen (Südtirol), an 3 von 7 Tagen 60 €, 7 Tage 73 €, an 6 von 13 Tagen 93 €. **Fiemme Cembra Guest Card,** mit der kostenlosen Gästekarte der teilnehmenden Beherbergungsbetriebe gibt es Ermäßigungen bei Aktivitäten im Tal, freien bzw. ermäßigten Eintritt in Museen und freie Nutzung der lokalen Verkehrsmittel, im Sommer auch Ermäßigungen bei den Aufstiegsanlagen. **Trentino Guest Card,** kostenlose Gästekarte der Beherbergungsbetriebe, Nutzung der öffentlichen Verkehrsmittel, Eintritt in Museen und diverse Ermäßigungen. Auch in digitaler Form auf der entsprechenden App, Infos auf visittrentino.info.

Veranstaltungen **I Suoni delle Dolomiti,** Outdoor-Konzerte im August/September vom klassischen Jazz über Kammerkonzerte bis Pop, viele an ungewöhnlichen Orten in den Bergen (→ S. 279). Genaues Programm unter isuonidelledolomiti.it. **Cheesenic,** ausgewählte Speisen zum Mitnehmen ordern und ein Picknick im Freien genießen – das ist das innovative Konzept. Den Inhalt des Picknickkorbs wählt man am Vortag in den teilnehmenden Restaurants, Almen und Geschäften. Von Juni bis Okt., auch im Fassatal und im Primiero, Infos unter tastetrentino.it. **Dolomiti Ski Jazz,** im März, Konzerte auf den Skihütten im ganzen Fleimstal, Zuhören ist kostenlos.

Einkaufen **Birra di Fiemme,** Braumeister Stefano Gilmozzi hat in Deutschland und Südtirol gelernt und braut nun sein eigenes Bier in Daiano di Fiemme: Kellerbier, Weizen und ein kupferfarbenes Larixbier. Mehr zum Bier und Verkaufsorte unter birradifiemme.it.

La Sportiva, Via Ischia 3, Ziano di Fiemme, Factory Store des Sportartikelherstellers, hier lässt sich das ein oder andere Schnäppchen machen, lasportiva.com.

Felicetti, in Predazzo befindet sich das auffällige Gebäude des Pastaherstellers, dessen hochwertige Produkte in guten lokalen Restaurants auf den Tisch kommen. Besondere (Kamut) und reine (Monograno) Mehlsorten werden verarbeitet, alles in Bioqualität. Erhältlich in den örtlichen Feinkostläden.

L'Ònes, Via Costa 32, Panchià, sehr guter Grappa aus den Zutaten der Trentiner Bergwelt und der Umgebung, erhältlich im eigenen Laden und in Feinkostgeschäften. Infos unter grappalones.it.

Bergführer **Guide Alpine Val di Fiemme,** beim Tourismusbüro Cavalese, ✆ 338/3377348, guidealpinevaldifiemme.it.

Alpiner Skisport Der Skipass Fleimstal - Obereggen ist gültig in 5 Skigebieten: Alpe Cermis, Ski Center Latemar, Alpe Lusia, Passo Rolle und Oclini und bietet 100 km Pisten mit 50 Liftanlagen. Das Val di Fiemme ist außerdem Teil des Skiverbunds Dolomiti Superski.

Langlauf/Skispringen Das Val di Fiemme war bereits dreimal Austragungsort der Nordischen Weltmeisterschaften. **Langlaufzentren** befinden sich am Lago di Tèsero und am Lavazé-Pass, es stehen insgesamt 150 km Loipen zur Verfügung. Auch die berühmte **Marcialonga** führt durch das Fleimstal.

Eislaufen In der Eishalle Cavalese, Via Cermis, und auf dem Lago di Tèsero.

Radfahren/Mountainbiken Über 300 km Routen im Tal und auf den Bergen. Die kostenlose, informative Broschüre „Biking im Fleimstal" gibt es in den Informationsbüros.

Rafting/Canyoning **Avisio Rafting** organisiert Rafting und Canyoning an/auf dem Torrente Travignolo. ✆ 347/5323839, avisiorafting.it.

Speziell für Kinder **Hochseilgärten:** Nicht nur Kindern macht der Besuch von Abenteuerparks mit den Geschicklichkeitsparcours Spaß. 3 Parks gibt es im Val di Fiemme: *Suan Park* in Ziano di Fiemme, avisiorafting.it. *Parco Adventure Dolomiti* in Castello Molina di Fiemme, Loc. Piazzol, adventuredolomiti.it. *Parco Avventura Cermis,* erreichbar mit der Kabinenbahn Fondovalle – Doss dei Laresi, alpecermis.it. Preise etwa 12–22 €, je nach Schwierigkeitsgrad der Parcours und Aufenthaltsdauer. **Spielplätze:** im Tal und auf dem Berg, besonders attraktiv sind Cermislandia mit Wasserspielplatz an der Bergstation der Kabinenbahn und die Spieleparks Giro d'Ali e Frainus auf der Alpe Lusia.

Die Trentino-Dolomiten → Karte S. 160

Cavalese

Cavalese liegt auf einer sonnigen Terrasse über dem Fleimstal, seit dem Mittelalter ist es der Hauptort des gesamten Tals. Wenn man sich auf der Straße von Auer her nähert, liegt der Ort mit seinem gut erhaltenen Kern und der spitzen gotischen Pfarrkirche wie auf dem Präsentiertablett vor dem Zackenprofil der Lagoraigruppe auf der Südseite des Fleimstals. Für Winter- wie Sommersport ist der Ort gut geeignet: direkte Seilbahn zur *Alpe Cermis* im Lagorai, in *Pampeago* Verbindung zur Skiarena Fleimstal – Obereggen. Die Seilbahn zur Alpe Cermis war 1976 Ort einer Tragödie: Beim Seilriss und Absturz der Gondel kamen 42 Menschen ums Leben.

In der Fußgängerzone von Cavalese

Sehenswertes/Ausflüge

Man nähert sich dem Zentrum des Ortes am besten über die seit einiger Zeit auf dem letzten Wegstück autofreie *Via Fratelli Bronzetti* mit netten Geschäften und einigen stylishen Cafés. An ihrem Ende kommt man auf die *Piazza Cesare Battisti* und erreicht nach wenigen Metern die größte Sehenswürdigkeit des Städtchens, den **Palazzo della Magnifica Comunità di Fiemme.** Der mitten im Ort stehende, mit Wappenfresken geschmückte Bau war früher der Sommersitz der Fürstbischöfe von Trient und Sitz des Verwalters des Fleimstals. Der Bau stammt aus der Renaissance, als die Fürstbischöfe Bernard von Cles und Cristoforo Madruzzo regierten, wurde aber bis auf die Fassade mehrfach umgebaut. Auf dieser Fassade entdeckt man den hl. Vigil, der für Trient und das Trentino „zuständig" ist. 1850 wurde der Palast Sitz der Selbstverwaltung des Tals, eben der *Magnifica Comunità di Fiemme*. Einige der Räume und Säle des 2012 grundlegend renovierten Gebäudes sind mit wertvollen Hölzern getäfelt, andere mit Fresken verziert, zu besichtigen sind auch die mit meterdicken Mauern ummantelten früheren Gefängniszellen. Es gibt temporäre und dauerhafte Ausstellungen, dauerhaft ausgestellt sind die Statuten der autonomen Gemeinde, Gemälde und Sakralobjekte.

Die „Comunità" existiert heute noch, in erster Linie verwaltet sie 20.000 ha Wald. Sie besitzt ein hochmodernes Großsägewerk in Ziano, in dem vorwiegend Holzbretter hergestellt werden. Die Profite werden für soziale Ziele eingesetzt, so für Tierzuchtstudien und generell zur Unterstützung der Landwirtschaft im Fleimstal.

■ **Museo Storico e Pinacoteca delle Magnifica Comunità di Fiemme,** Juli bis Sept. tgl.

(außer Di) 10–12/15–18.30 Uhr. Eintritt 7 €, erm. 4 €, bis 15 J. frei. Führung 15.30 Uhr (4 €). Piazza Battisti 2, ☏ 0462/340812, palazzomagnifica.eu.

Pfarrkirche Santa Maria Assunta: Die 1136 geweihte, in der Spätgotik neu gebaute Kirche fällt durch ihren hohen Glockenturm auf. Neben ihr steht ein tempelartiger klassizistischer Bau, das *Heiligtum der Sieben Schmerzen Mariä*, in dem ein altes Gnadenbild aufbewahrt wird, eine gotische Pietà.

Passeggiata Don Bruno Bonelli: Wenige Meter westlich der „Comunità" plätschert der schmale Rio Gambis in einem steinernen Bett durch die Altstadt. Über mehrere Straßenzüge hinweg wurde mit Leitern und Stegen aus Stahl ein Fußweg errichtet, der dem Wasser folgt und dabei auch die Rückseite des *El Molin* (samt original hölzernem Mühlrad) passiert. Bruno Bonelli war ein Priester und Insektenforscher aus Cavalese. Der kleine, aber feine Weg ist mit einigen modernen Kunstwerken dekoriert, unter anderem Statuen von Matthias Sieff, einem in Cavalese geborenen und in Mazzin im Fassatal lebenden Skulpteur, der expressive Porträts in Holz schafft (sieffmatthias.it).

Carano: Ein kleiner Bergort mit engen Gassen, selbst die Hauptstraße ist im winkeligen Zentrum gepflastert. Jahrhundertealte Häuser mit dicken Mauern drängen sich aneinander, teils mit ausladenden Holzbalkonen versehen. Der Ort liegt hoch über dem Fleimstal mit grandiosem Ausblick auf Cavalese und die waldreichen Talflanken mit dem Lagorai im Südosten. Bei der Kirche im Zentrum lädt die innen zeitlos moderne *Bar Luna* mit Panoramaterrasse (Blick auf den Lagorai) zum Aperitivo. Wenige Schritte oberhalb liegt die Bäckerei *Panificio Tarter* mit Café und ebenfalls nette Terrasse.

MeinTipp **Le Fontanelle,** B & B mit nur 4 aus Naturholz eingerichteten Zimmern, der Frühstücksraum ist manchmal zugleich Bar. Heimelig und originell, das Frühstück liebevoll auf der großväterlichen Werkbank drapiert, darunter zahlreiche von Hausherrin Roberta frisch zubereitete Dolci, alles sehr lecker! Via Bivio 4/A, ☏ 349/2833949, bblefontanelle.com. **€€–€€€**

Tèsero: Die gotische *Kirche San Leonardo* mit ihrem romanischen Glockenturm steht an der höchsten Stelle von Tèsero, drinnen befinden sich reichhaltige gotische Fresken und ein Altarbild von Francesco Unterperger (1542). Der Weg hinauf führt über steile kopfsteingepflasterte Gassen, vorbei an gemauerten Häusern mit düsteren Innenhöfen und bröckelnden Bogendurchgängen, Gemüsegärten und Blumenbeeten. Neben der Kirche liegt der Gedenkfriedhof mit den Opfern des Unglücks von Stava (s. u.). Im Ort selbst mit seinem schönen barocken Rathaus, den freskengeschmückten Fassaden und der Renaissancekapelle San Rocco gibt es einige Holzschnitzerwerkstätten.

Die ebenfalls gotische *Kirche Sant'Eliseo*, ursprünglich aus dem 13. Jh., ist durch Steinsäulen aus dem 15. Jh. in einen dreischiffigen Innenraum untergliedert. Ein Triptychon von Duilio Corompai aus dem Jahr 1934 zeigt Szenen aus dem Leben des Namenspatrons der Kirche. Der barocke Hauptaltar wurde von den Gebrüdern Benedetti da Castione 1732 aus Marmor gefertigt.

In der Adventszeit ist Tèsero ein beliebtes Ausflugsziel, denn dann steht der Ort ganz im Zeichen der Veranstaltung „Tèsero und seine Krippen". Präsentiert werden dann neben kleinen Weihnachtskrippen auch lebensgroße Krippen auf Plätzen und in Hinterhöfen.

Fleimstalradweg: Die alte Fleimstalbahn machte natürlich in Cavalese halt. Der Fleimstalradweg verläuft aber am Talboden und damit unterhalb von Cavalese, nicht auf der alten Trasse. Die Verbindung von Cavalese aus führt ab dem Friedhof (Via Giacomo Bresadola) zunächst auf einem Schotterweg bergab und durch einen 107 m langen

Die Trentino-Dolomiten → Karte S. 160

Tunnel; weiter bergab geht's dann asphaltiert und schließlich auf der Straße Richtung Masi über eine Brücke. Man fährt durch Masi hindurch und kurz darauf auf den von Molina di Fiemme kommenden Radweg. Wenn man vom Tal nach Cavalese hinaufwill, folgt man ab Masi den Beschilderungen *easy bike*, die leider leicht zu übersehen sind, und landet dann auf der Bahntrasse, unschwer zu erkennen an der konstanten Steigung des Wegs. Der alte Bahnhof von Cavalese dient heute übrigens als Busbahnhof.

MTB-Rundtour oberhalb von Cavalese: Eine von mehreren mit *easy bike* beschilderten Routen führt von Cavalese über Carano nach San Lugano, dort Richtung Altrei, weiter über Guggal zum Wasserlehof, ab dort muss man dann eine steile und geröllige Abfahrt nach Molina absolvieren. In Molina auf den Radweg und zurück nach Cavalese (25 km, 600 hm, 3 Std.).

Valle di Stava und Alpe di Pampeago: In Tésero zweigt die SP 215 ab ins üppig bewaldete Valle di Stava. Dieses Seitental des Fleimstals war 1985 Schauplatz einer schweren Tragödie, als beim Absetzbecken eines Bergwerks der Damm brach und eine gewaltige Schlammlawine ausgelöst wurde, die 268 Menschen in den Tod riss. Eine als Museum konzipierte *Gedenkstätte*, die von einer 1985 gegründeten Stiftung zu Ehren der Opfer errichtet wurde, erinnert am nördlichen Ortsausgang von Stava daran (stava1985.it). Kurz danach zweigt nach rechts eine Straße ab zur *Alpe di Pampeago*, die man nach 4 km erreicht. Dort haben sich auf 1750 m Höhe diverse Hotels für Wintersportler angesiedelt, zwei Sessellifte, beide Teil der Erlebnisregion *Latemarium* (→ S. 112), starten von hier: Der eine führt an den Fuß des *Latemar*, der andere auf den *Monte Agnello*. Am Monte Agnello gibt es den 3 km langen, lohnenswerten Themenpfad *RespirArt* mit einer beständig wachsenden Zahl von spektakulären Installationen und Kunstwerken moderner Künstler (respirart.com). Von der Bergstation des Sesselliftes wandert man in etwa 30 Min. zum Gipfel des Agnello oder in 20 Min. zur Hochfläche *La Porta*. Hier wie dort genießt man ein spektakuläres Panorama: die Felszacken des Latemar mit dem – einem Adlerhorst gleich – am Grat gelegenen *Rif. Torre di Pisa* und in der Ferne das Etschtal, der Ritten sowie die Sarntaler Alpen. Westlich des Latemar präsentiert der langgezogene Zanggenberg seine grasigen Flanken und bricht im Osten zum *Lavazè Pass* hin ab, der wiederum den Übergang vom Trentino nach Südtirol markiert.

▪ **Sessellift Pampeago–Latemar,** Mitte Juni bis Ende Sept. 8.30–13/14.15–17.30 Uhr, einfach 8,50 €, Berg/Tal 15 €. **Sessellift Pampeago–Agnello,** Ende Juni bis Mitte Sept. Zeiten und Preise s. o., Kombiticket Berg/Tal 25,50 €, Infos unter latemar.it. **Rifugio Monte Agnello,** 2180 m, an der Bergstation des Sessellifts, traditionelle Trentiner Küche, Sonnenterrasse mit Ausblick.

Auf die Alpe Cermis unter dem Lagorai: Südlich des Orts ragen die Gipfel des Lagorai auf, eine der einsamsten Berggruppen der Dolomiten. Die zahlreichen kleinen Seen, hoch oben in den Karen und völlig untypisch für die Dolomiten, werden von sehr wenigen Wanderern bewundert, der Lagorai ist in großen Abschnitten de facto unberührt. Nur der Bereich der Alpe Cermis südlich von Cavalese ist gut erschlossen, im Sommer mit einigen schönen Wanderwegen, u. a. zu den drei fischreichen **Laghi di Bombasèl** (45 Min.), im Winter mit Skiabfahrten. Aber auch hier gibt es mit Ausnahme des unmittelbaren Seilbahnbereichs keine bewirtschafteten Hütten. Im Süden grenzt die Lagoraikette an die wuchtige Gruppe der *Cima d'Asta*, die vollends undolomitisch ist: Sie besteht aus kristallinem Material, aus Urgestein.

Von Cavalese auf die Alpe Cermis 2x umsteigen: **Kabinenbahn Cavalese – Fondovalle**

(Mittelstation im Tal) – **Doss dei Laresi, Kabinenbahn Doss dei Laresi – Cermis, Sessellift Lagorai,** Mitte Juni bis Sept., 9–13/14–17.15 Uhr, Kombiticket Berg/Tal 25 €, Einzelabschnitte 6,50/16 €. Infos unter alpecermis.it.

Rifugio Paion, 2250 m, an der Bergstation des Sessellifts, Sonnenterrasse mit Liegestühlen und tollem 360-Grad-Blick auf Marmolada, Pale di San Martino, Ortlermassiv und Brenta. Gute traditionelle Küche.

Praktische Infos

Information **APT Cavalese,** Cavalese, Via F.lli Bronzetti 60, ✆ 0462/241111.

Verbindungen Cavalese hat direkte **Busverbindungen** mit Trient (über Auer und das Etschtal oder langsamer über das Fleimstal), Bozen, Canazei und (selten) Primiero sowie Feltre. Busstation/Unternehmen Trentino Trasporti.

Arzt/Krankenhaus **Ärztlicher Bereitschaftsdienst** im Krankenhaus Cavalese, Via Dossi 17, ✆ 0462/242111.

Baden/Schwimmen Hallenbad mit Kinderbecken und Rutsche, Via Rossini, sagis.tn.it. Nördlich des Ortes am Radweg liegt der romantische **Biolago Predazzo,** ein perfekter Tipp für einen Familienausflug. Der See ist max. 1,50 m tief und reinigt sich durch geeignete Pflanzengürtel selbst, deshalb der Name. Dort kann man baden, auf Holzstegen und der Wiese abhängen oder im gleichnamigen Lokal einkehren. Geöffnet Anf. Juni bis Ende Sept., Tageskarte 4,50 €, erm. 3,50 €, Via Hallbergmoos, biolagopredazzo.it.

Radfahren **MTB-Verleih** im Sportcenter in Lago di Tèsero (im Tal unterhalb des Ortes an der Ciclabile delle Dolomiti), ✆ 0462/814064.

Wintersport **Skiverleih:** Sport Cermis, Via Cermis 1; **Skischule:** Alpe Cermis Cavalese, Via Cermis 32, ✆ 0462/341303, scuolascicermis.it. **Eislaufplatz** Lago di Tèsero, hier auch **Langlaufzentrum.**

Einkaufen **Caseificio Sociale Val di Fiemme,** Schaukäserei mit Direktverkauf, Ziegen- und Kuhmilchkäse, Feinkost; Führungen im Winter Fr 9.30 Uhr. Via Nazionale 8, Ville de Fiemme, caseificiocavalese.it.

Delizie Welponer, Feinkostgeschäft, große Auswahl an Spirituosen, Felicetti-Pasta, Eingelegtem und Saucen. Via F.lli Bronzetti 27, deliziewelponer.it.

Naturkostladen Eder, lokale Produkte und Spezialitäten, Tee, Grappa, Kosmetik. Via F.lli Bronzetti 7.

Veranstaltungen **Processo alle Streghe,** 1. Januarwoche, Volksfest zur Erinnerung an die Hexenprozesse.

Desmontegada de le càore, im Sept. Almabtrieb der Ziegen und Schafe. Geschmückte Ziegen werden in Herden durch die Stadt getrieben, außerdem Ausstellungen, Seminare und Wettbewerbe zur Tierzucht und natürlich viele rustikale Köstlichkeiten, v. a. solche aus Ziegenmilch.

Übernachten/Essen ****** Orso Grigio,** der „Graue Bär" ist ein alteingesessenes Stadthotel, das zum Biohotel umgebaut wurde. Angenehm modernisierte, individuell eingerichtete Zimmer, teils mit Terrasse, aber kein Balkon. Sauna und Whirlpool, gutes Restaurant. Via Giovanelli 5, ✆ 0462/341481, hotelorsogrigio.it. **€€€–€€€€**

***** Maso San Michele,** das sympathische Garni liegt in einem hübschen, äußerst ruhigen Weiler im Tal. 8 gemütlich mit Altholz ausgekleidete Zimmer, sehr gutes Frühstück, kleiner Wellnessbereich. Via Chiesa 94, Masi di Cavalese, ✆ 0462/342671, masosanmichele.it. **€€€–€€€€**

El Molin, den Michelinstern – den ersten im Fleimstal – hat das Lokal im Palazzo Riccabona

In der alten Mühle befindet sich heute das El Molin

Die Trentino-Dolomiten → Karte S. 160

mehr als verdient, Trentiner Küchentradition auf höchstem Niveau, kreative Wild- und Fischgerichte, nur abends. Gemütlich-elegantes Ambiente in einer alten Mühle aus dem 17. Jh., rückseitig sind die ehemaligen Anlagen zu sehen, äußerst romantisch auch die Tische im Außenbereich. Weinbar mit Bistro im 1. Stock, Gourmet-Pizzeria im angrenzenden Hotel Excelsior. Di geschl. Piazza C. Battisti 11, ☏ 0462/340074, alessandrogilmozzi.it. **€€€€**

Costa Salici, italienische Jahreszeitenküche und Gerichte mit lokalen Käsen (Puzzone, Tosella, Caprino Cavalese u. a.) in der reizvollen Zirbenstube mit traditionellem Kachelofen, Mo zu (nicht in der Saison). Via Costa Salici 10, ☏ 0462/340140, costasalici.com. **€€–€€€**

Il Ghiottone, Bistro und Café im Zentrum. Kuchen, Focacce, Salate und Pasta in modernem Ambiente. Shop mit lokalen Produkten, Di Ruhetag. Piazza Scopoli 2, ☏ 0462/341985, laltroghiottone.com.

Gelateria Kiss, das örtliche Speiseeis ist wert, dass man es probiert, etwa in dieser Gelateria am Platz direkt an der Durchgangsstraße. Piazza Italia 5.

Bar Roma, modern eingerichtetes, kleines Café mit netter Außenterrasse in der verkehrsberuhigten Zone, ideal für einen Aperitivo. Via F.lli Bronzetti 26.

Aspen Pub, hippe Bar direkt gegenüber der Comunità, netter Außenbereich an der gepflasterten Hauptstraße, *der* Ort zum People Watching beim Aperitivo. Mo geschlossen. Piazza Cesare Battisti 1.

In Tèsero **Darial,** Agriturismo mit Ziegenzucht, die Ziegenkäse sind berühmt, hübsche Stube, modern und komfortabel eingerichtete Apartments für 2–6 Pers., Frühstück und Merenden auf Anfrage, kleiner Wellnessbereich. Via Cavada 61, ☏ 0462/814705, agriturdarial.it. **€€**

Predazzo

Im Gegensatz zu Cavalese liegt Predazzo auf dem Talgrund. Einige schöne ältere Bauten liegen abseits der Durchgangsstraße. Vom Gesamteindruck her eine durchschnittliche italienische Stadt in den Bergen. Besuchenswert ist die Umgebung: Latemar, das ganze Fassatal und das hier beginnende, zum Rollepass und ins Primiero führende **Val Travignolo.** Im Winter blüht Predazzo auf: Es ist ein bedeutendes Zentrum des *Skilanglaufs* und besitzt ein hervorragend ausgestattetes *Skisprungzentrum.*

Sehenswertes/Ausflüge

Im Ort: Die spätgotische *Friedhofskirche San Nicolò* (etwas westlich der modernen Pfarrkirche) besitzt im Chor noch Fresken aus der Entstehungszeit. Das *Geologische Museum der Dolomiten* (eine Dependance des Naturwissenschaftlichen Museums *Muse* in Trient) ist ebenfalls einen Besuch wert: Im Mesozoikum gab es im Gebiet des südlichen Latemar große vulkanische Eruptionen. In den Kontaktbereichen findet man seltene und interessante Mineralien und Kristalle, die im Museum aufbewahrt werden. Sinnvolle Ergänzung ist der *geologische Lehrpfad Dos Capèl* zwischen der Bergstation der Seilbahn von Predazzo und der Alpe di Pampeago.

▪ **Museo Geologico delle Dolomiti,** Di–Sa 10–13/16–19 Uhr, im Aug. tgl. Eintritt 5 €, erm. 4 €. Piazza SS. Filippo e Giacomo 1, muse.it (il Muse sul territorio).

Auf den Latemar: Vom Skizentrum nördlich des Orts an der Fassatalstraße führt eine Kabinenbahn, gefolgt vom Sessellift auf die Hänge im Süden des Latemar. Von der Bergstation leichte Wanderung zum *Rifugio Torre di Pisa* an der Südkante des Latemar und evtl. hinunter nach Obereggen.

Kabinenbahn Predazzo – Gardonè, Sessellift Gardonè – Passo Feudo, Mitte Juni bis Mitte Sept. 8.30–17.45 Uhr, Kombiticket Berg 20,50 €, Berg/Tal 24 €, latemar.it.

Rifugio Torre di Pisa, 2671 m, die Hütte wurde schön mit Bruchstein und viel Holz wiederaufgebaut. Juni bis Okt. 36 Betten, ☏ 348/3645379, rifugiotorredipisa.it. **€€**

Speziell für Kinder **Alpine Coaster** Gardonè, ab Bergstation der Kabinenbahn, rasante Talfahrt mit schnellen Schlitten auf fast 1 km Schienen, tgl. 10–17 Uhr, in der Wintersaison 12–16.30 Uhr, Erw. 6 €, Kinder 4,50 €. Dort gibt es auch den großzügig angelegten **Kinderspielplatz** „Drachenreich" und eine Tubby-Piste, die Kinder mit luftgefüllten Reifen hinabsausen können, 5 Fahrten 8 €.

Drei spannende und lehrreiche **Themenwege** wurden angelegt, für alle gibt es an der Kasse des Alpine Coaster ein Spielebuch mit Rätseln (6 €), wenn es ausgefüllt ist, bekommt man ein kleines Geschenk. Wöchentlich werden geführte **Wanderungen** angeboten, mit viel Witz und Theaterspiel, allerdings auf Italienisch. Der **Geotrail Dos Capèl,** 3,5 km lang und mittelschwer, startet an der Bergstation Passo Feudo. In 11 Etappen wird die Geologie der Dolomiten erklärt. Der **Drachenwald** ist ein kunstvoll angelegter Themenweg ab der Bergstation Gardonè, 1,4 km, leicht. Auf 8 mit Land-Art gestalteten Stationen folgen die Kinder den Spuren des Drachens. Der Themenweg **„Der zerstreute Hirte"** startet ebenfalls bei der Bergstation Gardonè und ist 1,5 km lang. Er behandelt das Leben in den Bergen, das Wissen früherer Generationen und die Bienenzucht. Infos zu den Lehrpfaden und Attraktionen auf montagnanimata.it.

Erlebnisreich Latemarium, 10 Themenwege erschließen das Gebiet für die Besucher. → S. 112

Durch das Val Travignolo zur Alpe Lusia und zum Rollepass: Die Straße zum Rollepass und nach San Martino di Castrozza und ins Primiero führt ab Predazzo durch das Val Travignolo. Während die Lagoraigruppe im Süden völlig unerschlossen ist, hat die *Lusiagruppe* im Norden vom grünen Wiesenflecken Bellamonte aus eine Gruppe von Aufstiegsanlagen.

Man passiert das auf einem hübschen Wiesenplateau gelegene *Bellamonte* (ein passender Name) und erreicht an dessen Ende den Abzweig zur *Alpe Lusia*. Von hier sind es 1,5 km bis zum Parkplatz Castelir. Die Seilbahn fährt in zwei Abschnitten bis zur *Chalet 44 Alpine Lounge*, einem hippen, glasverspiegelten Restaurant mit riesiger Panoramaterrasse. Ab hier wandert man in 45 Min. zum *Rifugio Lusia*, von dort reicht der Blick hinüber ins Fassatal und zum Rosengarten. Im Winter ist die Alpe ein Skisportparadies. Die Almhochfläche selbst liegt unterhalb der felsigen Cima Viezzena, neben ein paar verstreuten Hütten gibt es schöne Lärchen. An der Mittelstation der Bahn befindet sich neben der *Baita Bucaneve* der Spiel- und Wasserpark *Giro d'Ali*, für Kinder eine wirklich spektakuläre Möglichkeit, den Tag zwischen kleinen Wasserläufen und Weihern zu verbringen, zu hüpfen, zu balancieren oder auf der Liegewiese zu picknicken.

- **Kabinenbahn Bellamonte 3.0 Castelir – Le Fassane – La Morea,** Mitte Juni bis Mitte Sept. 8.30–12.45/14–17.15 Uhr, Berg 17 €, Berg/Tal 21 €. Der Spielepark Giro d'Ali und der interaktive Spazierweg Frainus befinden sich an der Mittelstation Le Fassane, Berg mit Eintritt 21,50 €, Berg/Tal 25 €, Kinder 8–16,50 €, nur Eintritt 8 €, alpelusia.it.

Auf der Weiterfahrt zum Passo Rolle tritt man alsbald in den dichten Wald *Paneveggio* ein, den größten und vom Orkan Vaia (→ S. 257) am stärksten betroffenen des Trentino. Eine längere Strecke fährt man entlang dem Stausee

Schafweide unter Liften, typisch Trentino

Lago di Paneveggio auf 1458 m. Auf einer Lichtung liegt eines der Informationshäuser des *Naturparks Paneveggio – Pale di San Martino*, der diesen Wald schützen soll. Ein Besuch der Information (→ „Centro Visitatori") sollte zu einer Fahrt durch das Val Travignolo gehören.

Am *Passo Rolle* ändert sich die Landschaft komplett: Die unglaublich steilen Wände der Pale di San Martino bestimmen jetzt das Bild. Der nächste Gipfel ist der *Cimone della Pala*, ein extremer, fast überhängender Felszahn von 3184 m. Der Abstecher zur *Baita Segantini* ist empfehlenswert, zu Fuß oder mit dem Mountainbike (Sträßchen im Sommer für Pkw gesperrt, Shuttlebus-Service). Von der Terrasse der Baita im ersten Stock hat man eine unübertreffliche Aussicht auf den Cimone della Pala.

Radtour/Wanderung durch das Val Venegia: Start der MTB-Tour ist am Parkplatz zur Baita Segantini. Nach wenigen Metern Abzweig Richtung *Malga Juribello,* eine schöne alte Alm von 1929, auch Übernachten möglich. Ab hier geht's bergab in den Wald, Abzweig zur *Malga Venegia*. Langes Waldstück, die letzten 200 m müssen bergab geschoben werden, der Weg ist zu ausgewaschen und steinig. Ankunft an großem **Parkplatz** an der Straße zum *Passo Valles* (SP 81), ab hier Richtung *Val Venegia*. Schon bald öffnet sich das grandiose Hochtal zu Füßen der Pala, mit zwei Almen zur Einkehr (Malga Venegia und Malga Venegiota). Am Talgrund sind sanfte Weiden mit mäanderndem Fluss, oben eine wilde Geröllwüste zu Füßen der Felswände. Der Weg führt schließlich in weiten Serpentinen die letzten 300 hm hinauf zur *Baita Segantini*. Dort gibt es eine originelle Sitzinstallation mit drehbaren Sesseln, sehr unterhaltsam. An Infosäulen erfährt man Nützliches und Trauriges z. B. über den Rückgang des gegenüberliegenden Gletschers Travignolo, noch vor hundert Jahren ein stolzer Eispanzer, jetzt zu wenigen isolierten Eisflecken geschrumpft. Ab der Baita auf breitem Fahrweg zum Ausgangspunkt. Insgesamt etwa 2:30–3 Std., etwas Erfahrung sollte man mitbringen (16 km, 600 hm).

Als Alternative wandert man ins *Val Venegia* bis zur *Baita Segantini* vom großen **Parkplatz** an der Straße (SP 81) zum *Passo Valles* (Abzweig etwa 5 km westlich vom Passo Rolle). Etwa 450 hm, 5 km einfach, hin und zurück 3 Std.

Wanderung von der Malga Rolle über die Laghi Colbricon zum Monte Cavalazza: In etwa 1 Std. Wanderung durch den Bergwald zu den Laghi (Beschreibung (→ S. 305), Wanderung 11), insbesondere frühmorgens wegen des ruhigen Wassers und der Spiegelung der Berge eine Schau! Vom Rifugio Colbricon (Einkehr) geht ein steiler und steiniger Weg in 1 Std. auf den *Monte Cavalazza* (2381 m). Tolle Aussicht von oben auf die Pale, San Martino und die Almen des Rollepass, aber auch ein von Schützengräben und Bombenkratern geschundener Berg. 10 Min. bergab, dann teilen sich die Wege. Der obere ist interessanter und führt in steilen Kehren auf die *kleine Cavalazza,* 15 Min. Hier befinden sich zahlreiche Stollen und Höhlen. Ein neu angelegter, seilgesicherter Steig (als Via ferrata markiert, aber ohne Schwierigkeiten, Schwindelfreiheit reicht) führt rechts um die Felsen herum und bietet Einstiegsmöglichkeiten in mehrere Stollen (15 Min.). Danach wandert man weiter den Grat entlang in etwa 30 Min. durch felsübersäte Wiesen bergab Richtung Rollepass bis zur Bergstation des Sessellifts Paradiso. Den Lift nehmen und unten auf dem Forstweg in 10 Min. zum Startpunkt gehen. Alternativ Richtung Rollepass zu Fuß, leider einen Teil auf der Piste (30 Min.), und der Weg hinunter zur Malga Rolle über die Wiesen ist auch nichts Besonderes (10 Min.). Insgesamt knapp 600 hm, 3:20 Std mit Lift, 4 Std. ohne Lift.

Sessellift Paradiso, Mitte Juli bis Ende Aug. 9–13/13.40–16.40 Uhr, Berg 7 €, Berg/Tal 11 €, sanmartinorolle.it.

Centro Visitatori, Paneveggio, im Park nahe der Straße, Mitte Juni bis Mitte Sept. 9–12.30/14–17.30 Uhr, um Weihnachten, Ostern Pfingsten 10–12.30/14–17 Uhr. ✆ 0462/576283, parcopan.org.

Mein Tipp **Baita Segantini,** am Passo Rolle, 2170 m, hervorragende Trentiner Alpenküche, deftige Gerichte wie Polenta mit Gulasch, das schmeckt in der schlichten Stube des Holzbaues besonders gut. Juni bis Sept. tgl. und Weihnachten bis Ostern nur am Wochenende. ✆ 0439/768867.

Mein Tipp **Malga Rolle,** in dem schönen Steinbau an der Straße nach San Martino kann man nicht nur gute Almküche mit Palablick genießen, z. B. Buchweizenspätzle mit Primierokäse und Kartoffelgnocchi mit Kalbsragout, sondern auch den lokalen Käse verkosten und kaufen. Geöffnet Juni bis Mitte Okt. (und damit länger als alle anderen Lokalitäten!) und im Winter, ✆ 0439/768659.

Praktische Infos

Information **APT Predazzo,** Predazzo, Via C. Battisti 4, ✆ 0462/501237.

Verbindungen **Busbahnhof** im Südosten des Orts, Via Marconi 40. Der **Latemar Express** (Bummelzug) verbindet Campingplatz, Ortsmitte und Skizentrum.

Einkaufen **Caseificio Sociale** di Predazzo e Moèna, Produktion und Verkauf der örtlichen Käsesorten, Via Fiamme Gialle 48, puzzonedimoena.com. Ein moderner, äußerst ansprechend gestalteter Verkaufsladen mit Bistro befindet sich am Ortsausgang Richtung Ziano, Via Nazionale 149, puzzonedop.it. In der **Enoteca Predazzo** große Auswahl an Wein, Spirituosen, Speck, Käse und Delikatessen, Piazza ss Fillippo e Giacomo.

Radfahren **Radverleih** bei Local Motion, auch E-Bikes, Via Fiamme Gialle 64, localmotionrent.it, und Bike 4 Fun, Via C. Battisti 25, ✆ 0462/501250, bike4fun.it.

Wintersport Ski Center Latemar mit Obereggen und Pampeago. Langlaufloipe der Marcialonga. 2 km nördlich des Orts an der Straße ins Fassatal Stadion mit 5 Sprungschanzen. Rodelbahnen Gardonè–Predazzo und in Pampeago. Skischule Alta Val di Fiemme an der Talstation, ✆ 0462/502999, scuoladisci.net.

Übernachten/Essen *****S Sass Maor,** angenehmes Haus in etwas beengter Lage, mit recht guten Zimmern, Garten, Sauna und Whirlpool. Via Marconi 4, ✆ 0462/501538, sassmaor.com. **€€€**

***** Rosat,** „Active Hotel" nahe dem alten Zentrum mit Restaurant (So Ruhetag), Sauna, Whirlpool, Fitnesscenter. Die Zimmer sind teils modern und komfortabel renoviert, nur wenige mit Balkon. Via Garibaldi 30, ✆ 0462/501239, activehotelrosat.it. **€€–€€€**

Camping Valle Verde, Platz zwischen Wiese und Wald, gut ausgestattet, sauberer Sanitärbereich, kleiner Wellnessbereich, Bar, Restaurant/Pizzeria. Ende April bis Anf. Okt. Stellplatz und 2 Pers. 24–43 €. Loc. Sotto Sassa 2 (an Straße zum Rollepass), ✆ 0462/502394, campingvalleverde.it.

La Primoteca, modernes Lokal an der Hauptstraße, italienische Küche mit regionalen Akzenten, Pasta, Gnocchi, Bruschette und gute Nachspeisen. C.so Dolomiti 45a, ✆ 0462/502 223. **€€**

Ancora, feine italienische Küche mit Trentiner Touch in schick renovierten Räumlichkeiten des Hotels Ancora. Gute Desserts, Pasta, Via IX Novembre 1, ✆ 0462/501651, ancora.it. **€€**

Black Out, beliebte Bar-Gelateria-Paninoteca, kleine Speisen für den Hunger zwischendurch oder zum Aperitivo am Abend. Via C. Battisti 13.

Botega dal Pan, Pasticceria und Paninoteca, Brot, Süßes und Pizza zum Mitnehmen. Via C. Battisti 7, botegadalpan.it.

Wanderung 11:
Zu den Laghi di Colbricon in der Lagoraikette → S. 305

Kurze, leichte Wanderung zu zwei idyllischen Bergseen

Hotels, Gärten und die Pala über Allem

Das Primiero

Überragt von den Felsspitzen der Pale di San Martino zieht sich das Primiero als schmales Tal gegen Süden. Auf fast 1500 m Höhe liegt das Touristenzentrum San Martino di Castrozza, das hübsche Fiera di Primiero, nur 14 km entfernt, liegt nur noch auf ca. 700 m.

San Martino und die Orte tiefer unten im flachen Talbecken des Primiero sind auch klimatisch Gegensätze: Während San Martino als Luftkurort Karriere machte, liegen die vier Talorte in einem milderen, aber im Herbst auch nebelreicheren Klima. Abgesehen von *Fiera di Primiero* sind *Tonadico*, *Siror* und *Transacqua* noch Dörfer. Die vielen, oft ganz nahe nebeneinanderstehenden Heuhütten in den ausgedehnten Wiesen werden noch genutzt. Im Sommer sind die Kühe und das Kleinvieh auf den Almen. Ihre Rückkehr, die *Desmontegada*, ist ein großes Fest, das mit Polenta aus riesigen Polentaöfen und tonnenweise Bratwurst und geschmolzenem Almkäse gefeiert wird. Obwohl auch Touristen kommen, ist es doch immer noch ein Fest der Bauern, die froh sind, ihre Tiere nach einem langen Sommer wieder heil im Tal zu haben.

Information **APT San Martino di Castrozza, Passo Rolle, Primiero e Vanoi,** San Martino di Castrozza, Via Passo Rolle 165, ✆ 0439/768867, sanmartino.com.

San Martino di Castrozza

San Martino liegt wirklich fantastisch: am Hang, im Norden und Osten überragt von senkrechten Wänden und den 1500 m höheren Spitzen der Pale di San Martino, im Westen von den weichen Formen des östlichen Lagorai, die sich gut für Skipisten eignen, und nach Süden öffnet sich der Blick hinunter ins Primiero. Bevor der Ort von Alpinisten und lufthungrigen Kurgästen aus Altösterreich „entdeckt" wurde, gab es hier nur ein kleines Hospiz, das den Wanderern über den Rollepass jahrhundertelang Unterschlupf gab. 1876 begann der touristische Aufstieg, als in London ein Buch von Walter White, dem Sekretär der Royal Society, erschien: „Holidays in Tyrol, Kufstein, Klobenstein and Paneveggio". Heute hat der Ort eine ausgedehnte und fast alle Geschmäcker bedienende touristische Infrastruktur, die in der Hochsaison zu großer Form aufläuft, um danach mit fest verrammelten Hotels, Restaurants und Boutiquen in Apathie zu enden.

San Martino macht viel daraus, dass Arthur Schnitzlers Novelle „Fräulein Else" (1924 erschienen) in einem San Martiner Hotel spielt. Nicht so sehr die innere Stimme des Fräulein Else, die ihren Vater vom am Spieltisch verursachten Bankrott zu retten versucht, spielt dabei eine Rolle, als vielmehr die Beschreibung der umgebenden Landschaft samt *Alpenglühen* der Pale di San Martino.

Sehenswertes/Ausflüge

Im Ort: An der *Pfarrkirche* mit ihrem romanischen Campanile führt die Schlagader San Martinos vorbei, die *Via Passo Rolle*. Die wichtigsten Hotels und Restaurants, die Geschäfte und öffentlichen Einrichtungen konzentrieren sich hier. Der Kirchturm ist der letzte Rest des *mittelalterlichen Hospizes*, das von den Mönchen 1418 verlassen wurde. Der Übergang des Passo Rolle musste aber aus wirtschaftlichen und strategischen Gründen gesichert werden, er war für die habsburgischen Interessen im Primiero lebenswichtig (im Süden grenzt das Primiero an Venetien, damals Ausland). Die Grafen Welsperg, Habsburgs Vögte im Primiero, übernahmen also den gut erhaltenen Bau und bauten ihn zur Festung und Mautstelle um.

Im 19. Jh. kamen englische Touristen als Vorhut der Massen, die den Ort heute im August und zu Weihnachten überfallen. Vier junge Männer aus San Martino dienten ihnen als Bergführer, der im Namen der Cima di Ball verewigte Mr. Ball regte den Bau eines Hotels an. Das „Alpino" war 1883 fertig, hatte 15 Betten, 1893 wurde es als „Hôtel des Dolomites" wesentlich vergrößert wieder eröffnet. Das ehemalige Hospiz wurde 1888 zum „Hotel Rosetta", Vorgänger des heutigen, aber an einem anderen Platz errichteten „Hotel des Alpes" (von 1908). Als sich die Österreicher 1915 aus strategischen Gründen auf den Rollepass zurückzogen, fackelten sie den Ort ab. Nur die Kirche blieb übrig, was wir heute sehen, entstand nach 1919.

Pfarrkirche mit romanischem Turm

Auf die Pale di San Martino: Es gibt kaum einen bequemeren Anstieg auf die Gebirgsgruppe als die im Ort beginnende Umlaufseilbahn auf den *Col Verde*. Schon hier oben sind die Ausblicke eindrucksvoll, aber dann wird's wild: Die kleine Kabinenbahn, die von hier auf die *Cima di Rosetta* führt, quert eine Schlucht, dass den meisten der Atem wegbleibt. Oben findet man sich auf einem weitläufigen welligen Plateau wieder. In knapp 30 Min. erklimmt man die Cima della Rosetta, die einen atemberaubenden Ausblick hinab ins Tal gewährt. Nur eine Viertelstunde leicht bergab auf ausgetretenem Steig ist es von der Bergstation zum *Rifugio Rosetta*. Vor einigen Jahren wurde die gesamte Hochfläche der Pale von Müll gesäubert. Seither ist das Wandern abseits der Wege untersagt und allerorten weisen Schilder darauf hin, dass kein Unrat hinterlassen werden darf. Einen wirklichen Eindruck von der großartigen Einsamkeit des Plateaus erhält aber nur, wer längere Touren auf sich nimmt. Mögliche Tagestouren für erfahrene Bergsteiger sind der Weg zum Rifugio Pradidali sowie auf die Cima Fradusta, mit 2939 m schon fast ein Dreitausender und mit märchenhaftem Rundumblick über die Pale und den Rest der Welt (so hat man den Eindruck) ausgestattet. Die Gegend gleicht einer Mondlandschaft, nur wer genau schaut, findet winzige Pflanzen. Die obersten Bereiche waren früher völlig von Gletschern bedeckt, seit 1870 sind fast alle abgeschmolzen. Ein kümmerlicher Rest klebt an der steilen Nordwand der Cima Fradusta, aber in wenigen Jahren wird auch er verschwunden sein. Darüber hinaus bedeuten die Pale di San Martino vor allem wilde Klettergipfel: Sass Maor, Schleierkante, Cima di Ball, Pala di San Martino, Cima Canali. Wie so oft in den Dolomiten waren neben den Wienern englische Touristen die ersten Gipfelstürmer, der Name Ball erinnert an einen von ihnen. Wer sich diesem grandiosen Umfeld über mehrere Tage ausliefern mag, hat die Möglichkeit, den mehrtägigen **Palaronda Trek** zu buchen, eine fantastische Rundwanderung mit Übernachtung in einfachen Hütten. Bei klarem Wetter und auch im Hochsommer vorkommenden nächtlichen Minusgraden lässt sich ein Sternenhimmel und die Milchstraße in einer Deutlichkeit erleben und inspizieren, wie das heutzutage kaum noch möglich ist. Die abwechslungsreichen, mitunter anstrengenden Tagesetappen liegen bei 4–7 Std., bis zu 1100 Höhenmeter sind zu bewältigen. Diese Rundwanderung eignet sich für geübte Wanderer, die anspruchsvolle **Palaronda Ferrata** dagegen für erfahrene Wanderer mit Kondition, Klettersteigerfahrung und entsprechender Ausrüstung.

Eine Steinwüste zwischen Felstürmen: die Pale di San Martino

Kabinenbahn Colverde und **Seilbahn Rosetta,** Mitte Juni bis Anf. Okt. tgl. 8.15–16.50 Uhr, in NS nur am Wochenende, Kombiticket Berg 18 €, Berg/Tal 29 €, sanmartinorolle.it.

Rifugio Rosetta, 2581 m, CAI-SAT, 70 Betten, Mitte Juni bis Ende Sept. und teilweise im Winter, ✆ 0439/68308, rifugiorosetta.it. **€€–€€€**

Rifugio Pradidali, 2278 m, CAI Treviso, 64 Betten, Ü/HP 53 €, Juni bis Ende Sept., ✆ 0439/64180, rifugiopradidali.com. **€€–€€€**

Es gibt zwei Varianten, die Palagruppe zu erkunden: Bei beiden ist das Seilbahnticket für die Auf- und Abfahrt inklusive, der **Palaronda Trek** beinhaltet drei Hüttenübernachtungen (260 € mit HP), die **Palaronda Ferrata** wird in mehreren Varianten angeboten (ab 2 Übernachtungen/HP für 185 € bis 7 Übernachtungen/HP für 565 €). Die Voucher für Seilbahn und Hütten holt man am Tag vor dem Start im Tourismusbüro in San Martino ab. Das Auto lässt sich problemlos an der Talstation der Seilbahn zum Col Verde abstellen. Da der Trek sehr populär ist, empfiehlt sich eine frühzeitige Buchung unter palarondatrek.com (dort auch nähere Infos zu den einzelnen Hütten).

Im Naturpark Paneveggio – Pale di San Martino: Der Wald von Paneveggio, einer der größten Wälder der Region, und die Pale di San Martino sind in einem Naturpark zusammengefasst. In drei Naturparkhäusern in San Martino, Val Canali und Paneveggio (→ S. 201) sowie auf dem Öko-Lehrpfad Vanoi samt Ökomuseum Prà de Madègo (in Caoria) gibt es Informationen über den Park.

Beim Naturparkhaus im Westen von San Martino beginnt ein schöner Naturlehrpfad, der u. a. ins geschützte Feuchtgebiet Prà delle Nasse führt (Schild am Beginn). Folgt man dem Weg am Bach entlang, erreicht man alsbald eine schöne, neu gestaltete Parkanlage mit Sitzbänken sowie Picknick- und Spielplätzen.

▪ **Centro visitatori di San Martino di Castrozza,** Via Laghetto, Klima, Geologie, Fauna und Flora sowie Archäologie des Parks. Ende Juni bis Mitte Sept. tgl. 9–12.30/15.30–18.30 Uhr, Eintritt frei, ✆ 0439/068043, parcopan.org.

Praktische Infos

Information **APT San Martino di Castrozza,** San Martino di Castrozza, Via Passo Rolle 165, ✆ 0439/768867, sanmartino.com.

Verbindungen **Bus:** Haltestelle Via Pezgaiart 16 (neben der Ambulanz), nach Trient 2x, nach Feltre 10x tgl., auch nach Predazzo und Bozen.

Einkaufen Fast alles, was es zu kaufen gibt, ist an der **Via Passo Rolle,** der Hauptstraße des Ortes, zu finden. Großer Block mit Läden vor dem Apartmenthaus Palazzo Sass Maor unterhalb der Brücke der Via Passo Rolle im Ortszentrum, z. B. **Pasticceria Lucian,** Nr. 87, Kuchen, hausgemachtes Gebäck und Schokolade, alles sehr appetitlich angerichtet.

Unterhalb der Kirche befindet sich eine verkehrsberuhigte Ladenzeile (Via Val die Roda) mit Sitzgelegenheiten. Neben mehreren Boutiquen und einem Buchladen gibt es dort **La Mia Enoteca Renzo** mit großer Auswahl an lokalen und italienischen Weinen und Spirituosen.

Radsport Die **San Martino Bike Arena** für Downhill-Profis besteht seit 2013 an der Alpe Tognola, Strecken mit unterschiedlichem Schwierigkeitsgrad von der Bergstation der Tognola-Seilbahn bis zur Talstation. Juni bis Anf. Okt., Tagespass mit Bahn 29 €, sanmartinobike arena.com und tognola.it. Der neue Colbricon Express mit 2 Trails und einer Jump Line bringt Biker, aber auch Wanderer zur Bergstation auf 1820 m, Juni bis Ende Sept. 8.30–16.30 Uhr, Berg 9 €, Berg/Tal 15 €, Tagespass für den Bike Park 27 €.

Wandern/Bergsteigen/Klettern Bergführerbüro, Via Passo Rolle 165 (im Haus des APT).

Wintersport San Martino bildet mit dem Passo Rolle eine eigene Skiarena innerhalb von *Dolomiti Superski:* 22 Aufstiegsanlagen, 60 km Pisten. 2 Snowparks für Snowboarder. Langlaufzentren am Prà delle Nasse und am Passo Cereda (an der Straße von Fiera di Primiero in das Àgordo), Loipe am Passo Rolle. Skischule Nuova Scuola Italiana Sci, ✆ 0439/68182, scuolascisanmartino.it.

Übernachten/Camping San Martino setzt neben zahlreichen Hotels auf Apartments. Wie auch die Hotels öffnen die meisten „Residences“ nur in der HS (ca. Mitte Juni bis Anf. Sept. und Weihnachten bis Ende 1. Märzwoche). Für die Wintersaison gibt es ab der 2. Januarwoche

Wanderung 12: Rund um die Pale di San Martino → S. 306
Anstrengende, lange Hochgebirgstour mit Plateauüberquerung

zumeist nur Wochenbuchungen. Mitte Sept. bis Ende Nov. und letzte April- bis erste Juniwoche ist fast alles geschlossen.

****** Des Alpes,** Traditionshaus, etwas kühle Atmosphäre, Hallenbad, Wellnessbereich, gute Zimmer, diejenigen zur Via Passo Rolle nicht ganz leise. Via Passo Rolle 118, ✆ 0439/769069, hoteldesalpes.it. **€€€–€€€€**

Garni Suisse, einfaches, familiär geführtes Hotel, netter Service, Zimmer klein und sauber, Frühstück adäquat, nahezu ganzjährig geöffnet. Via Dolomiti 1, ✆ 0439/67195, garnisuisse.it. **€€–€€€**

***** Maso Col,** 8 elegant und komfortabel eingerichtete Zimmer, Schwimmbad, Sauna. Loc. Col, ✆ 0439/68046, masocol.com. **€€€–€€€€**

Malga Ces, schön gelegene Alm, direkt an der Skipiste, 8 hübsche, gemütliche Zimmer, teils modern im angesagten Alpin-Stil, sehr gutes Restaurant. Seit Kurzem wird ein Camperstellplatz angeboten, 24 Stellplätze, 24 € pro Nacht Loc. Ces, ✆ 0439/68223, malgaces.it. **€€€–€€€€**

Area Camper Tognola, Camperstandplatz mit 80 Plätzen an der Talstation der Seilbahn, ganzjährig, Wasser und Strom. Localitá Fratazza, ✆ 0439/68347.

Essen & Trinken **Da Anita,** Restaurant mit ausgezeichneter Küche, der Toséla, den man im Primiero erzeugt und geschmolzen zur Polenta isst, schmeckt hier besonders gut – oder probieren Sie das Rehgulasch, natürlich ebenfalls mit Polenta. Zum Nachtisch Buchweizentorte oder eine der anderen Torten tirolisch-österreichischer Tradition. Via Cavallazza 24, ✆ 0439/768893, ristorante-da-anita.com. **€€–€€€**

Ein Cocktail im Zentrum geht immer

Malga Ces, so geerdet wie traditionell, viele eigene Almprodukte finden den Weg in die feinen Gerichte des Hauses. Tolle, aussichtsreiche Lage. Loc. Ces, ✆ 0439/68223, malgaces.it. **€€**

Maso Col, veritables Restaurant im Gründerzeithaus mitten im Grünen außerhalb des Orts (zu erreichen über Via Pezgaiart, beginnt hinter Hotel Cimone an Via Passo Rolle), Garten, feine, regionale Küche mit Trentiner Spezialitäten. Loc. Col, ✆ 0439/68046, masocol.com. **€€**

Pizzeria-Spaghetteria Sass Maor, Lokal in der Ortsmitte an der Hauptstraße mit Imbissen, Pasta und rustikalen Gerichten, eine volkstümliche „Birreria", wie man sich halt so ein Bierlokal nördlich der Alpen vorstellt. Laut und recht gemütlich. Via Passo Rolle 30, ✆ 0439/68340.

La Mia Enoteca Renzo, urige Weinbar, schrulliger Besitzer, nett für einen Aperitivo, entspannt sitzt man draußen. Piazzetta La Crodaroi 3.

Pizzeria Slalom, hat auch im Oktober offen, wenn der Rest des Ortes im Tiefschlaf liegt. 50 riesige Pizzen, schneller und freundlicher Service. Via Fontanelle 9, ✆ 0439/68003.

Lo Sfizio, Bar und Crêperia mit origineller Inneneinrichtung und geräumigem Außenbereich, es gibt Aperitivi, Snacks, Frittiertes, leckere Crêpes und ausgewählte Weine, hierhin kann man zu jeder Tageszeit gehen und wird stets etwas Passendes finden. Und gechillte Musik läuft auch immer. Via Val di Roda, ✆ 340/8056416.

MeinTipp **Malga Civertaghe,** 1376 m, von San Martino mit dem Mountainbike (30 Min.) oder mit dem Auto (10 Min., das letzte Stück nur zu Fuß, etwa 20 Min.) erreichbare urige Alm auf einer weiten Wiesenfläche am Fuße der Pale di San Martino gelegen. Die älteste Alm des Trentino (von 1905) wird seit 2013 von drei engagierten Geschwistern betrieben. Sie servieren rustikale Snacks (u. a. einen gigantischen gegrillten Almkäse) an einem Kiosk inmitten der Wiese. Über allem wacht der gutmütige, weißbepelzte Hüttenhund mit seinem treuherzigen Blick, der sogar einige vor Ort zu erwerbende Postkarten ziert. Alles in allem ein Plätzchen mit Kultpotenzial. Loc. Civertaghe, malga-civertaghe.it.

Fiera di Primiero mit der Pala

Die Trentino-Dolomiten → Karte S. 160

Fiera di Primiero und Umgebung

Bergbau und Almwirtschaft waren die Stützen des Primiero. Nach dem Zusammenbruch des Bergbaus nach 1500 durch die Konkurrenz aus dem spanisch-habsburgischen Besitz in Amerika, kamen arme Jahrhunderte. Erst der Tourismus, der zu Ende des 19. Jh. in Fiera Fuß fasste, aber erst seit etwa 1970 wirklich dominierend wurde, brachte eine neue Einnahmequelle. Eher zögerlich und nicht so massiv wie in San Martino, aber immerhin: Die Zahl der Hotels steigt. Fiera di Primiero und die drei Dörfer **Tonadico, Siror** und **Transacqua** sind eine eigene, vom Rest des Trentino abgeschottete Welt, Beziehungen hat man eher mit dem nahen Feltre in Venetien als mit Trient, zu dem das Primiero verwaltungstechnisch gehört. Nur über Pässe oder durch die enge *Cismon-Schlucht* im Süden erreicht man die Außenwelt. Während San Martino den touristischen Jahresrhythmus mitmacht, ist das eigentliche Primiero unaufgeregt mit sich selbst beschäftigt.

Sehenswertes/Ausflüge

In Fiera: Die schlanke *Pfarrkirche* mit dem hohen Turm stammt aus der Gotik, aber es gab ältere Vorgänger. Der Innenraum mit seinem komplizierten Fächergewölbe hat einen mit spätgotischen Fresken geschmückten Chor, der spätgotische Flügelaltar stammt von einem Tiroler Meister des späten 15. Jh.

Unterhalb der Kirche befindet sich in der Viale Guglielmo Marconi das Geburtshaus (eine Plakette weist darauf hin) von *Luigi Negrelli* (1799–1858), österreichisch unter dem Namen Alois bekannt geworden. Als Ingenieur wurde er insbesondere durch die Konstruktion österreichischer und schweizerischer Bahnstrecken, diverser Straßen und Brücken zu einer Berühmtheit seiner Zeit. Er war auch an den Vorplanungen zum Bau des Suezkanals beteiligt, verstarb jedoch, bevor dieses Projekt in die Tat umgesetzt wurde. Zwischen der Viale Piave unterhalb seines Geburtshauses und dem Palazzo delle Miniere wurde ihm zu Ehren vor wenigen Jahren ein sehenswerter kleiner Park mit mehreren Infotafeln und einer schwungvollen Treppenkonstruktion aus Kortenstahl angelegt.

Nördlich der Kirche steht das *Martinskirchlein* aus dem 9. Jh. mit Außen- und romanischen Innenfreskenresten sowie einem antiken Taufbecken links vom Eingang (durch eine Gittertür kann man ins Innere spähen!) und etwas höher das Pfarrhaus mit einem großartigen Fresko, das die Schutzmantelmadonna darstellt. Zur Linken des Pfarrhauses findet sich eine venezianische „Barchessa", ein offenes Gebäude mit 7 Rundbögen aus dem Ende des 18. Jh., das vermutlich als Stallung oder Lagerraum errichtet wurde. Allerdings kommt dieser Gebäudetypus in der Regel als Teil venezianischer Villenkomplexe vor und nicht isoliert in einem Bergort.

Herbstliche Pala im Val Canali

An der Straße unterhalb steht der **Palazzo delle Miniere,** unter den Habsburgern zur Glanzzeit des Kupfer-, Silber- und Eisenbergbaus im Primiero im Stil der Renaissance errichtet. Das vierstöckige Gebäude beherbergt seit Sommer 2020 eine vollkommen neu konzipierte Ausstellung zur Entwicklung und Geschichte des Primiero. Einen großen Raum nimmt dabei die aus dem Bruchholz des Orkans Vaia hergestellte Innenausstattung ein. Didaktisch ansprechend und mit vielen Exponaten werden im EG und 1. OG Geschichte und die Rolle des Bergbaus im Mittelalter thematisiert, auch mit englischer Übersetzung der Texte. Im 2. OG finden sich zahlreiche paläontologische Funde, und im DG gibt es einen Veranstaltungssaal, der auch temporäre Ausstellungen beherbergt. Der Eintritt in das Museum ist frei.

▪ **Dokumentationszentrum Primiero** im Palazzo delle Miniere, Juni–Sept. Mi–So 10–12/15.30–19 Uhr, in der NS Do/Fr 15.30–19, Sa/So 10–12/15.30–19 Uhr, Eintritt frei. ✆ 0439/62515, piccolimuseiaprimiero.it.

Im Val Canali: Das Tal reicht von *Tonadico,* einem alten Dorf mit schönen Bauernhäusern und gotischer Kirche auf dem Hügel, bis mitten hinein in die Pale di San Martino. Etwas weiter talaufwärts die Ruine **Castel Pietra** auf einem Felsbrocken mitten im Wald – eines der reizvollsten Bilder des Trentino. Angelegt wurde die Burg zum Schutz der Straße auf den Passo Cereda und ins Agordino, sie kam 1377 zu Tirol und 1401 in den Besitz der Grafen

Welsperg. Erst im 19. Jh. verfiel die mehrfach abgebrannte Burg, die heute einem Zweig der Familie Thun gehört. Die Provinz Trient hat in der nahe gelegenen ehemaligen gräflichen *Villa Welsperg* von 1853 die Hauptverwaltung des Naturparks Paneveggio – Pale di San Martino eingerichtet. Im **Besucherzentrum** erhält man Informationen über den Naturpark. Um die Villa liegt ein weitläufiges Gelände mit einem Weiher, einer Kapelle und verschiedenen Gärten mit naturpädagogischer Bedeutung, u. a. werden Pflanzen gezüchtet, die mehrjährige Samen produzieren. Besucher können und sollen sich bedienen. Großer Spielplatz im Grünen, einige riesige Buchen und Linden.

Ein 3,5 km langer Rundweg, der nördlich und südlich der Villa verläuft, vermittelt anhand von Infopunkten z. B. die Vielfalt der Schafsrassen in Italien – eine Schafsherde grast passenderweise ums Eck.

Am südlichen Ende des Rundwegs liegt die gut besuchte Bar Laghetto am idyllischen Weiher *Lago Welsperg*, der etwa um 1920 angelegt wurde und nicht nur Kindern und Anglern Freude bereitet.

▪ **Centro Visitatori di Villa Welsperg,** ganzjährig geöffnet, Mitte Juni bis Ende Sept. tgl. 9–12.30/15–18 Uhr, Juli/Aug. durchgehend, Okt. bis 6. Jan. Mo–Fr 9.30–12/14–17 Uhr, Eintritt 3 €. Via Castelpietra 2, Tonadico, ✆ 0439/765 973, parcopan.org. Zum Naturpark → S. 197.

Mein Tipp **Locanda Val Canali,** nach der Villa Welsperg geht es eine kurvige Straße links hoch bis zu einer Almfläche mit mehreren Häusern. Seit Juli 2023 befindet sich die alte Locanda unter der Führung des würdevollen und witzigen Pensionärs Mario, der in seinem Leben schon Botschafter in Südkorea und Professor an der Uni in Udine war und sich vorgenommen hat, das in die Jahre gekommene Gebäude aufzumöbeln und zu einem Treffpunkt für Gruppen mit Interesse an Outdoor-Aktivitäten zu machen. Die Zimmer sind einfach, aber gut, die Küche typisch rustikal, Gnocchi, Polenta mit Tosela. Und Mario, der fließend Englisch spricht, ist immer für eine Geschichte gut. Im Außenbereich Liegestühle, eine kleine Sauna ist geplant, Schafe und Kühe weiden mit bimmelnden Glocken, der Blick auf die Pale tut ein Übriges an diesem schönen und entspannten Ort. Loc. Piereni, ✆ 347/224 0450, locandavalcanali.com. **€€€**

Wanderung zum Rifugio Treviso: Eine schöne Wanderung, die einen Eindruck von der Wildnis der Pale di San Martino vermittelt, führt vom Parkplatz an der Villa Welsperg hinein ins Val Canali mit seinen mächtigen Felswänden. Nach gut 1 Std. lockt die idyllische Malga Canali mit robuster Almküche (Menü 30 €, auf Vorbestellung ✆ 320/ 8326226). Weiter hinein ins Tal und die letzten 30 Min. auf steilen Serpentinen durch schattigen Wald zum Rifugio Treviso mit tollem Ausblick und typischer Hüttenküche (2:30 Std. einfach, 800 hm).

Wanderung zum Rifugio Pradidali: Am großen Parkplatz an der Verzweigung der Täler Pradidali und Canali beginnt diese lange und alpine Tour. In etwa 1:15 Std. steigt man durch das Tal zumeist durch Nadelwald hinauf zum Talende namens Premonte. Ab hier geht es spektakulär und teils seilgesichert (Schwindelfreiheit!) in weiteren 2 Std. das felsige Talende zwischen himmelhohen Wänden mit grandiosen Rückblicken hinauf ins Val Pradidali. Oben Einkehr inmitten eines Meers aus Felsen: ein überwältigendes Erlebnis! Wer unten wieder Hunger verspürt, kann den Tag im *La Ritonda* abschließen, einem Lokal mit typischer deftiger Küche. Die Käse- und Wurstplatte ist üppig und lecker, der Service schnell (insgesamt 3:15 Std. bis zum *Rifugio Pradidali*, zurück 3 Std., 1100 hm, 14 km).

Mezzano: Folgt man der SS 50 nach Süden, erreicht man nach 3 km den Ort Mezzano, der zu den „borghi più belli d'Italia", den schönsten Orten Italiens, gehört, und das völlig zu Recht! Man parkt hinter dem Rathaus, in dem sich

Die Trentino-Dolomiten → Karte S. 160

die Touristeninformation befindet. Dort erhält man einen Plan für die Route durchs Ortszentrum. Wahlweise lädt man sich die App „Mezzano Romantica" (mezzanoromantica.it) herunter. Es empfiehlt sich, der Route zu folgen, da man sonst viele versteckte Sehenswürdigkeiten einfach übersieht. Das kompakte Zentrum besteht fast ausschließlich aus historischen Bauten mit ausladenden Holzfassaden und Balkonen, sowohl Wohngebäuden als auch Stadeln. Daneben gibt es im Ort sieben Brunnen und drei Waschhäuser. Überall bunter Blumenschmuck, und an jeder Ecke findet sich eine der 40 Kunstinstallationen zum Thema „Holz" – es macht Spaß, auf Entdeckungstour zu gehen. Am oberen Ortsrand gibt es zwei begehbare Stollen, die die Wasserversorgung des Dorfes veranschaulichen. Ein Dorfmuseum mit historischen Alltagsgegenständen und Trachten sowie eine Ausstellung mit Miniaturkrippen komplettieren die Sehenswürdigkeiten dieses kleinen Ortes. Am Ende des Rundgangs, für den man durchaus 2 Std. veranschlagen darf, bietet sich die Einkehr in der *Bar Paninoteca Stella* an der Piazza Fontana an, einem großen gepflasterten Platz mit einem achteckigen steinernen Brunnen. Dort kann man sich seine Panini aus einer Vielzahl an Zutaten selbst zusammenstellen und kann so bei einem gepflegten Snack die Eindrücke Revue passieren lassen.

Ausflug von Transacqua: Die gut ausgebaute Via Caltena windet sich sehr steil empor bis zum *Rifugio Caltena* (500 hm, 5 km), empfehlenswert entweder mit dem Auto oder dem MTB. Auf halbem Weg das *Agritur Le Vale* mit Eseln, Schweinen und guter, rustikaler Küche. Beide Adressen bieten auch Übernachtung. Vom Rifugio Caltena aus starten zahlreiche Wanderungen, z. B. ins Val Sinozza. Zur neuen, kühnen Hängebrücke folgt man erst dem Weg 729 nach Poit und von dort dem Weg 726 steil bergab in die Schlucht des Torrente Noana (etwa 1 Std. einfach, 250 hm).

Der Radweg Fiera – San Martino: Dieser neue, asphaltierte Radweg führt auf 10 km Länge durch Wälder entlang des Flusses Cismon und überwindet dabei 700 hm. Start ist in Siror an der Anlage *Primiero Pump Track*. Etwa auf der Hälfte quert eine 60 m lange und 30 m hohe Hängebrücke ein Seitental, davor und danach sind einige Spitzkehren zu überwinden. Insgesamt ist der beeindruckende Weg wegen seiner erheblichen Steigungen nur E-Bikern oder sehr sportlichen Fahrern zu empfehlen. Er kann aber auch ganz oder in Abschnitten zu Fuß bewältigt werden.

Praktische Infos

Information **APT Fiera di Primiero,** Fiera di Primiero, Via Dante 6, ✆ 0439/62407, sanmartino.com.

Verbindungen **Bus:** bis zu 10x tgl. nach Feltre und San Martino, von dort mit B122 mehrmals tgl. weiter über Rollepass ins Trentino!

Einkaufen **Käsespezialitäten** des Primiero vom Caseificio Sociale di Primiero, in den Supermärkten oder direkt in der Käserei an der Straße Richtung Mezzano, Via Roma 179, caseificioprimiero.com. Nebenan befindet sich eine Filiale der Pasticceria Lucian mit leckeren hausgemachten **Kuchen** und Gebäck. Im L'Angolo del Gusto im Ortszentrum findet man ebenfalls leckeren **Käse,** Schinken und diverse Feinkost, Via G. Garibaldi 15.

Radfahren **Radreparatur und Verleih** bei Cicli Bettega, Via delle Giare 93/95, Mezzano, ✆ 353/4073016, ciclibettega.com. **MTB-Schule** Primiero Bike bietet Tagestouren, Kurse und Trekkingtouren an, Via Guadagnini 29, ✆ 0439/762525, primierobike.com.

Veranstaltungen **Palio della Sloiza,** Heuerntefest im Aug. in Transacqua. Was früher auf Holzschlitten vom Berg hinuntergebracht wurde, wird heute von mehreren Gruppen mit voll beladenem Heuschlitten durch den Ort zur Kirche befördert, dazu kommen andere Wettbewerbe wie Holzsägen etc., großes Rahmenprogramm über 3 Tage.

Gran Festa del Desmontegar, Ende Sept., Almabtrieb mit großem Zug der geschmückten

Tiere, Wagen und der Bevölkerung in Kostüm sowie von Musikgruppen von Siror über Fiera und Transacqua nach Tonadico, dort Volksfest und Tierzuchtausstellung. Zu diesem Termin sind alle Restaurants der Zone auf traditionelle Kost eingestellt und bieten entsprechende Menüs an. Infos unter granfestadeldesmontegar.it.

Übernachten/Essen in Fiera *****S Astoria,** kleines Hotel mit schönen Zimmern, Restaurant und Weinbar. Kleiner Wellnessbereich mit Sauna und Whirlpool. Viale Italia 2, ✆ 0439/762794, astoriaprimiero.it. **€€€€**

La Terrazza, Pizzeria beim Geburtshaus von Luigi Negrelli, Pizza und traditionelle Gerichte. Piazzetta del Dazio, ✆ 0439/62673.

Mein Tipp **Baita Zeni,** idyllisch gelegen, Panoramaterrasse mit einmaligem Blick auf die Pale di San Martino, das Primiero und die bellunesischen Dolomiten. 5 hübsche Zimmer werden vermietet. Im Ristorante Tirolerhof gibt es deftige Knödel oder Gnocchi. Anfahrt über die Via Colaor, die direkt im Zentrum von Fiera neben der Kirche bergan führt, dann beschildert. Loc. Pezze Altre, ✆ 333/4749382, baitazeni.it. **€€€** (Übernachten), **€€** (Essen)

Il Sorriso, in der Gelateria in der Ortsmitte kann man neben Eis auch Waffeln und Joghurt genießen, besonders schön draußen auf dem verkehrsberuhigten Platz. Verwendet werden die Milchprodukte der örtlichen Käserei. Via G. Garibaldi 20.

La Bottega del Caffè Dersut, nettes Café und Pasticceria, mit leckerem Kuchen und Gebäck, aber auch für einen entspannten Aperitivo. Piazza C. Battisti.

In Transacqua ***** El Mondin,** geräumiges und verwinkeltes, maximal alpenländisch gestyltes Hotel, geräumige Zimmer und Apt., moderne Bäder und gutes, preisgünstiges Ristorante mit typischer Küche, Ravioli, Gnocchi, Polenta, vieles hausgemacht. Etwas oberhalb vom Tal, umgeben von Pferden, Kühen und Schafen und mit Palablick. Via Navoi 71, ✆ 348/9734780, elmondin.it. **€€€** (Übernachten), **€€** (Essen)

In Siror ***** Siror,** aus der kleinen Pension mitten im alten Ort wurde nach Um- und Ausbau ein gutes Hotel, angenehme Zimmer, populäre Bar, auch Sauna. Via Larga 13, ✆ 0439/64673, hotelsiror.it. **€€–€€€**

In Tonadico ****** Brunet Resort,** das Hotel in Familienbesitz hat einen ausgedehnten Wellnessbereich, der neben Sauna, Dampfbad und Biosauna auch ein Heubad aufweist, dazu gibt's Kosmetik und Ruhezonen. Schöner Garten/Park mit Kinderspielplatz. Komfortable Zimmer, nicht alle mit Balkon. Via Roma 30, ✆ 0439/762000, brunethotels.it. **€€€€**

Abgelegene Idylle am Passo Cereda

Dalaip dei Pape, Agritur in neu errichtetem Hof auf altem Bauerngut in 1200 m Höhe, Wiesen, Kirschgarten, Wald, bodenständige, traditionelle Küche des Primiero unter Verwendung eigener Produkte, nur 5 Zimmer mit Bad. Ideal für Pferdeliebhaber, im Angebot sind auch Ausritte in die Umgebung. Loc. Dalaip, ✆ 329/191545, agriturdalaip.it. **€€–€€€**

**** Camping Castelpietra,** zwischen ausgedehnten Wiesen liegt der moderne Platz 4 km von Fiera entfernt, mit akzeptabel ausgestatteten Einrichtungen (beheizter Sanitärbereich), Bungalows, Tennis- und Volleyballplatz, Langlaufskischule. Stellplatz und 2 Pers. 29–35 €. Mai/Nov. geschl. Loc. Castelpietra 1, ✆ 0439/62426, castelpietra.it.

Wohnmobilstellplatz Loc. Zocchét, Wasser und Strom, ✆ 0439/762749.

Die Belluno-Dolomiten

Tiefdunkle Bergseen unter Felswänden, idyllische Dörfer mit mittelalterlicher Architektur, einsame Wanderreviere, kleinstädtisches Flair in Pieve oder Fiera und italienische Großzügigkeit in Belluno – freuen Sie sich auf eine unbekannte, vielfältige Region!

Dolomiti Turismo ist nur im Internet vertreten: infodolomiti.it.
Für konkrete Anfragen wendet man sich an das für den jeweiligen Ort zuständige Büro (Adressen siehe jeweils dort).

Klangvolle Orts- und Gebirgsnamen gibt es in dieser südöstlichen Dolomitenregion zuhauf: Cortina d'Ampezzo, Àgordo, Pieve di Cadore, Marmolada, Civetta, Monte Pelmo, Tofanen, Tre Cime di Lavaredo (Drei Zinnen – an der Grenze zu Südtirol) sind vielleicht die bekanntesten.

Trotz der berühmten Orte und Berge sind die Belluno-Dolomiten – sie gehören alle zur Provinz Belluno und sind zu Teilen in einen Nationalpark gefasst – im deutschen Sprachraum lange nicht so populär wie die in Südtirol liegenden und auch, in Grenzen, jene des Fassatales. Die hier behandelten Belluneser Regionen Agordino, Ampezzo und Cadore sowie das Piavetal und Belluno sind trotz ihrer Kleinräumigkeit sehr vielfältig. Die Palette reicht von mächtigen Felswänden und einsamen Zackengraten über unberührte, tiefdunkle Wälder bis hin zu malerischen Almwiesen mit Ziegen und Schafen, urigen Hütten und kleinen Dörfern, in denen die Zeit stehen geblieben zu sein scheint. Das **Ampezzo** ist dank Cortina und der Drei Zinnen ein touristischer Hotspot (Ski-WM 2021!) und bietet am Lagazuoi zahlreiche Relikte des Ersten Weltkriegs. Im **Agordino** strahlen Marmolada (mit ihrem schwindenden Gletscher!) und Civetta um die Wette, und der See von Àlleghe lockt mit seinem tiefdunklen Grün; hier wütete aber auch der Orkan Vaia und zerstörte den Canyon von Sottoguda. Das **Cadore** ist eine eher stille Region, in deren Hauptort Pieve immerhin Tizian das Licht der Welt erblickte. Das breite **Tal der Piave** trifft schließlich auf das venezianisch geprägte, sehenswerte Belluno, in dessen Reichweite sich im Nationalpark Belluneser Dolomiten der spektakuläre

Canyon des Flusses Mis samt Stausee und Wandermöglichkeiten befindet, der bereits wieder zum Agordino gehört.

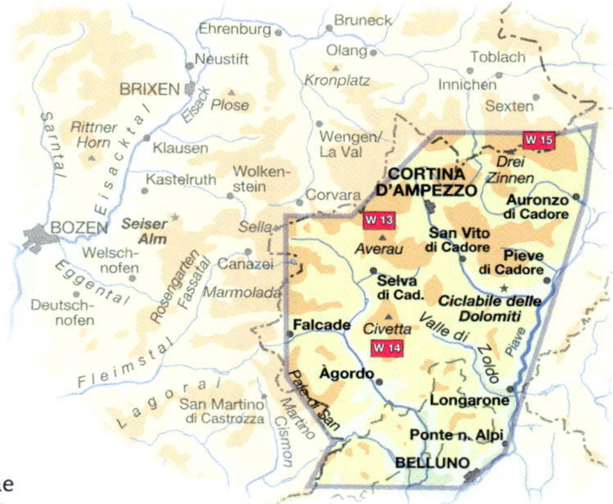

Was anschauen?

Bergdörfer-Hopping: In den Belluneser Dolomiten gibt es mehrere sehenswerte Bergdörfer mit gut erhaltenen Strukturen aus dem 16. oder 17. Jh. Durch Fornesighe (→ S. 225) im Val di Zoldo führen enge, gepflasterte Wege zwischen hohen, gemauerten Häusern mit Durchgängen und ausladenden Balkonbrüstungen. Mit den dicht gedrängten Stadeln und Häusern mutet es ebenso mittelalterlich-verwinkelt an wie Cibiana (→ S. 240) im Cadore, bekannt durch die zahlreichen Fresken an den Häusern, die durch jahrzehntelange Künstlerinitiativen verschönert wurden. Sottoguda (→ S. 222) ist ein malerischer Ort mit vielen alten Häusern unterhalb der Marmolada und Zugang zum spektakulären Canyon von Sottoguda.

Belluno: Genießen Sie das südländisch anmutende Flair im kompakten Zentrum zwischen Palazzi aus dem 17./18. Jh. und die Flaniermeile Piazza dei Martiri mit zahlreichen Cafés! **→ S. 247**

MMH Dolomites auf dem Monte Rite: Reinhold Messner hat sein „Museum in den Wolken" in einen Militärbunker integriert, dessen Betonstruktur durch luftige Glaskuben gebrochen wird. Es widmet sich dem Fels und den Pionieren der Dolomiten. Grandios ist der Ausblick vom Dach des Museums auf Civetta, Antelao und den Sonnenuntergang! **→ S. 241/242**

Burg Andraz: In luftiger Höhe auf einem Felsblock südlich des Falzarego-Passes thront die renovierte, begehbare Ruine, einst mittelalterlicher Gerichtssitz der Gegend, in grandioser Landschaft. **→ S. 210**

Was unternehmen?

Erlebnis Marmolada: Mit der Seilbahn über mehrere Stationen bis hinauf ins ewige Eis. Von der hypermodernen Aussichtsplattform bietet sich ein grandioser Ausblick auf den Fedaiasee und die Möglichkeit, ein bisschen über den Gletscher zu stapfen – solange es ihn noch gibt. Und auf dem Rückweg sollte man in der Mittelstation das moderne, hochinteressante Museum zum Ersten Weltkrieg besichtigen. **→ S. 222**

Zum Lago Coldai: Im Alto Zoldano, wo sich Civetta und Pelmo fast die Hand reichen, führt eine familientaugliche Wanderung (durch einen Sessellift abkürzbar) zum tiefblauen Lago Coldai am Fuße der Civetta-Felswände; Einkehr im Rifugio Coldai. Tolle Tagestour! **→ S. 226**

Lagazuoi und Falzàrego-Pass: Willkommen an der ehemaligen Frontlinie zwischen Österreich und Italien! Mit der Seilbahn oder über den steilen Kaiser jägersteig (nur für Erfahrene!) auf den Gipfel des Lagazuoi, Stellungen erkunden, großartige Rundblicke genießen, in der Hütte einkehren, im luftigen Abstieg durch die Höhlengänge der Soldaten kraxeln. **→ S. 213**

Brixen
SS 12
Klausen
A 22
Villnöss
SP 163
Peitlerkofel
2875
Campill
Gadertal
Wengen
Pederoa
Naturpark
Fanes-Sennes-
Prags
Pederü
Sennes
Naturpark
Puez-Geisler
Südtirol
Heiligkreuz
Heiligkreuzkofel
2907
Passo
di Limo
2172
Seceda
2519
Geislerspitzen
3025
Abtei
Pedratsches
St. Leonhard
SP 139
Puez
2568
Lavarella
3055
Stern
Fanes
St.
Ulrich
SS 242
Puezgruppe
St.
Kassian
LS 64
Kastelruth
Sankt
Christina
Grödner
Joch
2121
Hochabteital
Kassianer Tal
Wolkenstein
Corvara
Seis
SS 243
Pisciadù-
Wasserfälle
Pralongià
2139
Passo di
Valparola
2192
Lagazuoi
2778
Große
Seiser Alm
Langkofel
3181
Sella-
gruppe
Passo
di Campolongo
1875
Schlern
2563
Naturpark
Schlern-
Rosengarten
Sellajoch
2244
Piz Boè
3152
Buchen-
stein
Col di
Lana
2452
Passo di
Falzàrego
2105
Cinque
Torri
2366
Passo
di Pordoi
2239
Val de Fodóm
Averau
2648
Piz Rodella
2484
Arabba
Weißlahnbad
Campitello
Padonkette
Pieve di
Livinallongo
Andraz
Passo
di Giau
2233
Rosengarten
Canazei
Alba
Porta
Vescovo
SS 48
Vajolettürme
SP 65
Lago di
Fedaia
Passo
di Fedaia
2057
Selva di
Cadore
Rosengarten-
spitze
2981
Marmolada
Rocca
Piétore
Pera
Marmolada
3342
Malga
Ciapela
Caprile
Pozza di Fassa
SS 241
Vigo di
Fassa
Cimbreta
3009
Sottoguda
Piani di Pezzè
Sasso di
Valfredda
3009
Sasso Bianco
2407
Lago
di Àlleghe
Karersee
Karerpass
1745
Vallaccia
2637
Masaré
Àlleghe
Soraga
Avisio
Passo San
Pellegrino
1918
Valbiois
Vallada
SR 203
Civetta
3220
Latemar
2842
Moèna
SS 346
Caviola
San
Simón
Vallada
Agordina
Civetta
Passo di
Valles
2033
Falcade
Canale
d'Àgordo
Agordino
Val Corpassa
Viezzena
2490
Naturpark
Paneveggio – Pale
di San Martino
SP 81
Cencènighe Agordino
SS 48
Moiazza
Süd
2878
Monte
Agnello
2361
Predazzo
Bellamonte
Pane-
veggio
Passo
Rolle
1970
Castellaz
2333
Gares
Pale di San
Lucano
2409
Listolade
SS 50
Pale di San Martino
Col di Prà
Taibon
Agordino
A 22, Bozen, Trento
Cimone
della Pala
3184
Agner
2872
Àgordo
Malga
Sadole
Cima di
Cece
2754
Colbricon
2602
SS 50
Pala di
San Martino
2982
Voltago
Àgordo
Croda
Granda
2849
San Martino
di Castrozza
Cima La
Fradusta
2939
Frassene
Riva-
monte
Cauriol
2494
SP 3
Cima
Scanaiol
2467
Sass Maor
2814
Sass
d'Ortiga
2634
Gosaldo
Monti
Val Canali
Primiero
Cismon
Mis
Titelle
Piz di
Mezzodi
2240
Oltingerbach
Passo
di Cereda
1369
Caoria
Cima
d'Asta
2847
Cima Folga
2436
Siror
Sagrón
Monte
Brandol
2160
SP 2
Col della
Croce
2423
Piz di
Sagron
2486
Fiera di
Primiero
Canal
San Bovo
Monte
Cengello
2439
Sass
de Mur
2547
Col Dorin
2110
Imer
Mezzano
Cima Orena
2296
Pizzocco
2186
Cima
Quarazza
2530
SS 50
Trentino
Parco Nazionale
delle Dolomiti
Bellunesi
SP 79
Passo del
Brocon
1815

Toblach
Naturpark Sextener Dolomiten
Sextener Rotwand 2965
Kreuzbergpass 1636
Hohe Gaisl 3146
Gemärk 1530
Sonnenuhr
Schluderbach
Monte Piana
Drei Zinnen 2999
Zwölferkofel 3094
SS 52
Pàdola
SS 51
SP 49
Comelico Superiore
Cristallo 3221
Misurina
Cima Cadin di San Lucano 2839
Case Orsolina
Passo del Zovo 1476
Passo Tre Croci 1805
Tofane 244
Tofanen
Cadinspitzen
SR 48
Monte Rusiana 2830
Auronzo di Cadore
Cortina d'Ampezzo
Dolomitenstraße
Piave
Pecol
Ansiei
Stabiziane
Lago di Santa Caterina
Punta Nera 2847
Cimon del Froppa 2932
Monte Ciareido 2504
Zuel
Sorapis 3205
Vigo di Cadore
Cima Gogna
Croda da Lago 2701
Cima Belpra 2917
Marmarole
Croda Bianca 2841
Valle d'Ampezzo
SS 51
Boite
Lozzo di Cadore
SP 619
Cima Bastione 2926
Lorenzago di Cadore
Valle d'Oten
San Vito di Cadore
Belluno
Antelao 3263
SS 51bis
SS 52
Borca di Cadore
Calalzo di Cadore
Monte Cridola 2564
Lago di Pieve di Cadore
Forcella Staulanza 1773
Pescul
Pelmo 3168
Cadore
Pieve di Cadore
Venas di Cadore
SP 251
SS 51
Cibiana di Cadore
Perarolo di Cadore
Monte Pera 2334
Monfalcon di Montanaia 2548
Mareson
MMM Dolomites
M. Rite
Zoldo Alto
Sassolungo di Cibiana 2413
SP 347
Passo Cibiana 1530
Moiazza Nord 865
Dont
Zoldano
Maè
Forno di Zoldo
Cima dei Preti 2703
Piavetal
Chiesa
Valle di Zoldo
Monte Rochetta 2468
Ospitale di Cadore
Passo Duran 1601
Pordenone
SP 347
Cima di Pramper 2409
SP 251
Monte Citta 2191
Tamer Grande 2547
Mezzocanale
Passo di San Osvaldo 827
La Valle Agordina
Castellavazzo
Cimolais
Monte Talvena 2542
Erto
Pinedo
Longarone
La Muda
Provagna
SR 251
Cordevole
Schiara 2563
SS 51
Cima Mora 1938
Col Nudo 2439
Canale di Agordo
Schiaragruppe
Piave
Cimon 2364
Crep Nudo 2207
La Stanga
Monte Serva 2133
Soverzene
Val del Sole
Monte Dolada 1938
San Martino d'Alpago
Monte Messer 2230
SR 203
Polpet
Lago del Mis
Gioz
Ponte nelle Alpi
Pieve d'Alpago
Chies d'Alpago
Mis
Mas
Bolango
Alpago
Sospirolo
SP422
Belluno
Bastra
Vignole
Puos d'Alpago
SP 1
SP 31
SS51
SS50
Lago di Santa Croce
Feltre
Treviso
3,5 km
Die Belluno-Dolomiten

Das Rifugio Coldai an der Civetta-Nordseite

Das Agordino

Der Cordevole entspringt in Buchenstein, sein langes Tal samt den Nebentälern nennt sich nach dem Hauptort Àgordo „Agordino“. Bevor der Cordevole zwischen Belluno und Feltre in die Ebene austritt und in den Piavefluss mündet, darf er eine herrliche Gebirgslandschaft durchfließen.

Von der Sella kommend, passiert der Cordevole das Bergbauerngebiet **Buchenstein.** Bei Caprile erreicht er das zentrale **Agordino.** Averau, Nuvolau, Croda da Lago, Pelmo, Civetta, Moiazza und Schiara liegen zur Linken, Marmolada, Pale di San Martino zur Rechten. In Buchenstein (ladin. *Fodóm*, ital. *Livinallongo*) und in den Seitentälern gibt es noch alte Bauerndörfer mit den *Tabià*, den Scheunen in Holzblockbauweise, z. B. in *Rocca Piétore*, im *Zoldano* und in den Weilern über *Canale d'Àgordo*.

Bis auf einige Knotenpunkte (Àlleghe, Selva di Cadore, Rocca Piétore, Falcade) trifft man in dieser Region auf weit weniger Touristen als im Rest der Dolomiten.

Eine ganze Reihe von Pässen verbindet das Trentino mit dem Agordino: *Pordoijoch, Fedaiapass, Passo San Pellegrino, Passo di Valles* (ein Abzweig von der Straße zum Rollepass) sowie der *Passo di Cereda* zwischen Fiera di Primiero und **Àgordo,** dem größten und wichtigsten Ort des Agordino. Es gibt auch eine einfacher zu fahrende Straßenverbindung, die ohne Pass, aber nicht ohne Kurven auskommt: die Straße Fiera – Feltre – Belluno, von der aus man Àgordo durch die Talenge *Canale d'Àgordo* erreicht.

Das Val de Fodóm (Buchenstein) mit Arabba (lad. Rèba)

Zwischen dem Pordoijoch und dem Passo di Campolongo senkt sich die Große Dolomitenstraße ins Cordevoletal und passiert den höchstgelegenen Ort Buchensteins, Arabba, von der Bevölkerung Rèba genannt. Es ist der einzige größere Ort Buchensteins, aber dennoch nicht mehr als ein Dorf.

Die 1664 geweihte *Pfarrkirche Peter und Paul* ist eine der wenigen Bauten, die das Weltkriegsinferno 1915–1917 überstanden haben – der Ort wurde vom Feuer hoch gelegener italienischer Stellungen nahezu völlig in Schutt und Asche gelegt. Arabba ist heute ein Fremdenverkehrsort (der einzige nennenswerte Buchensteins) und ein guter Ausgangsort für Unternehmungen in den zentralen Dolomiten, ja in den Dolomiten überhaupt.

Sehenswertes/Ausflüge

Arabba (lad. Rèba): Erst der Fremdenverkehr hat aus Arabba einen kompakten Ort gemacht, früher war er im Schatten des nahen Pieve (La Pliè) kaum mehr als ein Weiler mit kleiner Kirche, um den sich einige Viles scharten. Oberhalb der Hauptstraße finden sich ein paar ruhige Ecken, z. B eine alte Mühle am Bergbach Boé, die aber nicht mehr in Betrieb ist, und gegenüber ein paar idyllische Gemüse- und Blumengärten. Heute dominieren Hotels und Pensionen, im Sommer ist der Motorradverkehr über die Dolomitenpässe eine Einnahmequelle (und natürlich die vielen Wanderfreudigen, die hier ihren Urlaub verbringen), im Winter kommen hauptsächlich italienische Gäste, die Wintersaison ist immer mehr die Hauptsaison.

Spaziergang durch die Viles: Um einige ladinische Weiler kennenzulernen, spaziert man von Arabba auf der Straße zum *Campolongopass* bis *Varda*, ab dort schöner Wanderweg durch Wiesen und Wald, man kommt oberhalb an *Mazarei* vorbei und erreicht *Cherz*, im unteren Ortsteil steht ein eindrucksvoller alter *Gnadenstuhl* (wie ein Kruzifix, aber Gottvater hält das Kruzifix auf den Knien). Von dort Weg zum Sperrfort an der Straße (mit Hotel), nicht leicht zu finden, besser auf dem Sträßchen nach *Renaz* und von dort zurück mit dem Bus (Gehzeit ca. 1–1:30 Std.).

Pfarrkirche von Arabba

Pieve di Livinallongo (lad. La Pliè de Fodóm, dt. Buchenstein Ort): Auf dem Platz vor der Kirche des alten Hauptortes von Buchenstein steht das 1912 errichtete Denkmal der *Catarina Lanz*, des sog. „Heldenmädchens von Spinges". Die junge Frau wehrte 1797 im Dorf Spinges bei Mühlbach im Pustertal eindringende Franzosen mit der Mistgabel ab, ihr Leben beschloss sie als Pfarrersköchin in Andraz. Nach ihrem Tod, als der Nationalismus in der zweiten Hälfte des 19. Jh. zu blühen begann, wurde die wehrhafte Ladinerin als Symbol für österreichische Rechtschaffenheit gegen welsche (in diesem Fall französische) Falschheit installiert. Catarina Lanz gilt heute wie damals als Heldin, die Ladinien und Tirol gegen Fremde verteidigte.

meinTipp **Pizzeria Bar Klematys,** am großen Parkplatz in Pieve unterhalb der Kirche, einige nette Bänke draußen samt Civettablick. Gute, rustikale Küche, preiswerter Mittagstisch, originelle Pizza. Hier treffen sich Einheimische und Touristen. Mi Ruhetag, Via Pieve 35 A, ✆ 0436/7313, klematys.it.

Spektakuläre Lage am Taleingang: Burg Andraz

Andraz: Kleiner Ort an der Straße, ein paar Häuser – das soll das Zentrum der Brixner Verwaltung für die Herrschaft Buchenstein gewesen sein? Tatsächlich befindet sich die **Burg Andraz,** deren deutsche Bezeichnung „Buchenstein" dem Verwaltungsort und der Talschaft den Namen gegeben hat, gar nicht im Ort, sondern weiter oben im Tal in Richtung Falzàrego bei den Höfen Ciastèl (d. h. Burg). Man erreicht die sehr schön restaurierte Ruine auf einem kleinen Sträßchen, das von der Passstraße links abbiegt (Schild „Castello"). Alternativ dazu auf dem Wanderweg aus der ersten Haarnadelkurve nach der Gaststätte La Baita (lokaler Weg 26). Kaum eine Burg liegt eindrucksvoller: auf einem riesigen isolierten Felsen mitten in einem Wiesengürtel (der an steileren Stellen vor der Mahd voller Feuerlilien steht), die alten Mauern scheinen aus dem Felsen selbst herauszuwachsen. Die Ursprünge reichen bis ins Jahr 1000 zurück. Vom 14. bis 18. Jh. war die Burg Sitz für den Hauptmann, der im Auftrag der herrschenden Herren Recht sprach.

Jedes Jahr treffen sich am 18. Juli an der Burg die Ladiner aus den drei Provinzen und gedenken in einem großen Fest des 18. Juli 1946, an dem sie – vergeblich – in einer Demonstration von 3000 Menschen auf dem Sellajoch eine eigene Provinz Ladinien forderten.

▪ **Burg Andraz,** im Juni/Sept. Do–So, im Juli Di–So, im Okt. Fr–So, im Aug. tgl. 10–12.30/14.30–18 Uhr, im Okt. bis 17 Uhr. Eintritt 6 €, Kinder 4 €, Audioguide 2 €. Infos unter castellodiandraz.it.

Auf der Porta Vescovo (Padonkette): Nach Süden verdeckt der dunkle Padonkamm die Gletscher der Marmolada, man sieht sie nur von höheren Stellen über Arabba. In eine Scharte dieses Kammes, die Porta Vescovo („Bischofspforte"), führt eine Kabinenbahn von

Arabba aus. Dort oben öffnet sich plötzlich das ganze Panorama der Marmolada, der Blick ist einer der eindrucksvollsten des Padonkamms, am schönsten zu sehen vom berühmten *Bindelweg* (→ Wanderung 10).

Kabinenbahn Arabba – Porta Vescovo, Mitte Juni bis Ende Sept. 8.30–17 Uhr zu jeder halben Stunde und in der Wintersaison. Einfach 16,50 €, Berg/Tal 21 €, funiviearabba.it.

Rifugio Luigi Gorza, 2478 m, modern und schick gestaltete Berghütte direkt bei der Bergstation. Drei Restaurants bieten recht unterschiedliche Speisen: ein Selbstbedienungsrestaurant, ein Imbisslokal und das Gourmetrestaurant Viel del Pan, das gehobene Küche serviert. ✆ 0436/79472, rifugiogorza.it.

Auf dem Passo Pordoi: → S. 177.

Auf dem Passo di Campolongo: Die weiche Almlandschaft um den ins Hochabteital führenden Pass ist ein angenehmes *Wandergebiet* mit einer ganzen Reihe bewirtschafteter Almen und Schutzhütten. Im Winter verwandelt sich die Landschaft in einen wahren *Skizirkus*, der keine großen Anforderungen stellt und somit für Familien und weniger geübte Skifahrer geeignet ist. Wanderweg 636, einer der eindrucksvollsten Anstiege auf den Sellastock, beginnt direkt am Pass.

Auf dem Col di Lana: Eine unscheinbare Erhebung mit historischer Bedeutung im Zentrum Buchensteins. Auf dem Gipfel (2425 m) befindet sich ein Sprengtrichter, Erinnerung an die italienische 5000-kg-Mine, die am 17. April 1916 die österreichische Besatzung tötete oder verwundete. Der Col di Lana war ein bedeutender strategischer Punkt, von ihm aus ließen sich vier Pässe überwachen (Falzàrego, Valparola, Campolongo, Pordoi) und der Zugang aus dem Agordino. Gipfelkreuz und Kapelle mahnen, dass dies der letzte Krieg sein möge zwischen den Nachbarn, die sich auf dem *Col di Sangue* (*Blutberg*, wie ihn die Italiener auch nennen) gegenseitig umbrachten.

Zum Gipfel des Col di Lana gelangt man auf Weg 23/21 vom Rifugio Valparola (2168 m) am Passo di Valparola, einfach, aber auf dem Grat zwischen Monte Sief und Col di Lana ist er nur für schwindelfreie und trittsichere Wanderer geeignet. Auf gleichem Weg zurück, hin/zurück ca. 2:30–3 Std.

Rifugio Valparola, 2168 m, privat, ✆ 0436/866556, nur im Sommer.

Basis-Infos

Information **Ufficio Turistico,** Livinallongo del Col di Lana, Loc. **Arabba,** Via Mesdì 66/A, ✆ 0436/79130, arabba.it.

Verbindungen **Pkw:** großer Parkplatz bei der Talstation der Seilbahn auf die Porta Vescovo, im Winter Ausweichparkplatz etwas talaufwärts. **Bus:** Während der Schulzeit bis zu 5x, in den Ferien nur bis zu 3x nach Àgordo und Belluno (nicht am Sonntag!), in der Sommersaison bis zu 5x zum Pordoi und nach Canazei bzw. Wolkenstein sowie nach Corvara.

Veranstaltungen **Sellaronda Bike Day,** Ende Juni, rund um die Sella, alle entsprechenden Pässe von 8.30 bis 16 Uhr gesperrt, Startpunkt ist u. a. Arabba, Infos unter sellarondabikeday.com.

Seit 2017 wird auch der **Dolomites Bike Day** veranstaltet. Mitte Juni werden von 8.30 bis 14.30 Uhr die Pässe Campolongo, Valparola und Falzàrego für den Autoverkehr gesperrt. Die Strecke ist 51 km lang und geht über 1370 hm. Ausgangspunkte sind Arabba, Pieve di Livinallongo und die Orte im Gadertal. Teilnehmen kann jeder (ohne Anmeldung), auch E-Biker. Infos unter dolomitesbikeday.it.

Vorteilskarten Der **Arabba Marmolada Sommerpass** ist von Juni bis Sept. erhältlich. Er gilt für alle lokalen Seilbahnen und Sessellifte (Marmolada-Seilbahn kann nur 1-mal benutzt werden). Gültig an 3 von 4 Tagen (56 €) oder an 5 von 7 Tagen (70 €).

Einkaufen Schiz (gesprochen *skiz*), Cherz, Fodom, Renaz und Contrin heißen die lokalen **Käsesorten** der Belluneser Dolomiten, zu kaufen gibt es sie in den örtlichen Lebensmittelläden und im Verkaufsladen der Latteria di Livinallongo, Via Renaz 57, latteriadilivinallongo.com. Handwerksmarkt „Artigianando" im Sommer

Die Belluno-Dolomiten → Karte S. 206/207

Im alten Ortskern von Arabba

mittwochs im Zentrum von Arabba, Mitte August erstreckt sich der Markt „Mestieri in Piazza" über 3 Tage ebendort.

Wintersport Das Skigebiet Arabba Marmolada ist Teil der Skiarena von *Dolomiti Superski,* das Gebiet umfasst auch die Marmolada-Seilbahn ab Malga Ciapela, Anlagen auf dem Pordoi inkl. der Kabinenbahn auf den Passo Pordoi und die meisten Anlagen um den Passo di Campolongo. Insgesamt 63 km Pisten und 28 Aufstiegsanlagen. **Skischule** Arabba, Via Boè 14, ✆ 0436/79160, scuolasciarabba.com, auch Skiverleih. **Skikindergarten** und Miniclub bei der Ski- und Snowboardschule Dolomites Rèba, Via Boè 3, ✆ 0436/781442, scuolasci dolomitesreba.it.

Radfahren/Mountainbiken Arabba wird auf der SellaRonda-MTB Tour berührt. Diese kann im (58 km) oder gegen den Uhrzeigersinn (55 km) befahren werden und ist sehr anspruchsvoll, Infos auf sellaronda-mtb.com. Die alten Kriegsstraßen entlang dieser ehemaligen Kampfzone aus dem Ersten Weltkrieg sind großartige Mountainbikerouten, so kann man den wegen seiner Gipfelsprengung berühmten Col di Lana mit dem Bike besuchen. MTB-Schule und Radverleih bei Limitt Bike Service, Via Boè 3, ✆ 377/3945815. Geführte Touren mit MTB oder Rennrad bieten die MTB Guides Arabba, ✆ 333/6222952, dolomitesbike.com.

Bergsteigen/Klettern/Bergwandern Die Sella im Rücken, der Falzàregopass mit Tofanen, Averau und Nuvolau im Osten, die Padonkette im Süden – Arabba ist ein idealer Standort für Bergsteiger. Zumal man alle Berggruppen mit Bus oder Seilbahn erreicht, also nicht gezwungen ist, zum Auto oder Rad zurückzukehren und seine Touren frei gestalten kann.

Übernachten / Essen & Trinken

*** **Malita,** bei der Kirche liegt dieses komfortable Hotel mit Sauna und Fitnessraum, gemütliche Zimmer mit großem Balkon, moderne Zimmer im Alpin-Stil im neuen Trakt, gutes Restaurant (Terrasse vor der Tür). Via Mesdì 54, ✆ 0436/79103, hotelmalita.com. **€€€–€€€€**

***S **Al Forte,** im österreichischen Sperrfort von 1866 hat die Familie Weillant ein Restaurant mit Bar eingerichtet, daneben ein Albergo, dessen Wellnessbereich mit Sauna, Dampfbad und Whirlpool gut ausgestattet ist. Komfortable Zimmer. Restaurant Di zu. Via Pezzei 66, ✆ 0436/79329, alforte.com. **€€€–€€€€**

*** **Bellavista,** zwar unterhalb der Straße nach Corvara, aber die zum Tal gerichteten Zimmer sind völlig ruhig, nicht alle mit Balkon, im Haus Sauna. Via Colesèl 56, ✆ 0436/79125, garnibellavista.it. **€€€**

*** **Boè,** komplett neu gestaltetes Traditionshotel am Passo Campolongo, das ganz auf Aktivurlaub setzt. Der Standort verpflichtet, liegt es doch direkt am Skigebiet und an der Sellaronda-Route. Komfortabel renovierte Zimmer, Wellnessbereich mit Sauna und Hallenbad, Bike- und Wander-Service, spezielle Winterangebote. Passo Campolongo 19, ✆ 0436/79144, hotelboe.com. **€€€–€€€€**

La Stua dei Bacagn, neben der Latteria di Livinallongo gelegenes Restaurant mit regionaltypischer Küche. Knödel, gefüllte Nudeln (Casuncjej) und natürlich Käse in versch. Variationen. Di Ruhetag. Loc. Renaz, ✆ 349/3668265.

Der Passo Falzàrego und der Passo di Valparola

Die Dolomitenstraße zwischen Arabba und Cortina muss hier noch einen hohen Pass überqueren, den Falzàrego mit seinen 2105 m. Oben ein riesiger Parkplatz, Bars, Shops, Restaurant. Zur Linken überragt ein steiler Felsklotz den Pass, der *Sasso di Stria* (Hexenstein).

Vom Falzàrego führt eine Straße über den Valparolapass ins Gadertal nach St. Kassian, dabei passiert man ein eindrucksvolles Sperrfort der Österreicher, heute *Forte Tre Sassi* genannt. Man kann es besichtigen, da es Teil des **Freilichtmuseums** ist, das um den Falzàrego noch den Monte (Piccolo) Lagazuoi im Norden und die Cinque Torri (schon im Ampezzo) umfasst. Auf dem *Lagazuoi*, auf den eine Seilbahn direkt vom Pass hinaufführt, standen sich Österreicher und Italiener so nahe gegenüber, dass sie sich in Stollen graben mussten, um nicht ständig beschossen zu werden. Die meisten dieser kilometerlangen Galerien hat man wieder passierbar gemacht, allerdings ohne Licht, das muss der Besucher mitbringen (Stirn- oder Taschenlampe und Wanderstöcke sind unerlässlich, ein Helm ist nützlich). Neben den Galerien haben sich die Schützengräben und zahlreiche Bauten in Ruinen erhalten. In einigen davon hat man die Zustände von 1917 rekonstruiert, bis hin zu den Kartoffeln und den sog. Menageschalen, die auf einem Feldöfchen gewärmt wurden. Zur damaligen Zeit wurde auch der *Kaiserjägersteig* angelegt, der vom Forte Tre Sassi am Valparolapass (alternativ kann man an der Talstation der Seilbahn parken und dort starten, beide Varianten sind mit *Kaiserjägersteig* beschildert) in steilen Kehren bergan und schließlich über eine gewagte Hängebrücke und durch alte Frontstellungen und ein steiles Felskar nach oben auf den Gipfel führt (2,5 Std.). Gleich hinter der Bergstation führt ein beschilderter Steig *(Galleria)* in wenigen Minuten zum Eingang des Stollenlabyrinths. Auf steilen Treppen mit gelegentlichen Sichtlöchern im Fels steigt man mehr als eine Stunde lang bergab, bis man am unteren Ende der Felswand wieder das Tageslicht erreicht und über einen Quersteig auf den normalen Abstiegsweg entlang der Skipiste trifft

Vom Lagazuoi auf den Passo Falzàrego hinab

Die Belluno-Dolomiten → Karte S. 206/207

(2 Std. bis zur Talstation). Beide Routen lassen sich als Rundtour durchführen, absolute Schwindelfreiheit und Trittsicherheit sind vonnöten.

Nach Süden ist der Falzàrego ein idealer Ausgangspunkt für **Wanderungen** auf den Averau und Nuvolau sowie zu den Cinque Torri, allesamt wilde Dolomitenspitzen, die unvermittelt aus den grünen Almwiesen hervorstoßen. Die meisten Wege hier sind fahrradgerecht – Mountainbiker aufsteigen!

Eine sehr gut und übersichtlich aufbereitete Webseite ist **lagazuoi.it.** Sie informiert über die Geschichte und Landschaft des Berges, die möglichen Touren und Routen und über Öffnungszeiten der Seilbahn. Zum Gipfel führt seit Kurzem von der Bergstation der Seilbahn ein breiter, sogar rollstuhlgeeigneter Weg, teilweise über eine kühne Metallrampe (auch für Kinderwagen). In 15 Min. ist man oben und genießt den unglaublichen Panoramarundblick mit den zum Greifen nah scheinenden Gipfeln der Tofanen.

Seilbahn Lagazuoi, Ende Mai bis Mitte Okt. 9–17 Uhr, einfach 18 €, Berg/Tal 26 €.

MeinTipp **Rifugio Lagazuoi,** 2752 m, Mitte Juni bis Anf. Okt. und in der Wintersaison, 18 Betten, 56 Lager, finnische Outdoorsauna. Die Hütte ist aufgrund der einmaligen Aussicht unbedingt für eine Übernachtung zu empfehlen. Dann kann man zum Sonnenunter- oder Sonnenaufgang den 15-minütigen Spazierweg zum Gipfel des Lagazuoi auf sich und ein unvergessliches (Foto-)Erlebnis mit nach Hause nehmen. ✆ 0436/867303, rifugiolagazuoi.com. **€€€–€€€€**

Festung Tre Sassi, Passo Valparola, restaurierte Sperre und Museum über den Ersten Weltkrieg, Juni bis Ende Sept. tgl. (außer Mi) 10–16.30 Uhr, Eintritt 8 €, cortinamuseoguerra.it.

Museo all'aperto del Lagazuoi: Das gesamte Gebiet des Freilichtmuseums ist kostenlos zugänglich. Die Steige sind überwiegend gut gesichert und markiert, Tafeln erklären die einzelnen Stationen. Für die Begehung sind Bergschuhe unabdingbar, für die Tunnel auch lichtstarke Taschenlampe und Schutzhelm, die vor Ort am Infopoint gegen Gebühr ausgeliehen werden können. Geführte Besichtigungen im Sommer auch in deutscher Sprache durch einen Darsteller in Originaluniform. Weitere Infos: lagazuoi.it.

Wanderung 13:
Vom Falzàregopass um Averau und Nuvolau → S. 308
Relativ leichte Bergwanderung auf guten Steigen

Àgordo (lad. Agort)

Die beiden eindrucksvollen seitlichen Türme der *Pfarrkirche* und dahinter die Gipfel des Framont bilden ein fotogenes Ensemble. Weltweit bekannt ist der hier mit Verwaltungssitz und Produktion ansässige Konzern *Luxottica*. Der größte Brillenhersteller Italiens produziert für die meisten europäischen Luxusmarken: Chanel, Dolce & Gabbana, Prada, Ray Ban, Versace, Yves St. Laurent und Armani.

Àgordo ist ein altvenezianischer Ort, wie in der gesamten Region Belluno – außerhalb der ladinischen Sprachgebiete – wird hier ein venezianischer Dialekt gesprochen. Venezianisch ist ein Dialekt, der sich vom Hochitalienischen (das sich aus dem Toskanischen entwickelte) so stark unterscheidet, dass einige Sprachwissenschaftler von einer eigenen Sprache sprechen. Einige venezianische Orte haben deshalb ihren Dialektnamen auf den Ortschildern neben den hochsprachlichen gestellt: Seit einigen Jahren hat das auch Àgordo getan mit „Àgordo Agort" – das italienische End-o oder End-a wird im Venezianischen normalerweise nicht ausgesprochen.

Sehenswertes/Ausflüge

Im Ort: Die *Pfarrkirche* mit ihrer breiten Front und den seitlichen Türmen wurde erst von 1836 bis 1852 errichtet, besitzt aber im Inneren Bilder aus dem älteren Bau, u. a. solche des frühbarocken Venezianers Palma il Giovane. Der *Palazzo Crotta – De Manzoni* ist die nördlichste aller venezianischen Villen und die einzige mitten in den Bergen. Die im 18. Jh. errichtete und im 19. Jh. erweiterte Villa kann nicht besichtigt werden (Blick in den Wirtschaftshof mit seitlichen Arkaden!). Zwischen Pfarrkirche und Villa liegt der Hauptplatz mit schönen Lauben, unter denen sich Cafés und einige Läden niedergelassen haben. Der alte Ort liegt dahinter, zwei, drei schmale Sträßchen, ein paar ältere Häuser mit Außenfresken – das war's.

Im Ortskern von Àgordo

Bergbauzentrum Valle Imperina: Wenige Kilometer südlich von Àgordo liegt jenseits des Cordevole-Flusses und bereits im Parco Nazionale Dolomiti Bellunesi das Bergbauzentrum des Valle Imperina. Dieser industriearchäologische Park umfasst das späteste Ausbaustadium eines Kupferabbaugebietes, das seine Wurzeln in der hochmittelalterlichen Bergbautätigkeit im Norden des venezianischen Herrschaftsgebietes hat. Von wahrscheinlich noch vor 1400 bis 1962 wurde das Kupfer aus den Pyriten zuerst an der Oberfläche und dann im Untertagebau gewonnen. Im späten 19. Jh. – der Kupfermarkt war weltweit gesättigt – baute man Pyrit nur noch ab, weil es für die Schwefelsäureerzeugung benötigt wurde. Ab 1893 entstanden dann – neben Bauten aus dem 18. und frühen 19. Jh. – die heutigen Bauten im Zuge der Errichtung einer damals technisch hochmodernen hydroelektrischen Kraftwerksanlage für die Kupferaufbereitung. 1962 musste Montecatini, der letzte Besitzer, das Bergwerk wegen mangelnder Rentabilität schließen. Um das Jahr 2015 schien es, als würde der eindrucksvolle Komplex renoviert und umfassend touristisch erschlossen werden, eine Jugendherberge wurde gebaut. Seit 2016 wurde jedoch kein Staubkorn mehr bewegt, das Gelände dämmert vor sich hin. Es lohnt sich dennoch, den Steg zu überqueren, der vom Parkplatz über den Cordevole-Fluss zum Gelände des Centro Minerario führt. Nach einem Blick auf die Ruinen kann man den Wanderweg ins Valle hineingehen, um die zugewachsenen Überreste alter Gebäude und verschlossene Stolleneingänge für sich zu entdecken. Das Gebäude mit den Schmelzöfen ist im Rahmen von Führungen zu besichtigen (Infos beim Tourismusbüro von Àgordo).

Ins Valle Vescova und zum Lago del Mis: Südlich von Àgordo durchschneidet das schmale Tal *Canali di Àgordo* die bellunesischen Dolomiten. Auf der gut ausgebauten SR 203 gelangt man in einer halben Stunde nach Belluno. Für Radler und Wanderer lohnt ein Abstecher ins einsame *Valle Vescova*. Der

Die Belluno-Dolomiten → Karte S. 206/207

lässt sich mit einer **Rundfahrt** durch das idyllische *Valle del Mis* kombinieren, wo ein Stausee die Belluneser an Sommerwochenenden in Scharen zum Baden und Grillen verleitet. Ins Valle Vescova gelangt man, wenn man bei km 17 der SR 203 auf die nach oben führende Straße abbiegt. Nach wenigen Metern findet sich zur Linken ein Parkplatz. Ab hier auf geteerter Straße bergauf. Nach 300 m Abzweig nach rechts Richtung *Rifugio Bianchet*. Auf einem Schotterweg zunächst nach Süden unterhalb von Felswänden, dann nach links ins Valle Vescova. Gewaltige Felswände ragen zu beiden Seiten des Weges himmelhoch empor. Der Weg führt steil und mit lockerem Schotter bedeckt bergan (mit dem Mountainbike ist dieser Abschnitt schwer zu fahren). Im oberen Teil führt die Route durch einen herrlichen schattigen Buchenwald. Über die bewaldete kleine Hochfläche *Pian delle Stua* geht es flacher weiter bis zum **Rifugio Bianchet** auf 1250 m, wo einen deftige Küche und ein kräftiger Roter am Fuße des *Monte Schiara* schnell zur Erholung kommen lassen (insgesamt 18 km und 700 Höhenmeter. Zu Fuß 5 Std., mit dem Mountainbike 2,5 bis 3 Std.). Auf der Weiterfahrt nach Süden weitet sich das Tal und in der fruchtbaren Ebene westlich von Belluno halten wir uns beim Örtchen *Mas* rechts und fahren Richtung *Lago del Mis* (beschildert) durch grüne Wiesen und vorbei am Kloster *Certosa di Vedena* ins enge Tal der *Mis*. Am Südufer des Stausees Lago del Mis führt die schmale Straße durch gut ein Dutzend unbeleuchtete Tunnels (max. Höhe 2,50 m!). Sie überquert den Zulauf des Flusses Falcina und erreicht den Pian Falcina. Hier befindet sich ein großer Parkplatz mit einem Kiosk, einer Picknickwiese am See, WC, Womo-Standplatz und Spielplatz.

Spektakulärer grüner Canyon im Valle del Mis

Am **Kiosk** befindet sich der Startpunkt für die Wanderung ins Val Falcina. Der *sentiero natura Val Falcina* (4,5 km, 300 hm, 2 Std.) setzt Trittsicherheit voraus, teilweise ist Schwindelfreiheit nötig. Wer in die unberührte Wildnis und dichten Mischwälder des Parks eintauchen möchte, für den bietet diese spektakuläre Wanderung die perfekte Gelegenheit. Nach steilem Anstieg (25 Min.) geht es auf und ab durch dichten Wald hinein ins Tal. Nach weiteren 25 Min. quert man das felsübersäte Bachbett des meist trockenen *Torrente Burt*, das von himmelhohen Wänden eingeschlossen ist. Bald erreicht man ein weiteres Bachbett, das auch meist trocken ist. Der Pfad führt dann über ein drittes, wasserführendes Bachbett (30 Min. ab erstem Bachbett), weiter geht es, zunehmend oberhalb des Talgrunds, zurück Richtung Ausgangspunkt, den man nach 40 Min. erreicht.

Am Ende des Sees überquert die Straße den Fluss Mis, nach rechts zweigt ein Sträßchen (an dessen Beginn ein großer Parkplatz liegt) zu einer idyllisch am Seeufer gelegenen Trattoria ab; von dort erreicht man einen schönen *Wasserfall* (Cascata della Soffia) auf kurzem Fußmarsch. Ein Rundweg führt vom großen **Parkplatz** zu den

Der Parco Nazionale Dolomiti Bellunesi

Die südlichsten Dolomiten liegen im Bellunese und sind in einem Nationalpark geschützt, der zum Einsamsten gehört, was es an Berglandschaft in Italien gibt, auch er ist übrigens ein Teil des UNESCO-Welterbes Dolomiten (als Teil der Gruppe Pale di San Martino, Pale di San Lucano, Dolomiti Bellunesi, Vette Feltrine). Mit Ausnahme der **Schiaragruppe** südöstlich von Àgordo liegt der Park (32.000 ha) im Voralpengebiet. Er ist weit weniger erschlossen als die Dolomitengiganten weiter nördlich. Das ist ein Segen, denn deshalb findet man hier immer noch seltene Pflanzen und Tiere, die in den südlichen Alpen bereits ausgerottet oder sehr selten sind. Es gibt eine Handvoll uriger Hütten und zahlreiche Wander- und auch Mountainbike-Möglichkeiten. Informationen hierzu findet man auf der Webseite oder im Büro in Feltre.

▪ **Parco Nazionale Dolomiti Bellunesi,** Piazzale Zancanaro 1, Feltre, ✆ 0439/3328, dolomitipark.it.

wunderschönen, mit türkisgrünem Wasser gefüllten Gumpen der *Cadini del Brenton*, die selbst bei wenig Wasser noch sehenswert sind. Früher war das ein beliebter Badeplatz. Jetzt ist der Bachverlauf eingezäunt, das Baden ausdrücklich verboten, und der Eintritt kostet im Sommer 2 €. Vermutlich ist das eine Reaktion auf den Instagramboom und Overtourism an diesem leicht erreichbaren Ort, der sich immerhin mitten in einem Nationalpark befindet, wo der Schutz der Natur Vorrang genießen sollte (70 hm, 1 km, 25 Min.). Ein schöner **Rastplatz** an einem kleinen Bach liegt einige Kilometer weiter an den verfallenen Häusern von *La Stua*. Bald danach erreicht der Canyon vor einem Tunnel seine engste Stelle: Turmhohe Felswände ragen senkrecht in die Höhe, tief unten tost der Mis. Nach dem Tunnel weitet sich das Tal und die kurvige Straße führt nördlich am westlichen Rand der Belluneser Dolomiten entlang hinauf zum Pass *Forcella Franche* und weiter nach *Rivamonte Agordino* mit tollem Blick zurück auf den südlichen Teil des **Nationalparks** (s. o.). Weiter geht es bergab, bis schließlich wieder Àgordo erreicht ist.

Wenn man ins Primiero möchte, kann man die grandiose, bestens ausgebaute Panoramastraße über den Passo Cereda nehmen (SS 347). Man passiert das malerische Dorf Gosaldo mit Bar. Zu beiden Seiten des Tals ragen felsige Berge bis auf 2800 m empor. Am Pass selbst (1369 m) sieht man einige schöne alte steinerne Scheunen *(fienili)*, Kühe und das Rifugio Cereda. Hinunter geht es breit und steil durch Wälder – vorbei am Abzweig zum Agritur Dalaip und am Eingang des Val Canali –, bis man Fiera erreicht (→ S. 200/203).

Praktische Infos

Information **Ufficio Turistico,** Àgordo, Via XXVII Aprile 5 a, ✆ 0437/62105, agordo.net.

Verbindungen Gute Verbindungen per **Bus** mit Belluno und Àlleghe/Caprile, außerdem mit Arabba, Corvara, Cortina und Drei Zinnen; Busbahnhof, Via Insurrezione 18.

Einkaufen Im Verkaufsladen der Kooperative Agordino Latteria di Vallata werden lokaler **Käse** und Spezialitäten der Region angeboten. Via Toccol 61, latteriadivallata.com. An der Straße Richtung Belluno liegt der neue Verkaufspunkt der Latteria Camolino mit großer Käseauswahl. Loc. La Stanga, latteriacamolino.it.

Die Belluno-Dolomiten → Karte S. 206/207

Übernachten/Essen in Àgordo Kaum Unterkünfte außer Apartments. Etwas besser sieht es kulinarisch aus: Bars und Cafés unter den Lauben am Hauptplatz (Piazza Libertà).

*** **Erice,** das Hotel hat recht kleine, einfache Zimmer. Restaurant mit typisch Agordiner Küche: Bohnensuppe, Wildgerichte, Casunziei (Schlutzkrapfen). Via IV Novembre 13 b, ✆ 0437/62307, hotelerice.it. **€€€** (Übernachten), **€€** (Essen)

Bottega del Caffè Dersut, nettes Café mit frisch gepressten Säften, Kaffeespezialitäten und Aperitivi. Piazza Libertà 27.

Break Time, Bar und Pizza al taglio, freundlich, für eine Bar relativ viel Platz. Mo geschlossen. Via 27 Aprile.

Il Portico, Gelateria/Pasticceria unter den Lauben am Hauptplatz, hübsch eingerichteter Innenbereich, sehr gutes Eis und süße Teilchen. Piazza Libertà 17/18.

Das Valbiois

Bei *Cencenighe Agordino* mündet die Tallandschaft Valbiois. Sie beginnt mit einer schmalen Schlucht, bevor sie sich bei *Tis* und dann beim Ort **Canale d'Àgordo** öffnet. Die Talschaft *Vallada,* die vom Ort Celat nach Norden zieht, ist ein noch kaum berührtes Denkmal bäuerlicher Vergangenheit und bewahrt in der Kirche von *San Simón* einen Freskenzyklus des Tizian-Schülers Paris Bordone auf. Weiter oben im Valbiois liegt in sonniger Position der Winter- und Sommersportort **Falcade.** Neben zahlreichen, etwas in die Jahre gekommenen Hotels findet sich entlang der Straßen Via 7 Alpini und Via Garibaldi noch eine Ecke mit einigen historischen Stadeln (Tabià) und Wohngebäuden (insbes. Vicolo Ziagn und Coloi). Im Sommer ist das Valbiois ein guter Standort für Radler, die den Dolomitenpässen nicht widerstehen können.

Zum Passo San Pellegrino: Von Falcade führt die Straße über den Passo San Pellegrino hinüber ins Fassatal nach Moèna, die besonders auf der Ostseite steile Strecke ist bei Motorradfahrern sehr beliebt. Oben auf dem Pass Winter- und Sommeraufstiegshilfen, Gasthäuser und Bars, besonders reizvoll das Rifugio Fuciade (→ S. 175), das man auf Weg 607 „Sentiero d'Italia" (Sträßchen) in ca. 1 Std. erreicht. Von der Bergstation der Costabella-Seilbahn erreicht man in ca. 45 Min. den Passo delle Selle mit Rifugio (→ auch S. 174)

Information Ufficio Turistico, Falcade, Piazza Municipio 17, ✆ 0437/599062, dolomiti.org.

Verbindungen Bus: Passo di San Pellegrino (im Sommer) mehrmals tgl., Àgordo ganzjährig bis 5x tgl., 1x tgl. über Vigo di Fassa nach Bozen (von/nach Belluno). Von Falcade über Caprile zum Passo Fedaia bis 3x tgl.

Veranstaltungen Se Desmonteghea nennt sich der traditionelle Almabtrieb des Valbiois. Bunt geschmückte Kühe und Schafe werden durch die Straßen und Gassen von Falcade geführt, reichhaltiges Rahmenprogramm mit Musik und gastronomischen Spezialitäten. 3 Tage Ende Sept.

Wintersport Falcade ist Teil des Skigebiets San Pellegrino – Falcade/Trevalli und ist mit der Skiarena Alpe Lusia verbunden (→ Moèna, S. 171). Infos zum Skigebiet auf skiareasanpellegrino.it.

Wandern Die **Seilbahn Col Margherita** und der **Sessellift Costabella** erschließen die Wanderregion südlich und nördlich des Passo San Pellegrino (→ S. 173), die **Kabinenbahn Falcade – Le Buse** erschließt das Wandergebiet südlich des Col Margherita von Falcade aus, Juli bis Anf. Sept. 9–13/14–17.30 Uhr, einfach 8 €, Berg/Tal 14 €.

Radfahren Radverleih bei Holiday Sport, Corso Roma 98b, ✆ 0437/507108, holidaysport.it. Ein schön angelegter **Radweg** (Pista Ciclabile) führt von Falcade hinunter über Canale d'Agordo bis Cencenighe, immer am Fluss des Biois entlang; er ist Teil des Radwegenetzes Ciclabile Agordina, das über die nächsten Jahre ausgebaut werden soll.

Übernachten/Essen in Falcade *** **Belvedere,** äußerlich etwas angegrautes Hotel im Tiroler Stil, innen gemütlich-rustikale Atmosphäre mit gediegenen Zimmern, Wellness-

Im historischen Dorfkern von Falcade gibt es noch alte Höfe

Bereich mit Sauna und Fitnessraum. Der sympathische Hausherr, ein überzeugter Ladiner, ist historisch sehr bewandert und spricht Deutsch. Via Garibaldi 28, ✆ 0437/599021, belvederehotel.info. **€€€–€€€€**

Lumen, etwas außerhalb Richtung Sappade, daher ruhig gelegenes Hotel mit modernen Zimmern und schöner Aussichtsterrasse. E-Bike-Verleih und Skiservice. Via Trieste 62, ✆ 335/7590296, lumenfalcade.it. **€€€**

Pizzeria Rosa Nera, große Auswahl an Pizza und Pasta in modern und hell gestaltetem Ambiente. Mo Ruhetag, Via Veneto 24, ✆ 0437/599103.

Malga Bosch Brusà, die traditionelle Alm, auf der man im Sommer die eigenen Almkäse und andere Milchprodukte sowie vorzügliche Salami bekommt, war zum Zeitpunkt der letzten Recherche wegen Renovierungsarbeiten geschlossen. Die Alm liegt auf 1867 m an der „Alta Via dei Pastori" (Hirtenwanderweg) und ist von Falcade in Richtung Caviola und Sappade zu erreichen.

In Molino/Loc. Pecol **Camping Eden,** Minimarket, Café, Kinderspielplatz. Stellplatz und 2 Pers. 20–35 €, Juni bis Sept. und Mitte Nov. bis April. Via Pecol 2, ✆ 0437/599138, campingedenfalcade.com.

Àlleghe und die Civetta

Die Lage könnte nicht schöner sein: ein Bergsee vor der Tür, hinter dem Ort das Gebirge. Dieses malerische Ambiente führt jedoch dazu, dass sich durch das verkehrsinfarktgefährdete Zentrum in der Saison und an Wochenenden eine nahezu ununterbrochene Blechlawine schiebt. Nur wenige Meter abseits lässt sich an der beschaulichen *Uferpromenade* ein kleiner Spaziergang unternehmen. Von der gegenüberliegenden Seeseite (s. u. oder auch Radtour *Àlleghe – Malga Ciapela*) sieht man den spitzen Turm der Pfarrkirche San Biagio, dahinter ragt über einem grünen Vorbau das gewaltige Felsmassiv der Civetta auf. Wintersport wird in Àlleghe besonders groß geschrieben, die **Skiarena**

Civetta hat hier ihr Zentrum, das Eislaufstadion liegt fünf Gehminuten vom Ortskern entfernt. Im Sommer geben sich Bergsteiger und Kletterer ein Stelldichein, denn nicht nur die Civetta liegt vor der Tür, es locken doch in nächster Nähe die Gebirgskolosse der zentralen Dolomiten: Marmolada, Sella, Pelmo. Zum Gesamtbild gehören leider auch die enormen Wald- und Flutschäden um den Ort, die der Orkan Vaia im Oktober 2018 verursacht hat. Ihre Behebung wird noch viele Jahre in Anspruch nehmen, die Wiederaufforstung Jahrzehnte. Entlang der Hauptstraße zeigt eine Fotoausstellung eindrücklich die damaligen Überschwemmungen und Zerstörungen.

Praktische Infos

Information **Ufficio Turistico,** Àlleghe, Piazza Kennedy 17, ✆ 0437/523333, dolomiti.org.

Verbindungen **Parken** auf dem großen Parkplatz vor der Eislaufhalle, ein Parkhaus gibt es zwischen Eislaufstadion und Via Monte Pape. **Bus:** gute Verbindungen mit Àgordo, nach Arabba außerhalb der Schulzeiten nur 2x tgl., zum Falzàregopass nur im Sommer.

Wintersport Das **Skigebiet Civetta** bietet 80 km Pisten bei 27 Aufstiegsanlagen und erstreckt sich bis Zoldo und Selva di Cadore, Infos auf skicivetta.com. Große **Eislaufhalle Palaghiaccio Alleghe** am Corso Italia etwas unterhalb südlich des alten Orts, Via Lungolago 18. **Skischule Coldai** am Corso Italia 32. ✆ 349/2259393, scuolascicoldai.it. Auf dem Col dei Baldi großer **Boarderpark Alleghe Superpark,** ein weiterer oberhalb von Zoldo.

Hochseilgarten/Zipline **Civetta Adventure Park** auf den Piani di Pezzè, mehrere Parcours, darunter auch einer für kleinere Kinder geeignet („Percorso Baby"), 22–35 €, Juli bis Mitte Sept. ✆ 348/7350443, civettaadventurepark.com. Die **Zipline** San Tomaso liegt außerhalb Àlleghes an der Straße Richtung Cencenighe und erstreckt sich mit 2 Lines über 1,6 km und eine Höhendifferenz von 260 m, 1 Fahrt ca. 35 €, ✆ 0348/7131949, ziplinesantomaso.it.

Übernachten ****** Europa,** großes Sporthotel an der Seepromenade, gute Zimmer mit Balkon, solidem Mobiliar, die „Economy"-Zimmer allerdings eher einfach. Via Europa 10, ✆ 0437/523362, sporthoteleuropa.com. **€€€–€€€€**

Europa Apartments, schönes Apartmenthaus neben dem Hotel Europa mit Blick auf den See. 5 modern und mit viel Holz gemütlich eingerichtete Apartments für 2–6 Personen. Sauna im Haus. Via Europa 15, ✆ 348/4510554, appartamentieuropa.com. **€€–€€€**

Camping Alleghe, Campingplatz beim Hotel La Maison, großzügige Ausstattung, Kinderspielplatz, die Bar des Hotels, der Pool (extra) und der moderne Wellnessbereich (extra) sind zugänglich, Stellplatz und 2 Pers. 32–40 €, Ende Mai bis Okt. ✆ 0437/723737, allegheresort.it.

Essen & Trinken **La Cambra,** dieses recht neue Lokal liegt etwas außerhalb am Radweg nach Caprile. Serviert wird einheimische Küche wie Knödel, Speck und Käse, aber auch Gegrilltes und Pasta. Ruhiger Außenbereich mit Parkblick. Corso Italia 73, ✆ 0437/1948048.

Enoteca Winebar Alleghe, große Auswahl an belegten Leckereien: Crostini, Piadini, Toasts. Nette, ruhige Panoramaterrasse, nur wenige Meter vom Verkehrschaos entfernt, Di geschlossen. Piazza Kennedy 20.

Café Pasticceria Da Pian, Kuchen, Snacks, Eis und Pizza in dem kleinen Café am Hauptplatz, zentral und doch recht ruhig gelegen. Piazza Kennedy 24.

Bierstube/Birreria, nicht nur eine Bierstube, sondern eine kleine Privatbrauerei! Zwei Biere, Helles „Àlleghe" und Rotes „Civetta" nach deutschem Muster, süffig, nur teilgefiltert und nur hier zu bekommen, auch Snacks (Panini/Nudeln). Via Lungolago 6.

Alleghe Beach Chiosco Bar, der kleine Kiosk mit Strandbar am aufgeschütteten Kiesstrand liegt unterhalb der Brücke am Ortseingang. Ein entspannter Ort mit fast mediterranem Flair. Via Lungo Lago 2, alleghebeach.it.

Sehenswertes/Ausflüge

Im Ort: Die *Pfarrkirche San Biagio* versteckt ihre gotische Herkunft nur dürftig unter dem barocken Kleid. Die angebaute *Kapelle* ist mit ihrer Loreto-Madonna ein wichtiges Pilgerziel und das älteste Bauwerk des Tals.

Am Lago di Àlleghe: Für den berühmten Civettablick muss man auf die andere Seite des Sees fahren, am Seeufer nach Süden in den eingemeindeten kleinen Ort *Masarè*. Oberhalb des Ortes ist noch deutlich die Abrisszone des Bergsturzes zu erkennen, der 1771 den See erst entstehen ließ. In Masarè geht es über die Cordevolebrücke ein Sträßchen entlang, vorbei am Chalet al Lago, bis ein Fußweg rechts abzweigt. Von hier aus schweift der Blick über See und Àlleghe auf die Civetta. Folgt man dem meist im Wald und in Flussnähe verlaufenden Weg (gute Markierungen), erreicht man den Ort *Caprile*.

Mit dem Rad von Àlleghe nach Malga Ciapela: Bis Caprile wie oben beschrieben, wobei am Seeende mehrere enge Serpentinen und anschließend ein schmaler Wurzelweg im Wald bei erhöhtem Fußgängeraufkommen auf etwa 500 Metern Länge ein Absteigen und Schieben erfordern. Ab der Hängebrücke über den *Cordevole* existiert ein breiter Schotterweg, der problemlos befahren werden kann. Ab Caprile dem Tal des Flusses *Pettorina* nach Westen folgen. An einer Brücke links halten und von nun an auf geteerter Straße bergan am linken Flussufer bis zum hübschen Weiler *Soraru* mit einigen alten Stadeln. Weiter bis *Col di Rocca*, hier führt der Weg über den Fluss. Kurz vor der Hauptstraße halten wir uns links, wieder über den Fluss und durch Wald und Wiesen am linken Flussufer entlang, bis der Weg in einen Parkplatz etwas oberhalb von *Sottoguda* mündet. Nach rechts geht es wenige Meter auf der Hauptstraße bergab, dann nach links ins Zentrum von Sottoguda und anschließend ab 2024 wieder durch die spektakuläre Felsschlucht *Il Serrai* (Eintritt und Näheres → S. 223). An deren oberem Ende geht es rechts zur Hauptstraße. Oberhalb liegt *Malga Ciapela* mit der Talstation der Marmolada-Seilbahn. Etwa 3 km radeln wir auf der vielbefahrenen Straße flott bergab bis Sottoguda. Da es durch einen 270 m langen Tunnel geht, ist eine Beleuchtung hier obligatorisch (mindestens Stirnlampe oder Reflektoren!). Ab Sottoguda fahren wir auf der Route des

Àlleghe mit seinem See vor der Civetta

Hinwegs zurück nach Àlleghe (insgesamt 28 km, 2 Std.).

Auf die Piani di Pezzè und weiter auf die Civetta: Die Kabinenbahn, die von Àlleghe auf die Piani di Pezzè führt, gefolgt vom Sessellift auf den *Col dei Baldi* (1852 m), macht aus einer großen Civetta-Wanderung eine Tagestour. Wer hingegen Weg 565 durch das Val d'Antersass folgt und die ungesicherten Felspartien hinter sich hat, ist bei der Ankunft am Rifugio Coldai oder Tissi ziemlich fertig.

Die Civetta (3220 m) ist ein lang gestrecktes Riff, dessen Gipfelkette Klettersteiggehern und Kletterern vorbehalten ist. Der berühmteste Klettersteig auf die Civetta ist die äußerst kühn angelegte *Via ferrata degli Alleghesi*, die man erreicht, wenn man vom Rifugio Coldai Weg 557 nach Süden nimmt, der mit Weg 559 die Ostflanke der Civetta quert. Wer die ersten 40 m dieses Klettersteigs problemlos schafft (senkrecht, teils überhängend, Stifte und Klammern), kann ruhig weitermachen. Wer sich dem nicht gewachsen fühlt, kehrt besser um. Aber auch Bergwanderer haben ihre Chance: Von der Bergstation auf dem Col dei Baldi kann man hinüber gehen zur *Forcella d'Àlleghe*, wo der Aufstieg beginnt. Der gewaltige *Monte Pelmo* (3168 m) dominiert die Ausblicke über das obere Zoldano. Weg 556 (Dolomitenhöhenweg 1) führt von der Forcella zum *Rifugio Coldai* (2135 m) und weiter westlich des Hauptkamms der Civetta (→ Wanderung 14).

Kabinenbahn Àlleghe – Piani di Pezzè und **Kabinenbahn Piani di Pezzè – Col dei Baldi,** Ende Juni bis Mitte Sept. 8.30–17.30 Uhr, Kombiticket Berg 14 €, Berg/Tal 15–19 €.

Ristoro Fontanabona, auf den Piani di Pezzè neben der Skiabfahrt, Gasthaus/Pizzeria mit rustikalen Gerichten, interessant die Holzkonstruktion des offenen Dachstuhls. Im Winter nur tagsüber geöffnet. ✆ 0437/723913.

Malga Boi Vescovà, bewirtschaftete Alm und Käserei am Aufstieg vom Passo Staulanza zum Col dei Baldi, bis dorthin geteerte Straße, es gibt gegrillte Bauernwurst (ein Typ Luganegha) und Käse mit Polenta, Ziegenkäse; Schiz, Ricotta – auch geräuchert – und dazu Wein. Verkauf von Käse, ✆ 329/0935739.

Wanderung 14: Unter den Wänden der Civetta → S. 309

Lange, anstrengende, aber technisch einfache Bergwanderung

Caprile: An der Abzweigung der Straße zum Falzàregopass liegt der dicht bebaute Ort, bewacht von der höher gelegenen Kirche. Guter Standort für Unternehmungen im oberen Agordino, in Buchenstein und Ampezzo und Alternative zum teuren und überlaufenen Cortina.

▪ ****** Alla Posta,** Hotel seit 1866 am Hauptplatz, ruhig, gut ausgestattete Zimmer, Wellnessbereich mit Schwimmbad und Sauna, unten **Pasticceria** mit köstlichen Teilchen. Piazza Dogliani 19, ✆ 0437/721132, hotelposta.com. **€€€–€€€€**

Auf die Marmolada: Die Marmolada kann man von Canazei und dem Fassatal aus erreichen oder von Osten aus dem Tal des Cordevole, aus dem bei Caprile eine gute Straße abzweigt, die über den Ferienort **Rocca Piétore** und das Örtchen Malga Ciapela zum Passo Fedaia führt. Das Tal steigt von Rocca Piétore über Col di Rocca und Bosco Verde bis *Sottoguda* nur mäßig an, von Sottoguda bis Malga Ciapela ist es jedoch eine steile Klamm. Während die Umfahrungsstraße Serpentinen, Brücke und Tunnel braucht, um die Steigung zu bewältigen, führte die alte, für den Autoverkehr gesperrte Straße durch diesen eindrucksvollen Talabschnitt namens **Serrai di Sottoguda** neben dem schäumenden Klammbach entlang. Sie wurde allerdings im Oktober 2018 durch den Orkan Vaia und die durch starke Regenfälle verursachte Gerölllawine weitgehend zerstört. Bis spätestens 2024 soll sie wieder so weit hergestellt sein, dass Touristen sie begehen können. Der schmale Canyon ist besonders nach Regenfällen, wenn zahlreiche Wasserfälle die senkrechten Wände hinabstürzen, und im Winter ein Erlebnis.

Sottoguda: Altes Bergdorf mit zahlreichen gut erhaltenen Scheunen und Stadeln. 2016 als eines der schönsten Dörfer Italiens geadelt, was dem Tourismus erheblichen Aufschwung verleiht und dazu geführt hat, dass am Ortseingang ein gewaltiger Parkplatz die Busse und Tagesausflügler in geordnete Bahnen lenkt. Davon abgesehen lohnt der Rundgang zwischen den liebevoll instand gehaltenen und blumengeschmückten

Gebäuden durchaus. Mehrere Brunnen spenden Trinkwasser. An einem von ihnen liegen Waschbrett und Bürste – er diente und dient als zentraler Waschzuber des Ortes. Außerdem gibt es ein Lebensmittelgeschäft mit lokalen Produkten und eine kleine Touristeninformation sowie mehrere Einkehrmöglichkeiten.

In *Malga Ciapela* trifft man auf einen komplett touristisch ausgerichteten Ort, hier startet die Seilbahn über das *Rifugio Serauta* (2950 m) auf die Spitze (na ja, nicht ganz) der **Marmolada** (Bergstation 3250 m, der Gipfel auf 3342 m ist nur für erfahrene Bergsteiger erreichbar). Auf der Serauta befindet sich das sehenswerte **Museum des Ersten Weltkrieges** (eines von mehreren in den Dolomiten). Die Straßenfortsetzung zum *Passo Fedaia* ist steil (eine lange Strecke mit 18 %), aber besonders im oberen Teil wegen der Blicke auf die Marmolada äußerst reizvoll. Auch auf dem Fedaiapass befindet sich ein Museum des Ersten Weltkrieges.

Information: Tourismusverband Marmolada Rocca Pietore, Loc. Sottoguda 33, ✆ 0437/722277, visitmarmolada.com.

Vorteilskarte: Der **Arabba Marmolada Sommerpass** ist von Juni bis Sept. erhältlich. Er gilt für alle lokalen Seilbahnen und Sessellifte (die Marmolada-Seilbahn kann nur 1-mal benutzt werden). Gültig an 3 von 4 Tagen (56 €) oder an 5 von 7 Tagen (70 €).

I Serrai di Sottoguda, modernes Besucherzentrum am Eingang zur Schlucht, deren Begehung hin und zurück etwa eine Stunde dauert, derzeit ist die Schlucht allerdings nicht zugänglich (s. o.). Ab 2024 wird hoffentlich im Sommer wieder der *Trenino* die Fußfaulen durch die Klamm chauffieren. Fahrradfahrer dürfen nur bergauf fahren, bergab ist selbst schieben nicht erlaubt, man muss dann für den Rückweg die viel befahrene Straße nehmen, die oberhalb der Schlucht verläuft. Kostenpflichtig nur vom 1.6. bis 30.9. serraipark.it.

Kabinenbahnen Marmolada, Malga Ciapela – Serauta und Serauta – Marmolada, Mitte Juni bis Mitte Sept. 9–16 Uhr und in der Wintersaison, Kombiticket Berg/Tal 38 €. Infos unter funiviemarmolada.com.

Museo Marmolada Grande Guerra 3000 m, visuell eindrucksvoll gestaltetes Museum auf der Serauta mit zahlreichen Exponaten und Hintergrundinfos, z. B. zur 10 km langen „Eisstadt", einem Stollenlabyrinth unter der Gletscheroberfläche. Tgl. 9–16 Uhr, Eintritt frei. Weitere Infos zum Museum museomarmoladagrandeguerra.com.

Ciesa La Vèrda, in der Nähe des Eingangs zur Schlucht gelegenes B & B mit 2 hübsch eingerichteten Zimmern und einem Apartment. Loc. Sottoguda 72, ✆ 0437/722237. **€€**

***** La Montanara,** ruhiges Hotel im alten Ortsteil, gute, teils modernisierte Zimmer, Restaurant mit traditioneller Küche, Knödel, Polenta, Wildgerichte. Das Café ist bekannt für sein selbst gemachtes Eis. Loc. Sottoguda 29, ✆ 0437/722017, lamontanara.it. **€€€**

***** Caravan & Camping Resort Marmolada,** von der tschechischen Marmeladenkönigin Blanka Milfait aufgekaufter und renovierter Platz, eine ausgedehnte, teils wellige Wiesenflächen am Fuße der Marmolada mit Bar/Restaurant, Market und sauberen Sanitäranlagen. Originelles Glamping! Stellplatz und 2 Pers. 30–45 €, Mitte Mai bis Mitte Sept. und in der Wintersaison geöffnet. Loc. Malga Ciapela 116, ✆ 0437/722064, campingmarmolada.it.

MeinTipp **Malga Ciapela,** die Alm liegt an der Straße ins Val de Franzedaz, etwa 3 km hinter dem Campingplatz. Hier wird köstlicher Käse wie der Almkäse „Miol" produziert, den man vor Ort genießen oder im Hofladen erwerben kann. Auch warme Küche mit Polenta und Co. Im Laden frischer und geräucherter Ricotta, Speck, Wurstwaren. Im Sommer tgl., im Winter nur am Wochenende geöffnet.

Rocca Piétore: Der Ort abseits der Durchgangsstraße liegt sehr reizvoll auf einem nach Süden ausgerichteten Hang. Sein winziger alter Ortskern ist gut erhalten. Die *Pfarrkirche* birgt einen wahren spätgotischen Schatz, den Flügelalter des Rupert Potsch. Oberhalb der Kirche steht das historische Steinhaus *Ciesa del Pierul* aus dem Jahr 1664. Es ist das Geburtshaus von Pellegrino Pellegrini (1820–1891), einem der ersten Bergführer der Dolomiten und Erstbegeher mehrerer Routen an der Marmolada.

Information: Zuständig ist der Tourismusverband in Sottoguda (s. o.).

Die Belluno-Dolomiten → Karte S. 206/207

****** Pineta Pastry Hotel,** Tiroler Fassade mit Blumenbalkonen, viel Holz, freundliche Atmosphäre, gute Zimmer. Im Hotel Sauna, türkisches Bad, gutes Frühstücksbuffet mit lokalen Produkten. Im Haus Konditorei-Café (daher der Name „Pastry Hotel"), die supersüßen Stückchen gibt's als Dessert zur Dreiviertelpension. Via Marmolada 13, ✆ 0437/722035, hotelpineta.net. **€€€–€€€€**

***** Camoscio,** freundliches Familienhotel, rustikal und etwas altmodisch, einfache Zimmer mit Balkon, es gibt Sauna und Dampfbad. Via Marmolada 7, ✆ 0437/722024, hotelcamoscio.com. **€€–€€€**

Monte Pelmo

Marmolada, einfache Pizzeria, bodenständig rustikales Lokal, viele Einheimische, Di geschlossen. Viale Dolomiti 23, Loc. Boscoverde, ✆ 0437/722050.

Auf den Monte Pelmo: Von Caprile fährt man über Selva di Cadore zum *Passo Staulanza* (1773 m), alternativ erreicht man das Zoldano von Àgordo auf einer im Süden gut ausgebauten, im Norden schmalen und kurvigen, aber panoramareichen Straße über den *Passo Duran* (1601 m). Der Pass bietet zwei Einkehrmöglichkeiten *(Rifugio Duran* und *Rifugio San Sebastiano)* und ist Ausgangspunkt für zahlreiche Wanderungen und Bergtouren.

Das Zoldano ist eingebettet zwischen steinernen Giganten: Rechts liegt die Civetta, zur Linken bietet der Monte Pelmo das kaum zu übertreffende Bild eines Dolomitenbergs: rundum steile Felswände, nur ein paar Schneeflecken in den Schluchten, oben eine Verflachung. An seiner Nordflanke stellt das *Rifugio Città di Fiume* einen guten Ausgangspunkt dar, etwa für die berühmte Umwanderung des Pelmo auf den auch für normale Wanderer geeigneten Wegen 472 und 480 (kurze versicherte Stellen). Die Gipfelzone, auch das schräge verkarstete Plateau zwischen Hauptgipfel und Ostschulter, bleibt tabu, es ist Kletterern vorbehalten.

Rifugio Città di Fiume, 1918 m, CAI Fiume, Mitte Juni bis Ende Sept. und in der Wintersaison, ✆ 320/0377432, rifugiocittadifiume.it. **€€**

Rifugio Venezia, 1946 m, CAI Veneto, 62 Betten, Mitte Juni bis Mitte Sept., ✆ 320/0103872, rifugiovenezia.it. **€€**

Das Zoldano

Die lockere Kette von Dörfern und Weilern zieht sich durch das zweisprachige, eigentlich dreisprachige (ladinisch, italienisch, deutsch) Zoldano-Tal und firmiert seit 2016 unter dem Gemeindenamen **Val di Zoldo.** Die Gemeinde zieht sich mit ihren 37 Ortsteilen durch das gesamte Tal, von Solagnol, einem Weiler, der schon nahe Longarone liegt, bis hinauf nach Pecol, wo das Wander- und Skigebiet am Fuß der Civetta beginnt (von dort lohnen sich die wenigen Kilometer bis zum Passo Staulanza, da man auf dieser Route dem mächtigen Felsklotz des Monte Pelmo immer näher rückt und zudem eine besuchenswerte Alm, die *Malga Staulanza*, passiert).

Vereinzelt stehen noch hölzerne Stadel und historische Häuser, die aus Steinen in unterschiedlichen Grau- und Brauntönen erbaut sind und mit ihren mindestens vier Stockwerken mächtig und etwas abweisend, aber auch sehr robust und dauerhaft wirken. Zentrum des Tals ist **Forno** mit einem gemütlichen, von Cafés und Bars gesäumten Platz.

Ein besonderes Kleinod stellt **Fornesighe** dar, das etwas oberhalb an der Straße Richtung Cibiana gelegen ist. Die alten Häuser drängen sich verschachtelt an den steilen Berghang. Auf dem ausgeschilderten Vicolo dei Rustici schlendert man über steile, kopfsteingepflasterte Gassen hindurch zwischen den mächtigen Wohngebäuden mit ausladenden Balkonen. Im Laufe der Generationen wurden sie immer höher, da die Familien größer wurden. Im Gebäude von Dormì e Disnà (s. u.) lebten maximal 11 Familien, und das war dann trotz der eindrücklichen Größe des Hauses extrem beengt. An mehreren Ecken des Weilers laden Sitzbänke an plätschernden Brunnen dazu ein, die Aussicht auf die Schiara-Gruppe zu genießen, und überall blühen bunte Blumen. Es ist bestimmt kein Fehler, in diesem verwunschenen Flecken ein oder zwei Nächte zu verbringen.

2018 wurde das Val di Zoldo zusammen mit Cibiana di Cadore und Zoppè di Cadore in den Kreis der zertifizierten Bergsteigerdörfer aufgenommen (bergsteigerdoerfer.org). Zahlreiche Wanderungen, Bergtouren und Klettersteige in unterschiedlichen Schwierigkeitsgraden zeichnen die Gegend aus.

Mit dem Mountainbike oder zu Fuß zur Malga Pramper: Im Ortszentrum von Forno geht es über die Brücke und weiter auf einem Fahrweg ins bewaldete Tal des Flusses *Prampera*. Nach etwa 2 km kommt die letzte Parkmöglichkeit, hier startet im Sommer auch der Shuttlebus *(navetta)* für die weniger Wanderlustigen. In steilen Serpentinen führt der Weg teils geschottert und teils geteert durch dichten Nadelwald. Zu beiden Seiten des Tals ragen imposante Felswände empor. Wir erreichen schließlich die Hochebene *Pian del Palui* mit Lärchen und Almweiden und schönen Kühen mit Hörnern. Nach einem kleinen Anstieg öffnet sich eine weitere Hochebene. Der Weg folgt einer Linkskurve über eine Holzbrücke – und schon grüßen in imposanter Lage die zwei langgestreckten Gebäude der *Malga*

Der Lago Coldai an der Civetta-Nordseite

Pramper (16 km gesamt, zu Fuß 4,5 Std., mit dem Mountainbike 2 Std.).

Wanderung zum Lago Coldai: Die Wanderung beginnt am großen Parkplatz gegenüber vom Camping Palavera, wo auch die gleichnamige Hütte liegt und der betagte Sessellift Pioda auf den Col de la Traversa führt. Die Fahrt mit dem Lift kürzt hin und zurück gut 2 Stunden ab. Ab der Bergstation wandert man auf breitem Weg und leicht bergab in etwa 15 Min. zur Forcella d'Àlleghe. Hier kreuzt der Wanderweg, der von Àlleghe heraufführt (→ Wanderung 14). Von dort auf kurvenreichem Weg (die zahlreichen erosionsfördernden Abkürzer bringen zeitlich gar nichts!) zum *Rifugio Coldai* (1:15 Std.) und in weiteren 15 Min. zum malerischen *Lago Coldai*, der am Wochenende von italienischen Familien zum Picknicken, Sonnenbaden und Planschen besucht wird. Die Kulisse der Civetta ist ja auch sagenhaft!

Lauschiger Rastplatz im malerischen Fornesighe

▪ **Sessellift Pioda,** Juli bis Anf. Sept. 8.40–17.15 Uhr, einfach 7 €, Berg/Tal 11 €.

Information **Ufficio Turistico Val di Zoldo,** Forno, Via Roma 10, ✆ 0437/787349, und in Pecol, Via Monte Civetta 4b, ✆ 0437/789145, valdizoldo.net.

Veranstaltungen **La Gnaga** nennt sich der traditionelle Karneval mit den typischen Holzmasken im Ortsteil Fornesighe, meist in der ersten Februarwoche. Nach dem bunten Festumzug werden die schönsten Holzmasken prämiert, es gibt Kulinarisches und Musik. Das internationale Musikfestival **Arte e Musica tra Pelmo e Civetta** bietet altertümliche Musik in den Kirchen des Val di Zoldo, Ende Juli bis Ende Aug.

Einkaufen Käse, Butter, Joghurt und Speck erhält man in den zahlreichen Almen, wie der **Malga Pramper,** der **Malga Staulanza** (s. u.) und der **Malga Vescovà** (Àlleghe), die auch von der Straße zum Passo Staulanza zu erreichen ist.

Übernachten/Essen **Tana de l'Ors,** gute, lokale Küche, raffiniert verfeinert, umfangreiche Weinauswahl. 5 gemütliche, zeitgemäß eingerichtete Zimmer und Apartments in den oberen Stockwerken. Frühstück extra. Via Roma 28, ✆ 0437/794097, tanadelors.it. **€€–€€€**

Ai Lali, zwei Gasträume gemütlich-schlicht bzw. stylish-modern, große Außenterrasse, hervorragende regionale Küche und erstklassige Weinkarte (die Hausherrin ist Sommelière), Via Roma 22, ✆ 0437/1843935, ailali.it. **€€–€€€**

Mein Tipp **Dormì e Disnà,** absolut ruhige und aussichtsreiche Lage in einem Weiler oberhalb von Forno. In dem verwinkelten Haus aus dem 18. Jh. befinden sich 7 liebevoll und authentisch eingerichtete Zimmer mit winzigem Balkon und 6 gemütliche Apartments für 2–6 Pers., das vorzügliche Frühstück wird in einem hübschen Raum unterm Dach serviert. Sehr aufmerksame Gastgeberin. Via Ruis 15, Loc. Fornesighe, ✆ 340/1043882, dormiedisna.it. **€€€**

Mein Tipp **Nona Giò,** das kleine Restaurant des B & B Dormì e Disnà befindet sich in der ehemaligen Küche der Großmutter des Hauses. Seit 2023 unter neuer Führung, bietet es sehr gute regionale Küche und schmackhafte vegetarische Gerichte. Man sitzt schön auf der

Gelato artigianale – was das Zoldana, das Cadore und die Eisdiele bei uns ums Eck miteinander verbindet

Die venezianischen Dolomiten waren im 19. Jh. eine sehr arme Region. Die Männer mussten sich im Sommer als Wanderarbeiter einen Job suchen, um den Lebensunterhalt für ihre Familien zu verdienen. Sie kamen irgendwann auf die Idee, dies als Eismacher zu tun, und landeten mit diesen Fertigkeiten Ende des 19. Jh. auch in Deutschland. Von Beginn an achteten sie auf ausgewählte Zutaten und hohe Qualität, die sie durch die ausschließliche Eigenproduktion (artigianale = aus eigener Herstellung) auch sicherstellen konnten. Zunächst verkauften sie ihr Eis aus kleinen Kühlkarren auf der Straße. In den 1920er-Jahren eröffneten die ersten Eismacher schließlich am Niederrhein ihre Eisdielen, in den 1950er-Jahren gehörte das Eiscafé schon fest zum Stadtbild und breitete sich über ganz Deutschland aus. Heute gibt es 4000 italienische Eisdielen und -cafés in Deutschland, von denen 75 % von Zoldanern und Cadorinern betrieben werden. Immer noch fahren viele, wenn auch längst nicht mehr alle, im Winter, wenn ihre Geschäfte geschlossen sind, nach Hause, um dann im Frühjahr (häufig schon Ende Februar) zurückzukehren und uns Deutschen den Beginn der Eissaison (und damit des gefühlten Sommers!) zu bescheren.

Terrasse, innen urig-gemütlich mit witzigen Details. Di, Mi Ruhetag. Via Ruis 3, ✆ 380/1387866, ristorantenonagio.it. **€€€**

El Taier, gemütliche Räumlichkeiten, und das Essen ist in seiner Schlichtheit eine Wucht: lokale Wurstplatte, Röstkartoffeln, Bohnen, Krautsalat, hervorragendes Grillfleisch, Pasta mit Gemüse oder Wildragout, sehr guter roter Hauswein. Via S. Andrea 5, Loc. Pralongo, ✆ 0437/787370. **€€**

Bar Gelateria Centrale, sehr gutes Eis (was man eigentlich erwarten kann im Ort der Eismacher). Piazza A. Santin 4.

Al Soler, authentische Eisdiele und Café, hervorragendes Eis aus eigener Produktion, gute Kuchen. Loc. Pecol 62.

Malga Pramper, im gleichnamigen Tal südlich von Forno (und bereits im nördlichsten Teil des Parco Nazionale Dolomiti Bellunesi) liegt diese Alm, die man auf einer befestigten Straße erreicht (s. u.). Großer Brunnen, zahlreiche Sitzgelegenheiten. Eigene Produkte wie Käse, vor allem Schiz, Butter, Ricotta und ein fantastischer Ziegenjoghurt mit Waldfrüchten, Almküche. Mitte Juni bis Sept. Im Sommer Shuttledienst zur Hütte. Loc. Pramper.

Camping Al Pez, einfacher Platz in schöner Umgebung oberhalb von Forno, Stellplatz und 2 Pers. 21–27 €, seit Kurzem mit E-Bike-Verleih. Juni bis Sept. und Dez. bis April. Loc. Pralongo, ✆ 0437/787576, campingalpez.com.

In Palafavera ***** Camping Palafavera,** schattige Lage, Minimarket, Bar, Restaurant, Kinderspielplatz. Stellplatz und 2 Pers. 25–32 €, Juni bis Sept. und Dez. bis April. 2 km in Richtung Selva di Cadore, ✆ 0437/788506, campingpalafavera.com.

Malga Staulanza, urige Alm an der Straße zum Passo Staulanza. Mehrere alte, restaurierte Steingebäude, die Kühe weiden direkt in der Umgebung, im Hofladen gibt es hervorragenden Käse, auch von Schaf und Ziege, frischen und geräucherten Ricotta, Würste und Speck. Mittagessen mit eigenen Produkten, Deftiges wie Polenta und Eintopf, aber kein Barbetrieb. Nur im Sommer geöffnet.

Die Belluno-Dolomiten → Karte S. 206/207

Lagazuoihütte mit den Tofanen links und den Zacken der Croda da Lago rechts

Das Ampezzo mit Cortina d'Ampezzo

Im obersten Tal des Boite-Flusses liegt zwischen Dolomitenriesen das Ampezzo (Anpezo). Sein Zentrum auf 1200 m ist Cortina d'Ampezzo, ein so beliebter wie mondäner Winter- und auch Sommersportort. Die Gipfel ringsum sind noch mal 2000 m höher: Tofana di Mezzo 3244 m, Cristallo 3221 m, Sorapis 3205 m.

Das ladinische Ampezzo und das anschließende italienische Cadore (→ S. 239) waren bis 1919 getrennt, das Ampezzo gehörte zum österreichischen Tirol. Heute sind beide Teil der Provinz Belluno. Vielleicht nicht mehr lange: Cortina will vom neuen Recht Gebrauch machen, die Provinz zu wechseln, und sich wieder Tirol anschließen. Im Prinzip hatte die Region Ampezzo immer Sonderrechte: Autonomierechte gab es bereits unter Venedigs Herrschaft im Mittelalter. Sie wurden 1511 unter Kaiser Maximilian bestätigt, als sich das Ampezzo freiwillig Österreich angeschlossen hatte. Diese Rechte, die „Regoles" wurden zuletzt 1971 festgeschrieben, notariell beglaubigt in einem Abkommen zwischen dem Ampezzo und dem italienischen Staat. Die Ampezzaner sind stolz auf ihre Autonomie. Dennoch: Ladinisch wird nur noch von wenigen gesprochen, auch die alten Trachten sieht man nicht mehr häufig, am ehesten noch beim Kirchgang und an Feiertagen. Dann zeigen sich auch die Männer der *Schützenkompanie Šizar Anpezo-Haydens* – als Alttiroler Region hat das Ampezzo selbstverständlich eine Schützenkompanie.

Über das ladinische Ampezzo informiert **ULdA** (Union de i Ladis de Anpezo), Piazzetta S. Francesco 1, Cortina, Di/Fr 9.30–11.30 Uhr, ✆ 0436/868615, ulda.it.

Cortina d'Ampezzo ist besonders im Winter ein mondäner Ferienort. Eine atemberaubende Gebirgskulisse bildet den Hintergrund für ein Städtchen, in dem zur Saison logiert, was vor allem in Italien Rang und Namen hat.

Vom winzigen Cortina vor 100 Jahren stammen gerade mal die Pfarrkirche, die Ciasa de ra Regoles (ehemals Sitz des autonomen Gerichts Ampezzo) und die Friedhofskirche. Cortina ist ein kompromisslos moderner Fremdenverkehrsort, in dem sich die italienische Schickeria und (zum Skifahren) zunehmend der osteuropäische Geldadel treffen. Entsprechend hoch sind die Preise. Die Sommersaison ist kurz, am 15. September macht fast alles dicht und öffnet erst wieder Mitte Dezember. Um ein Bauernhaus zu sehen, muss man in einen der Ortsteile gehen, die sich über Cortina und gegenüber unter den *Tofanen* die Sonnenhänge hinaufziehen.

Wer nicht oder nicht nur kommt, um gesehen zu werden, hat eine reiche Freizeitpalette, die von einem in der Hochsaison turbulenten (in der Nebensaison abrupt einschlafenden) Nachtleben bis zu den gerade trendigsten Sportarten reicht. Wer die *passeggiata* am frühen Abend über den *Corso Italia* mitmacht, erhält einen guten Eindruck von dem, was Cortina ausmacht und wer es bevölkert.

Sehenswertes/Ausflüge

Corso Italia: Der im Mittelteil verkehrsfreie Corso zieht sich längs durch die Stadt, er entspricht der *Via dell'Alemagna*, die 1830 von den Österreichern zwischen Venedig, das ihnen damals gehörte, und Toblach im Pustertal gebaut wurde. Einige ältere Bauten durchbrechen die Front der Hotels und Läden neueren Datums, darunter vor allem die *Pfarrkirche SS. Filippo e Giacomo* mit ihrem 71 m hohen, venezianisch gehaltenen Campanile (1851–1858). Die Kirche selbst ist barock, sehr schön der Marienaltar (erster Seitenaltar links) mit den Holzschnitzereien von Andrea Brustolon (1703), die Deckengemälde sind Werke des Franz Anton Zeiller.

Auf dem Platz vor der Kirche stehen die muschelförmige *Tribüne* für diverse Aufführungen und das Denkmal für Cortinas berühmten Bergführer Angelo Dibona (1879–1956).

Ciasa de ra Regoles und Museo d'Arte Moderna Mario Rimoldi: Das große Gebäude neben der Kirche (Corso Italia 69) war Sitz der autonomen Verwaltung des Ampezzo von 1511 bis 1915, bis Cortina de facto unter italienische Herrschaft kam (1919 im Friedensvertrag bestätigt). Derzeit befindet sich im Gebäude die *Pinacoteca Mario Rimoldi*, die

Cortinas Pfarrkirche im Zentrum

Die Belluno-Dolomiten → Karte S. 206/207

der zeitgenössischen Kunst Italiens und der klassischen Moderne gewidmet ist.

■ Das Museum gehört zu den drei Museen, die im Verbund der „Musei delle Regole d'Ampezzo" (s. u.) zusammengeschlossen sind.

Museo Etnografico Regole d'Ampezzo: Das *Ethnologische Museum* befindet sich in einer wiederaufgebauten Venezianischen Säge im Ortsteil Pontechiesa unterhalb des modernen Kulturzentrums, der Alexander Girardi Hall direkt am Fluss Boite. Auf drei Etagen werden die zum Großteil heute noch gültigen Kollektivregeln (Regole) erläutert, die in ihren Ursprüngen bis auf das Jahr 1238 zurückgehen. Das komplexe Regelsystem zur Bewirtschaftung von Almen, Wäldern, Weiden, Wiesen manifestierte sich in der Zeit des unabhängigen Ampezzo (1347-1420) und berücksichtigt stark die Gemeinschaft, schließt niemanden aus und ist in frühem Sinne demokratisch (im Museum gibt es eine englischsprachige Broschüre zu den Regole). Anschaulich werden die Auswirkungen auf das Alltagsleben der damaligen Bewohner dargestellt. Außerdem werden Handwerk und Trachten der ladinischen Bevölkerung des Ampezzo präsentiert.

Der sehr gute deutsche Audioguide kann mittels QR-Code am Handy benutzt werden, wofür sich ein Kopfhörer empfiehlt.

■ Das Museum gehört ebenfalls zum Verbund der „Musei delle Regole d'Ampezzo" (s. u.).

Museo Paleontologico Rinaldo Zardini: Das *Paläontologische Museum* widmet sich der Geologie der Dolomiten. Benannt ist es nach einem einheimischen Paläontologen, der in mehreren Jahrzehnten Fleißarbeit mehr als eine Million Exponate in den Dolomiten sammelte, von denen 20.000 im Museum ihren Platz gefunden haben, darunter spektakuläre Versteinerungen von Fossilien. Das Museum befindet sich in der Alexander Girardi Hall oberhalb des ethnologischen Museums und ist eines der drei Museen aus dem Verbund der „Musei delle Regole d'Ampezzo". Der berühmte Wiener Volksschauspieler Alexander Girardi war ein Ampezzaner.

■ **Musei delle Regole d'Ampezzo,** Di–So (im Aug. tgl.) 10.30–12.30/15–19 Uhr, in NS verkürzte Öffnungszeiten (besser online prüfen), Eintritt 8 €, Kombiticket 12 €. Via Marangoi 1, Pontechiesa, ✆ 0436/866222, musei.regole.it.

Auf den Passo Giau: Der Pass (2233 m) ist eine alternative Verbindung nach Buchenstein und ins Agordino. Was die Zahl der Kurven anlangt, steckt er den Falzàrego allemal in die Tasche, deswegen ist er bei Bikern sehr beliebt. Auf dem Weg hinauf sieht man zur Linken immer wieder das Zackenprofil der *Croda da Lago* und links davon den *Becco di Mezzodi,* beide isolierte Riffe in einer grünen Almlandschaft. Becco di Mezzodi bedeutet „Mittagsschnabel" – die schnabelförmige Bergspitze liegt genau südlich von Cortina. Unter der Croda da Lago liegt ein hübscher kleiner *See* mit Hütte, den man von der Straße zum Passo Giau in 2 Std. erreicht (Weg 437/434 ab Ponte di Rucùrto auf 1700 m). Ab dem Rifugio 1 Std. zum Beginn des Anstiegs auf den Becco di Mezzodi, den man in leichter Kletterei (II) in 45 Min. erreicht. Am Passo Giau eindrucksvolle Blicke auf die Felsbastion der *Ra Gusela,* des südlichen Pfeilers des von Cortina aus ebenfalls gut sichtbaren Nuvolau. Auf den *Nuvolau* führt eine nicht sonderlich schwierige Via ferrata namens Ra Gusela, sie endet beim eindrucksvoll auf dem Gipfel gelegenen *Rifugio Nuvolau.*

Rifugio Croda da Lago, 2046 m, CAI Cortina, 61 Betten, finnischer Saunabottich, Mitte Juni bis Ende Sept., ✆ 0436/862085, crodadalago.it. **€€**

Rifugio Nuvolau, 2575 m, CAI Cortina, 24 Betten, Mitte Juni bis Ende Sept., ✆ 0436/867938, nuvolau.com. **€€**

Auf der Großen Dolomitenstraße zum Passo Falzàrego: Fährt man von Cortina auf der Großen Dolomitenstraße zum Falzàregopass (2105 m), dominie-

Auf dem Passo Falzàrego

ren die *Tofanen* das Panorama. Seit 2021 führt eine 4,6 km lange Seilbahn in zwei Abschnitten von Cortina zur Talstation des Sessellifts Cinque Torri (15 Min. Fahrzeit). Ziel ist eine Verringerung des Fahrzeugverkehrs. Anschließend erreicht man mit dem Sessellift oder zu Fuß, beides ausgehend vom *Rifugio Bai de Dones* an der Straße zum Falzàregopass, die berühmten **Cinque Torri.** Die wie Riesenspielzeug wirkenden gewaltigen Felsbrocken gehören zu den beliebtesten Fotomotiven der Dolomiten, drei angenehme Rifugi mit Übernachtungsmöglichkeit befinden sich in unmittelbarer Umgebung. 1915–1917 waren die Cinque Torri Frontgebiet, hier hatten sich die Italiener eingegraben. Schützengräben, Geschützposten, Unterstände u. a. hat man restauriert, rekonstruiert und in einem **Freilichtmuseum** zugänglich gemacht, wie das auch oben am Pass in den Wänden des Lagazuoi geschah. Erst bei der Rückfahrt vom Pass nach Cortina öffnet sich allmählich das Panorama des Ampezzo mit Cristallo, Sorapis und Antelao am Horizont, und dem Cortina überragenden Pomagagnon.

Museo all'aperto Cinque Torri mit den italienischen Stellungen, Artillerieposten und Unterkünften von 1915/1917, ständig geöffnet, Eintritt frei (Seilbahn und Gebirgskriegsmuseum Lagazuoi → S. 214 ff).

Cortina Skyline, ab Son dei Prade/Pocol, Juli bis Mitte Sept. 9–17 Uhr, Berg 15 €, Berg/Tal 20 €, impianticortina.it.

Sessellift Cinque Torri, an der Straße zum Falzàregopass, Juni bis Anf. Okt. 9–17 Uhr, Berg 18–19 €, Berg/Tal 24–26 €, 5torri.it.

Rifugio Scoiattoli, 2255 m, 42 Betten, Badebottich im Freien, Mitte Juni bis Ende Sept. und Wintersaison, ✆ 333/8146960, rifugioscoiattoli.it. **€€€**

Rifugio Cinque Torri, 2137 m, 24 Betten, Juni bis Sept., ✆ 0436/2902. **€€€**

Rifugio Col Gallina, 2055 m, inmitten ausgedehnter Wiesen gelegen, 2- und 4-Bett-zimmer mit und ohne Bad. ✆ 0436/2939, rifugiocolgallina.com. Zum Rifugio gehört der aus Holz und Glas erbaute *Starlight Room,* in dem man zu zweit romantisch unterm Sternenhimmel nächtigen kann (inkl. Dinner und Frühstück 700 €/Nacht, also eher was für den ganz besonderen Anlass). Er liegt einsam etwas oberhalb der Hütte. Infos unter starlightroom.it. **€€€**

Locanda del Cantoniere, auf halber Strecke zwischen dem Passo Falzàrego und Cortina gelegenes Hotel und Ristorante in einer renovierten Casa Cantoniera, die durch einen raffinierten, teils im Untergrund liegenden Neubau erweitert wurde. Geschmackvolle Zimmer und gehaltvolle, regionale Küche, ✆ 0436/866 476, locandadelcantoniere.it. **€€–€€€**

Auf die Tofanen: Die *Tofana di Mezzo* (3244 m) und die *Tofana di Rozes* (3225 m) dominieren den Horizont im Nordwesten von Cortina, die dritte, die *Tofana di Dentro* (3238 m) wirkt weniger auffällig. Die Tofanen sind **Kletterberge,** bis auf die Tofana di Rozes auf mittelschweren bis schweren Routen zu ersteigen. Wer mit der Seilbahn Freccia nel Cielo („Himmelspfeil") auf den Gipfel der Tofana di Mezzo fährt, kommt aus dem Staunen kaum heraus: An der Bergstation wartet eine tolle Aussichtsterrasse mit atemberaubendem Panorama auf Cortina, Cristallo, Sorapis, Antelao. Auf einem gut begehbaren Weg gelangt man in 20 Min. zu zwei Aussichtspunkten, der Blick geht Richtung Tofana di Rozes und Tofana di Dentro. Über lockeres Geröll (Trittsicherheit!) erreicht man den Gipfel der Tofana di Mezzo. Hier schaut man vom Großglockner im Norden bis zu den Belluneser Dolomiten über die komplette Nordsüdachse der Alpen. Mehr geht nicht.

Schneeschuhwandern am Fuße der Tofanen

Ab der 2. Mittelstation Ra Valles gibt es eine interessante Wanderung: den *Ra-Zestes-Pfad* bergab zu den Stellungen des Ersten Weltkrieges (Weg 407/ 446/409). Oberhalb des Rif. Ghedina teilt sich der Weg. Entweder auf dem 410 weiter bis zur 1. Mittelstation Col Drusciè oder auf dem 409 nach Cortina (beide Varianten etwa 4 Std.). Am Col Drusciè wiederum wurden zwei anschauliche Naturlehrpfade angelegt. Der *Weg der Planeten* und der *Weg des Universums* bilden zusammen den *Col-Drusciè-Astro-Ring*, der mit Infotafeln zum Sonnensystem versehen ist, Länge etwa 1,5 km, 1 Std., leicht. Hier befindet sich auch die Sternwarte „Helmut Ullrich" (cortinastelle.it). Gut wandern kann man ebenfalls am immerhin 2300 m hoch gelegenen Fuß der Tofana, wohin einen ein Sessellift (in zwei Abschnitten) vom Straßenende bei der Baita Pié Tofana bringt. Von der Bergstation führt im Winter die rasante *Canalone-Piste* zu Tal, die Abfahrt der Herren bei den Olympischen Winterspielen 1956. Vom *Rifugio Pomedes* an der Bergstation kann man auf Weg 421 zum *Rifugio Dibona* absteigen und auf Weg 412 im Angesicht von Averau, Nuvolau und Cinque Torri zum Falzàregopass wandern.

Sessellift Piè Tofana – Duca d'Aosta, Duca d'Aosta – Pomedes, Juni bis Mitte Sept. 8.45–16.50 Uhr, Kombiticket 15/18,50 €, impianticortina.it.

Seilbahn Freccia nel Cielo, Juli bis Anf. Sept. 9–17 Uhr, Einzelabschnitte je 18 € (Berg/Tal), Kombiticket für 3 Etappen ca. 45 €, freccianelcielo.com.

Rifugio Duca d'Aosta, 2098 m, 19 Betten, Juli bis Sept. und Wintersaison, ✆ 0436/2780, rifugioducadaosta.com. **€€€–€€€€**

Baita Piè Tofana, 1557 m, urig-gemütliches Restaurant mit Sonnenterrasse am Fuß der Seilbahn Duca d'Aosta, Straße von Gilardon an der Falzàregopassstraße, Hausherr Eddy hat sagenhafte 300 Weine auf der Karte, Mi Ruhetag, ✆ 0436/4258, baitapietofana.it. **€€€€**

Rifugio Dibona, 2083 m, gute Küche, 68 Betten, Juni bis Sept., ✆ 0436/860294, rifugio dibona.it. €€

Rifugio Giussani, 2561 m, 55 Betten, Mitte Juni bis Mitte Sept., ✆ 0436/5740, rifugio giussani.com. €€

Capanna Ra Valles, 2470 m, Restaurant-Pizzeria mit sagenhafter Aussicht, ✆ 0436/862372.

Bar Cima Tofana, 3191 m, aussichtsreiche Bar mit Terrasse an der Bergstation, ✆ 0436/862372.

Masi Wine Bar al Druscié, hippes Lokal und Weinbar an der 1. Mittelstation mit tollem Blick auf die Gipfelstation der Tofana von der Außenterrasse, Spielplatz für Kinder, umfassende Weinauswahl, sehr gute, aber nicht ganz günstige Küche, in jedem Fall ein Erlebnis mit allen Sinnen, geöffnet im Sommer und Winter, ✆ 0436/862372.

Durch das Höhlensteintal auf den Monte Piana: Die südlichen Zugänge zur Fanes- und Sennesgruppe beginnen im Höhlensteintal nördlich von Cortina (→ S. 32). Vom *Dürrensee* im Höhlensteintal führte eine alte, an vielen Stellen unterbrochene Kriegsstraße auf den völlig isoliert stehenden Monte Piana, über dessen Plateau sich 1915–1917 die Frontlinie zog, die heutige Straße kommt von Misurina herauf. Der Nordgipfel *Monte Piano* (2321 m) war während des Dolomitenkriegs in österreichischer, der Südgipfel *Monte Piana* (2325 m) in italienischer Hand. Zahlreiche Reste von Stellungen, Stollen und Unterkünften haben sich erhalten, ein Rundweg in Form eines Wanderweges erschließt das ehemalige Kampfgebiet (insgesamt ca. 2:30 Std.). Man wandert hinauf (z. B. ab dem Höhlensteintal) oder – deutlich weniger anstrengend – fährt mit dem Allradshuttle von Misurina zum *Rifugio Bosi,* das bereits auf dem Plateau liegt, und beginnt dort die Tour. Wer nur den ersten Teil des gelb-schwarz beschilderten Klettersteigachters macht, braucht weder Schwindelfreiheit noch Trittsicherheit und hat nicht einmal 100 m Höhenunterschied zu bewältigen.

Rifugio Bosi (Monte Piana), 2205 m, Juni bis Ende Sept., ✆ 0435/39034, rifugiobosimontepiana.business.site. Shuttledienst Einzelfahrt 15 €, hin/zurück 23 €, ✆ 338/5282447 oder ✆ 336/309730, montepiana.com.

Malga Popena, an der Straße nach Misurina im unteren Popena-Tal liegt auf halber Strecke diese schöne Alm mit ihrem neu gebauten Steinhaus. Innen mit viel Holz gemütlich eingerichtet, sehr gute, deftige Küche, Knödel, Polenta, gefüllte Nudeln, Verkauf von lokalen Produkten, malghemaraiapopena.it.

Rund um den Cristallo, Cadinspitzen: Zu den großen Touren Cortinas gehört die Umrundung des Cristallo. Mit dem Pkw wie mit dem Rennrad nimmt man die Dolomitenstraße auf den *Passo di Tre Croci* (1809 m) und hinunter zum idyllischen *Misurinasee* (1735 m). Das Bild vom Nordufer über den See hinweg zum **Sorapis** gehört zu den weltweit bekanntesten und meistfotografierten Bergpanoramen (Hotel, Camping). Vom See kann man die Straße zum *Rifugio Auronzo* nehmen (Maut) und die Region der Drei Zinnen erkunden, aber auch die wilde Landschaft der Cadinspitzen. Die Staatsstraße führt wieder abwärts ins Höhlensteintal, wo sie bei *Schluderbach* auf die Straße Toblach – Cortina mündet (Radfahrer haben ab Schluderbach als Alternative den Radweg Toblach – Cortina).

Von Süden führt ein Sessellift zum *Rifugio Son Forca.* Der legendäre Korblift zur *Forcella Staunies* und das Rifugio Lorenzi unter dem Nebengipfel *Cristallino* wurden 2016 bis auf Weiteres geschlossen. Für die hier beginnenden Steige ist Bergerfahrung notwendig. Der berühmteste von allen ist nach dem großen Angelo Dibona benannt: Die **Via ferrata Dibona** mit ihrer oft fotografierten Hängebrücke beginnt am Rifugio Lorenzi und führt hinüber ins Valgrande zwischen Cristallo und Pomagagnon und nach Ospitale im Höhlensteintal (mäßig schwierig für versierte Klettersteiggeher; reine Gehzeit 6 Std.).

Sessellift Rio Gere – Son Forca, Ende Juni bis Mitte Sept. 8.30–16.30/17 Uhr und in der

Die Belluno-Dolomiten → Karte S. 206/207

Wintersaison, Berg 15,50 €, Berg/Tal 20 €, faloriacristallo.it.

Rifugio Son Forca, 2235 m, 40 Betten, Ende Juni bis Ende Sept. und in der Wintersaison, ✆ 0436/861822, rifugiosonforca.it. **€€€**

Cadinspitzen: **Rifugio Col de Varda,** 2106 m, 24 Betten, Mitte Juni bis Mitte Sept. und in der Wintersaison, ✆ 0435/39041, rifugiocoldevarda.it. **€€–€€€**

Auf Sorapis und Antelao: Als 1939 Cortinas erste Seilbahn auf die Faloria eröffnet wurde, war das eine Sensation, die Bahn stellte den letzten Stand der Technik dar. Die heutige Kabinenbahn zum Rifugio Faloria auf einem Grat des Sorapis-Massivs, ist nur eine von vielen. Immer noch angenehm: Sie startet direkt in Cortina (Ortsteil Pecol). Weiter oben wird's heikel, eine Überschreitung ist nur für gut ausgerüstete, erfahrene Bergsteiger möglich. Das gilt noch mehr für den etwas weiter südlich (schon bei San Vito di Cadore) gelegenen Antelao, dessen Profil man von der Westseite des Ampezzo gut sieht: Der Gipfelaufbau ist völlig asymmetrisch. Auf dem Antelao gibt es nicht einmal eine Hütte, nur zwei Biwakschachteln bieten Unterschlupf in der Bergeinsamkeit.

Seilbahn Cortina–Mandres–Faloria, Mitte Juni bis Anf. Okt. halbstündlich 8.30–16.30 Uhr und in der Wintersaison, Berg 19 €, Berg/Tal 25 €.

Rifugio Faloria, 2123 m, 25 Betten in 14 schön renovierten Zimmern mit eigenem Bad, es gibt Sauna und Whirlpool, Juni bis Sept. und in der Wintersaison, ✆ 0436/2737, faloriacristallo.it. **€€€**

Wanderung 15: Rund um die Drei Zinnen → S. 310
So einfache wie großartige Bergwanderung rund um eine Berg-Ikone

Alles, was das Herz begehrt, gibt es in Cortina …

Praktische Infos

→ Karte S. 237

Information Info Point Cortina, Cortina, Corso Italia 81 (Piazza Roma 1), Mo–Sa 9–20, So 10–20 Uhr, ✆ 0436/869086, cortina.dolomiti.org. **Cortina Delicious** nennt sich eine Vereinigung, die den Großteil der Gastronomie, der Übernachtungsstätten des Ortes und der Umgebung und den Bergführerverband als Mitglieder hat und neben einer gemeinsamen Vermarktung zahlreiche Veranstaltungen unterstützt oder selber durchführt, cortinadelicious.it.

Verbindungen Pkw: 2 große Parkplätze nahe dem Bhf., der Corso Italia samt Nebengassen ist Fußgängerzone. **Bustransfer,** Cortinaexpress nach Venedig, Bologna, Bozen, im Winter auch ins Pustertal und nach Alta Badia, ✆ 0436/867350, cortinaexpress.it. **Bus:** Busstation im ehemaligen Bahnhof, Piazzale Stazione/Via Marconi 5, Dolomitibus nach San Vito und Calalzo (von dort Bahn nach Belluno und Treviso/Venedig), im Sommer auch Falzàrego; Corvara und Tre-Croci-Pass/Auronzohütte, SAD nach Toblach, nur mit Umsteigen gelangt man zur Auronzohütte. Information zu allen Busverbindungen mit Fahrzeiten und Preisen unter serviziampezzo.it. Im Winter kostenloser **Skibus** zwischen Borca, San Vito, Cortina, Misu-

Cortina: Olympische Spiele und Weltmeisterschaften in sieben Jahrzehnten

Erstmals werden Olympische Spiele im Fernsehen übertragen: die Winterspiele 1956 aus dem bis dahin wenig bekannten Cortina d'Ampezzo. Italien hatte alle Anstrengungen unternommen, um die Spiele zu bekommen, hatte ein neues Eisstadion gebaut, die Bobbahn, und die Imagewerbung lief weltweit. Erstmals kamen ein russisches Team und die gesamtdeutsche Mannschaft. Der Sieg Toni Sailers beim Tofana-Riesenslalom, sechs Sekunden besser als der Favorit Anderl Molterer, war wohl noch ein Ausrutscher. Aber beim Slalom fährt Toni Sailer in beiden Durchgängen auf der vereisten Piste vom Col Drusciè (erste Station der Kabinenbahn auf die Tofana di Mezzo) Bestzeit. Beim Abfahrtslauf hat es minus 24 °C, Toni Sailer erfährt sich die dritte und mit der Kombination die vierte Goldmedaille. Triumph für Toni Sailer – und für Cortina, das in aller Munde ist und bleibt.

Zu Zeiten der Olympischen Winterspiele hatte Cortina bereits eine 60-jährige Skitradition. 1894 hatte der aus dem Sudetenland stammende August Kolitsch, Lehrer an der örtlichen Kunstschule, als erster ein Paar Ski nach Ampezzo gebracht und zum großen Erstaunen auch gefahren. Der Skiclub Cortina, 1903 gegründet, ist der älteste im heutigen Italien. Und 1907 gab es hier den ersten Skikurs. Seit 1924 gibt es den Eishockeyclub, der früher auf dem zugefrorenen *Misurinasee* spielte. Cortina mag im Sommer ein großartiges Ziel sein, aber erst im Winter entfaltet es seine internationale Größe – ein weiteres Mal abgebildet in den alpinen Skiweltmeisterschaften, geplant für den Februar 2021. Ein weiteres Highlight ist ebenfalls bereits in Planung: die Olympischen Winterspiele Mailand Cortina 2026. Neben Antholz (Biathlon) und Predazzo/Tèsero (Langlauf, Skisprung) werden die Wettbewerbe im Curling in Cortina ausgetragen, außerdem die Skialpinrennen der Frauen.

▪ Infos unter milanocortina2026.olympics.com.

rina und dem Falzàregopass. **Nächste Bahnhöfe** sind Calalzo di Cadore und Toblach. **Taxi** am Bhf. und beim Hotel San Marco (Piazza Roma); Taxi Cortina Dolomiti ✆ 0436/860888, taxicortinadolomiti.com.

Vorteilskarten Das Besondere am **Cortina Vertical Pass** ist, dass die Karte den ganzen Sommer über gültig ist. Es gibt 1-, 3-, 5- und 7-Tages-Karten und eine Saisonkarte. 1 Tag 42 €, 3 Tage 102 €, 5 Tage 153 €, 7 Tage 205 €, Saisonkarte 290 €. Ausgenommen ist allerdings die Seilbahn auf die Tofanen. Außerdem kann man alle Stadtbusse benutzen. Den **Cortina Bike Pass** gibt es als Tagesticket für 52 € und als 3-Tages-Karte zu 126 €. Verkauf an den Seilbahnstationen, Infos unter skipasscortina.com.

Ärztliche Versorgung/Krankenhaus **Ambulatorium** für Gäste in der Via C. Battisti 80; **Städtisches Krankenhaus** Codivilla-Putti, Loc. Codivilla 1, ✆ 0436/883111.

Einkaufen Cortina ist ein echtes Shopping-Paradies. Fast alle großen Namen finden sich am Corso Italia und in den davon abgehenden Galerien. Die eine oder andere Gold-Card sollte man aber dabeihaben.

Die Belluno-Dolomiten → Karte S. 206/207

Bücher in der schier überquellenden Libreria Sovilla, Piazza S. Franceschi 11, libreriasovilla.com. **Pasticceria Ghedina,** winziger Laden im Weiler Grava di Sotto 9 oberhalb von Cortina.

Die **Cooperativa di Cortina** **11**, Corso Italia 40, ist eines der **größten Kaufhäuser** der Dolomiten, gute Auswahl an lokalen Textilien, Lebensmitteln und Büchern zur regionalen Geschichte und Kultur, coopcortina.com.

Latteria di Cortina, Via Marangio 2/4, wenige Schritte unterhalb des ethnologischen Museums, kleiner, gut sortierter Supermarkt mit riesiger lokaler Käseauswahl sowie Feinkost, Schinken, Speck. Infos unter latteria-cortina.business.site.

Markt: Di und Fr.

Veranstaltungen **Cortina – Dobbiaco Run,** Volkslauf Ende Mai/Anf. Juni über 31,5 km, an die 4000 Teilnehmer, cortinadobbiacorun.it.

Toblach – Cortina Volkslanglauf, im Jan./Febr., über 30 km von Cortina nach Toblach bzw. 50 km in umgekehrter Richtung, dobbiacocortina.org.

Coppa d'Oro delle Dolomiti, Oldtimerrennen im Juli, basierend auf einem Event, das von 1947 bis 1956 stattfand, die ursprüngliche Strecke ging über 303,8 km. 96 Teilnehmer waren 2023 am Start, coppadorodelledolomiti.it.

Fèsta de ra Bàndes, eine Woche im Aug. Treffen der Musikkapellen des Ampezzo in Tracht.

Sport

Golf **Cortina Golf,** Loc. Fraina 14/15, 9 Löcher, ✆ 0436/860952, cortinagolf.it.

Speziell für Kinder Im **Bikepark** Socrepes leichte, für Kinder angelegte Downhillrouten. An der Bergstation des Sessellifts Socrepes befindet sich auch der Play Park mit **Zipline,** Slackline und weiteren Spielgeräten. Großzügiger **Spielplatz** Dolomiti Paradise beim Olympiastadion (freier Eintritt, manche Spielgeräte wie die Elektroautos nur gegen Gebühr). Außerdem **Minigolfplatz** Helvetia oder **Kinderklettern** in der Kletterhalle.

Radfahren/Mountainbiken **2ue&2ue Cortina,** Verleih von MTBs, E-Bikes und Ausrüstung, Corso Italia 88 und Via Roma 70, ✆ 0436/4121, dueduecortina.it. Der **Cortina Bike Park Dolomiti** umfasst den **Bike Park Socrepes** an der Straße zum Passo Falzàrego und den neu angelegten **Piè Tofana Pomedes Express Bike Park** unterhalb der Tofanen. Insgesamt 15 Trails mit unterschiedlichen Schwierigkeitsgraden und Längen warten auf Einsteiger und Profis. 5 Sessellifte erschließen das Gebiet. Tagesticket 44 €.

Wandern/Bergsteigen/Klettern
Bergführer/Skischule **Guide Alpine Cortina,** Corso Italia 69 a, ✆ 0436/868505, guidecortina.com. Seit 2018 gibt es die architektonisch innovative **Kletterhalle Lino Lacedelli** im Ortsteil Sopiazes, tgl. 10–22 Uhr, Infos unter cortina360.it.

Wintersport **Eislauf-/Eishockeystadion,** Stadio Olimpico del Ghiaccio, Via Bonacossa 1, **Langlaufskizentrum** in Fiames (Straße in Richtung Toblach), dort auch Natureislaufplatz. **Alpiner Skilauf:** Das Skigebiet Cortina ist Teil von *Dolomiti Superski* und umfasst 35 Aufstiegsanlagen bei insgesamt 120 km Pisten in Ampezzo, Misurina, San Vito di Cadore und Auronzo. Ein kostenloser Skibus verbindet das Skigebiet mit Faloria–Cristallo, Tofana und Lagazuoi–5Torri, Infos unter skipasscortina.com.

Übernachten/Camping

→ Karte S. 237

Cortina ist der ideale Ort für Leute mit großen Geldbörsen. Die Preise sind überzogen, es gibt wenige bezahlbare Unterkünfte. In der Nebensaison ist fast alles geschlossen.

**** **Ambra** **9**, von außen eher unscheinbares Hotel der gehobenen Kategorie mit stilvollen Zimmern und edlen Holzeinbauten, besonders schön sind die Mansardenzimmer, zuvorkommender Service. Via XXIX Maggio 28, ✆ 0436/867344, hotelambracortina.it. **€€€€**

*** **Royal** **8**, das Garni am Rand der Fußgängerzone ist eines der wenigen Hotels in Cortina, die ganzjährig geöffnet sind, einfache, aber gute Zimmer ohne Balkon. Via Stazione 2 am Corso Italia, ✆ 0436/867045, hotelroyalcortina.it. **€€€**

*** **Panda** **14**, einfaches, aber ganzjährig geöffnetes Garni in sehr zentraler Lage, nette Zimmer mit Balkon, Frühstücksbüffet für diese Preiskategorie gut und reichhaltig. Via Roma 64, ✆ 0436/860344, cortinahotelpanda.it. **€€€**

***** Villa Gaia 16**, Familienhotel in ruhiger Lage, 10 Min. vom Zentrum, große Terrasse, zum Boitefluss hinunter kleiner Park, Zimmer meist mit Balkon. Via delle Guide Alpine 96, ✆ 0436/2974, hotelvillagaia.it. **€€€–€€€€**

Ciasa Lorenzi 2, das hell und freundlich renovierte Hotel liegt direkt am Radweg und doch zentral. Gemütliche Zimmer mit viel Holz, nicht alle mit Balkon, Restaurant im Haus. Sauna und Whirlpool extra. Via Cantore 1, ✆ 0436/2232, ciasalorenzi.it. **€€€–€€€€**

Camping ***** Camping Olympia 1**, schöner Platz im Wald, sehr gute, saubere Sanitäranlagen, Sauna, Restaurant/Bar, Minimarket, der Bach ist gleich daneben. Stellplatz und 2 Pers. 32–52 €, auch Schlaffässer und ein Chalet. Nov. und Mai geschl. Fiàmes (3,5 km nördlich auf der anderen Seite des Boite), ✆ 0436/5057, campingolympiacortina.it.

***** Camping Cortina 17**, sehr schön am Fluss, ruhig gelegener Platz mit Freibad und Kinderbecken, Minimarket, eigene Pizzeria, ganzjährig geöffnet. 2 Pers./Stellplatz 30–40 €.

Via Campo 2 (1,5 km südlich auf der anderen Seite des Boite), ✆ 0436/867575, camping cortina.it.

***** Camping Rocchetta,** etwas oberhalb in Campo di Sopra. Minimarket, Bar, im Sommer und von Dez. bis Ostern. Stellplatz und 2 Pers. 33–45 €. ✆ 0436/5063, camping rocchetta.it.

**** Campeggio Dolomiti,** ebenfalls in Campo di Sopra, einfacher Platz, kleiner Laden, Juni bis Mitte Sept., Stellplatz und 2 Pers. 32–42 €. ✆ 0436/2485, campeggiodolomiti.it.

Essen & Trinken/Abends

→ Karte S. 237

Tivoli 6, fein italienisch speisen ohne alpine Anleihen, aber mit Zutaten höchster Qualität möglichst aus der Region (wie das Lammfleisch aus dem Alpago-Gebiet), und mit perfektem Service, 1 Stern im Guide Michelin. Mo Ruhetag (nicht in der HS). Lacedel 34, ✆ 0436/866400, ristorantetivolicortina.it. **€€€€**

Baita Fraina 15, Italo-Ampezzaner Küche der feinen Art, Mo zu (nicht in HS). Loc. Fraina, ✆ 0436/3634, baitafraina.it. **€€€**

Al Camin 4, hervorragendes Ristorante in edlem Holzdesign, besonders bekannt für seine hausgemachte Pasta und die Dolci, die Küchenchef Fabio auf den Teller zaubert. Im Juni und Okt. geschlossen. Loc. Alverà 99, ✆ 0436/862010, ristorantealcamin.it. **€€€**

Pane e dolci: Bäckerei in Cortina

MeinTipp **San Brite Agricucina 3,** das ziemlich neue Restaurant in toller Lage oberhalb von Cortina erhielt schon kurz nach der Eröffnung seinen Michelin-Stern und den grünen Stern dazu. Zu Recht: Die Küche arbeitet mit Produkten aus dem eigenen Gemüsegarten und vom eigenen Hof. Die Kühe des Betriebes weiden auf 1600 m und liefern die Milch für den hervorragenden Käse und die sensationelle Butter, die in der *Latteria* erworben werden können. Auch bei den Menüs ist er als Gang enthalten und wird dann direkt im Reifekeller verkostet. Der Service ist äußerst aufmerksam. Auf Vorbestellung kann zudem in der Natur gespeist werden, das Essen wird dann in einer mobilen Küche frisch zubereitet – eine originelle Idee! Mi Ruhetag. ✆ 0436/863882, sanbrite.it. **€€€€**

Da Beppe Sello 5, gemütliches Restaurant am Fuß der Tofanen, so bekannt wie gut, alpin-rustikale Speisen. Di Ruhetag (nicht in der HS). Loc. Ronco 68, ✆ 0436/3236, beppesello.it. **€€€**

Cinque Torri 7, Pizzeria mit riesiger Auswahl und großzügiger Pizza. Do geschl. (nicht in der HS). Largo delle Poste 13, ✆ 0436/866301, ristorante5torri.it.

Domino 13, Bar-Konditorei im etwas verwitterten Schick der 50er, meist gedrängt voll, Spezialität ist frischer Apfelstrudel. Via Roma 23.

Lovat 10, Bar/Pasticceria/Gelateria, Apfelstrudel und Sachertorte werden von der italienischen Klientel fast am Fließband konsumiert. Corso Italia 65.

Caffè Paoletti di Follina 12, gemütliches kleines Café, Snacks, gute Kuchen, bis 20 Uhr geöffnet, Via Roma 21.

Abends **Blu Club,** sehr schick, Tanz- und Nachtclub, diverse Showprogramme, nicht vor 23 Uhr. Galleria Nuovo Centro 8. **Vip Club,** im Hotel Europa, Nachtclub mit Pianobar. Corso Italia 207. **Bar Sport,** hier trifft man sich abends generationenübergreifend zum Aperitivo, großräumiger Außenbereich, auch in der Nebensaison geöffnet, Corso Italia 132.

Militärweg auf den Monte Rite mit Blick auf die Croda da Lago

 → Karte S. 206/207

Das Cadore

Blickt man vom Monte Cristallo bei Cortina, vom Kreuzbergpass bei Sexten oder vom karnischen Hauptkamm an der Staatsgrenze nach Süden, sieht man auf das Cadore. Die von Pieve (= Pfarre) ausgehenden Täler der Flüsse Boite, Ansiei und Piave werden zusammen Cadore genannt.

Das Cadore wurde 1420 venezianisch. Seit damals wurde es für Jahrhunderte der Hauptlieferant von Baumstämmen für die Seerepublik, die auf dem Piave bis zu dessen Mündung geflößt wurden. Dennoch blieben im Cadore Wälder erhalten, die Republik und später die Habsburger sorgten für die Wiederaufforstung.

Das Cadore ist eine beschauliche Region. In der einsamen **Marmarolegruppe** gibt es mitten in der Hochsaison Tage, an denen man niemanden trifft. Im Norden um Auronzo hat sich die ladinische Sprache im Comelico-Ladinischen erhalten, das sich etwas vom Dolomiten-Ladinischen unterscheidet.

Innerhalb der Dolomiten liegen nur zwei größere Orte, **San Vito di Cadore** im *Valboite*, ganz in der Nähe von Cortina d'Ampezzo, und **Auronzo di Cadore,** den Hauptort des *Ansiei-Tals*. Beide können als Standort für Unternehmungen dienen.

San Vito di Cadore

Im winzigen See *San Vito* kann man sogar baden, auch wenn das Wasser auf 1000 m nie so recht warm werden will. San Vito, dekorativ am Fuß des *Antelao* gelegen, ist nach Cortina der wichtigste Fremdenverkehrsort des Valboite und wird fast ausschließlich von Italienern besucht. Im Ort verdient die *Pfarrkirche* einen Besuch, ihr Hochaltargemälde stammt von Francesco Vecellio, einem der Brüder des Tiziano Vecellio aus Pieve di Cadore, Tizian genannt. Aufstiege zum Antelao und Sorapis und zum Monte Pelmo auf der anderen Seite des Tals lassen sich gut von hier aus machen. Dasselbe gilt für das nahe **Borca**

di Cadore (2 km) mit beschränkten Unterkunftsmöglichkeiten. In Vodo di Cadore wurde übrigens Italo Marchioni geboren, der Erfinder der Eiswaffel. Der in die USA emigrierte Italiener ließ sich 1903 seine Erfindung patentieren (→ Kasten „Gelato" S. 227).

Praktische Infos

Information **Ufficio Turistico,** San Vito di Cadore, Corso Italia 92/94, ✆ 0436/9238, dolomiti.org.

Einkaufen In der **Premiato Panificio Fiori dal 1910** gibt es nicht nur Brot, Kuchen und Gebäck sondern auch hervorragenden lokalen Käse, Salami und feine Spezialitäten der Region zu kaufen. Probieren sollte man das knusprige dünne Fladenbrot!

Wandern/Bergsteigen/Radfahren Kaum weniger als in Cortina ist Sport in San Vito mit Wandern und Bergsteigen verbunden, hier allerdings ohne die Hilfe von Liften. Aber auch Radfahrer und Mountainbiker sind willkommen, führen doch die Lunga Via delle Dolomiti und der Radweg München–Venezia (560 km, muenchen-venezia.info) durch die Ortschaften des Cadore.

Übernachten/Essen in San Vito ***** Fiori Dolomites Experience,** neues Hotel mit 24 Zimmern, Naturholzböden und -möblierung, kleiner Wellnessbereich. Zum Hotel gehört eine gute Pasticceria, also der perfekte Ort für alle, die auf Süßes stehen. Corso Italia 78, ✆ 0436/890158, fioridolomitesexperiencehotel.com. **€€€–€€€€**

Bar Paninoteca Friend, kleine Bar direkt an der Straße mit leckeren Dolci und Bergblick, Corso Italia 40.

Ristorante Pizzeria Paradiso, etwas in die Jahre gekommenes Gebäude, aber preiswerte rustikale Küche, z. B. Casunziei und Knödel und natürlich Pizza. Corso Italia 25 (im 1. OG), ristorantepizzeriaparadiso.it.

In Borca di Cadore **Ristorante Cianzia,** leckere Pasta (köstlich: *fagiolini alle menta*, das ist Pasta mit Minze und Rohschinken aus der deutschen Sprachinsel Zahre/Sauris). Di Ruhetag. Via Cavour 83 (unteres Ortsende alte Hauptstraße), ✆ 0435/482119.

In Vodo di Cadore **Il Capriolino,** das ehemalige Sternerestaurant Al Capriolo hat sich auf seine ursprüngliche, traditionelle Küche zurückbesonnen. Regionales Gemüse und lokales Fleisch stehen nun auf der Karte. Schöne Räumlichkeiten. Via Nazionale 108, ✆ 0435/489207, alcapriolo.it. **€€–€€€**

Sehenswertes/Ausflüge

Der Radweg Ciclabile delle Dolomiti: Der Radweg von Toblach nach Cortina (→ S. 32) setzt sich von Cortina aus bis Calalzo di Cadore fort. Während er zwischen Cortina und San Vito nur kurz auf dem alten Bahndamm (der ehemaligen Bahn von Calalzo über Cortina nach Toblach) verläuft und dann Fahrwege und Forstwege benützt (Mountainbike von Vorteil), verläuft er ab San Vito bis Calalzo di Cadore als nahezu durchgehender Asphaltstreifen auf dem alten Bahndamm. Ein Schmuckstück ist der 1920 errichtete Bahnhof von San Vito. Das malerische Gebäude mit mehreren spitzen Dachgiebeln und einem gepflegten Gärtchen beherbergt ein kleines Museum. Im Verlauf des Radweges fährt man meist über den Orten des Tales, passiert mehrere ehemalige Bahntunnel und wird dann beim früheren Bahnhof Valle di Cadore auf eine höher liegende Strecke geschickt, die Tai und Pieve di Cadore umgeht und am Bahnhof Calalzo di Cadore endet. Gute Beschilderung, problemlose Fahrt – ein fast noch unbekannter Familienausflug, zumal man ab Bahnhof Calalzo mit dem Fahrradbus nach Cortina oder Toblach zurück gebracht werden kann. Der Busfahrplan ist auf die Bahnzeiten in Calalzo (von/nach Belluno) und Toblach (von/nach Lienz und Franzensfeste) ausgerichtet. Der 2. Teil des Radwegs „Lunga Via delle Dolomiti" führt von Calalzo bis Belluno, teils auf angelegten Radwegen, aber auch entlang stark befahrener Straßen (ca. 50 km).

▪ **Fahrradbus** Calalzo di Cadore – Cortina – Toblach und zurück mit Bike & Bus „Lunga Via delle Dolomiti", 2x tgl. in der Sommersaison (Anf. Juli bis Anf. Sept.), ✆ 0436/867350, dolomitibus.it. Der Radweg ist hervorragend dokumentiert auf ciclabiledolomiti.com.

Cibiana di Cadore: Der kleine Ort an der Passstraße vom Valboite zum Zoldano über den *Passo Cibiana* ist einer jener italienischen Orte, die in den letzten Jahrzehnten mit **Außenfresken** geschmückt wurden. Die 500-Seelen-Gemeinde gab 1980 den Weg für die Künstler frei und stellte nur eine Bedingung: Die Darstellungen sollten möglichst mit den Gebäuden, mit Cibiana und am besten mit den Bewohnern der Gebäude verknüpft sein. An einem Haus stehen zwei Frauen mit Holzpantinen und der Kraxe zum Holztragen – „zocui e zestoi" nennt sich das Fresko. An einem anderen ist „La Botega" zu sehen, und die Tür des Freskos ist die Tür des Hauses. An einer Wand sind zwei Straßenmusikanten angelehnt, an einer anderen sitzt einer der Auswanderer („L'Emigrante") aus früheren Jahrzehnten. Auf einem etwa 45-minütigen Rundgang lässt sich der unbedingt besuchenswerte Ort, der neben den Wandbildern unzählige versteckte Winkel und Ecken bietet, geruhsam erkunden.

Im Sommer kleiner **Infokiosk** am Parkplatz gegenüber vom Friedhof. Dort ist eine Karte erhältlich, die alle Wandbilder verzeichnet hat (der Plan findet sich auch als Tafel vor der Kirche).

Bus von Calalzo di Cadore/Bahnhof, Servizio Navetta (Kleinbus) zum Museum MMM Dolomites am Monte Rite.

Einkaufen **Azienda Agricola Le Riede** heißt der biologische Betrieb zweier engagierter Frauen, die das, was in der Umgebung wächst bzw. angebaut werden kann, verarbeiten. Neben einem Apfel-Zwiebel-Chutney gibt es wilden Oregano, Traubenessig, eingelegte Bohnen und Liköre, praktischerweise auch im Online-Store, zu erwerben, Via Cibiana di Sotto 67, ✆ 327/3150352, leriede.com. Außerdem bietet Christian Forte (✆ 349/8933954, Via Pianezza 30, auch auf Facebook) seinen biologischen **Honig** an, den man im Sommer am Passo Cibiana kaufen kann (Kiosk). In einem Ort, der seit 2020 27 Todesfälle und keine Geburt zu verzeichnen hat, sind solche Initiativen zum Erhalt lokaler Strukturen unbedingt unterstützenswert!

Übernachten/Essen Wer in Cibiana einkehren will, wird hier kein Glück haben, und die einzige Bar am Ort hat einen sagenhaft schlechten Ruf. Man muss in einen der umliegenden Orte fahren, z. B. nach Tai di Cadore in

Das ehemalige Bahnhofshäuschen von San Vito

die Trattoria Ski Bar, ein einfaches Lokal mit traditioneller, rustikaler Küche (✆ 338/9574039). Ein neuer Pächter aus Rimini wurde kürzlich für das leer stehende Taula dei Bos gefunden, das lässt hoffen.

Mein Tipp **B & B A la Ciasa de l'Artista,** im liebevoll renovierten historischen Steinbau von 1800 vermietet Katja, aufgewachsen in Deutschland als Kind von Eismachereltern, mehrere geschmackvoll möblierte Zimmer. Sie selbst ließ sich im Heimatort ihrer Eltern nieder, sieht sich nun als Reisende zwischen zwei Welten und freut sich, wenn Gäste ihr immer noch im Ausbau befindliches B & B besuchen. Parkplätze gibt es nicht direkt am Haus, das am Ende einer steilen, schmalen Straße liegt, aber in fußläufiger Reichweite. Auf mehreren Etagen liegen ihre individuell eingerichteten Zimmer mit Bad und stilvollen Möbeln für bis zu 4 Pers. Via Masariè 22, ✆ 346/1632067, alaciasadelartista.eatbu.com. **€€–€€€**

Das MMH Dolomites „Museum in den Wolken" auf dem Monte Rite: Von der Forcella Cibiana erreicht man über ein altes Kriegssträßchen eine italienische Festung auf dem Monte Rite, 2181 m

Die Belluno-Dolomiten → Karte S. 206/207

hoch. Das hervorragend erhaltene Bollwerk wurde unter der Leitung *Reinhold Messners* von der Region Venetien zu einem Alpinmuseum umgebaut. Aus den alten Geschützständen machte man unter Verwendung von Glas und Metall Lichtschächte in Form unregelmäßiger Kristalle. Seit der Eröffnung im „Internationalen Jahr der Berge 2002" kann man hier u. a. Messners große Sammlung von Alpengemälden aus den letzten 150 Jahren bewundern, die Auskunft über die Erschließungsgeschichte der Dolomiten geben sollen. Ein Highlight sind die Bergporträts des Engländers *E. T. Compton* (1849–1921), dem Pionier eines aller romantischen Verklärung entkleideten realistischen Stils. Ein anderer Teil der Ausstellung ist der Geologie gewidmet und *Deodat de Dolomieu*, der über das Gestein „Dolomit" den Dolomiten seinen Namen gegeben hat. Vom Dach des Museums genießt man einen Rundumblick von der Pale di San Martino über die Civetta, Sorapis und Antelao. Auf den Weiden unterhalb grasen friedliche Yaks. Ursprünglich waren es drei Pärchen von Reinhold Messners Yakherde, die sich gut vermehrt haben, den Besucher neugierig mustern und ab und an tiefe, grollende Laute ausstoßen.

Wer mag, kann den Gipfelbereich des Monte Rite auf einem beschilderten *Sentiero naturalistico* in knapp 2,5 Std. umrunden. Dort wachsen über 20 zum Teil endemische Orchideenarten. Das Museum firmiert künftig unter dem Label „Messner Mountain Heritage", einem neuen Projekt von Reinhold Messner und seiner Frau Diane. Ab 2025 kann das nach Auskunft des MMM-Büros Auswirkungen auf die Öffnungszeiten, Preise etc. haben, 2024 bleibt alles noch beim Alten.

Tipp: Am Abend zu Fuß oder mit dem Fahrrad die 6,5 km lange Militärstraße hochgehen bzw. -fahren, in der Hütte übernachten und Sonnenuntergang, Sternenhimmel und Sonnenaufgang vom Dach des Museums genießen – mehr Bergromantik geht nicht.

MMH Dolomites (Museo nelle Nuvole = „Museum in den Wolken"), Anf. Juni bis Ende Sept. 10–17 Uhr, Di geschl., Eintritt 12 €, Kinder 6 €, ✆ 388/1568007.

1:30–2 Std. zu Fuß vom Pass oder **Kleinbusservice** Anf. Juni bis Ende Sept. („Servizio Navetta" tgl. 9–18 Uhr, ✆ 327/4166857), einfach 10 €, Hin- und Rückfahrt 15 €. **Busservice** vom Valboite nach Cibiana und zur Forcella Cibiana durch Dolomitibus, das Zufahrtssträßchen ist eine beliebte **Mountainbikeroute.** Parken am Pass kostet 5 €/Tag.

Rifugio Dolomites Monte Rite, zurückhaltend renovierte, ehemalige Militärkaserne mit Panoramaterrasse etwas unterhalb vom Museum. Im Herbst 2023 war die Zukunft unklar. Vor Ort nachfragen.

Pieve di Cadore und Umgebung

Auf einer leicht gewellten Terrasse am Ausgang des Valboite liegt Pieve, die Urpfarrei des Cadore. 1490 wurde hier Tiziano Vecellio geboren, besser bekannt als **Tizian.** Sein mutmaßliches Geburtshaus ist heute ein kleines *Museum*. Der Hauptplatz von Pieve ist nach Tizian benannt, sein Denkmal steht auf dem Platz. Das weitaus wichtigste Gebäude an der Piazza Tiziano ist der *Palazzo della Magnifica Comunità di Cadore*, der früher der Verwaltungssitz für das ganze Cadore war. Heutzutage ist hier noch das *Heimatmuseum* untergebracht, das u. a. Gemälde der Vecellios enthält, wie die schöne „Widmung des Cadore an die Madonna" von Cesare Vecellio. Im 2. Stock befindet sich das archäologische Museum mit Funden aus der Region, u. a. Exponate aus dem frührömischen Votivtempel bei *Lagole* (s. u.). Im Erdgeschoss des Gebäudes ist das winzige *Tourismusbüro samt Bookshop* zu finden. Wenige Schritte östlich liegt an der Piazza Municipio das *Rathaus*. Neben seinem Eingang kann man durch eine Glasplatte auf die Reste einer römischen Villa schauen. In der *Pfarrkirche Santa Maria Nascente* befindet sich das einzige Werk Tizians, das in seinem Heimatort verblieben ist, das Bildnis einer Madonna mit Heiligen. Außerdem ist ein großes „Letztes Abendmahl" zu sehen, deutlich von Leonardo inspiriert und ebenfalls ein Werk des Cesare Vecellio, eines Verwandten Tizians. Auf einem schönen, im Frühsommer blumenreichen Rundweg kann man in 10 Min. zum oberhalb des Ortes gelegenen Militärfort **Forte Monte Ricco** wandern. Schon zu römischen Zeiten stand hier eine Burg. Das Fort wurde im 19. Jh. erbaut, 1918 von den Österreichern gesprengt und vor einigen Jahren restauriert, ist jedoch nicht zu besichtigen.

Mit dem Nachbarort **Calalzo di Cadore** ist Pieve fast zusammengewachsen, die von Belluno ins Cadore heraufführende Bahn endet hier. Unterhalb des Ortes, unmittelbar neben dem aufgestauten Lago di Pieve gelegen, findet sich etwas versteckt (Zufahrt auf sehr schmaler Straße Richtung *Chalet al Lago*) das kleine **Naturreservat Lagole.** Es besteht aus mehreren, von einer sulfurhaltigen Quelle gespeisten Fischteichen, an denen italienische Väter ihren Kindern allen Alters das Angeln beibringen, und ist Fundort eines bedeutenden **Votivtempels** aus dem 5. Jh. v. Chr. Die zahlreichen hier ausgegrabenen Exponate sind im archäologischen Museum in Pieve zu besichtigen. Außerdem gibt es im Ort noch das sehenswerte **Brillenmuseum.** Tausende, oftmals skurril anmutende Exponate finden sich in den vorbildlich gestalteten Vitrinen dieses Museums. Beeindruckend ist z. B. zu sehen, mit welcher technischen Perfektion chinesische Brillen bereits im 18. Jh. gefertigt wur-

Tizians Geburtshaus

den. Im OG des Baus wird anhand großformatiger Fotowände und zahlreicher Werkzeuge und Einrichtungsgegenstände die Geschichte der Brillenproduktion im Cadore seit dem 19. Jh. erläutert. Deutsche Texttafeln finden sich in den einzelnen Räumen zum Herausnehmen in Boxen an der Wand.

Der Bergort **Pozzale** liegt 2 km und 200 hm oberhalb von Pieve auf 1054 m Höhe an einem steilen Hang. Zahlreiche alte Steinhäuser und Scheunen mit Außenbalkonen aus Holz verteilen sich auf mehrere Ortsteile mit klangvollen Namen wie Lungiarü, Sopracolle, Moro und Poela. Die Geschichte der Bewohner steht exemplarisch für die Region und ist eine von Emigration und teilweiser oder saisonaler Rückkehr. Um 1800 gab es über 1000 Einwohner, viele der Männer arbeiteten als Bergleute,

Hutmacher oder Eismacher in der halben Welt und brachten Sprachen wie Griechisch und Ungarisch mit nach Hause. Später profitierte auch Pozzale vom Aufbau der Brillenindustrie im Cadore. Den Bewohnern des Ortes setzt die einzigartige Ausstellung *Gente di Montagna* mit großformatigen historischen und modernen Schwarz-Weiß-Fotos ein Denkmal. Hundert davon hängen an Hauswänden im ganzen Ort verteilt. Sie porträtieren auch Bergbewohner aus anderen Regionen der Erde. Am Ortseingang steht eine alte Mühle, zugleich kleines Museum und Ausgangspunkt der Erkundungstour. Eine dort erhältliche, gut gemachte Karte zeigt die einzelnen Standorte der Fotos an, die Bildunterschriften jeder einzelnen der hundert Tafeln sind aufgeführt. Ein unbedingt sehenswertes Projekt, dessen Umsetzung unter Beteiligung der heutigen Bewohner (es leben noch etwa 570 Menschen hier) erfolgte (gentedimontagna.eu). Wer nach einem ausführlichen Rundgang (mind. 1 Std.) eine Pause braucht, legt einen Halt in der netten *Bar Zalepo* an der zentralen Piazza ein, wo es auch einige Tische draußen gibt.

Information **Ufficio Turistico,** Pieve di Cadore, Piazza Tiziano 2, ✆ 0435/32262, magnificacomunitadicadore.it.

Verbindungen Pieve und Calalzo sind durch die **Bahn** und häufige **Busse** mit Belluno verbunden (nach Cortina tgl. bis zu 14x, in Richtung Auronzo bis zu 15x); Bhf. Calalzo di Cadore, Via Stazione 37.

Museen **Palazzo della Magnifica Comunità di Cadore,** Piazza Tiziano 2, im 2. Stock des Palazzo befindet sich das **Museo Archeologico Cadorino (MARC),** Mai bis Nov. tgl. 9.30–12.30/15–18 Uhr, verkürzte Öffnungszeiten in der Wintersaison. **Casa Natale di Tiziano,** Via Arsenale, Mai bis Nov. tgl. 9.30–13/15–18 Uhr, Kombiticket für beide Museen 6 €. **Museo dell' Occhiale,** Via Arsenale 15, Di–Sa 9.30–12.30/15–18 Uhr, Juli/Aug. tgl. 9.30–12.30/16–19 Uhr, Eintritt 7 €, Kombiticket für alle 3 Museen 8 €, museodellocchiale.it.

Veranstaltungen **Jahrmarkt** am letzten So im Juni (Peter und Paul).

Radfahren In Calalzo endet der gut ausgebaute Radweg **Radweg Toblach – Cortina – Calalzo,** der weitere Streckenabschnitt nach Belluno wurde 2015 eingeweiht. Dieser führt über angelegte Radwege, aber auch entlang teils stark befahrener Straßen. Zwei Karten von Tabacco zur „Lunga Via delle Dolomiti" (in den Tourismusbüros erhältlich) beschreiben beide Etappen. Die gesamte Strecke von Toblach bis Belluno ist auch Teil des Radfernwegs München – Venedig (muenchen-venezia.info).

Übernachten ****** Belvedere,** gutbürgerliches Hotel in einem renovierten Steinbau (1920er-Jahre), große Zimmer, schöner Blick auf den See, Restaurant im Haus. Via Gradinata Belvedere 11, ✆ 0435/500072, hotelbelvedere dolomiti.com. **€€€–€€€€**

B & B Da Cristina, Garni in einem Haus aus dem 17. Jh., nahe dem Zentrum, solide Möbel in einfachen Zimmern, gutes Frühstück. Via Salvadei 31, ✆ 339/6273404. **€€–€€€**

mein Tipp **B & B Dimora al Bivacco,** sehr geschmackvoll eingerichtete Zimmer, ruhiger Garten, hervorragendes Frühstücksbüffet, die Hausherrin und der Hausherr sind sehr zuvorkommend und freundlich. Via degli Alpini 5, ✆ 0435/501280, dimoraalbivacco.it. **€€€**

Essen & Trinken **Pizzeria Saraceno,** 52 Pizze in modern gemütlichem Ambiente, draußen sitzt man originell in einer kleinen Nische der Kirche. Via Roma 1.

Bistrot La Bottega, nette Weinbar mit kleinen Speisen. Via Roma 4.

Auronzo di Cadore und Umgebung

Wie die anderen größeren Seen des Cadore ist auch der von Auronzo ein **Stausee.** Das hindert ihn nicht, sehr attraktiv auszusehen, wenn die Sonne darauf scheint und vielleicht sogar das eine oder andere Segelboot unterwegs ist. Der See ist auch das einzige größere Gewässer der Dolomiten, in dem man

Malerisches Auronzo

baden oder angeln kann (Forellen! Angelkarten beim Verkehrsverein), und das einen hübschen Strand zum Sonnenbaden hat! Eine gute Parkmöglichkeit findet sich beim *Hotel Juventus*, das man über die Via Padova erreicht. Das Hotel verfügt zum See hin über eine kleine Strandbar und daneben gibt es einen Kinderspielplatz. Auf einer eisernen Fußgängerbrücke lässt sich hier der See überqueren. Man gelangt ans schattige Südufer, an dem sich ein gemütlicher Spaziergang mit Blick auf die *Drei Zinnen* und den Ort Auronzo absolvieren lässt. Am Westende des Sees befinden sich nochmals viele Parkplätze und Badestellen, aber hier ist es schattenlos und rummeliger als beim Hotel Juventus. Wer eher aufs Bergsteigen aus ist, findet in der Umgebung eine ganze Palette von Zielen von den Marmarole bis zu den Cadinspitzen mit dem versicherten, aber nicht schwierigen *Bonacossa-Weg*, dem Cristallo und den Drei Zinnen. Neben dem ganzen Trubel fällt auf, dass viele Häuser Auronzos schon bessere Zeiten gesehen haben. Manche, die erbaut wurden, als der Fremdenverkehr mit Macht ins Cadore einzog, stehen leer oder verfallen.

Mit dem Mountainbike von Auronzo nach Misurina: 2016 eröffnete nach mehrjähriger Bauzeit dieser spektakuläre Radweg. Er führt von Auronzo durch das anfangs weite, später enge Tal des Flusses *Ansiei* hinauf zum Misurinasee und beginnt am großen **Parkplatz** der Bahn zum Monte Agudo (beschildert). Hier gibt es eine Ladestation für E-Bikes. An der Strecke finden sich in regelmäßigen Abständen Rast- und Picknickplätze. Der erste Teil bis Palus San Marco beinhaltet nur wenig Steigung und ist familiengeeignet (13 km einfach). Es geht zunächst am von gewaltigen Geröllmassen geformten Flussbett des Ansiei entlang und später durch dichten Nadelwald hinein ins schmaler werdende Tal. Nach 9 km lädt zur Rechten der *Agritur Pralongo* mit Käse und Wurst aus eigener Produktion zu einer kulinarischen Pause. Ab Palus wird der Weg steiler, vor allem im letzten Teil müssen bis zu 15 % überwunden werden. Dichter Wald erlaubt nur gelegentliche Ausblicke auf die mächtigen Felswände der Drei Zinnen und der Marmarole. Besonders beeindruckend zeigt sich das Panorama an der idyllischen *Valbona-Alm*. In der Folge radeln wir

→ Karte S. 206/207

auf breitem, gut ausgebautem Schotterweg bergan, der mehrfach über geröllige, bei Schneeschmelze und heftigem Regen vermutlich nicht passierbare Seitentäler quert. Oben angekommen, führt der Weg in einer weiten Schleife um den *Misurinasee* und endet beim *Albergo Miralago* (einfach 26 km, 900 Höhenmeter, 3 Std.). **Variante:** Der Linienbus mit Fahrradmitnahme ermöglicht es einem, den Aufstieg auszulassen und nur die flotte Abfahrt zu genießen.

Information **Ufficio Turistico,** Auronzo di Cadore, Via Roma 24, ✆ 0435/939603, auronzomisurina.it.

Verbindungen Mit dem **Bus** mind. stündlich nach Calalzo/Pieve di Cadore (dort Bahnanschluss), zum Kreuzbergsattel nur im Sommer, nach Misurina bis zu 3x tgl.

Einkaufen Der kleine Conad Supermarkt der Cooperativa di San Vito di Cadore bietet auch Feinkost und lokalen Käse und Wurstwaren. Gleich daneben liegt eine Bar für eine kurze Einkehr. Direkt an der Hauptstraße, Piazza Regina Pacis 2.

Sommerrodelbahn Am Monte Agudo, der durch die Sessellifte Taiarezze und Malon erschlossen ist, bietet sich eine Fahrt mit dem **Fun Bob** an. Juni bis Sept. 10–13/14–18 Uhr, 1 Fahrt (inkl. Sessellift Taiarezze) 15 €, Kinder 10 €. Weitere Infos unter monteagudo.it.

Hochseilgarten Der **Tre Cime Adventure Park** befindet sich bei der Talstation Taiarezze, es gibt eine Zip-Line und 4 Routen zwischen den Bäumen, die teilweise bereits ab 3 J. geeignet sind. Infos unter euro-sporting.it.

Wandern/Radfahren Eine gute Informationsquelle für Outdooraktivitäten ist **Tre Cime Dolomiti** (trecimedolomiti.it). Touren und Streckenbeschreibungen zum Thema Wandern/Bergsteigen (trecimetrek.it) und zum Radfahren (trecimebike.it). Trecimewalk ist in Planung.

Wintersport Kleines **Skigebiet** am Monte Agudo mit 2 Sesselliften und 20 km Pisten. Das Cadore bezeichnet sich als Regno delle Ciaspe (König der Schneeschuhe). Einen guten Überblick über mögliche Touren mit **Schneeschuhen,** Tourenski oder Schlitten auf snow.trecimedolomiti.it oder regnodelleciaspe.it.

Essen **Corte's Ranch,** Agriturismo und Restaurantbetrieb mit traditionellen alpinen Gerichten, im oberen Val d'Ansiei in Richtung Misurina, ca. 13 km von Auronzo. Einfache, aber hübsche Zimmer. Im neuen Hofladen gibt es selbst gemachten Käse, Speck, Marmeladen zu kaufen. Via Valle Ansiei 33, ✆ 0435/497060, cortesranch.com. **€€€** (Übernachten), **€€** (Essen)

Bar Tre Cime, die nette Bar mit Terrasse liegt direkt an der Hauptstraße, perfekt für einen kurzen Stopp und einen Cappuccino. Es gibt auch kleine Speisen. Via Unione 2.

Übernachten **** All'Usignolo,** angenehmes, einfaches Privathotel, gute Zimmer, auch Ristorante im neuen, lichtdurchfluteten Anbau mit lokaler Küche. Via Rizio 25, ✆ 0435/9247, hotelusignolo.it. **€€–€€€**

Camping Europa, strategisch günstig am Radweg nach Misurina gelegen, Bar, Pizzeria, Stellplatz und 2 Pers. 31–39 €. Via Pause 21, ✆ 329/2442613, campingeuropa.org.

Die Marmarole

Es gibt kaum eine einsamere Dolomitengruppe als die Marmarole, die mit dem *Cimone della Foppa* immerhin 2932 m erreicht. Hütten gibt es nur am Südfuß, in der eigentlichen Gebirgsgruppe finden sich nur zwei Biwakschachteln. Die Durchquerung der Gruppe von Ost nach West, also von Auronzo – wobei man den Sessellift auf den *Monte Agudo* benutzt, um am Anfang Höhe zu gewinnen – ins *Valle d'Oten* und nach *Calalzo di Cadore*, ist ein großes Unternehmen über drei bis vier Tage. Man nächtigt in den Biwaks Musatti und Voltolina, Kletterkenntnisse werden vorausgesetzt, einige ausgesetzte Stellen sind versichert.

Durch das Piavetal nach Belluno

Unterhalb von Pieve di Cadore schürft sich der Piavefluss ein enges Tal durch die südöstlichen Dolomiten. Bahn und Straße müssen immer wieder durch Tunnel und gelegentlich über Brücken geführt werden.

Imposante Bergkulissen begleiten den Fluss zu beiden Seiten: Auf der rechten Seite sind es die Belluneser Dolomiten mit dem *Nationalpark Dolomiti Bellunesi*, auf der linken (südlichen) Seite die bis zu 2703 m (Cima dei Preti) hohen *Dolomiti d'Oltre Piave* (= Dolomiten jenseits des Piave) und gegen den Talausgang bei Ponte nelle Alpi zu das fruchtbare *Hochplateau Alpago* und das riesige Waldland des *Bosco del Cansiglio*, zweitgrößtes Waldgebiet Italiens. Vor allem hier versorgte sich Venedig mit dem Holz für seine Flotte, der strenge Schutz besteht noch heute. Auf dem Weg nach Belluno passiert man den Ort **Longarone**, der 1963 als Schauplatz einer Katastrophe traurige Berühmtheit erlangte. Ein gewaltiger Erdrutsch brachte damals den Stausees *Lago di Vajont* zum Überlaufen. Die Flutwelle zerstörte Longarone und weitere Siedlungen und forderte 2000 Todesopfer. Im neu erbauten, fast zwangsläufig gesichtlos wirkenden Ort auf der gegenüberliegenden Talseite findet heutzutage einmal jährlich die weltgrößte Eismesse statt (mostradelgelato.com).

Belluno

Zwischen Pieve di Cadore und Ponte nelle Alpi ist das Tal des Piaveflusses schluchtartig eng. Umso weiter wirkt die folgende hügelige Talweitung in der Belluno liegt, einer der neben Bozen, Brixen und Bruneck wichtigsten Orte am Rande der Dolomiten.

Bellunos Altstadt liegt auf einer erhöhten Terrasse in der Flussschlinge des Piave an der Mündung des Ardo, am eindrucksvollsten zu sehen vom Großparkplatz Lambioi, von dem aus man mit mehreren Rolltreppen direkt ins Zentrum befördert wird. Der hier schmale Piave und der Ardo konnten schon vor tausenden Jahren leichter als flussauf- oder flussabwärts überquert werden. Kelten gründeten die erste feste Siedlung, ein römisches Castrum – heute noch links und rechts der Via Mezzaterra im Stadtplan erkennbar – und die freie Stadt des Mittelalters, gefolgt von Venedig, dem sich Belluno 1404 anschloss, waren die Nachfolger. Das heutige Stadtbild ist von Mittelalter und Renaissance bestimmt, es gibt aber auch noch einige sehenswerte barocke Bauten, darunter hervorstechend die oberen Stockwerke des weithin sichtbaren Campanile des Belluneser Domes. Im Rücken der Stadt steigen die schroffen Gipfel der Dolomiten bis in Höhen von mehr als 2500 m empor, die Schiara ist von der Stadt aus gut zu erkennen. Nach Süden trennt das Plateau des

Die Belluno-Dolomiten → Karte S. 206/207

Venezianisches Flair am Südende der Dolomiten: Belluno

Nevegal das Piavetal von der Po-Ebene, es ist ein wichtiges Erholungsgebiet der Bevölkerung von Belluno. Eine unbedingt lohnenswerte Wanderung findet sich am Südrand der hiesigen Dolomitengipfel. Auf dem Weg durch die spektakuläre Schlucht des *Bus del Buson* benötigt man allerdings Trittsicherheit, Stöcke sind empfehlenswert (Anfahrt: mit dem Auto von Belluno etwa 5 km die sehr schmale Straße in die Valli Bolzano zu den Case Bortot auf den geräumigen Parkplatz). Ab Parkplatz 15 Min. auf breitem Forstweg bergan gehen, dann 15 Min. sehr steil bergab in Richtung Talgrund des Flusses Ardo. Auf halber Höhe beginnt die spektakuläre Klamm des *Bus del Buson* mit himmelhohen Felswänden, teilweise nur wenige Meter breit, dunkel, düster, feucht. Oben ein schmaler Streifen Himmel, Bäume strecken ihre Äste in den Abgrund. Nach 15 Min. des Staunens im engen Dunkel erreicht man das nördliche Ende. Dort befindet sich eine prähistorische Ausgrabungsstätte, eine liebevoll rekonstruierte kleine Hütte soll ein Gefühl für die Menschen vermitteln, die hier zu Zeiten Ötzis lebten. Anschließend geht es 15 Min. steil bergauf, dann 15 Min. auf breitem Weg zurück zum Parkplatz. Vor der Corona-Pandemie fanden in der Klamm übrigens hin und wieder Sommerkonzerte statt, weil sie eine einzigartige Akustik bietet. Vielleicht ja auch in Zukunft? (3,5 km, 200 hm, 1:30 Std.).

Sehenswertes

Domplatz und Dom San Martino: Kommt man über die Rolltreppe vom Großparkplatz herauf, erreicht man unmittelbar das alte Zentrum Bellunos zwischen Piazza Castello (links) und Piazza Duomo (rechts). Der *Dom San Martino* prägt diesen Platz, seine Apsis kann man während der Auffahrt bewundern. Mehrere Erdbeben (zuletzt vor allem 1873 und 1936) haben den Renaissancebau, der wiederum nach einem Brand seines Vorgängers entstand (der seit der Gotenzeit existierte), immer wieder verändert (z. B. Apsiden und Kuppel), andere Elemente wie die Fassade wurden nie ausgeführt. Der Gesamteindruck ist dadurch etwas heterogen, es besticht und erstaunt jedoch die Weite des Inneren. Der größte Schatz ist eine ganze Reihe von Altargemälden der venezianischen Schule (Jacopo Bassano, Palma il Giovane, Cesare Vecellio, Andrea Schiavone). Der 67,35 m hohe Campanile ist ein barocker Bau auf älteren Fundamenten.

Der venezianisch anmutende Bau neben dem Dom beherbergt das *Rathaus* (und die Touristeninformation), er ist tatsächlich ein historistischer Bau (nach 1838), der Brunnen vor ihm allerdings ist alt: Die Statue des hl. Goiatà, eines römischen Soldatenmärtyrers, entstand bereits um 1370. Schräg gegenüber steht der imposante *Palazzo dei Rettori*, der Palast der venezianischen Regenten der Stadt, ein prachtvoller venezianischer Bau der Renaissance (ab 1491) mit Uhrturm.

Altstadtgassen um die Piazza dell' Erbe: Die engen Gassen, die von der Piazza Duomo abgehen, sind wie ein Großteil der Altstadt Fußgängerzone. Links vorbei am auffälligen mittelalterlichen *Torre Civico* (Stadtturm) gegenüber dem Dom erreicht man die *Piazza dell' Erbe (*oder *Piazza del Mercato)*, den Grünmarkt, umgeben von mehreren Palazzi des Spätmittelalters und der Renaissance (man beachte den *Palazzo Miari* aus dem 16. Jh., unter dessen Arkade sich ein Fresko des Künstlers Antonio da Tisoi befindet, das die Jungfrau mit Kind zeigt).

Via Matteotti und Piazza dei Martiri: Man verlässt das Zentrum durch das mächtige Stadttor *Porta Dojana*, dessen eindrucksvolle **Holztore** noch aus der Zeit um 1500 stammen, und erreicht die langgezogene *Piazza dei Martiri*. Hier befindet sich die Gute Stube Bellunos und seine abendliche Barmeile, Listòn. Dieser Bereich der Stadt ist vor allem im 19. Jh. entstanden, obwohl ein Teil (vor allem im Osten) bereits älter ist. Ein schöner Park lockert den Platz auf, dessen prächtigstes Gebäude die palladianische Fassade des Teatro Municipale (Stadttheater) ist.

Museo Civico im Palazzo Fulcis: Seit 2017 befindet sich die umfassende Sammlung des bereits 1876 gegründeten Museo Civico im *Palazzo Fulcis di Bertoldi*. Dieser prachtvolle Palast wurde 1776 von Valentino Alpago-Novello anlässlich der Hochzeit von Guglielmo Fulcis mit der Contessa Francesca Migazzi de Vaal errichtet. Neben zwei monumentalen Zugängen verfügt er über ein imposantes Treppenhaus sowie 24 teils üppig dekorierte und bemalte Räume auf 5 Stockwerken. Neben der umfangreichen Sammlung des Stifters Antonio Giampiccoli, dessen museales Vermächtnis aus Bronzestatuen, Plaketten, Medaillen und Manuskripten verschiedener Epochen besteht, beherbergt das Museum umfassende Gemälde und Skulpturen italienischer Künstler des 15. bis 19. Jh., z. B. Tintoretto, Sebastiano Ricci, Ippolito Caffi und viele andere. Ein Raum ist den Holzschnitzereien von *Andrea Brustolon* gewidmet, der auch als „Michelangelo der Holzschnitzerei" bezeichnet wird und

Kolonnaden und Fresken aus dem Mittelalter in der Altstadt

Die Belluno-Dolomiten → Karte S. 206/207

viele barocke Möbel, Altäre sowie Darstellungen Heiliger schuf.

▪ Di, Mi, Fr 9.30–12.30/15.30–18.30, Do 9.30–12.30, Sa/So 10–18.30 Uhr. Eintritt 8 €, erm. 5 €. Via Roma 28, ✆ 0437/956305, mubel.comune.belluno.it.

Praktische Infos → Karte S. 251

Information **Ufficio Turistico,** Belluno, Piazza Duomo 2, ✆ 334/2813222, adorable.belluno.it.

Verbindungen **Bahn** häufig nach Ponte nelle Alpi und weiter nach Venedig und Padua sowie nach Calalzo di Cadore, häufige Verbindungen auch nach Feltre; **Busbahnhof** vor bzw. neben dem Bahnhof mit Verbindungen in die gesamte Provinz. Großer Parkplatz unterhalb der Altstadt mit Rolltreppe zum Domplatz. Ein Teil der Altstadt ist Fußgängerzone. **Parken** auf dem großen gebührenpflichtigen Parkplatz Lambioi unterhalb der Altstadt, auch offizieller Camperstellplatz.

Feste & Veranstaltungen **Festa della Madonna Addolorata,** traditionelles Fest am Sonntag vor Palmsonntag, auch genannt „Sagra dei Fisciòt", Fest der Pfeifer, Stände mit Kunsthandwerk und Kulinarischem; **Fiera del Nevegal,** Markt auf dem Piazzale Nevegàl, 1. So des Monats von Juli bis Sept.

Einkaufen **Pastificio Menazza,** frische Pasta, gefüllte Nudeln, aber auch getrocknete Nudeln zum Mitnehmen. Dazu leckere Soßen, Pesto, Käse und Wurstwaren, alles sehr appetitlich angerichtet. Piazza Mercato 7, pastificiomenazza.it.

Hier gibt's die beste Piadina!

Pane di Belluno: Dieses Gebäck (im venezianischen *Pan de Belù*) ist eine Belluneser Spezialität und in den Bäckereien der Stadt erhältlich. Neben Maismehl, Zucker, Eiern, Schokolade, Mohn und Vanille gehören viele Nüsse oder Mandeln in diese feste Kalorienbombe, die tatsächlich die Form eines flachen Brötchens aufweist.

Tipiko, nettes, kleines Feinkostgeschäft mit guter Auswahl: Wein, Pasta, Öl, Säfte, Eingelegtes, Marmeladen, viele regionale Produkte. Via Rialto 8.

Mein Tipp **Übernachten/Essen** ****** Park Hotel Villa Carpenada 2,** das beste Hotel Bellunos, in einem weitläufigen Park gelegene große Villa aus dem 17. Jh. mit toller Aussichtsterrasse und einem zurückhaltend-gediegenen Ambiente. Ristorante mit erstklassiger, international angehauchter Küche. Wenn das Essen draußen serviert wird, fühlt man sich gleich ein bisschen – nun ja – adelig. Stilvoll eingerichtete Zimmer. Via Mier 158, ✆ 0437/948343, hotelvillacarpenada.it. **€€€–€€€€** (Übernachten), **€€** (Essen)

Bed in Bus 1, das Gegenmodell zum Hotel oben. Schon mal in einem alten englischen Doppeldeckerbus übernachtet? 6 Betten, ein gigantischer TV im OG, Sitzecke und Kühlschrank im UG. Neben dem Bus ist die Rezeption – samt Kaffeemaschine und Kochgelegenheit. Das Feeling liegt irgendwo zwischen Campingbus und Hüttenlager, in jedem Fall originell, und einen Ladestecker für E-Autos gibt es auch. Ins Zentrum von Belluno kommt man in 15 Min. zu Fuß. Via Fisterre 32, am Rande eines Sportkomplexes gelegen, ✆ 348/7810168, bedinbus.business.site. **€€**

Taverna 6, Belluneser Küche mit lokalen Zutaten, rustikal-gemütliche Atmosphäre in einer ehemaligen Stallung. So geschlossen. Via Cipro 7, ✆ 0437/25192, ristorantetaverna.it. **€€**

Terracotta 8, Altstadtlokal mit gehobenem Ambiente und einer eher italienischen als lokal geprägten Küche, die vom Meer bis zum Gebirge (Wildgerichte) reicht. Di ganztags und Mi mittags geschlossen. Borgo Garibaldi 61, ✆ 0437/291692, ristoranteterracotta.it. **€€€**

Pizzeria al Mirapiave 7, kleine, zentral gelegene Pizzeria mit Ausblick, mit ausgezeichneter Pasta und ebensolcher Pizza. Di geschlossen. Via Matteotti 29, ✆ 0437/941813.

La Caveja 10, die frisch und sympathisch eingerichtete Piadineria liegt in einer Seiten-

gasse im Zentrum. Im Angebot: leckere Piadine (Teigfladen) mit verschiedenen Füllungen, die süßen zum Caffè, die deftigen mit Käse und/oder Schinken zum Aperitivo. Tgl. ab 10.30 Uhr. Via XXX. Aprile 9, la-caveja.it.

Al Borgo 4, das Restaurant liegt etwas außerhalb in einer Villa aus dem 18. Jh., Klassiker der italienischen Küche von Nudelgerichten und Risotti mit jahreszeitlicher Ausrichtung (Radicchio, Spargel, *funghi porcini*), Grillgerichten samt Gemüseauswahl bis hin zu klassischen Desserts. Mo abends und Di geschlossen. Es werden auch 3 schlichte Zimmer vermietet. Via Anconetta 8, ✆ 0437/926755, alborgo.to. **€€**

Weinbar/Cafés **Enoteca Mazzini 5**, alteingesessene Weinbar unter den Arkaden. Urig gemütliches Ambiente, umfangreiche Weinauswahl und kleine Speisen wie Gnocchi und Polenta. Via Mazzini 6.

Caffè Manin 3, eines von mehreren Cafés, die sich auf der Nordseite der Piazza dei Martiri aneinanderreihen. Piazza dei Martiri 39, caffemanin.it.

Pasticceria Bellunese 9, stilvolles Café und erstklassige Pasticceria, hier gibt es *Dolci* bis zum Abwinken und auch das typische *Pane di Belluno*. Piazza delle Erbe 22.

San Leonardo in Tesero, gotische Fresken im Innenraum

Nachlesen

& Nachschlagen

Flammend rote Baumkronen: Oktobertag am Poststeig im Grödner Tal

Naturraum Dolomiten

1788 kam der Inhaber des Lehrstuhls für Mineralogie an der Ecole des Mines (Bergbauschule) in Paris nach Tirol. Sein Name war *Deodat de Dolomieu*. Auf 3000 m Höhe fand er versteinerte tropische Korallen und andere Fossilien, die zeigten, dass diese Berge im Meer entstanden waren. Vor allem aber fand der Mineraloge ein Gestein, das nach seiner wissenschaftlichen Veröffentlichung nach ihm benannt wurde: den Dolomit. Im Dolomit ist das im ursprünglichen Kalksediment des Meeresbodens oder in Korallenriffen vorhandene Kalzium durch Magnesium ersetzt worden. Allmählich bürgerte sich in der wissenschaftlichen Literatur für diesen Teil Tirols der Name „Dolomiten" ein, ganz zum Schluss auch bei den Bewohnern dieses armen Bergbauernlandes.

Diese Korallenriffe wie die Geislerspitzen, bis zu 240 Mio. Jahre alt, und die Hochplateaus wie der Schlern und die Sella, von den Kräften der Gebirgsbildung hochgehobene Teile des ehemaligen Meeresbodens, sind nicht nur Tummelplatz für Geo- und Mineralogen. Sie haben den angenehmen Nebeneffekt, mit ihren tiefen Tälern eine Urlaubslandschaft der Superklasse zu bilden. Schließlich sind die „Bleichen Berge", die wie König Laurins Rosengarten bei Sonnenuntergang in leuchtendem Rot erglühen, Ziel von Kletterern, Bergsteigern, Wanderern, Mountainbikern, Skifahrern und Paraglidern. Es geht aber auch gemütlicher: in den Orten der Hochtäler in frischer Luft und gesunder Bergumgebung bei deftig bäuerlichem Essen und idyllischer Talwanderung, beim Besuch einer bewirtschafteten Alm oder der Seilbahnfahrt ins Hochgebirge.

Die gesamten Dolomiten, ob im Pustertal im Norden oder im Cadore im Süden, haben ein kontinental-alpines Klima. Die Sommer sind heiß und beson-

UNESCO-Welterbe Dolomiten

Seit 2009 gehören die neun wichtigsten Teilgebiete der Dolomiten zum UNESCO-Welterbe. Mehr als 231.000 ha Gebirgsland in den Provinzen Belluno, Bozen-Südtirol, Pordenone, Trento und Udine wurden dabei unter den Schutz der Weltorganisation gestellt. Der außergewöhnliche universale Wert der Dolomiten wurde mit (u. a.) der Formenvielfalt der Gebirge begründet, mit der enormen Bedeutung für die Erdwissenschaften (so bildet die Trias in den Dolomiten mit ihrem Fossilienreichtum die weltweit bedeutendsten Aufschlüsse) und mit ihrer „erhabenen, monumentalen und farbenreichen Landschaft" – damit werden auch kulturelle Elemente in die Begründung aufgenommen, denn Landschaft ist nicht nur Natur, der Mensch hat sie sehr wesentlich geformt.

Die geschützten Teilgebiete der Dolomiten sind:

- Pelmo, Croda da Lago (Belluno)
- Marmolada (Belluno, Trento)
- Pale di San Martino, Pale di San Lucano, Dolomiti Bellunesi, Vette Feltrine (Belluno, Trento)
- Dolomiti Friulane e d'Oltre Piave (Belluno, Pordenone, Udine)
- Nördliche Dolomiten (Belluno, Bozen-Südtirol)
- Puez-Geisler (Bozen-Südtirol)
- Schlern-Rosengarten, Latemar (Bozen-Südtirol, Trento)
- Bletterbach (Bozen-Südtirol)
- Dolomiti di Brenta (Trento)

In der Provinz Belluno liegen 41,2 % der Kernzone, in Südtirol 31,0 % (51,8/15,9 % der Pufferzone). Trento, Pordenone und Udine besitzen nur kleinere Gebiete (14,6/10,7/2,5 % der Kernzone bzw. 8,9/16,9/6,5 % der Pufferzone).

In diesem Buch werden die auf italienischem Gebiet befindlichen Dolomitenregionen links der Etsch (außer der Bletterbachschlucht) beschrieben, es handelt sich um Teile der Provinzen Bozen-Südtirol, Trento und Belluno. Nicht beschrieben werden die Voralpen links (südöstlich) des Piaveflusses in den Provinzen Belluno, Pordenone und Udine. Ebenfalls nicht beschrieben werden die isoliert rechts der Etsch (westlich) gelegenen Brentadolomiten sowie die – nicht in den Schutz der UNESCO aufgenommenen – Lienzer Dolomiten im österreichischen Osttirol.

ders in den Tallagen recht trocken, nur in den berühmten Klimalagen mit Adriatief fällt oft sehr ergiebiger Regen. In den höchsten Lagen kann es auch im Hochsommer frieren und schneien! Der Herbst kommt spät und ist meist trocken, ideal für Unternehmungen. Die Niederschläge im Winter sind in den Dolomiten nicht sehr hoch, die Pisten müssen oft und viel künstlich präpariert werden. Umso angenehmer ist es, dass Sonnenscheintage sehr viel häufiger sind als nördlich der Alpen und der Blick von manchen Skigipfeln die halben Dolomiten umfasst. Der Frühling beginnt spät, erst im April/Mai, in den Bergen lässt er sich bis in den Juni Zeit, das ist die Zeit der Spaziergänge im Tal und der Wanderungen auf den schneefreien Südhängen.

In den Dolomiten gibt es viele endemische, also nur in dieser Zone vorkommende Pflanzen, wie z. B. die Dolomiten-Akelei, die Dolomiten-Schafgarbe, Séguiers Hahnenfuß und die wunderschöne, aber selten zu sehende und in steilen Felswänden wachsende Schopfige Teufelskralle. Die Vielfalt der Pflanzen auf Almwiesen ist allerdings im Rückgang begriffen, was mit der extensiven Düngung zusammenhängt. Die prachtvoll anzusehenden gelb blühenden Wiesenflächen der Seiser Alm beispielsweise sind eine Monokultur, die andere, seltenere Bergblumen verdrängt hat. Wer die Blumenteppiche im Frühsommer aufmerksam studiert, wird feststellen, dass es in den hochgelegenen, steinigen Randzonen der Seiser Alm, die nicht bewirtschaftet werden, ganz andere und viel mehr Blumen zu bestaunen gibt. Ein herrlicher Anblick sind im Spätherbst die golden leuchtenden Lärchenwälder, die sich überall in den Dolomiten in unterschiedlicher Dichte und Ausweitung finden.

Auffällig: Türkenbundlilie

In den alpinen Rasengebieten sieht man vor allem in Karmulden häufig Murmeltierbauten und davor sichernde Männchen, die durchdringende Pfiffe zur Warnung für die Artgenossen von sich geben, wenn man sich nähert. Gämsen sind nicht selten, und wer Glück hat, kann den Alpenschneehasen beobachten, aber auch Haselhuhn und Schneehuhn. Der wieder eingeführte Steinbock lebt in den Dolomiten unter anderem am Seekofel. Hier fand nach der Ausrottung der Population durch Gamsräude im Jahr 2004 eine Wiederansiedlung statt. Im Rosengarten findet man Mufflons. Auch der Steinadler zieht in immer mehr Bereichen der Dolomiten seine Kreise, vor allem über der Fanes- und der Puezgruppe. Was einem immer und überall begegnet: Kaum ist man auf einem Gipfel oder bei einer Hütte angelangt, wird man von Alpendohlen neugierig umflogen, die Vögel wagen sich für einen Happen ganz nahe an die Wanderer. Bären und Wölfe sind auch in den Dolomiten wieder ein Thema. Während der Wolf vorwiegend in Südtirol gesichtet wurde und in den letzten Jahren mehrere Rehe und Schafe auf dem Gebiet der Seiser Alm riss, finden sich wandernde Bären überwiegend im Trentino.

In der Brentagruppe lebt die letzte Bärenpopulation der italienischen Alpen, aufgestockt und vor dem Aussterben bewahrt durch einige Jungbären, die man im Rahmen des 1999 begonnenen Life-Ursus-Projekts aus Slowenien einführte. Längst ist die ursprünglich für 2030 avisierte Zahl von ca. 50 Bären erreicht und das Projekt unter Politikern und in Teilen der Bevölkerung nicht unumstritten. Bärenfreunde und Bärengegner gerieten nach diversen Zusammentreffen zwischen Bären und Menschen in den letzten Jahren immer wieder aneinander. Insbesondere die Südtiroler Medien fahren einen deutlichen Eskalationskurs, sprechen von „Großraubtieren" und zeigen reißerische Fotos getöteter Schafe (im Trentino ist der Umgang mit dem Thema etwas sachlicher). Unstrittig ist jenseits aller Emotionen der Wunsch nach einer stärkeren Kontrolle und Regulierung der Bären-Population und der Wolfsvorkommen verbunden mit bislang kaum genutzten Optionen wie dem vermehrten Einsatz von Herdenschutzhunden, den Maremmanen-Schäferhunden, mit denen andernorts überaus gute Erfahrungen gemacht wurden. Bislang wird diese Option vom Südtiroler Bauernbund nicht gefördert, sie sei zu teuer und aufwendig. Letztlich gilt aber auch hier: Wo ein (politischer) Wille, da ein (finanzieller) Weg.

Neues Leben nach dem Orkan Vaia

In der Nacht vom 29. auf den 30. Oktober 2018 raste ein Orkan über die Dolomiten hinweg. Er fällte in Südtirol fast 6000 ha Wald. Allein im Latemarwald wurde 24-mal so viel Holz umgeworfen, wie dort jährlich an Nutzholz entnommen wird. Im unteren Fassatal entwaldete der Sturm weite Teile der Talflanken. Im Belluno wütete er am stärksten oberhalb von Àlleghe, zerstörte den Weg durch die Klamm von Sottoguda und entwaldete großflächig Berghänge. Um eine Borkenkäferplage zu verhindern, wurde das gefallene Holz schnellstmöglich entfernt und eingelagert – eine Mammutaufgabe angesichts der betroffenen Flächen und im Fassatal aufgrund steiler und gefährlicher Hanglagen mit erheblichem Zeitaufwand verbunden. So mussten zunächst Zufahrtswege in die Hänge gegraben werden. Der Holzpreis stürzte aufgrund der Mengen, die den Markt zu überschwemmen drohten, ins Bodenlose. Zwei große Firmen aus Österreich und Südtirol ließen sich auf eine solidarische Lösung ein und kauften große Mengen zu einem Festpreis ab, der vielen betroffenen Waldbesitzern das Überleben sicherte. Im Wald selbst gibt es neben Opfern (Vögel, die weniger Nistplätze finden) auch Profiteure wie das Reh. Pionierpflanzen wie Vogelbeere, Birke und Zitterpappel werden die freien Flächen zuerst besiedeln, neben natürlich nachwachsenden Kiefern sollen Jungpflanzen aus Forstgärten den Bestand ergänzen. Bis der Wald so aussieht wie vor dem 29.10.2018, kann es allerdings 150 Jahre dauern. Wer aktiv dazu beitragen will, dass es ein wenig schneller geht, kann die Patenschaft für einen Pflänzling übernehmen, erhält eine Urkunde und ein Foto mit den GPS-Daten zur Lage „seines" Baumes (wownature.eu). Der Autor bekennt nicht ohne einen gewissen Stolz, dass er 4 Lärchenpatenschaften übernommen hat, für jedes Familienmitglied eine.

Fresko von Matthäus Günther in der Kirche von Kloster Neustift

Geschichte der Dolomiten

Ab ca. 12.000 v. Chr.: Nach der Eiszeit - erste Jagdexpeditionen im Bereich der Dolomiten.

Ab ca. 5000 v. Chr.: Erste Siedlungen jungsteinzeitlicher Ackerbauern in den breiten Tälern, bald auch Siedlungen von Viehzüchtern im Berggebiet (z. B. Seiser Alm/Puflatsch oder Alm südlich der Croda da Lago).

Um 3500 v. Chr.: *Ötzi*, der Mann aus dem Schnalstal, stirbt auf einem Hochgebirgspass. Er hatte Metallobjekte und über weite Strecken gehandelte Waren (Lessini-Feuerstein) bei sich.

Ab ca. 500 v. Chr.: Keltische Einwanderer überlagern die illyrische Vorbevölkerung.

16/15 v. Chr.: Der römische Feldherr Drusus erobert den Raum des heutigen Trentino-Südtirol; Eingliederung in die *Provinz Raetia;* Romanisierung der keltischen Bevölkerung.

493–526: Regierung des Ostgoten Theoderich I. in Verona. Dieser „Dietrich von Bern" wird in der Sage *König Laurin* aus dem Rosengarten, dem Helden der Alpenromanen (Ladiner), entgegengesetzt.

568–773: Langobardenherrschaft in Oberitalien, die alpenromanische Bevölkerung wird vom direkten Austausch mit anderen romanischen Gruppen südlich des Po abgeschnitten. Es entwickeln sich mehrere *rätoromanische Sprachen* (z. B. das Dolomitenladinische).

8. Jh.: Ausdehnung des bajuwarischen Einflusses südlich des Brenner; Herzog Tassilo gründet 769 Kloster Innichen zum Zweck der *Germanisierung* des seit dem 6. Jh. slawisch besiedelten Pustertals.

773: Karl der Große erobert das Langobardenreich, der gesamte Dolomitenraum ist unter fränkischer Herrschaft und wird Teil des Fränkischen Reichs.

1004/1027: Trient und Brixen werden *Fürstbistümer* (Bistümer seit 381/571) und damit unabhängige Territorien unter direkter Reichshoheit.

1282: Die *Grafschaft Tirol* wird ebenfalls ein souveränes Territorium. In der Folge erweitern die Grafen von Tirol ihr Gebiet nach Süden und bringen die Fürstbistümer Brixen und Trient unter ihren Einfluss. Es entsteht allmählich der dreisprachige Kulturraum Tirol.

1363: Tirol fällt durch Entscheid der Stände an das *Haus Habsburg* (bis 1918!).

1511: Das Landlibell Kaiser Maximilians I. entbindet die Tiroler vom Kriegsdienst außerhalb Tirols, verpflichtet aber zur Landesverteidigung. Diese Wehrverfassung bildet 1915 die Grundlage für den sog. Landsturm zur Verteidigung der Dolomitengrenze bis 1918.

1525/1526: *Bauernkrieg,* Plünderung des Klosters Neustift, der Hauptanführer Michael Gaismair aus Brixen wird 1532 ermordet.

Ab ca. 1600: Das Almwesen wird durch Almnutzungsverträge zwischen Grundherren und Bauern auf feste Grundlagen gestellt.

16./17. Jh.: Die Metallpreise gehen wegen der Billigimporte aus Amerika drastisch zurück, der *Bergbau* in den Dolomiten (Primiero) kommt zum Erliegen.

1784: Ein Erlass Kaiser Josephs II. schreibt im gesamten Habsburgerreich Deutsch als Amtssprache fest.

1796/1797: Erster Koalitionskrieg, Franzosen rücken ein, Gefecht von Spinges bei Brixen, zu dem das *Heldenmädchen von Spinges*, eine aus dem ladinischen Enneberg stammende Magd, den Anstoß gibt.

1803: Die geistlichen Fürstentümer des Heiligen Römischen Reiches Deutscher Nation werden aufgelöst und den weltlichen Territorialmächten zugeschlagen. Habsburg-Österreich erweitert sein Kronland Tirol um die Fürstbistümer Brixen und Trient.

1805/1806: Nach der Niederlage von Austerlitz gegen Napoleon tritt Österreich Tirol an Bayern ab. Da auch Venetien an Frankreich abgetreten werden muss, wird die heutige Grenze zwischen Trentino und Venetien zur Grenze zwischen Bayern und Frankreich.

1809/1810: *Tiroler Freiheitskampf* gegen Bayern und Frankreich. Wien zieht seine Unterstützung der Aufständischen nach der gegen Frankreich verlorenen Schlacht von Wagram zurück und tritt Tirol an Frankreich ab. Der Gastwirt *Andreas Hofer* führt den Widerstand noch bis in den Winter, wird aber durch Verrat gefangen genommen und am 20. Februar 1810 in Mantua hingerichtet.

1815: *Wiener Kongress*, Tirol inkl. der ehemaligen Trentiner fürstbischöflichen Besitzungen (heute Nord- und Osttirol, Südtirol, Trentino, Buchenstein und Ampezzo) kommt wieder an Österreich, das auch die Lombardei und Venetien erhält.

1866: Österreich verliert Venetien an Italien, die alte Grenze zwischen Tirol und Venedig im Süden der Dolomiten wird wieder zur Staatsgrenze.

1912: Die *Große Dolomitenstraße* zwischen Bozen und Cortina quert die österreichischen Dolomiten.

1914–1918: *Erster Weltkrieg*, 1915 tritt Italien auf Seiten der Alliierten in den Krieg ein, es kommt zu einem blutigen Gebirgskrieg zwischen Österreich und Italien. Stellungen in Höhen bis über 3000 m ziehen sich von der Lagorai-Gruppe bis zu den Sextenern quer durch die Dolomiten. Die Orte im Frontbereich (z. B. Arabba) werden evakuiert und durch Geschützfeuer zerstört (z. B. Toblach). In der italienischen Volksgruppe wächst der innere Widerstand, zahlreiche Trentiner kämpfen für Italien. Von den Österreichern hingerichtete *Irridentisti* wie der Trentiner Cesare Battisti werden zu Märtyrern für die italienische Sache, nach ihnen sind heute noch zahllose italienische Straßen und Plätze benannt.

1918: *Tirol südlich des Brenner fällt an Italien*, das Gebiet der Dolomitenladiner wird durch die neuen Provinzgrenzen dreigeteilt: Buchenstein und Ampezzo werden von Tirol abgetrennt und zu Venetien (Provinz Belluno) geschlagen.

1922: Die *Faschisten* besetzen gewaltsam die Verwaltungsämter in Südtirol.

1923: *Verbot der deutschen Sprache* als Unterrichtssprache an den Schulen Südtirols. Im ganzen Land entstehen illegale Notschulen. Alle öffentlichen Einrichtungen und Behörden dürfen ausschließlich in Italienisch verkehren. Im selben Jahr verbieten die faschistischen Behörden den Namen Tirol und ersetzen ihn durch das Kunstwort Alto Adige („Hochetsch"). Die kulturelle Identität der Südtiroler deutscher und ladinischer Sprache soll gebrochen werden, das Ziel ist die kollektive Italianisierung.

1935: Mit der Errichtung der Industriezone in Bozen-Süd und der massiven Zuwanderung süditalienischer Arbeiter wird die Italianisierung vorangetrieben.

1938: Nach dem Anschluss Österreichs ans Deutsche Reich wird dieser auch in Südtirol erwartet. Hitler verspricht jedoch seinem Verbündeten Mussolini die Unantastbarkeit der Brennergrenze.

1939–1945: *Zweiter Weltkrieg;* noch vor Kriegsausbruch einigen sich Italien und Deutschland auf eine Aussiedlung der deutschsprachigen Südtiroler. Bis Ende 1939 gibt es die Option, als Italiener in der Heimat zu bleiben oder als Volksdeutsche ins Deutsche Reich umzusiedeln. 86 % der Südtiroler entscheiden sich für die Auswanderung, wegen des Kriegs wandern aber nur 30 % tatsächlich aus.

1946: Im Pariser Abkommen führt der Druck der Alliierten zum *Autonomiezugeständnis* für die Provinz Bozen, das v. a. den kulturellen Bereich (Schulen!) umfasst. Die Landesregierung bleibt in Trient, die deutschsprachige Bevölkerung der Region ist folglich in der Minderheit. In der Folge wird das Autonomiestatut immer wieder unterlaufen.

1956: *Olympische Winterspiele* in Cortina d'Ampezzo, die Dolomiten beginnen ihre steile Karriere als Touristenziel.

1957: Kundgebung von Sigmundskron, 35.000 Teilnehmer fordern Autonomie innerhalb einer selbstverwalteten Provinz Südtirol („Los von Trient").

1959/1960: Österreich bringt die Südtiroler Autonomie vor die UNO-Vollversammlung, die Österreich und Italien zu Verhandlungen auffordert.

1961–1966: Terroranschläge gegen italienische Einrichtungen.

1967: Verhandlungen zwischen Italien, Österreich, der SVP (Südtiroler Volkspartei) und Landeshauptmann Silvius Magnago über ein neues Autonomiestatut.

1972: *Das Autonomiestatut für Südtirol und das Trentino tritt in Kraft,* die Landesregierungen in Bozen und Trient erhalten zahlreiche neue Kompetenzen (die gemeinsame Region Trentino-Südtirol ist seither als politische Einheit weitgehend machtlos); Gleichstellung von Deutsch und Italienisch in Südtirol.

2002: Italien verabschiedet ein Gesetz, das den Wechsel von Grenzgemeinden in andere Provinzen erlaubt, auch wenn es sich um autonome Provinzen handelt (was bisher nicht erlaubt war). Der Weg für die ladinischen Gebiete „Welschtirols" (Ampezzo, Buchenstein und – in geringerem Maße – Fassatal) nach Südtirol mit seinen politischen und kulturellen Garantien für die deutsche und ladinische Volksgruppe ist frei.

2007: Im Herbst stimmen bei einem Referendum 77–85 % der Wahlberechtigten in den betroffenen Gemeinden der Provinz Belluno für den Wechsel nach Südtirol. Bis heute ist das Referendum nicht umgesetzt und auch kein Zeitpunkt dafür absehbar.

2009: Die Dolomiten werden von der Unesco zum Weltnaturerbe ernannt.

2013–2023: Bei den Landtagswahlen in Südtirol im Jahr 2013 bekommt die regierende SVP zwar noch satte 45,7 % der Stimmen, verliert aber das erste Mal die absolute Mehrheit. Arno Kompatscher wird als Landeshauptmann Nachfolger von Luis Durnwalder, der das Amt 25 Jahre innehatte. Bei den Wahlen von 2018 verliert die SVP auch die relative Mehrheit der Stimmen und muss eine Koalition mit der Lega Nord eingehen, Durnwalder bleibt aber Ministerpräsident. Die Wahlen von 2023 enden mit herben Verlusten für die SVP, die bei nur mehr 34,5 der Stimmen landet. Es kommt zur Bildung einer 5-Parteien-Koalition unter Durnwalder, an der auch die Postfaschisten der Fratelli d'Italia beteiligt sind. Im Trentino regiert seit 2018 eine Mitte-rechts-Koalition unter der Führung des Landeshauptmanns Maurizio Fugatti von der Lega Nord, die bei den Wahlen von 2023 bestätigt wird.

Manchmal geht es bequem bis vor die Hütte

Anreise in die Dolomiten

Mit Auto und Motorrad

Bei Anreise aus dem Norden Deutschlands empfiehlt sich eine Zwischenübernachtung – angesichts von etwa 1100 km Entfernung zwischen Hamburg und Bozen und wahrscheinlichen Staus bei Ferienbeginn und -ende im Sommer.

Fahrzeugpapiere Führerschein *(patente)*, Fahrzeugschein *(libretto di circolazione)* und grüne Versicherungskarte, bei Schadensfällen wie auch normalen Kontrollen werden alle drei geprüft.

Versicherung Bei neuen und wertvollen Fahrzeugen ist eine zeitlich begrenzte Vollkaskoversicherung für Unfall und Diebstahl anzuraten, da die Deckungssummen italienischer Haftpflichtversicherer niedrig sind. Unbedingt empfehlenswert ist ein Auslandsschutzbrief, den alle Automobilclubs sowie Versicherungen anbieten (30–50 € jährlich). Er deckt die Kosten des Transports zur nächsten Werkstatt, den Heimtransport von Personen und Fahrzeug, die Versandkosten von Ersatzteilen, Übernachtungskosten, die eventuelle Verschrottung u. a. (Kleingedrucktes lesen).

> Das Tragen einer **Warnweste** ist bei einem Unfall für alle Pkw-Insassen Pflicht.

Aus Deutschland, Österreich und der Schweiz über die Brennerautobahn: Der Brenner besitzt den einzigen Autobahnübergang über die Alpen, der direkt in die Dolomiten führt. Man erreicht ihn von München über die A 8/ A 93 über Kufstein und Innsbruck, von Stuttgart über die A 7 und weiter über die häufig verstopfte Straße über den Fernpass zur Inntalautobahn A 12 und weiter nach Innsbruck. Ab Ostösterreich nimmt man die Autobahn A 1 Wien – Salzburg und dann die A 8 bis Rosenheim, von dort die Inntalautobahn nach Innsbruck. Aus der Ostschweiz nimmt man die Autobahn Zürich – St. Gallen – Rheintal, dann via Feldkirch auf die österreichische A 14 durch den Arlbergtunnel (mautpflichtig 11,50 €) und weiter die A 12 nach Innsbruck, von dort auf die Brennerautobahn, die nahtlos in den ebenfalls mautpflichtigen italienischen Autobahnabschnitt Brennero – Modena übergeht. Abfahrt für das Pustertal ist Brixen, für die zentralen Dolomiten Klausen, für die südlichen Dolomiten Bozen-Nord, Bozen-Süd oder Auer/Neumarkt.

- Beim Transit durch Österreich und die Schweiz fallen Autobahngebühren an. Eine 10 Tage gültige **Autobahnvignette für Österreich** („Pickerl") kostet 11,50 € für Kraftfahrzeuge bis 3,5 t, fürs Mottorad zahlt man 4,60 € (Stand: 2024); die länger gültigen Vignetten (2 Monate bzw. 1 Jahr) sind für normale Ferienreisen keine ernst zu nehmenden Optionen. Man erhält die Vignetten bei den Automobilclubs, an der Grenze oder den grenznahen Tankstellen. In digitaler Version kann man sie u. a. online unter asfinag.at, über das Internetportal des ADAC (ADAC Mautportal) oder das des österreichischen Automobilclubs ÖAMTC erwerben (nur bei den beiden letzteren Anbietern ist sie sofort gültig, wenn man sie unter asfinag.at bestellt, wird sie aus Gründen des Konsumentenschutzes frühestens ab dem 18. Tag nach dem Kauf freigeschaltet). Zusätzlich zum Pickerl muss man für die Brennerautobahn noch eine gesonderte **Maut** von 11 € zahlen. Für **Schweizer Autobahnen** gibt es keine Kurzzeitvignetten, hier ist der Kauf einer **Jahresvignette** obligatorisch (gültig von 1. Jan. bis 31. Jan. des Folgejahres). Sie kostet 48 Sfr für Kraftfahrzeuge bis 3,5 t und für Motorräder (Stand: 2024).

Mautfrei aus Süddeutschland und Österreich: Die österreichische Bundesstraße von Innsbruck zum Brenner und die italienische Staatsstraße nach Brixen und Bozen sind mautfreie Alternativen, allerdings ist man auf diesen stark frequentierten Verbindungen (Lkw) wesentlich länger unterwegs. Die Strecke von Lienz durch das Pustertal ist ebenfalls mautfrei, man muss aber für den Felbertauerntunnel 13 € und für den Bahntransport Tauerntunnel ca. 21 € zahlen. Die Straße vom Inntal über den Reschenpass in den Vinschgau und über Meran nach Bozen ist ebenfalls kostenfrei, aber umständlich und zeitraubend.

Aus der Schweiz und dem Dreiländereck Basel-Freiburg: Von Basel/Zürich via St. Gallen – Rheintal – Feldkirch und von dort über die B 16 über den leicht zu fahrenden Arlbergpass (Tunnel ist mautpflichtig, 11€) ins Inntal. Bei Landeck auf die B 315, die nach Nauders und über den Reschenpass in den Vinschgau nach Meran und Bozen führt. Alternativ Weiterfahrt auf der Inntalautobahn bis Innsbruck und Autobahn über den Brenner. Relativ flott ist die Verbindung über Landquart und Autoverladung durch den Vereinatunnel bei Klosters nach Zernez (einfach 34 € im Sommer, 39 € im Winter) und anschließend über den Ofenpass nach Taufers im Vinschgau (rhb.ch). Eine weitere Möglichkeit, um aus der Schweiz in die Dolomiten zu kommen, ist die Benutzung des Gotthardtunnels (mautpflichtig) bzw. des mautfreien und weit weniger stauanfälligen San-Bernardino-Tunnels über die A 9/A 4 Como–Mailand–Verona und weiter auf der A 22 nach Bozen, zieht sich jedoch.

Aus Ost- und Südösterreich: Wer aus Niederösterreich, Wien, dem Burgenland, der Steiermark oder Kärnten kommt, nimmt am besten die österreichische Autobahn Wien – Villach und dann die B 100, die über Spittal und Lienz an die Südtiroler Grenze in Winnebach führt.

Mit der Bahn

Es ist nahezu ideal: Alle 2 Stunden fährt tagsüber ein internationaler EC von München nach Bozen. Die Reise dauert 4 bis 4:30 Stunden. In Kufstein oder Innsbruck besteht Anschluss aus dem ÖBB-Streckennetz. An Ort und Stelle fährt man dann mit dem Bus weiter oder wird – bei vielen Hotels ein kostenloser Service – am Bahnhof abgeholt.

Seit 2015 wird am Brenner-Basistunnel (BBT) gebaut, der die Fahrzeit nach Bozen erheblich reduzieren wird. Der Tunnel soll bei Franzensfeste münden, aber bis ins Unterland Zulaufstrecken in Tunneln nach sich ziehen (z. B. eine großzügige Bozen-Umgehung), geplante Eröffnung 2032. Dann sollen täglich 400 Züge in zwei Röhren in nur 25 Minuten durch den Tunnel brausen. Interessierte haben die Möglichkeit, eine geführte Baustellenbesichtigung zu buchen (Fr 10 und 14 Uhr, Start am BBT-Infopoint in Franzensfeste, Brennerstraße, ✆ 0472/057200, Erw. 10 €, erm. 5 €, bbtinfo.eu. Eine Buchung mehrere Monate im Voraus ist wegen der großen Nachfrage obligatorisch).

EC-Verbindungen München – Bozen Von München nach Bozen (und weiter nach Verona, Venedig oder Mailand) fahren tagsüber Eurocitys etwa alle 2 Std., ebenso in die umgekehrte Richtung.

Verbindungen über die Schweiz Aus Südwest-Deutschland EC/ICE-Strecke nach Basel, von dort Linie Basel–Zürich–Innsbruck–Wien, umsteigen in die EC-Züge aus München in Innsbruck. Derzeit tgl. mehrmals von Zürich nach Innsbruck.

Verbindungen aus Ostösterreich EC-Strecke Wien–Salzburg–Innsbruck–Basel, in Innsbruck umsteigen in die EC-Züge München – Verona. Derzeit tgl. mehrmals von Wien nach Innsbruck.

Preise und Ermäßigungen Wegen der komplizierten Tarifstruktur der DB sollte man frühzeitig planen und sich gut informieren. Sinnvoll ist die BahnCard 50 samt Railplus, die 25 % Ermäßigung auf den Anschlussstrecken der österreichischen ÖBB gewährt. Für alle grenzüberschreitenden Züge gibt es sog. Globalpreise, die Fahrkarte und Reservierung umfassen; wer in der Kleingruppe im Nachtzug gleich ein ganzes Liegewagenabteil reserviert, spart enorm. Infos unter bahn.de. Die ÖBB gewährt auf ihre Vorteilscard bisher max. 50 % Rabatt.

Bahn & Bike Über den Radtransport der DB auch ins Ausland informiert – nicht immer verlässlich und selten vollständig – die Radfahrer-Hotline ✆ 030/2970. Die EC auf der Strecke Deutschland–Österreich–Italien haben meist ein winziges Radabteil, das man besser (mindestens am Vortag) reserviert.

Mit dem Bus

Einige Regionen unterhalten eigene Zubringerdienste mit dem Bus, die ab München, Stuttgart bzw. Zürich operieren. Diese Verbindungen sind schnell und bieten zwischen Mitte März und Mitte November eine preiswerte Anreisemöglichkeit. **Silbernagl** (silbernagl.it) verbindet München mit dem Seiser-Alm-Gebiet und dem Grödner Tal. Aus St. Gallen, Winterthur und Zürich startet der **Südtirol Express** ebenfalls im Sommer über den Reschenpass in den Vinschgau, nach Meran und Umgebung und ins Unterland sowie bis hinauf zum Karerpass. Darüber hinaus bietet **Flixbus** eine Vielzahl von Anreiseoptionen aus Deutschland nach Sterzing, Brixen, Bozen und Meran. Optional können Zubringerdienste gebucht werden – bequemer geht es nicht!

CO_2-arm geht es mit der Bahn

- **Silbernagl** (silbernagl.it) verbindet in Kooperation mit Flixbus München mit dem Seiser-Alm-Gebiet und dem Grödner Tal und bietet Anschlusstransfers in der Region Seiser Alm bis zum Zielort. Schlernstr. 39, Seis, ✆ 0471/706633. Aus St. Gallen, Winterthur und Zürich startet der **Südtirol Express** ebenfalls im Sommer über den Reschenpass in den Vinschgau, nach Meran und Umgebung und ins Unterland sowie bis hinauf zum Karerpass. **Flixbus,** zwischen München ZOB und Bozen bis zu 10x tgl. direkt, ab ca. 30 €, nach Brixen 4x tgl., ab ca. 27 €, nach Meran (Terme) 3x tgl., ab 25 €, nach Sterzing 4x tgl., ab 25 €. Infos unter flixbus.de.

Mit dem Radl durch die Dolomiten

Mobil in den Dolomiten

Zwar gibt es Busverbindungen in die einzelnen Dolomitentäler, sie sind jedoch sternförmig von den zentralen Orten her angelegt, überqueren nicht die Provinzgrenzen und dienen nicht unbedingt den Touristen. Der eigene fahrbare Untersatz ist also nicht nur sinnvoll, sondern oft auch notwendig – das gilt vom Fahrrad bis zum Wohnmobil.

Pkw, Wohnmobil und Motorrad

Autobahnen: Es gibt nur die Autobahn Brennero–Modena, die Südtirol in einen West- und einen Ostteil zerschneidet. Abfahrten am Brenner, in Sterzing, in Franzensfeste/Brixen, Brixen-Süd, Klausen, Bozen-Nord, Bozen-Süd, und Auer. Mezzocorona. Maut bezahlt man an den zahlreichen Mautstationen, die erste hinter dem Brenner befindet sich in Sterzing. Im Durchschnitt kostet die Maut in Italien 8 Cent pro Kilometer.

Stadtverkehr: Bis auf den Stadtverkehr in Bozen sowie die Durchfahrt durch Brixen hat man in den Dolomiten wenig Probleme, durch Orte zu fahren oder dort kostenpflichtig zu parken (oftmals in Parkhäusern, Höhenbegrenzung i. d. R. 2,20 m) – wobei sich der freie Parkplatz nicht immer dort befindet, wo man ihn gerne hätte. Kritisch wird's im Advent, wenn an den Samstagen die italienischen Touringbusse zum Weihnachtsmarkt kommen und Bozen und Brixen blockieren.

Motorrad: Auf Motorradfahrer üben die kurvenreichen Dolomitenpässe eine unstillbare Faszination aus, zumal einige nicht ganz leicht zu fahren sind. Leider fahren zu viele Motorradfahrer zu schnell, die Unfallhäufigkeit und Todesrate gerade auf den Bergstraßen der Dolomiten ist um ein Vielfaches höher als bei Autofahrern. Da Tirol (Österreich) im Sommer 2020 diverse Passstraßen für laute Motorräder (Standgeräusch über 95 dB) gesperrt hatte, verlagerten viele Biker ihre Fahrten auf die Südtiroler und auch Trentiner Pässe. Zunehmend wird allerdings auch hier Handlungsbedarf gesehen, es ist davon auszugehen, dass in Zukunft zumindest auch in Südtirol entsprechend reglementiert wird.

Übernachtungstipps: Informationen zu bikerfreundlichen Hotels und Pensionen (oftmals versehen mit einem Schild „biker welcome") gibt u. a. dolomiten-bike.com.

Bestimmungen für Motorroller/Scooter („motorini"): Immer mit Helm fahren, Mitfahrer sind, wo nicht ausdrücklich vorgesehen, nicht erlaubt. Es hagelt harte Strafen, oft wird das Fahrzeug konfisziert – auch das Leihfahrzeug.

Camping, Wohnwagen und Wohnmobile: Fast alle Gemeinden verbieten in ihrem gesamten Gemeindegebiet das Abstellen von Wohnmobilen und Wohnanhängern und das Aufstellen von Zelten außerhalb von Campingplätzen. Für Wohnmobile gibt es in zunehmender Anzahl ausgewiesene Stellplätze (stellplatz.info). Wildcampen wird in den Dolomiten nirgendwo geduldet, und die Polizei ist schnell da, wenn man's versucht.

Vorschriften/Wissenswertes zum Straßenverkehr in Italien

Höchstgeschwindigkeit Auf **Autobahnen** Pkw/Motorräder 130 km/h, Pkw mit Anhänger 80 km/h, Wohnmobile über 3,5 t 100 km/h, Motorräder unter 150 ccm nicht zugelassen; auf **Schnellstraßen** Pkw/Motorräder 110 km/h, Pkw mit Anhänger 70 km/h, Wohnmobile über 3,5 t 80 km/h; auf **Landstraßen** Pkw/Motorräder 90 km/h, Pkw mit Anhänger 70 km/h, Wohnmobile über 3,5 t 80 km/h.

Besondere Verkehrsregeln Abblendlicht ist für Pkw außerhalb von Ortschaften auch bei Tag vorgeschrieben, für Motorräder und andere motorisierte Zweiradfahrzeuge auch innerhalb geschlossener Ortschaften; die rechte Fahrspur auf Autobahnen ist für alle Verkehrsteilnehmer freigegeben. Die zweite und dritte Spur sind, wie jenseits der Alpen, nur für überholende Fahrzeuge bestimmt; an Ampeln wird das Abbiegen nach rechts auch bei Rot geduldet; privates Abschleppen auf Autobahnen ist verboten, ebenso Telefonieren mit dem Handy ohne Freisprecheinrichtung (kaum jemand hält sich dran, auch nicht Busfahrer auf Bergstraßen); Promillegrenze 0,5, alkoholisierten Verkehrsteilnehmern wird der Führerschein für 2 Wochen bis 3 Monate abgenommen, es gibt hohe Strafen selbst für kleine Verkehrsdelikte; bei Unfallbeteiligung wird ab 1,5 Promille das Fahrzeug eingezogen und evtl. versteigert, das gilt für Italiener wie für Ausländer. Scooter (Motorroller) und Mopeds dürfen von Jugendlichen über 14 J. nur mit Führerschein benützt werden.

> Wer **Fahrräder am Heck des Autos** transportiert, muss ein rot-weißes Warnschild anbringen (in Deutschland nicht obligatorisch, wird daher häufig vergessen).

Pannenhilfe An den Autobahnen stehen in regelmäßigen Abständen Notrufsäulen. Der Straßenhilfsdienst des italienischen Automobilclubs **ACI** ist rund um die Uhr unter ✆ 116 zu erreichen, in Südtirol kann man sich (meist) auf Deutsch verständigen. Die Pannenhilfe ist kostenpflichtig, es sei denn, man besitzt einen Auslandsschutzbrief. In manchen Fällen beauftragt der ACI private Abschleppdienste (diese akzeptieren die Schutzbriefe nicht, die Rechnungen werden aber von den deutschen Versicherern nachträglich beglichen). Deutschsprachiger Notrufdienst des **ADAC** bei Fahrzeugschaden ✆ +49 89/222222, bei Erkrankung oder Verletzung ✆ +49 89/767676 (24 Std.).

ACI, Italienischer Automobilclub, Zweigstelle Bozen, Corso Italia 19a, ✆ 0471/426020 (nur Mo–Fr 9–13 und 14–18 Uhr).

Kraftstoff Preise eher höher als nördlich der Alpen, Bleifrei *(senza piombo),* Super *(super)* und Diesel *(gasolio)* entsprechen auch in der Oktanzahl/Qualität jenen in D/A und CH.

Tankstellen Nur an den Autobahnen Tag und Nacht geöffnet, an Fernstraßen und in Orten sind sie häufig nachts (20–7 Uhr), mittags (12–15 Uhr) und So geschl. Immer mehr Tankstellen besitzen einen Zapfautomaten, der Euronoten (5/10/20 €) annimmt.

Elektromobilität Die Zahl der Ladestationen entlang der Autobahn und in den Ortschaften nimmt stetig zu. Am Brenner gibt es zahlreiche Zapfsäulen für verschiedene Automarken, in den Orten stehen häufig reservierte Parkplätze bereit. Viele Hotels – nicht nur die hochpreisigen – werben mit Ladestationen in der hoteleigenen Garage, manche sogar mit Verleih von strombetriebenen, PS-starken Autos. Die vollständigste Karte zu Lademöglichkeiten (inkl. Ladegeschwindigkeit an den Standorten, aktueller Verfügbarkeit etc.) findet sich unter chargemap.com.

Bus

Die Busse der drei Dolomitenprovinzen Südtirol (SAD), Trentino (Trentino Trasporti) und Belluno (Dolomitibus) sind flotte, preisgünstige und verlässliche Verkehrsmittel, wenn man nicht gerade am Sonntag fahren will, denn dann werden kleinere Orte nicht angesteuert.

In allen 3 Verkehrsnetzen (s. u.) kann man die **Tickets** sowohl beim Fahrer als auch in Büros der Gesellschaft und bei konzessionierten Händlern (meist Tabacchi) erwerben, bei Kauf an Bord sind sie geringfügig teurer. Einzeltickets gelten nur für Bahn oder Bus. Vor Antritt der Fahrt müssen die entsprechenden Abschnitte entwertet werden.

Ski- und Wanderbusse in der Saison: Einige Verkehrsverbände setzen im Winter kostenlose oder sehr billige Busse ein, die auch isolierte Hotels mit den Liftanlagen verbinden. Dies trifft in manchen Fällen (z. B. Karerseegebiet) auch für den Sommer zu. Infos bei den Verkehrsverbänden.

Gästebusse: Da von den SAD-Bussen in Südtirol nicht alle Ziele erreicht werden können, haben einige Tourismusvereine ihren eigenen Gästebusdienst eingerichtet. Normalerweise funktioniert der in Verbindung mit einer Gästekarte und praktisch überall mit der normalen Busfahrkarte der SAD (s. u.).

SAD (Provinz Südtirol): Die Südtiroler Busgesellschaft hat ihre Zentrale in Bozen, von wo auch ein Gutteil der orangeroten und grünen Busse abgeht. Weitere Knoten sind im Dolomitenbereich Brixen und Bruneck. Auch einige Ziele außerhalb Südtirols werden von SAD-Bussen angefahren, z. B. das Fassatal im Trentino (ab Bozen) und Cortina d'Ampezzo in der Provinz Belluno (ab Toblach).

Information In Italien über ein Callcenter (lange Warteschleife) unter ✆ 840/000471 (Tarifinfo, Fahrpläne) und ✆ 840/000426 (Abos, Beschwerden), im Internet unter sii.bz.it (mit neuem Fahrplan schon vor Fahrplanwechsel – an den Haltestellen wird er oft erst einige Tage *nach* dem Wechsel ausgehängt).

Tickets Es gibt Einzeltickets (Überlandkarten) und Wertkarten. Man kann sie sowohl beim Fahrer als auch in Büros der Gesellschaft und bei konzessionierten Händlern (meist Tabakläden) sowie am Automaten erwerben, bei Kauf an Bord sind sie geringfügig teurer. Einzeltickets gelten anders als die Wertkarten nur für Bahn oder Bus! Wertkarten gibt es für 5, 10 und 25 €. Im Bus werden die Tickets beim Einstieg beim Fahrer entwertet, im Zug vorab am Bahnsteig, das Gleiche gilt für die Mobilcard (s. u.).

Mobilcard und Museum-Mobilcard Wer auch nur mäßig mit Bus und Bahn unterwegs ist, wird die **Mobilcard** schätzen. Sie gilt in der Gesamtregion Südtirol für alle Busse und Bahnen sowie für einige Seilbahnen, sogar die Fahrt nach Trient/Trento ist dabei: 7 Tage 45 €, 3 Tage 30 €, 1 Tag 20 €. Die Mobilcard erhält man bei den Tourismusbüros und an den Bahnhofsautomaten des Südtiroler Verkehrsverbundes, sie muss beim ersten und bei jedem folgenden Fahrtantritt entwertet (bzw. auf diese Weise überprüft) werden. Aktuell geben die Beherbergungsbetriebe in den Dolomiten eine lokale Mobilcard zu unterschiedlichen Konditionen an ihre Gäste ab: Grödner Tal (Val Gardena MobilCard), Brixen (BrixenCard), Seiser Alm (Südtirol Alto Adige Guest Pass), Rosengarten (Eggental Guestcard), Bozen (Bozen Card), Trentino (Trentino Guest Card), Fassatal (Val di Fassa Guest Card), Provinz Belluno (Belluno Bus Dolomiti Guest Card). Damit lassen sich für die Dauer des Aufenthalts alle öffentlichen Verkehrsmittel der Region (Belluno: nur Bus!) kostenlos nutzen.

Da die Bezeichnungen und Konditionen in diesem Card-Karussell fast jährlich variieren, macht es Sinn, sich vor Ort im Tourismusbüro zu informieren. Infos zur Mobilcard auf mobilcard.info.

Eine interessante Alternative ist die **Museum-Mobilcard,** sie bietet neben den Leistungen der Mobilcard für 3 oder 7 Tage den Gratisbesuch in fast allen Südtiroler Museen. 7 Tage 65 €, 3 Tage 34 €.

Fahrräder Immer mehr Busse haben am Heck eine Mitnahmemöglichkeit für Räder. Bus-Fahrradkarten (7 €) gelten in den Regionalzügen und einigen Seilbahnen. Die **Bike-Mobilcard** ist eine Tageskarte und bietet für 30 € die Leistungen der Mobilcard und zusätzlich die einmalige Nutzung eines Leihfahrrades, das nicht im Bus bzw. der Bahn mitgeführt werden darf.

Infos zu allen Cards auf suedtirolmobil.info.

Trentino Trasporti (Provinz Trentino): Im Trentino verkehren die blauen und rot-weißen TT-Busse, das Zentrum ist Trient. Die Dolomiten werden über Auer (Südtirol) erreicht, während das sehr kurvenreiche Fleimstal weniger befahren wird.

▪ **Trentino Trasporti,** ttspa.it; Trento, Via Innsbruck 65, ✆ 0461/031000.

Dolomitibus (Provinz Belluno): Die Busse dieser Gesellschaft werden in vielen Fällen von privaten Firmen bedient. Die Zentren für die südlichen Dolomiten sind Belluno und Feltre. Bis auf die Hauptrouten wird das Streckennetz weniger häufig befahren als von SAD oder Trentino Trasporti, v. a. im Sommer, wenn während der Schulferien viele Verbindungen entfallen.

▪ **Dolomitibus,** dolomitibus.it; Belluno, Via Col da Ren 14, ✆ 0437/217111.

Bahn

Die Brennerbahn und Pustertalbahn sind Alternativen für diejenigen, die in Bozen, Brixen, Bruneck oder Toblach/Innichen ihr Ferienquartier haben. Fast stündlich fahren tagsüber Züge von Innichen über Toblach und Bruneck nach Franzensfeste und von dort (umsteigen) nach Brixen, Klausen und Bozen sowie nach Auer und Neumarkt.

Information trenitalia.com.

Tickets Viele Bahnhöfe sind nicht besetzt, Zeit- und Einzelkarten kann man an Automaten oder bei Busfahrern erwerben. Nur wenn kein Automat vorhanden ist, kann man im Zug nachlösen. In Italien sind Bahnfahrkarten, auch die Mobilcard, immer vor der Fahrt zu entwerten.

Fahrrad

Die Dolomiten sind wegen der vielen Passstraßen nicht unbedingt ideal für Langstreckenfahrer, aber ein ideales Tourengebiet für Rennrad-, Mountainbike- und Trekkingbikefahrer. In fast allen inneritalienischen Zügen kann das Rad mitgenommen werden. Alle drei Busgesellschaften nehmen, falls Platz ist, Räder mit (nicht möglich in den immer häufiger eingesetzten Niederflurbussen). An den An- und Abreisetagen (Sa/So) ist das oft nicht der Fall!

Information Zum Radtransport per Bahn in Italien unter .trenitalia.it.

Radverleih Ein Rad bzw. Mountainbike bekommt man im Sommer in fast jedem Ort. Adressen finden Sie im Reiseteil dieses Buches bei der jeweiligen Ortsbeschreibung.

E-Bikes Dieses angenehme Fortbewegungsmittel erlebt derzeit einen beispiellosen Boom, der noch lange nicht seinen Höhepunkt erreicht zu haben scheint. Darauf hat sich auch die Tourismusindustrie in den (Südtiroler) Dolomiten eingestellt. Verleiher wie Papin (papinsport.com) haben E-Bikes im Programm und bieten z. T. auch geführte Touren an. Manche Hütten werben mit einer Ladestation, vor Ort trifft man dann aber oft nur auf ein paar Steckdosen am Parkplatz, die ohne mitgebrachtes Ladekabel nicht zu nutzen sind. Ein Anbieter, der es mit Standardisierung versucht, ist bike-energy (bike-energy.com). Die Ladestationen liegen an Südtiroler Hütten und Radwegen, wer kein eigenes Kabel dabei hat, kann vor Ort eines leihen oder für 72 € kaufen. Eine Übersicht der Standorte (Schwerpunkt ist im Pustertal) findet sich auf der Webseite des Anbieters. Im Trentino und Veneto gibt es mittlerweile ebenfalls zunehmend Ladestationen, im Veneto heißt das System mit schwarz-weißen Säulen „Zeus Charging Station“, ein eigenes Kabel wird benötigt.

E-Autos Mit dem E-Auto in die Dolomiten? Das geht mittlerweile hervorragend, Ladestationen schießen wie Pilze aus dem Boden. An der Brenner-Autobahn verfügt fast jede Tankstelle über Schnellladestationen, auch in den Städten und Talortschaften gibt es in der Regel Ladestationen, aber nicht immer Schnelllader. Andere Orte, an denen man fündig werden kann, sind Talstationen von Bergbahnen. Zunehmend verfügen auch hochpreisige Hotels über Ladestationen, manchmal sogar Pensionen. Dort lädt man langsam, aber über Nacht wird der Akku in jedem Fall voll. Die Autoren besitzen seit 2021 ein E-Auto und haben die Recherche für die Neuauflage dieses Buches damit durchgeführt.

Gelungene Architektur trifft großartiges Panorama: Agritur Fiores im Fassatal

Übernachten in den Dolomiten

In den Dolomiten ist die Zahl der Zimmer in Hotels und Pensionen, Apartments und Bauernhöfen schier unbegrenzt. Im Nordteil, also in der Provinz Bozen-Südtirol, herrscht ein besonders großes Angebot, im Südwesten (Provinz Trentino) konzentriert es sich auf wenige Orte und Apartments, während Frühstückspensionen und Privatzimmer weniger zu finden sind. Das gilt auch für den Südosten (Provinz Belluno). Allerdings hat sich hier durch die Etablierung von airbnb einiges bewegt, und über dieses Portal finden sich vermehrt Zimmer. Die Preise sind in Südtirol am höchsten, was sich durch die große Auswahl in allen Preiskategorien aber relativiert.

Mindestaufenthalt und Pensionspflicht In einigen Quartieren liegt der Mindestaufenthalt in der Hauptsaison bei drei Tagen, dann ist auch Halbpension (HP) noch häufig obligatorisch. Meist ist jedoch ein Aufenthalt von 1 bis 3 Tagen mit entsprechendem Preisaufschlag möglich. Auch Zimmer mit Frühstück (FR) werden häufig angeboten. Wo das Hotel im Regelfall HP verlangt, sind hier im Buch die Preise für ein Doppelzimmer mit HP pro Nacht (DZ/HP) angegeben, wo Frühstück möglich ist, ist (DZ/FR) angegeben. Im Bellunese ist das Frühstück auch bei Halbpension nicht immer im Preis inbegriffen, bei den im Buch genannten Preisen wurde das Frühstück zu den HP-Preisen hinzugerechnet.

Saisonzeiten In **Südtirol** am Beispiel Grödner Tal: Mai/Juni bis Ende Sept./Mitte Okt. (ein Teil der Betriebe nur Juli bis Mitte Sept.) und Dez. bis Mitte/Ende April.

– Im **Trentino** am Beispiel Fassatal: Mai/Juni bis Nov. (ein Teil nur bis Aug.) und Dez. bis April.

– In der **Provinz Belluno** (mit Cortina d'Ampezzo und Buchenstein): meist Mitte Juni bis Mitte Sept. und Mitte Dez. bis März/Mitte April, außerhalb der Wintersportzentren auch oft nur Juni bis Sept.

– **Hochsaison** in allen Provinzen: 4. Juliwoche bis 3. Augustwoche und Weihnachten bis 6. Januar sowie (nur in Skigebieten) Febr. bis Mitte März.

Information Für **Südtirol** gibt es eine Hotelliste, die auch Privatzimmer und Apartments umfasst, in großen Orten getrennte Listen für Zimmer und Apartments. Information über freie Zimmer aller Kategorien auch über die Internetadressen der Verkehrsvereine.

– Im **Trentino** gibt es einen ausführlichen Katalog der „Residences & Apartments", in den Prospekten der Verbände Fassatal, Fleimstal und Primiero zusammengefasst.

– Für die **Provinz Belluno** erscheint jährlich ein Katalog der Hotel- und Pensionszimmer, eine Liste der Residences/Apartments und der Privatzimmer auf Provinzebene gibt es nicht.

Online-Reiseportale Auch in den Dolomiten wird zunehmend über Online-Reiseportale gebucht. Neben bookingsuedtirol.com und airbnb (→ S. 270) sind hier die üblichen Verdächtigen wie booking.com oder Tripadvisor zu nennen. Die Bedingungen sind für die Vermieter nicht immer vorteilhaft, dennoch bieten die Portale vor allem für Spontanreisende eine gute Möglichkeit, kurzfristig noch ein Bett oder Zimmer zu finden. Abseits touristischer Zentren ist die Zahl heimischer Anbieter allerdings noch relativ gering. Bei telefonischer oder Online-Buchung sind die aktuellen Preise oft nicht identisch mit den Listenpreisen.

In diesem Buch werden die **Preise fürs Übernachten** in Kategorien angegeben, symbolisiert durch ein bis vier Euro-Zeichen. Die Preise gelten für ein Doppelzimmer mit Halbpension, was in Hotels die Regel ist. Bei Pensionen und Bauernhöfen, die auch bzw. nur Doppelzimmer/Frühstück bzw. Apartments anbieten, kann man mit einer Preisreduktion von ca. 20 % im Vergleich zu den Halbpensiontarifen rechnen. Alle Angaben beziehen sich auf die Hauptsaison im Sommer (mit den Spitzenmonaten Juli/August) bzw. die Skisaison in den Wintersportorten, die im Dezember beginnt. Im Zeitraum von etwa 10 Tagen rund um den 15. August werden die Preise mancherorts noch einmal angehoben.

€	bis 80 Euro
€€	81–140 Euro
€€€	141–200 Euro
€€€€	ab 201 Euro

Berghütten

Diese sind vorrangig für Bergsteiger gedacht und werden in den Listen der Beherbergungsbetriebe nur aufgeführt, wenn es sich um private Betriebe im Stil eines Gasthauses handelt. In der Sommersaison sind fast alle Hütten vom 20. Juni bis 20. Sept. geöffnet, manche auch Mitte Juni bis Ende Sept./Mitte Okt. und später (kaum früher). Die Fremdenverkehrsvereine kennen die genauen Öffnungszeiten, einige geben dazu Listen heraus.

Motorradfahrerhotels

Im Trentino kennzeichnet das orange Symbol eines Motorradfahrers unter einem Dach ein Quartier des Club Mototurismo, also einen motorradfreundlichen Betrieb. Den Prospekt der Mitgliedsbetriebe gibt es in den Trentiner Infobüros, bei der Trentiner Fremdenverkehrswerbung und unter trentinoinmoto.it (mit Hotelsuchfunktion, auch in Deutsch).

Urlaub auf dem Bauernhof (Agriturismo)

Diese Form wird in Südtirol in den meisten Orten angeboten. Im Trentino und in der Provinz Belluno sind Agriturismi eher selten. Vermietet werden Zimmer mit Frühstück und zunehmend Apartments.

- **Südtiroler Bauernbund,** Urlaub auf dem Bauernhof, K.-M.-Gamper-Str. 5, 39100 Bozen, ✆ 0471/999325, roterhahn.it; im Trentino Broschüre der Fremdenverkehrswerbung; in der Provinz Belluno unter veneto-agriturismo.it und in der Provinzinformationsstelle in Belluno.

Familienhotels

Die Hotels dieser Gruppe bieten besonders Familien das richtige Zuhause auf Zeit. Die Häuser kümmern sich speziell um die Kinder, was Spielplätze/-zimmer sowie kindgerechte Animation einschließt.

- **Familienhotels Südtirol,** Pairdorf 79a, Brixen, ✆ 0471/999990, familienhotels.com.

Wanderhotels

Diese Komforthotels (3–4 Sterne) sind speziell auf Wanderer und Familien zugeschnitten und bieten Ausrüstungsverleih, Wanderbus beim Haus, geführte Wanderungen und Wander-Infothek mit den entsprechenden Karten und

Führern. Die in dieses Buch aufgenommenen Wanderhotels sind als solche vermerkt.

- **Wanderhotels,** Wanderhotels, Südtiroler Platz 2, A-9900 Lienz (Österreich), ☏ (0043) 0485/264611, wanderhotels.com.

Bike-Hotels (nur Südtirol)

31 radfahrerfreundliche Hotels von einfachem bis 4-Sterne-Komfort sind unter BikeHotels Südtirol zusammengefasst. Die Gastgeber sind oft selbst passionierte Biker und kennen die besten Touren.

- **Bike Hotels Südtirol,** Seilbahnstr. 6c, 39031 Reischach/Bruneck, ☏ 0474/830000, bikehotels.it.

Vitalpina-Hotels (nur Südtirol)

28 Komforthotels (3 bis 5 Sterne), die Wandern, Wellness, gesunde Ernährung und regionale Naturprodukte miteinander kombinieren (vitalpina.info).

Adults only

Kein neues Label für Kinderfeindlichkeit, sondern schlicht Reaktion auf eine wachsende Zielgruppe, die es gerne ruhig hat. Wo bekannt, ist es im Buch vermerkt.

Bio-Hotels (nur Südtirol)

Acht zertifizierte Bio-Hotels gibt es derzeit in den Dolomiten. Sie zeichnen sich durch die Verwendung biologischer Produkte und eine Kooperation mit rein biologisch wirtschaftenden Herstellern aus Südtirol aus, deren Produkte (z. B. Ultner Brot, Vinschger Öl, Kräuter von Bergila und vom Kräuterschlössl) sie verwenden (biohotels.info).

airbnb

Die umstrittene Internetplattform hat in den Dolomiten nicht mit den gleichen Problemen zu kämpfen wie in den globalen Boomtowns, wo sie privaten Wohnraum vom Markt nimmt und letztlich zur Mietpreisexplosion mit beiträgt. Hier sind die privaten Anbieter vielmehr eine sinnvolle Ergänzung zum bestehenden Angebot an Übernachtungsmöglichkeiten – mit anerkannten Standards und der Option, auch kurzfristig noch ein freies Bett zu finden. Und nicht zuletzt bietet airbnb die Gelegenheit, nette Einheimische kennenzulernen.

Jugendherbergen

Mangelware. Sowohl Südtirol als auch die anderen Dolomitenprovinzen schätzen Gäste nicht, die kaum Geld bringen. Ausnahmen sind die von der Stiftung Kassianeum geführten, sehr schönen Jugendherbergen im ehemaligen Grandhotel in Toblach und im Kassianeum in Brixen sowie die JH in Bozen.

Campingplätze

Diese sind im Südtiroler Teil der Dolomiten eher dünn gesät, in manchen Gegenden (z. B. Grödner Tal) sogar überhaupt nicht vorhanden. Im gesamten Gebiet des Schlern und Rosengarten gibt es nur einen Platz, den Camping Seiser Alm in Völs.

Im Trentiner und Belluneser Dolomitengebiet sieht es quantitativ erheblich besser aus. Es gibt eine Reihe von Plätzen unterschiedlicher Qualität, von der Wiesenfläche mit spartanischer Sanitärausstattung bis zum Luxuscampingplatz mit Wellnessbereich und Edelrestaurant. Allerdings sind manche Plätze eher auf Wohnmobile ausgerichtet als auf Zelte. Was viele gemeinsam haben, ist eine spektakuläre Lage am Fluss, am Talende oder am Fuße steiler Felswände.

- Im **Internet:** camping.it und trentinocamping.it. Hilfreich sind der italienischsprachige Führer **Campeggi e Villaggi Turistici** des Touring Club Italiano, erscheint alle 2 Jahre (zuletzt 2022, 20 €), sowie der **ADAC-Campingführer** und der **ACSI-Campingführer,** beide mit jährlicher Erscheinungsweise (Letzteren gibt es auch als App).

Rot, röter, Ronenrisotto!

Küche und Gastronomie

Die Küche der Dolomiten verbindet auf eine ganz spezielle Weise die Tiroler und die italienische Küche. Dazu kommen die Südtiroler Weine vom herben Eisacktaler Silvaner bis zum eleganten Pinot noir.

Grob gesprochen kann man die Dolomiten kulinarisch in eine Knödel- und eine Nockerl- und Nudelregion einteilen. In Südtirol, auch im ladinischen Teil, dominieren die Knödel: Speckknödel zum Sauerkraut und kleine Knödel in der Suppe. Im Trentiner Fassatal sind Nockerl beliebt, etwa die auch sonst im Trentino beheimateten spinatgrünen *Strangolapreti* („Priesterwürger" – warum sie so heißen, weiß niemand). Das gilt auch für das ebenfalls ehemals österreichische Buchenstein und das Ampezzaner Tal, also Cortina. Südlich der altösterreichischen Grenze in der Provinz Belluno dominieren Nudeln, aber v. a. die in der gesamten Region beliebte Polenta, der Maisbrei.

Die Italo-Tiroler-altösterreichische Cross-over-Küche ist am interessantesten in Südtirol, wo es die meisten Sterne- und Haubenrestaurants Italiens gibt, aber auch andere Provinzen sind nicht zu verachten. Essen in den Dolomiten ist jedoch traditionell sehr einfach: Es gibt Nudeln oder die ravioliähnlichen Schlutzkrapfen („Schlutzer") oder Polenta, dazu vielleicht Speck oder eine Suppe mit Einlage oder eine Mehlspeise. Speck und geräucherte Würste sind überall zu finden, wobei Speck hierzulande etwas anderes bedeutet als in Deutschland, Österreich und der Schweiz. Ein paar **Dolomiten-Spezialitäten:**

Speck

Der im Wesentlichen vom Fett befreite Hinterschinken vom Schwein, eingelegt in eine mit Kräutern versetzte Salzlake, über (Wacholder-)Holz geräucherte und lange abgelagerte Speck

Malga Aloch, Käse aus dem Fassatal, mmmh!

hat eine zarte Konsistenz. Nach Tiroler Art wird er in dicke Scheiben geschnitten und dann bei Tisch „auf'm Brettl" in Streifen geschnitten und zum Brot verzehrt mit einem Glas Roten als **Merende** (Jause/Brotzeit). Nach italienischer Art wird er wie andere Schinken in feinste, durchsichtige Scheiben geschnitten und als Vorspeise serviert. Beides hat seine guten Seiten, die Südtiroler unterscheiden den Anlass und machen's mal so, mal so. Industriespeck darf sich leider auch „Südtiroler Speck" nennen, deswegen beim Einkauf auf den lokalen Hersteller achten oder gleich beim Bauern kaufen. Nur **Südtiroler Bauernspeck** stammt garantiert von Schweinen aus Südtirol.

Käse

Es gibt hervorragenden Schnittkäse (z. B. Almkäse, Bergblumenkäse), aber auch Frischkäse von der Kuh, der Ziege oder dem Schaf. Auch auf die Nudeln wird lokaler Käse gerieben, das Trentino erzeugt einen sehr guten **Grana** (parmesanähnlich). Im Fassa- und v. a. im Fleimstal wird der streng riechende, mit leichter Rotschmiere bedeckte **Puzzone** hergestellt. **Ziger** nennt sich ein kegelförmiger Frischkäse mit Schnittlauch, der in ganz Südtirol verbreitet ist, man isst ihn mit Essig, Öl und Zwiebeln zu Schwarzbrot.

Schiz (sprich: Skiz) und **Tosèla,** die lokalen Käse des Agordino und Primiero, gibt es in den meisten Lebensmittelläden. Sie werden meist geschmolzen mit Polenta serviert, manchmal werden sie zusammen mit Sahne und Butter im Pfännchen geschmolzen und auch so serviert – äußerst üppig, aber sehr, sehr schmackhaft!

Süßes

Klingt in allen drei Dolomitenprovinzen stark nach Österreich: **Strudel,** v. a. Apfelstrudel, Sachertorte, Buchweizentorte. Außerdem **Zelten,** ein Früchtebrot, im Trentino ein Lebkuchen mit viel Zitronat und Orangeat, und Krapfen – **Krafins** (Krafuns) sind ein krapfenähnliches ladinisches Schmalzgebäck mit Mohn.

Restaurant-Öffnungszeiten

Die im Buch angegebenen Ruhetage der Restaurants gelten in den meisten Fällen nicht für die HS, also Mitte Juli bis Mitte/Ende Aug., Weihnachten/Neujahr und in Wintersportorten Februar.

Pane e coperto

Der Obolus für das Gedeck wird in den Dolomiten nicht überall verlangt – vorher auf der Speisekarte nachschauen. Auch Servizio (10–15 % für Bedienung) wird in den letzten Jahren weniger häufig berechnet, dafür aber ein Trinkgeld erwartet.

Die **Preisangaben** bei den im Buch aufgeführten Restaurants sind in Kategorien eingeteilt, symbolisiert durch ein bis vier Euro-Zeichen. Sie beziehen sich auf ein 3-Gänge-Menü (Primo, Secondo, Dessert) ohne Getränke. Wer nur ein Hauptgericht bestellt, zahlt weniger, kann sich aber anhand der zugeordneten Preiskategorie ein Bild machen, ob er in einem eher günstigen, mittelpreisigen oder teuren Restaurant gelandet ist. Bei Pizzerien haben wir auf die Angabe einer Preiskategorie verzichtet, der Preis für eine Pizza liegt in aller Regel zwischen 10 und 15 €. Das Trinkgeld (Rundung auf ca. 10 %) ist in unseren Preisangaben nicht enthalten.

€	bis 30 €
€€	bis 50 €
€€€	bis 80 €
€€€€	ab 81 €

Taste Trentino!

Einen schönen, appetitanregenden Überblick über Produkte, Produzenten und kulinarische Veranstaltungen im Trentino gibt die Webseite tastetrentino.it.

Törggelen

Fast schon ein Synonym für die kulinarische Südtiroler Lebensart ist das Törggelen geworden. Der Begriff selbst kommt von Torggel, der Weinpresse, und Törggelen bedeutet das Verkosten des neuen Weins bei den Winzern, was natürlich nicht ohne Essen abgeht. Im Herbst wandert man auf die Höhen hinauf, wo die Sonne länger scheint und die Winzer ihre Häuser für kurze Zeit zur Weinverkostung und Hausmannskost öffnen. Traditionell ist das nur zwischen St. Martin (11. November) und St. Katharina (25. November) der Fall, aber wie so viele schöne Bräuche wird auch dieser heutzutage zeitlich ausgedehnt und umfasst den gesamten Spätherbst ab Oktober bis Jahresende. In der Stube des Bauern oder auf Tischen vor dem Haus wird dann der Wein verkostet, zur Schlachtschüssel oder zu gerösteten Kastanien, zu Speck oder Schlutzern. Auch wenn die Winzer mit dem Auto zu erreichen sind, bleibt die Wanderung (oder Radtour) ein unbedingter Bestandteil des Törggelen.

Grandios sportlich: Rundtour um die Aferer Geisler

Aktiv in den Dolomiten

Ob Sommer oder Winter, die Dolomiten sind ein Paradies für Freizeitsportler. Die Wander-, Touren-, Kletter- und Mountainbikelandschaft von Sommer und Herbst verwandelt sich nach dem ersten Schnee in ein Ski- und Snowboardparadies.

Angeln/Fischen

In den vielen klaren Gewässern der Dolomiten ist das Angeln erlaubt. Die „Ausländerlizenzen" für Urlaubsgäste bekommt man in den Tourismusvereinen, manchmal auch im Tabakladen. Private Fischereizonen sind im italienischsprachigen Teil mit „Divieto di pesca" oder „Pesca privata" gekennzeichnet.

Baden/Schwimmen

Deswegen kommt man nicht in die Dolomiten, es sei denn, man ist ganz wild auf Hotelhallenbäder. Die aber sind in 4-Sterne-Hotels mittlerweile ziemlich gut vertreten, von den Wellnessbereichen mit Sauna etc. ganz zu schweigen. Wer lieber in einem natürlichen Gewässer schwimmen will, kann das z. B. in Völs tun. Oder in einem der vielen Gebirgsseen, was sehr erfrischend, aber oft nur sekundenlang zu ertragen ist.

Paragliding (Gleitschirmfliegen) und Drachenfliegen

Die starken Aufwinde, die es in den Dolomiten bei vielen Wetterlagen gibt, v. a. natürlich am Vormittag an Schönwettertagen, machen dieses Bergland zu einem hervorragenden Tummelplatz für Paraglider. Optimale Startplätze sind die Bergstationen der Bergbahnen oder nahe gelegene Plätze wie die Plose, die Spitzbühlhütte auf der Seiser Alm.

Immer beliebter werden Gleitschirm-Passagierflüge (voli biposto). In ganz Südtirol operiert die im Grödner Tal beheimatete Firma Fly 2; Abflüge z. B.

von der Seceda, Monte Pana (beide Gröden), Seiser Alm (Kastelruth). Infos bei den Skischulen St. Ulrich und Catores (Wolkenstein), der Alpinschule Dolomiten in Kastelruth sowie unter fly2.info.

Radsport/Mountainbiking

Kaum ein Sport ist in den Dolomiten populärer als der Radsport. Rennfahrer bevölkern in Scharen die großen Dolomitenstraßen, besonders rund um die Sella. Mountainbiker machen den Wanderern zahlenmäßig längst Konkurrenz, und das Zweirad tut für viele (italienische) Familien den Dienst auf dem Pustertalradweg zwischen Toblach und Lienz und zwischen Toblach und Belluno. **Radverleihe** gibt es im Sommer an fast allen Orten (Adressen bei den jeweiligen Orten im Buch).

Information Viele Tourismusvereine geben mittlerweile eigene MTB-Führer und Karten kostenlos heraus und/oder bieten Bücher zum Thema an.

Touren auf alten Bergstraßen Das Netz alter Bergstraßen aus dem Ersten Weltkrieg, ursprünglich für Maultiertransporte errichtet, ist ein Dorado für Mountainbiker – nur mäßig steil, meist recht gut erhalten und für Pkw gesperrt. Am dichtesten ist es im ehemaligen Nachschubgebiet der Front in der Fanes- und Sennesgruppe (zwischen Gadertal und Höhlensteintal). Dort lassen sich abseits der beliebteren Routen noch individuelle Entdeckungen machen.

Wandern/Bergsteigen/Klettern

Die klassische Dolomitensportart Bergsteigen hat sich aufgefächert, denn Bergwanderer, Bergsteiger (Tourengeher), klassische Kletterer und Freikletterer haben nicht nur andere Ziele, sondern auch andere Ausrüstung. Für alle haben die Dolomiten ein vorzüglich markiertes Wegenetz (meist rot/weiß/rot), zahlreiche natürliche Klettergärten (wie jenen am Dürrensee) und eine wachsende Anzahl von künstlichen Kletterwänden (Adressen bei den jeweiligen Orten). In den nördlichen Dolomiten liegen die Schutzhütten sehr dicht beieinander, dagegen gibt es in den südlichen Dolomiten weniger und nicht so gut ausgerüstete Schutzhütten. In manchen Berggruppen wie Lagorai oder Marmarole ist man fast ausschließlich auf Biwakschachteln angewiesen.

> **15** der schönsten **Wanderungen** in den Dolomiten finden Sie im Wanderteil am Ende des Buches!

Eine Besonderheit der Dolomiten sind die vielen **versicherten Klettersteige (vie ferrate).** Eisenklammern, Stifte und durchgehende Seile erlauben es auch klettertechnisch weniger Versierten, Wände zu durchqueren, die sonst Fertigkeiten im Grad IV und höher verlangen. Notwendig sind jedoch Klettergurt, Klettersteigset und Helm, sowie

Eine Vielzahl guter Radwege erschließt die Dolomitentäler

natürlich die entsprechende Erfahrung im alpinen Gelände.

Information **AVS** (Alpenverein Südtirol), Mo–Do 9–12 und 13–17 Uhr, Fr nur vormittags. Bozen, Giottostr. 3, ✆ 0471/978141, alpenverein.it.

Wanderkarten Für die Orientierung im Gelände reichen die Karten aus den Tourismusbüros nicht aus. Besser vor Ort die ausgezeichneten Tabacco-Karten (1:25.000) besorgen (die allerdings unregelmäßig aufgelegt werden, z. B. sind neuere Aufstiegsanlagen dann nicht enthalten) oder die entsprechenden Blätter von Kompass (häufige Neuauflagen), 4Land oder Tappeiner.

Im Notfall Das Handy hilft wenig, wenn man in einer Gletscherspalte sitzt. Vor der Tour immer Hüttenwirt/Vermieter informieren! **Bergrettung** ✆ 118; **alpines Notsignal:** innerhalb einer Minute 6 akustische oder optische Zeichen (z. B. Rufen, Aufblenden der Taschenlampe), eine Minute Pause, dann Wiederholung bis zur Antwort. Antwort: 3 Signale innerhalb einer Minute.

Wintersport

Die Wintersaison wird für die Dolomiten immer mehr zur eigentlichen Hauptsaison, für den Februar ist die Region lange vorher ausgebucht. Die Bergbahnen und Pisten sowie die Loipen der Region sind im Verbund *Dolomiti Superski* zusammengefasst (→ Kasten). Einige der dazugehörigen Abfahrten zählen zu den interessantesten, schnellsten und populärsten der Welt (Gran Risa in Stern/La Villa), und Namen wie Wolkenstein, St. Ulrich, Stern/La Villa, Brixen/Plose, Kronplatz, Cortina d'Ampezzo (Olympische Winterspiele 1956, Alpine Skiweltmeisterschaft 2021, Olympische Winterspiele Milano Cortina 2026), Canazei, Fleimstal lassen Wintersportlern das Herz aufgehen. Die *SellaRonda* und die *Marcialonga,* alpine Umrundung der Sella und nordischer Marathonlauf im Fleimstal, sind zu mythischen Begriffen geworden. Mit dem Snowboarden haben sich die meisten Orte angefreundet, Schneeschuhwandern erfreut sich großer Beliebtheit.

Allgemein gilt: Die Enge auf der Piste nimmt zu, immer mehr und größere Seilbahnen karren Skifahrer in die weißen Höhen, die dann fast auf Tuchfühlung abfahren – die Unfallhäufigkeit

Ski, Rodel und Laune gut im Skiparadies Sexten

nimmt zu (legendär die „Gipsbomber", die Flugzeuge, die die beim Skifahren verletzten Urlauber nach Hause fliegen, jährlich etwa 1600 Personen nur von Innsbruck aus). Der Wintersportboom gilt aber nur für die großen Skigebiete, die kleineren machen mangels Kundschaft zu oder haben schon (wie am Brenner) zugemacht. Wer seine teuren Winterurlaubswochen skifahrend gestalten will, möchte die Qual der Pistenwahl haben, stille Dörfer mit dem netten Sessellift und zwei Schleppliftchen samt Babylift sind nicht gefragt.

Helmpflicht für Kinder In Italien gilt beim Skilaufen für Kinder bis 14 Jahre Helmpflicht. Eltern, die ihre Kinder ohne Helm auf die Piste gehen lassen, werden mit bis zu 150 € zur Kasse gebeten.

Skischulen Jeder Wintersportort der Dolomiten hat seine eigene(n) Skischule(n) und sei er noch so klein. Eine Übersicht bietet die Infonummer des Verbands der Skischulen Südtirols, ✆ 0471/981092, und snowsport.bz.it.

Lawinen Für Pisten- und Variantenfahrer gilt die Empfehlung, **Lawinenverschüttetensuchgeräte** (LVS) zu tragen. Alle Infos zur aktuellen **Lawinengefahr** in Tirol, Südtirol und dem Trentino finden sich unter lawinen.report.

Schneeschuhwandern ist in den letzten Jahren groß herausgekommen. Endlich sind auch für Nicht-Skifahrer bzw. Nicht-Boarder die verschneiten Winterwelten abseits der Wege erreichbar. Dabei ist dieses Erlebnis für sie mit den gleichen Gefahren verbunden wie für die anderen, die sich dort bewegen, was derzeit noch wenigen bewusst ist, da es noch keine Unfälle und entsprechende Schlagzeilen gegeben hat. In allen größeren Skiorten kann man mittlerweile Schneeschuhe ausleihen. Die Tourismusbüros bieten geführte Schneeschuhwanderungen unterschiedlicher Schwierigkeitsgrade an und weisen immer wieder darauf hin, dass Anfänger tunlichst nicht alleine in die alpine Wildnis aufbrechen sollten.

Winterwandern mag ja nicht von allen als Wintersport betrachtet werden – ist aber durchaus einer. In allen Skiregionen gibt es mehr oder weniger ausgebaute Winterwanderwegenetze. Das bedeutet gespurte Wege und oftmals als Ziel eine gemütliche Hütte. Manche Orte wie Tiers am Rosengarten haben sich mangels Liftanlagen das Winterwandern gar als Schwerpunktwintersport auf die Fahnen geschrieben. Von Vorteil – besonders bei vereisten Wegen – sind hierbei sogenannte Grödel, eine Art Metallkettengeflecht mit Spikes, das man einfach über seine Stiefel stülpt.

Dolomiti Superski

„1 Skipass – 12 Skigebiete – 1200 km Pisten" – das ist der Werbeslogan von Dolomiti Superski, dem weltweit größten Lift- und Pistenverbund. Damit umfasst der Skipass fast die gesamten Dolomiten samt den westlichen Brenta-Dolomiten und der Adamellogruppe. Die ziemlich teure Karte für die Gesamtregion lohnt sich nur, wenn man mehr als eines der hier genannten Skigebiete abklappern will oder sich einen Wintersportort ausgesucht hat, von dem aus man verschiedene Skigebiete erreicht (z. B. Brixen mit Eisacktal und Gröden/Seiser Alm und Bozen mit seiner guten Anbindung an die meisten Gebiete). Skipassbüros gibt es in allen Orten des Gültigkeitsbereichs, meist befinden sie sich an den Talstationen. Information: dolomitisuperski.com.

Bunter Schmuck zum Almabtrieb

Feste, Brauchtum, Veranstaltungen

Im Wuchern der speziell für Touristen geschaffenen „Feste" gehen die traditionellen Feiertage mit Böllerkrachen, Schützentreffen, Festtagskrapfen und natürlich Gottesdienst förmlich unter. Aber es gibt sie noch! Selbst ohne die Veranstaltungen der Fremdenverkehrsvereine gäbe es in den Dolomiten genug zu sehen und genug zu feiern. Trachten trifft man auf dem Bauernmarkt oder am Sonntag in der Kirche. Die Blaskapelle und die Schützen samt Marketenderinnen versammeln sich bei Kirchenfesten, bei der Kirchweih, bei Prozessionen und den zahlreichen Wallfahrten. Nicht zu vergessen der Almabtrieb mit herausgeputzten Menschen und geschmücktem Vieh.

Prozesso alle Streghe, Volksfest zur Erinnerung an die Hexenprozesse, Cavalese (Anf. Jan.).

Heuschlitten- und Pferdeschlittenrennen in Stern/La Villa (Febr.).

Karfreitag, Prozession in den meisten Kirchorten.

Fronleichnamsprozession, sie findet in Italien am Sonntag nach dem Fronleichnamstag statt, da Fronleichnam kein Feiertag ist.

Oswald-von-Wolkenstein-Ritt auf dem Plateau von Seis, Geschicklichkeitskämpfe zu Pferd (Ende Mai/Anf. Juni).

Herz-Jesu-Fest, in vielen Orten Prozessionen. Am Abend werden auf den umliegenden Bergen eindrucksvolle Bergfeuer angezündet, die z. B. das Herzsymbol mit einem Kreuz darstellen (3. So nach Pfingsten).

Internationales Fest der Chöre im Hochpustertal (Juni).

Estate Musicale di Fiemme, klassische Musik, Chormusik, Jazz und Operette im Fleimstal (Juli/Aug.).

Panorama Music, Konzerte im Fassatal und auf den Bergen (Juli/Aug.).

Südtirol Jazz Festival in den Ortschaften und auf den Bergen (Juli/Aug.).

Gustav-Mahler-Wochen in Toblach, Klassik, nicht nur von Mahler, der hier drei Sommer verbrachte (Mitte Juli bis Mitte Aug.).

Festa de ra Bandes, Musikkapellen und Tracht in Cortina d'Ampezzo (Aug.).

Mariä Himmelfahrt (15. Aug.), feierliche Prozessionen unter Beteiligung der Vereine und Schützen in traditionellen Trachten an allen Orten, besonders aufwendig in Marienwallfahrtsorten wie Maria Weißenstein bei Deutschnofen.

Palio della Sloiza, Volksfest zum Heueinbringen mit traditionellen Schlitten in Transacqua, Primiero (Ende Aug.).

Tag der Volksmusik und des Volkstanzes im Volkskundemuseum Dietenheim (Sept.).

Spectaculum, dreitägiges Mittelalterfest in den Straßen von Bozen und auf Schloss Runkelstein (Sept.).

Almabtrieb an vielen Orten, besonders interessant der Ziegenalmabtrieb Desmontegada de le càore in Cavalese (Sept./Okt.).

Erntedankprozession am 1. So im Okt.

Kuchlkirchtag in Brixen mit geführten kulinarischen Wanderungen; Völser Kuchlkastl, kulinarisches Volksfest in Völs am Schlern (beide Okt.).

Speckfest in Villnöss mit buntem Treiben, Musik und Speckvariationen satt (Anf. Okt.).

Leonhardiritt in St. Leonhard im Abteital (2. So im Nov.).

Krampustag 5. Dez. und Toblacher Krampuslauf 6. Dez.

Almabtrieb auf Ladinisch

Weihnachtsmärkte in Bozen, Brixen (die ältesten) und an anderen Orten nach dem Muster deutscher und österreichischer Weihnachtsmärkte (im Dez.).

Suoni delle Dolomiti/Klänge der Dolomiten

Suoni delle Dolomiti, zu Deutsch „Klänge der Dolomiten", ist ein Musikfestival (Juli/Aug.), das mittlerweile Kultstatus genießt. Verteilt über die Berge des Trentino finden etwa 25 Veranstaltungen (ein Drittel davon in den Brenta-Dolomiten) mit Musik ganz unterschiedlicher Stilrichtungen statt. Klassik, Jazz, World Music, alles ist vertreten. Man musiziert an Bergseen, am Fuße von Felswänden, in steinernen Amphitheatern, oft in über 2000 m Höhe. Das Panorama ist stets grandios, das Publikum bunt gemischt, die Location in der Regel in einem maximal einstündigen Fußmarsch von der Bergstation einer Seilbahn aus erreicht. Dort wird die Picknickdecke ausgepackt, die Weinflasche entkorkt und mit dem Verzehr des mitgebrachten Picknicks begonnen. Irgendwann startet schließlich das etwa einstündige Konzert – auch für die Musiker sichtlich eine besondere Herausforderung und ein spezielles Vergnügen. Unübertroffenes Highlight ist das **Sonnenaufgangskonzert** (L'Alba delle Dolomiti, in den letzten Jahren im August am Col Margherita), bei dem man um 3 Uhr nachts mit der Gondel auf den Gipfel fährt und dann eine halbe Stunde einen fackelbeleuchteten Pfad entlangstolpert. Am Zielort bestaunt man frierend eine grandiose Farbpalette am Himmel und Punkt 6 Uhr, wenn die Sonne hinter der Bergkette hervorkommt und der Wind einsetzt, starten die Musiker und die ersten Klänge verhallen im Raum – ein Gänsehauterlebnis! Infos unter suonidelledolomiti.it.

Einkaufen und Souvenirs

Shopping, bei Regen sowieso der Hit, ist auch an schönen Tagen den Aufwand wert: Beim Hersteller erworbene Landesprodukte sind schließlich die schönsten Mitbringsel und im Fall der Dolomiten meist recht schmackhaft.

Holzschnitzereien: Künstlerische und kunsthandwerkliche Holzskulpturen stammen v. a. aus dem Grödner Tal, werden aber auch in anderen Dolomitentälern (Fassatal, Hochabteital, Ampezzo) hergestellt. Früher verdienten sich die Bewohner der abgelegenen Täler damit ein Zubrot. Wer daran Interesse hat, sollte sich vorher unbedingt in der ständigen Ausstellung in St. Ulrich im Gröden informieren (→ S. 145). Spezialschnitzer produzieren Masken und Spielzeug (besonders im Grödner Tal).

Loden: Keine Italienerin verlässt Südtirol ohne ein neues Lodenkleidungsstück. Das sollten wir Deutschsprachigen doch auch können, zumal die Lodenmode ziemlich stabil zu sein scheint. Preisvergleiche sind angebracht, Toblach ist billiger als Bozen! Die größten Firmen sind Oberrauch-Zitt (Bozen) und Moessmer (Bruneck), gute Auswahl hat das große Coop-Kaufhaus in Cortina.

Almkäse mit Kräutern und Blüten

Stoffe und Spitzen: Alte Muster auf handgewebten Decken aus Leinen oder aus einem Baumwoll-Leinen-Gemisch sind ein attraktives Mitbringsel. Spezialisiert ist Pederoa im Abteital, wo sich in der Handwerkerzone neben der Straße gleich drei dieser Betriebe befinden. Auch andere Orte im Abteital und im Pustertal (Läden z. B. in Bruneck) sind auf diese Heimtextilien spezialisiert.

Südtiroler Speck hat Weltruf und ist in allen Qualitätsstufen zu haben. Von Industriespeck Abstand nehmen, bei den Bauern, die den Speck selber räuchern, findet man den idealen Speck schon eher: den eingelegten und dann mild und schonend sowie langsam geräucherten frischen (!) Hinterschinken des Schweins (welches aber nur beim „Südtiroler Bauernspeck" aus Südtirol stammt!).

Pilze: Was die Italiener mit kaum erklärbarer Intensität auf allen Märkten und in jedem Laden suchen, sind getrocknete Steinpilze. Wer Pilze selbst suchen will, erkundigt sich beim Tourismusverein bzw. der Gemeinde nach den Auflagen!

Käse: Almkäse, besonders halbfester und abgelagerter, also harter Schnittkäse sind gute Mitbringsel. Hervorragend sind die Produkte der Molkereien Sexten und Toblach. Leider nicht transportgerecht ist der schmackhaft würzige (leicht stinkende) Puzzone aus dem Fassatal. Die Belluneser Käse aus den Molkereien in Buchenstein, Colle Santa Lucia, Valbiois und v. a. deren Almkäse sind ebenfalls sehr gut.

Die Tofanen unter Sternen, links leuchtet das Rifugio Lagazuoi

Und sonst noch ...

Geld und Banken

Italien ist Euroland, aus dem deutschen Sprachraum gibt es den Geldwechsel folglich nur für Schweizer. Bares holt man sich am besten mit der Karte und Geheimzahl aus dem Automaten, den heute nahezu jedes Dorf besitzt. Pro Abhebung werden zu Hause mind. 5 € abgebucht. Hebt man mit Kreditkarten ab, muss man bis zu 3 % Kommission bezahlen. Unter Umständen sind Abhebungen kostenfrei; am besten vorher bei der Hausbank erkundigen, ob und für welche Bankautomaten dies im Ausland gilt. Alle Kreditkarten unter Maestro und V-Pay (Visa) mit und ohne Chip funktionieren (hoffentlich).

Im Krankheitsfall

Gesetzlich Versicherte können im europäischen Ausland direkt mit ihrer **European Health Insurance Card** zum Arzt gehen bzw. erst zur USL (Unità Sanitaria Locale), dem örtlichen Ambulatorium, das in einigen Fällen speziell für Touristen eingerichtet wurde. Da diese saisonalen Einrichtungen und ihre Öffnungszeiten stark wechseln, haben wir sie nicht aufgenommen, Sie erfahren sie jedoch bei den Touristeninformationen, außerdem sind sie an den Gemeindeämtern angeschlagen. Sollten Sie bei einem niedergelassenen Arzt die Behandlung bar bezahlen müssen, wird Ihnen der Betrag zu Hause von der Krankenkasse in der Regel zurückerstattet. Um allen Problemen aus dem Weg zu gehen, ist es sinnvoll, eine Reisekranken- und Rückholversicherung abzuschließen.

Diensthabende Apotheken und Ärzte an Wochenenden und in der Nacht sind bei Gemeindeämtern und den Apotheken angeschlagen und werden in der Tageszeitung veröffentlicht („Dolomiten", „Trentino" bzw. „Corriere delle Alpi"), in Südtirol alle Infos gebündelt unter sabes.it.

Krankenhäuser gibt es in den Dolomiten nur in Bozen, Brixen, Bruneck und Cavalese, bei schweren Unfällen, z. B. bei Lawinenopfern, wird von der Flugrettung meist Trient oder Innsbruck angeflogen.

Information

Infostellen in Südtirol (Provinz Bozen): Südtirol Information, Bozen, Kornplatz 11, ✆ 0471/999999, suedtirol.info.

Im Trentino (Provinz Trento): kein zentrales Büro, aber die lokalen Büros stehen auf der Webseite: visittrentino.info.

In Belluno (Provinz Belluno): kein zentrales Büro, aber die lokalen Büros stehen auf der Webseite: infodolomiti.it.

Gebietsdirektion ENIT: ENIT Deutschland in 60596 Frankfurt/Main, Schaumainkai 87, ✆ +49/69/237434, italia.it, die Büros in Wien und Zürich sind auf der Webseite enit.it verzeichnet.

Internet und Apps

So gut wie alle Südtiroler Einrichtungen haben mittlerweile einen Internetauftritt – außer vielleicht einige kleine Pensionen und Lokalen. Der Informationsgehalt ist dabei durchaus unterschiedlich. Oftmals wird parallel der Auftritt in den sozialen Netzwerken gepflegt. Insbesondere bei Facebook sind zahlreiche Restaurants, Hütten und Beherbergungsbetriebe vertreten, und das nicht selten mit aktuelleren Informationen als auf ihrer Webseite. Auch übergreifende bzw. themenspezifische Webseiten gibt es zuhauf. Hier eine kleine Auswahl zum Durchklicken:

suedtirolerland.it, umfassende Infos zu Unterkünften und Freizeitaktivitäten.

suedtirol3d.it, tolle Panoramabilder in 3-D; zur Einstimmung oder zum Nachglühen perfekt geeignet!

suedtirol.info, offizielle Seite der Tourismusorganisationen Südtirols, übersichtlich und benutzerfreundlich gestaltet.

stol.it, kommerzielle Südtirolseite mit einigen guten Nachrichten, z. B. Verkehrsberichte und Wetter (sonst meist bezahlte Einschaltungen).

parks.it, alle italienischen Natur- und Nationalparks (auch dt.).

trenitalia.com, italienische Staatsbahnen (auch engl.).

wetter-italien.de, das Urlaubswetter.

provinz.bz.it, Seite der Südtiroler Landesverwaltung mit vielen allgemeinen Infos zu Natur und Kultur. Es gibt u. a. einen Monumentbrowser und einen Archeobrowser, die gezielte Suchen ermöglichen.

Für Smartphone-Nutzer gibt es eine zunehmende Anzahl an Apps mit mehr oder minder hohem Informationswert. Hier seien einige herausgegriffen, die wirklich einen Nutzen haben:

Sentres ist eine unglaublich umfassende Outdoor-Datenbank mit Wanderungen und Radtouren aller Kategorien in Südtirol, dem Trentino und der Provinz Belluno, benutzerfreundlich aufbereitet und für die Vorabplanung extrem nützlich.

Südtirolmobil: der Fahrplanfinder für den öffentlichen Verkehr in Südtirol, ein Must-have!

Für das Trentino gibt es **Visit Trentino, Outdoor Trentino** sowie in ähnlicher Aufmachung regionalisierte Apps, z. B. **Val di Fassa,** in Belluno z. B. **Parco Nazionale Dolomiti Bellunesi.** Weitere Apps sind im Buch an passender Stelle genannt. Wenn nicht näher spezifiziert, bedeutet das immer: Die Apps sind kostenlos und für iPhone und Android erhältlich.

Klima

Die Dolomiten haben Anteil an mehreren Klimazonen, vom milden insubrischen Klima Oberitaliens (Jahresmittel über 10 °C) bis zum harten Gebirgsklima (Jahresmittel bei 0 °C). Eisacktal, Etschtal, Pustertal sind im Winter trocken und kalt, das kann zu Schneeproblemen führen, im Sommer warm und deutlich feuchter, v. a. im Juli/August, ihr Klima entspricht einem trockenen mitteleuropäischen. Das untere Etschtal, das Primiero und das untere Cadore reichen noch in wintermildes, frostarmes Klima, neben Wein gibt es an geschützten Stellen sogar Oliven. Der Sommer ist regenärmer, aber nicht wärmer als im Eisack- und Pustertal. Montanes Klima herrscht zwischen 900 und 1400 m, das Jahresmittel liegt um 14 °C, es kann auch im Frühjahr und im Herbst zu Nachtfrösten kommen.

	Toblach (1226 m)				Rollepass (2006 m)			
	Ø Lufttemperatur (Min./Max. in °C)		Ø Niederschlag (in mm), Ø Tage mit Niederschlag ≥ 1 mm		Ø Lufttemperatur (Min./Max. in °C)		Ø Niederschlag (in mm), Ø Tage mit Niederschlag ≥ 1 mm	
Jan.	–8,5	0,1	22	4	–7,2	–1,3	39	6
Febr.	–7,3	2,8	29	4	–7,8	–0,9	43	5
März	–3,4	6,6	34	5	–5,9	1,0	44	8
April	–0,2	10,3	44	7	–3,2	3,4	63	10
Mai	4,2	15,4	79	11	1,4	8,5	101	14
Juni	7,4	18,9	104	13	4,7	12,4	131	15
Juli	9,5	21,7	120	13	7,5	15,4	138	13
Aug.	9,2	21,2	98	12	7,6	15,2	116	12
Sept.	6,0	17,4	76	8	4,6	11,6	117	9
Okt.	1,9	11,6	72	7	1,2	7,4	131	9
Nov.	–3,5	4,8	44	6	–3,7	2,3	61	7
Dez.	–7,3	0,4	30	5	–5,8	0,1	42	6
Jahr	**0,7**	**10,9**	**752**	**95**	**–0,6**	**6,3**	**1026**	**114**

Wenige Siedlungen liegen höher als die Obergrenze des subalpinen Klimas (ca. 1600 m), keine ständige Siedlung hält sich im alpinen Klima.

Kommunikation

In fast allen Touristenorten gibt es eine **Post.** Wir empfehlen *posta prioritaria,* diese getrennt beförderte Eilpost ist um einiges schneller. Postkarten/Briefe in Italien/EU 1,25 €, Prioritaria Italien/EU 3,50 €.

WLAN ist in vielen Beherbergungsbetrieben zur Selbstverständlichkeit geworden (oftmals reicht der Empfang aber nicht bis in alle Zimmer), aber auch immer mehr Gemeinden bieten es an öffentlichen Orten gratis an, was mit Symbolschildern kenntlich gemacht ist.

Für **Handys** ist die Netzsituation meist herausragend, der Tarif für Auslandsgespräche entspricht dem jeweiligen Heimattarif. Dennoch kann es sich unter Umständen lohnen, sich eine italienische Prepaidkarte zuzulegen. Surft man z. B. in Italien viel mehr als zu Hause und die Internetflat reicht nicht, kann es schnell wieder teuer werden! Vergleichen kann man unter billiger-telefonieren.de. Mit kostenlosem WLAN lässt sich über Skype oder WhatsApp aber auch ganz umsonst telefonieren.

> In Italien immer die Vorwahl mit der 0 wählen, auch bei Ortsgesprächen (sie sind bei den Adressen im Buch angegeben). Anders die Mobilnummern – deren Vorwahlen sind den einzelnen Anbietern zugeordnet und haben keine 0 am Anfang.

Telefonauskunft in Italien: Teilnehmerverzeichnis ✆ 12, Ausland ✆ 186.

Internationale Vorwahl: von Italien nach Deutschland ✆ 0049, nach Österreich ✆ 0043, in die Schweiz ✆ 0041. Aus dem Ausland nach Italien ✆ 0039 und die Null der Vorwahl mitwählen (also 0039/0471/... für eine Rufnummer im Bereich Bozen).

Radio Tirol (in Dorf Tirol; radiotirol.it) sendet in Deutsch auf den Frequenzen 107,2 für die Bereiche Welschnofen und

Bozen, 106,9 für Bozen, Etschtal und Eisacktal. Es handelt sich um den größten deutschsprachigen Sender Italiens mit Nachrichten und flotter Musik.

Konsulate

Deutschland: Konsulat, I-39100 Bozen, Dr.-Streiter-Gasse 12, ✆ 0471/972118, bozen@hk-diplo.de.

Österreich: Generalkonsulat, I-20121 Milano, Piazza del Liberty 8/4, ✆ 02/7780780.

Schweiz: Konsulat, I-20121 Milano, Via Palestro 2, ✆ 02/7779161.

Landkarten

Gute Karten der Dolomiten sind nicht ganz leicht zu bekommen, da auf den meisten Übersichtskarten der wenig besuchte Süden abgeschnitten wird. Die Ausnahme ist z. B. die **Michelinkarte** 1:400.000, „Italien Nord-Ost", die aber für viele Unternehmungen zu wenig detailliert ist. Die **Südtirolkarte des Tabacco-Verlags** (1:160.000) deckt ebenfalls fast die gesamten Dolomiten ab und reicht für Unternehmungen mit Pkw, Motorrad oder Trekkingbike. Wanderer, Bergsteiger und Mountainbiker greifen am besten zu den ausgezeichneten Karten im Maßstab 1:25.000 desselben Verlags, die in den Dolomiten in allen Buchhandlungen und an Zeitungskiosken zu erhalten sind. Die Karten von **Kompass** und **Freytag & Berndt** sind weniger detailliert, jedoch in manchen Fällen aktueller, da öfter aufgelegt. Seit einigen Jahren sind die 4Land-Karten auf dem Markt mit frischer Farbgebung und Adressen. Tappeiner publiziert Karten auch für MTB und E-Bike.

Die **Gratiskarten,** die man z. T. in Touristeninformationen bekommt, sind in der Regel nur zur groben Orientierung geeignet.

Literatur

Es gibt eine Fülle von Literatur über Südtirol und die Dolomiten. Die Athesia-Buchläden in den größeren Städten wie Brixen und Bozen sind hervorragend mit Titeln bestückt, von denen es viele in Deutschland nicht unbedingt zu kaufen gibt. Hier eine (subjektive) Auswahl:

Ich, Wolkenstein von Dieter Kühn. 700-Seiten-Wälzer zu Leben und Schaffen des legendären Oswald von Wolkenstein, verfasst von einem anerkannten historischen Biografen. Fischer Verlag.

Alpenglühen am Rosengarten

König Laurin und sein Rosengarten von Karl Felix Wolff. Die bekannteste Dolomitensage aufbereitet vom bekanntesten Dolomitensagensammler und daher der perfekte Einstieg ins Thema. Wer es umfassend mag, schafft sich gleich den Wälzer „Dolomitensagen" vom gleichen Autor an. Beide Athesia Verlag. In Deutschland gebraucht (z. B. im Internet) erhältlich.

Das Leuchten über dem Gipfel von Lenz Koppelstätter. Der vierte von mittlerweile neun erfolgreichen Krimis (und einer, der in den Dolomiten spielt!), in denen sich der kauzige Commissario Grauner und sein kongenialer neapolitanischer Partner Saltapepe durch ein Südtirol ermitteln, das von finsteren Machenschaften geprägt ist. Kurzweilig verfasst, spielen die Bände gekonnt mit südtirolerisch-italienischen Klischees und Vorurteilen. Kiwi Verlag.

Erben der Einsamkeit: Reise zu den Bergbauernhöfen Südtirols von Aldo Gorfer. Zuerst 1973 erschienen, wurde diese düstere, zutiefst berührende Schwarz-Weiß-Reportage schnell zum Klassiker und Denkmal für eine archaische Bergbauernkultur. Tappeiner Verlag.

Stille Zeit. Winterreise in die Natur von Hugo Wassermann und Erwin Brunner. Faszinierende Winterbilder (nicht nur) aus Südtirol von einem der bekanntesten Naturfotografen des Landes. Athesia Verlag.

Gsessn isch man lei ban Essn von Martina Mantinger. Eines aus der Flut der derzeit erscheinenden autobiografischen Bergbauern- und -bäuerinnen-Bücher. Interessant deshalb, weil es eine Reihe von Villnössern zu Wort kommen lässt und diese Zeitzeugenberichte mit einem historischen Aufriss des Villnöss-Tals verknüpft. Athesia Verlag.

Die Dolomitenladiner von Tobia Moroder, ein kompakter Einstieg in das Thema Geschichte und Kultur der ladinischen Bevölkerung, Folio Verlag.

Raus aus dem Rummel von Michil Costa. Der ladinische Hotelier und Unternehmer fordert pointiert die Rückbesinnung auf eine nachhaltige Form von Tourismus und hat damit in Südtirol eine breite Diskussion ausgelöst. Raetia Verlag.

Berge unter Sternen von Bernd Willinger und Norbert Span, eindrucksvolle nächtliche Aufnahmen von Sternenhimmel und Milchstraße, viele davon aus den Dolomiten, Knesebeck Verlag.

monocrome von Manuel Cicchetti, ein schöner schwarz-weißer Fotoband, der die Dolomiten des Ampezzo vorstellt. Erhältlich in allen Buchhandlungen vor Ort, die Einnahmen fließen zum Teil in die Wiederaufforstungen der durch den Orkan Vaia zerstörten Wälder.

Eine Frühlings-, Sommer-, Herbst- und Wintererzählung von Albert Ceolan. Vier Bildbände mit grandiosen Naturfotografien und eigenwillig-kreativem Layout. Edition Albert Ceolan.

Curves von Stefan Bogner, ein Magazin für Pass-Freaks. Die Ausgabe „Norditalien" stellt viele Dolomitenpässe in tollen Bildern vor – die eine oder andere Kurve, an der man sich verschaltet hat oder nur knapp am entgegenkommenden SUV vorbeirasierte, erkennt man hier sicher wieder! Erhältlich z. B. unter curves-magazin.com.

Bildband Unbekanntes Südtirol vom Autor dieses Führers, im Selbstverlag erschienen und zu bestellen unter flofritz.de.

Außerdem gibt es vom Autor zwei **Kalender:** „Seiser Alm Sommer" und „Der Schlern: Mythos und Magie im Herzen der Dolomiten", über calvendo.de zu beziehen.

Notruf/Infodienste

Allgemeine Notrufzentrale, gilt für Notrufe aller Art, eine konkrete Weiterleitung, z. B. an Bergrettung, Feuerwehr, Polizei etc., erfolgt nach Anruf, ✆ 112.

Pannenhilfe, Abschleppdienst (ACI): ✆ 803116 aus dem italienischen Netz oder ✆ 800116800 aus dem ausländischen Mobilfunknetz.

Wetter: Südtirol, provinz.bz.it/wetter; Trentino, meteotrentino.it; Dolomiten/Provinz Belluno, arpa.veneto.it.

Öffnungszeiten

Im Fassa- und Fleimstal sind die Lebensmittelläden inkl. Fleischer und Bäcker am Donnerstag geschlossen, in Südtirol ist der Samstagnachmittag seit mehreren Jahren nicht mehr überall Schließtag. Banken haben Mo–Fr 8–13 und 14.30–15.30 Uhr geöffnet, die Post meist Mo–Fr 8.15–13 Uhr.

Abstieg vom Bindelsteig zum Fedaia-Stausee

Wandern

in den Dolomiten

GPS-kartierte Touren sind mit dem Symbol GPS gekennzeichnet. Download der GPS-Tracks inkl. Waypoints unter mmv.me/52708

Aussicht vom Monte Rite auf das Cadore mit dem Antelao

Kleiner Wanderführer

Die Dolomiten ohne Wanderungen ist wie ein Strandurlaub, ohne ins Wasser zu gehen. Das Fortbewegungsmittel für die Dolomiten sind nun mal die eigenen Beine.

Im Alpenraum unterscheidet man traditionell zwischen Wandern und Bergsteigen. Im Gegensatz zum Wandern muss man beim Bergsteigen schon mal an kniffeligen und ausgesetzten, schwindelerregenden Passagen die Hände zu Hilfe nehmen. Steile, steinige Wege gibt es auch beim Wandern im Mittelgebirge, in den Dolomiten können sie auch noch durch das spezielle, oft sehr scharfkantige Kalkgestein besondere Vorsicht verlangen. Aber keineswegs alle Wege dieser kleinen Auswahl sind als Bergtouren anzusprechen: Gemütliche Wanderungen über ausgedehnte Almen (etwa die Seceda-Wanderung, Nr. 7) kann man ebenfalls in den Dolomiten machen. Die folgenden Touren können für Wanderer leicht bis anspruchsvoll (z. B. wegen des großen Höhenunterschieds und des schlechten Weges) sein, aber die Tourenauswahl enthält mit Ausnahme kurzer Klettersteigpassagen, die fast immer ohne Klettersteigausrüstung bewältigt werden, keine versicherten Klettersteige oder gar Kletterrouten. Die gehören nicht in einen Wanderführer.

Wichtig ist in den Dolomiten, dass man für längere Touren Wasser mitnimmt. Sicher, es gibt meist Hütten auf dem Wege, in denen man einkehren kann, aber was ist, wenn eine davon geschlossen hat? Es gibt bis auf die Hochplateaus keine Quellen im nackten Karst der Dolomitenberge. Proviant ist sowieso Pflicht, die Bergausrüstung mit hohen, festen Bergschuhen (keine „Bergsandalen"), Sonnenhut und Sonnencreme, Handy schadet (wegen der Notruffunktion) nicht, obwohl man oft kein Netz hat. Bei langen Touren hat sich ein Biwaksack bewährt, in dem man zur Not eine Nacht draußen verbringen kann, die neue Generation ist extrem leicht und wärmt doch sehr gut.

Die Nördlichen Dolomiten in Südtirol, im Fassatal, in Buchenstein und im Ampezzo sind etwas besser mit Wegen, Steigen, Berghütten erschlossen, als die südlichen, in denen eher Alpinisten unterwegs sind als Bergwanderer und Bergsteiger ohne Seil und Kletterausrüstung. In den südlichen Dolomiten kommt ein Problem dazu, das in geringerem Maße auch in den Nördlichen Dolomiten existiert: das Gestein ist recht locker und brüchig, die Wege sind oft von Lockersteinen übersät, die Steinschlaggefahr ist recht hoch. Bei Überschreitungen (Europäische Weitwanderwege) geht man hier besser mit Steinschlaghelm.

Die großartigen Gebirgsgruppen der Sextener und Pragser Dolomiten erreicht man am besten von den Orten des Pustertales aus; Geislerspitzen, Puezgruppe, Seiser Alm und Schlern, Rosengarten, Latemar vom Eisacktal und den östlichen Nebentälern aus (vom Villnösser Tal über das Grödner Tal zum Eggental). Hervorragende Standorte für die Erkundung der Sellagruppe und aller um sie herum liegenden Gebirgsstöcke – Puezgruppe, Langkofel, Marmolada, Fanes – bieten alle Orte der SellaRonda – Canazei, Arabba, Corvara und Wolkenstein vor allen anderen. Rund um Cortina sind die Tofanen, Cristallo, Cadinspitzen, Monte Pelmo in Tageswanderungsweite, Àlleghe bietet Civetta, Pelmo und auch die Marmolada als Ziele an. Selbst Belluno ist kein schlechter Standort: Hier liegen die Schiara und der Nationalpark Dolomiti Bellunesi vor der Tür.

15 der schönsten Touren in den Dolomiten werden im folgenden Wanderteil des Buches im Detail beschrieben. Die Karten stellen den Routenverlauf mit den maßstabsmöglichen Details dar, eine zusätzliche Wanderkarte – bei jeder Tour genannt – ergänzt die topografische Information; mehrere Touren sind GPS-kartiert. Im Reiseteil finden sich an mehreren Stellen weitere Tourenvorschläge und Hinweise auf Wandermöglichkeiten, die diesen Überblick über die Wanderlandschaft Dolomiten ergänzen.

Karten: Die Tabacco-Wanderkarten, lange Zeit die besten und immer noch genauesten verfügbaren Karten für das Wandergebiet Dolomiten, aber teilweise bezüglich der Aufstiegsanlagen und neuer Hütten nicht up to date, gibt es ebenso wie die guten neu aufgelegten Kompass-Karten und die Tappeiner-Karten an fast jedem Kiosk der Region, aber auch in gut sortierten Buchhandlungen des deutschen Sprachraums.

GPS-Wanderung 1

Die „Seekofelrunde"

Charakteristik: Lange, anstrengende Bergwanderung auf meist steilen Wegen, im oberen Aufstiegsteil versicherte, aber technisch einfache Stellen, im oberen Abstiegsteil etwas unangenehmer steiler Schutthang, dazwischen Hochplateauquerung. **Dauer:** 7:45–8 Std. **Höhenunterschied:** ↑↓ 900 m. **Besonderes:** Steinböcke im Seekofelbereich! **Einkehrmöglichkeit:** Rifugio Biella (Seekofelhütte), ✆ 349/2890550, rifugiobiella.it, Mitte Juni bis Anf. Oktober. Seewaldalm (bewirtschaftet). Wasser auf der Seekofelhütte und Quelle im Abstieg, Wasser mitnehmen! **Karte:** Tabacco (1:25.000) Nr. 031, Dolomiti di Braies/ Pragser Dolomiten. **Ausgangspunkt/Anfahrt:** Hotel Pragser Wildsee, Straße ab Pustertal mit Busverbindung.

Wegbeschreibung: Vom Hotel Pragser Wildsee **1** (1494 m, großer Parkplatz) geht man rechts auf breitem Weg am Pragser Wildsee vorbei (Wegeinmün-

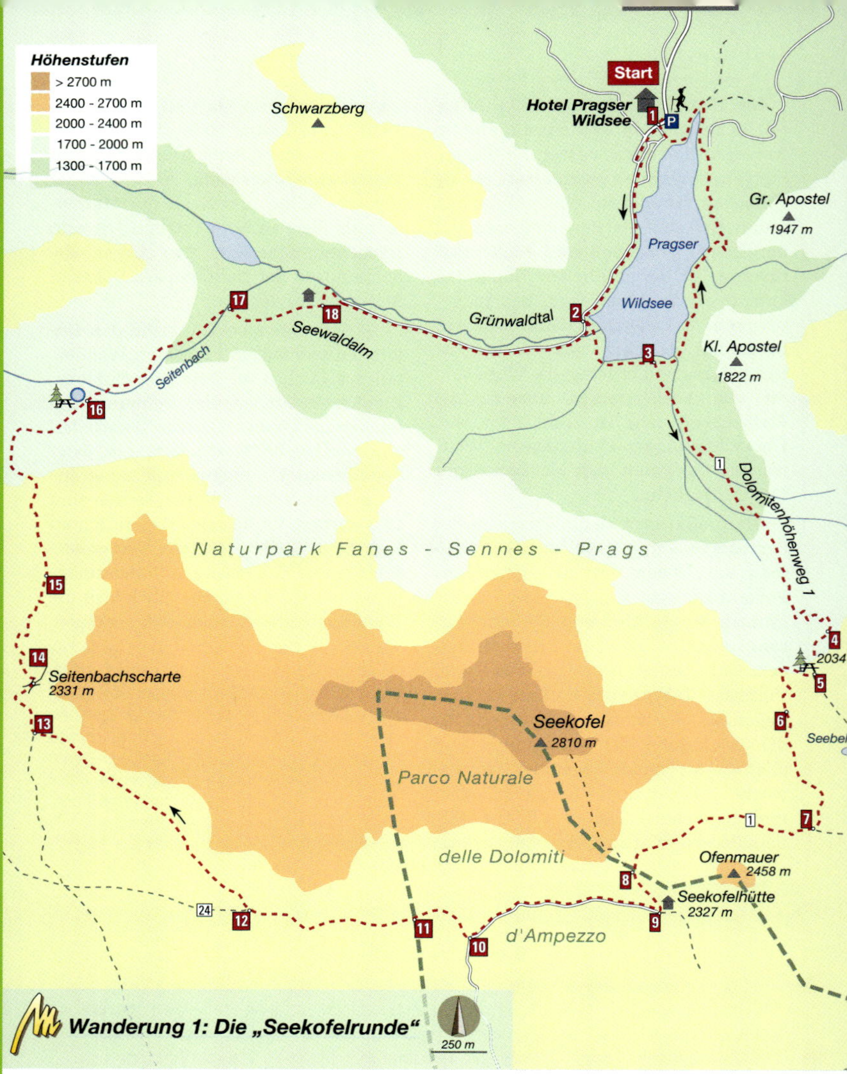

dung 2) bis zu dessen Ende unter den Wänden des Seekofels. Vom Seerundweg zweigt Weg 1 *(= Dolomitenhöhenweg 1)* ab 3. Über lockeres Schuttmaterial steigt man durch Wald und Latschen an. Wo das Tal, dem man folgt, enger wird, verläuft der Weg rechts und erreicht in Serpentinen eine Felsrippe, vorher 4 und nachher Ruhebank 5. Nun nach rechts und leicht abwärts wieder zurück zum ursprünglichen Bachtal, das gequert wird (1970 m, 2 Std.). Der Weg zieht nun den steilen Hang hinauf auf flacheres Almgelände 6 und biegt dann unter einer tief herabreichenden Felswand nach links. Nach dieser Stelle

befindet man sich in einem Hochtal, bewachsen von Lärchen, Latschen und Zirben, durch das man in kleinen Serpentinen und mit versicherten Stellen **7** (Vorsicht!) zur *Seekofelscharte* **8** (2388 m) hinaufgeführt wird. Die *Seekofelhütte* **9** (sehr freundliche Pächterfamilie aus Cortina) liegt etwas tiefer auf der linken Seite (2327 m, 3:30 Std.).

Weiter geht es auf dem Zufahrtsfahrweg, den man aber bald verlässt, um nach rechts (mit Weg 23) auf einen Steig abzubiegen **10**. Dieser führt auf und ab über das Plateau der Sennes (Naturparkgrenze **11** Abzweigung Weg 24 links **12** zu einer Wegmündung **13** (dort rechts) zur Seitenbachscharte **14** (2331 m, 4:45 Std.). Ganz abrupt beginnt der Abstieg **14** durch einen steilen Schutthang (Vorsicht, Lockermaterial!), man ist froh, wenn man ihn hinter sich hat **15**. Eine Bank mit Brunnen **16** lädt weiter unten zum Verweilen ein, wenig oberhalb hat der Seitenbach seine Quelle am Fuß der Schutthalde.

Durch Wald absteigend erreicht man, zuletzt über einen Steg **17**, die Wiesen um die bewirtschaftete und oft sehr gut besuchte Seewaldalm **18**, auf deren Zufahrtsweg es nicht mehr weit hinunter zum See ist **2** (7 Std.). Geht man nun auf dem Ostufer weiter **3** bei Abzweigung Anstiegsweg), mit kurzem Gegenanstieg über Steilfelsen, hat man beim Erreichen des Hotels **1** (7:45 Std.) den See umrundet.

Wanderung 2

Vom Fischleinboden zu den Drei Zinnen

Charakteristik: Einfache Bergwanderung auf meist guten Wegen, Ausdauer erforderlich. **Dauer:** 7 Std. **Höhenunterschied:** ↑↓ 1100 m. **Einkehrmöglichkeit:** Büllelejochhütte, 2528 m, Minihütte, Versorgung mit Hubschrauber und Minitraktor (abenteuerlich), 15 Lager, ✆ 337/451517, rifugiopiandicengia.it. Zsigmondyhütte (Rif. Comici), 36 Betten, 44 Lager, ✆ 0474/646273, zsigmondyhuette.com. Dreizinnenhütte (Rif. Locatelli), 2405 m, 35 Betten, 100 Lager, ✆ 389/9076228 (nur WhatsApp und im Sommer), dreizinnenhuette.com. **Karte:** Tabacco (1:25.000) Nr. 010, Dolomiti di Sesto/Sextener Dolomiten. **Ausgangspunkt/Anfahrt:** Mit Bus oder Pkw ab Sexten bis Fischleinboden, von dort bis zur Talschlusshütte Pferdefuhrwerk (Shuttleverkehr ab Hotel Dolomitenhof).

Wegbeschreibung: Beim Hotel Dolomitenhof im Fischleinboden endet die öffentliche Straße (1456 m; großer Parkplatz, Bushaltestelle). Ab hier geht man auf dem taleinwärts führenden Sträßchen zu Fuß oder nimmt sich bis zur Talschlusshütte ein Pferdefuhrwerk. Die Nordwand des Einser dominiert den Blick, auch noch bei der *Talschlusshütte*. Dort führt Weg 102/103 (Dolomitenhöhenweg 5) schräg rechts aufwärts, bis kurz vor einem Bach eine Gabelung zur Entscheidung zwingt: rechts Aufstieg, links kommen wir wieder herunter. Zunächst geht es nahe dem Bach bergauf, dann gibt es Kehren nach rechts, das Gelände wird steiler. Wo es sich wieder verflacht, haben wir die Höhe der *Bödenalm* mit ihren kleinen Seen erreicht, wenig höher liegt die *Dreizinnenhütte* auf dem Toblinger Riedl (2405 m, 3 Std.). Großer Trubel, viele kommen von der nahen Auronzohütte, wo die Straße von Süden endet (→ Wan-

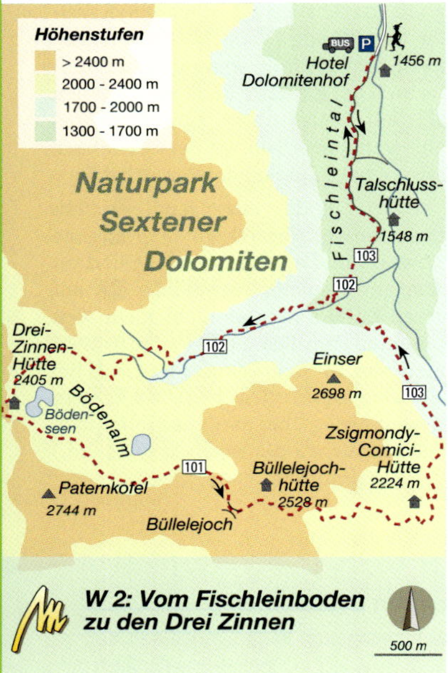

derung 15). Traumblick auf die Drei Zinnen und den im Ersten Weltkrieg verbissen umkämpften Paternkofel (ein alter Stollen ist wieder begehbar).

Von der Hütte wieder zur Bödenalm, aber diesmal Weg 101, der rechts oberhalb der *Bödenseen* verläuft und nach Querung mehrerer Schuttrinnen das *Büllelejoch* erreicht (2522 m). Dort auf etwa gleicher Höhe nach links zur nahen *Büllelejochhütte* (2528 m, 4:15 Std.) und weiter zum *Obernbacher Joch* (2519 m). Man blickt in den Talschluss unter dem Zwölferkofel (rechts) und der Hochbrunnerschneid (vor uns), dann geht es auf Serpentinen bergab. Rast bei der *Zsigmondy-Comici-Hütte* (2224 m, 5 Std.) und weiter, dieses Mal auf Weg 103 (Dolomitenhöhenweg 5), der hoch über dem Fischleintal talauswärts zieht. Man erreicht den Aufstiegsweg nach der Querung des Altensteiner Bachs und ist bald an der Talschlusshütte (6:30 Std.) und am Fischleinboden (7 Std.).

GPS-Wanderung 3

Auf den Helm und zur Sillianerhütte

Charakteristik: Leichte Bergwanderung auf guten Wegen, geringe Höhenunterschiede. **Dauer:** 3:15 Std. **Höhenunterschied:** ↑↓ 450 m. **Einkehrmöglichkeit:** Helmrestaurant, 2050 m, ✆ 0474/710255. Sillianerhütte, 2447 m, 26 Betten, 46 Lager, ✆ (0043)664/532802, sillianerhuette.at. Hahnspielhütte, ✆ 0474/830046, hahnspielhuette.com. **Karte:** Tabacco (1:25.000) Nr. 010, Dolomiti di Sesto/Sextener Dolomiten. **Ausgangspunkt/Anfahrt:** In Sexten, großer Parkplatz an der Talstation der Helmbahn, Bushaltestelle, auch Bergbahn ab Vierschach.

Wegbeschreibung: An den Bergstationen der beiden Helm-Seilbahnen kann man nicht gleich weitergehen, weil man das Panorama der Sextener Dolomiten bewundern muss. Wenn's dann weitergeht (Vierschachbahn-Bergstation = **1**), nimmt man den Steig mit der Bezeichnung „Hüttensteig" (Nr. 20), der zwischen den beiden Bergstationen beginnt **2**. Er führt auf der Nordseite durch Hochalmgebiet (nach kurzem Anstieg **3** weiter recht flach), man verlässt ihn nach ca. 20 Min. nach rechts (auf stärker begangenem, unmarkiertem Weg) und erreicht den Rücken des Karnischen Hauptkammes **4**. Nun links steiler auf dem Rücken weiter, Weg 20 wird wieder erreicht, an verlas-

senen Truppenunterkünften vorbei **5** geht es hinauf zum Gipfel des *Helm* mit seiner verschlossenen, verfallenden Hütte **6** (2434 m) und 1a-Rundblick. Weiter auf dem Kamm, teilweise auf österreichischem Gebiet (bei Gabelung links **7**), bis man wieder auf den Fahrweg trifft **8**, dem man bis zu einer Scharte **9** (2381 m) unter der *Sillianerhütte* und zu dieser hinauf **10** (2447 m, 2 Std.) folgt. Osttiroler (österreichisches) Essen – vom Südtiroler nicht verschieden. Rückweg auf dem breiten Hauptweg (bei Gabelung **11** links, Abzweigung Helm **12**) auf der italienischen Seite des Karnischen Hauptkammes, vorbei an der bewirtschafteten Hahnspielhütte **13** zurück zu den Bergstationen ab Sexten **14** und Vierschach (3:15 Std.) **1**.

Wanderung 4

Rund um die Aferer Geisler

Charakteristik: Abwechslungsreiche Wanderung über Almböden und von Schuttrinnen unterbrochenen Steigen im Steilgelände, technisch mittelschwer, wegen der Länge anstrengend. **Dauer:** 6 Std. **Höhenunterschied:** ↑ 650 m, ↓ 1100 m. **Einkehrmöglichkeit:** Gampenalm (2062 m), Mitte Mai bis Anf. Nov. und zur Wintersaison, ✆ 348/2721587, gampenalm.com. Schlüterhütte (Rifugio Genova, 2306 m), Mitte Juni bis Mitte Okt., ✆ 0472/670072, schlueterhuette.com. **Karte:** Tabacco (1:25.000) Nr. 030, Bressanone/Brixen. **Ausgangspunkt/Anfahrt:** Mit dem Bus von der Haltestelle St. Magdalena in Villnöss nach Zans, die Tour endet wieder an der Haltestelle St. Magdalena.

Wegbeschreibung: Die Aferer Geisler sind das etwas kleinere Gegenstück zu den Geislerspitzen. Sie begrenzen das Villnösser Tal im Nordosten, an der Peitlerscharte sind sie mit dem weithin sichtbaren, steil aufragenden Peitlerkofel verbunden, im Norden ist die Plose der nächste Bergzug. Der nördliche Teil des Günther-Messner-Steigs (zur Erinnerung an den im Himalaja während

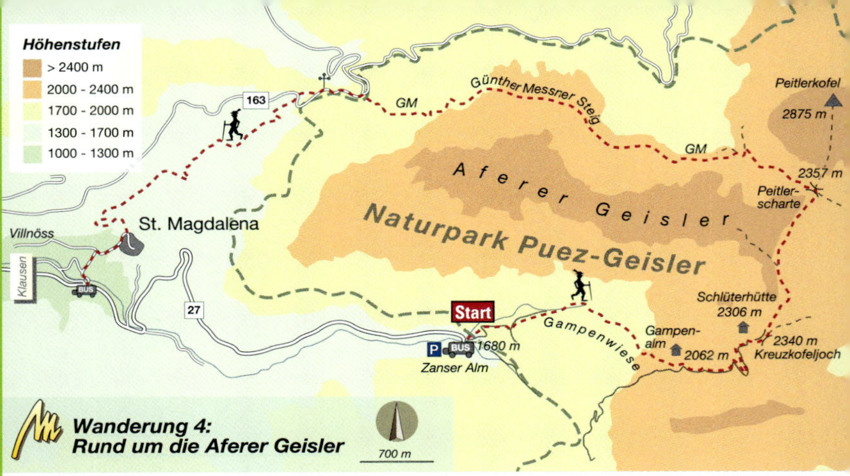

einer Tour mit seinem Bruder Reinhold tödlich verunglückten Bergsteiger) kann bei einer Umrundung der Aferer Geisler benutzt werden, der über

Um die Aferer Geisler

die Gipfel führende Südteil ist Klettersteiggehern vorbehalten.

Man beginnt am Parkplatz Zans und folgt dem zur Gampenalm und Schlüterhütte weisenden (linken) Fahrweg. Wo er auf eine Alm trifft, quert man (gute Markierung) den meist trockenen *Kasserillbach* nach rechts und steigt auf einem gut sanierten, zunächst recht steilen Steig (Stufen) den Hang hinauf. Wo es flacher wird, toller Blick auf die Geislerspitzen! Bald ist man an der *Gampenalm* angelangt (1:15 Std.). Man passiert sie und geht rechts bergan auf einem Steig (der Fahrweg zur Schlüterhütte bleibt rechts) etwas mühsam in Serpentinen zur *Schlüterhütte* und zum etwas höher liegenden *Kreuzkofeljoch* (2 Std.) mit Traumaussicht auf den Kreuzkofel in der Fanesgruppe jenseits des Gadertals. Über dieses Joch kommen die Fußwallfahrer aus dem Abtei- und Gadertal, wenn sie die 3-tägige Fronleichnamsprozession nach Klausen/Säben mitmachen.

Vom Kreuzkofeljoch fast hangparallel nach links auf den Weg zum Peitlerkofel, der sich gewaltig vor uns aufbaut. Bei der ersten Gabelung links, bei der zweiten rechts halten (links geht es mit dem Günther-Messner-Weg auf die Aferer Geisler). Man erreicht die normalerweise umlagerte *Peitlerscharte*

(2:45 Std.), denn alle Anwärter auf den Peitlerkofel machen hier Rast (man sieht es Vegetation und Boden leider an). Gleich links abwärts auf schottrigem Serpentinenweg und nach ca. 20 Min. bei einer Gabelung links, Bachquerung (meist etwas Wasser) und bei der nächsten Gabelung wieder links (die meisten gehen hier rechts zu ihrem an der Straße von Lüsen zum Halsl geparkten Auto). Der Berg mit der gerundeten Kuppe rechts ist die Plose.

Jetzt wird's einsam. Lärchen und Zirben, Almwiesen und Schuttströme, die ganz bequem auf gutem Steig gequert werden, bestimmen die nächsten neunzig Minuten wobei es die letzte Viertelstunde recht steil abwärts geht, ein gewaltiger, von den Aferer Geislern herunterziehender Schuttstrom bleibt links von uns. An der Straße (4:15 Std.) nach links und nach 10 Min. bei einem Kruzifix nach rechts auf einen Waldweg. Nach 5 Min. wird wieder die Asphaltstraße gequert, nun geht es auf einem für den Verkehr gesperrten Forststräßchen weiter bergab, dann nach links in ein Tälchen und leicht bergauf und schließlich endgültig bergab. Bei einer Bank (5:30 Std.) tritt man aus dem Wald: Man sieht die Kirche von St. Magdalena vor den Geislerspitzen. Beim zweiten Hof, den man erreicht, geht es auf der Straße weiter, über St. Magdalena erreicht man den Talgrund und die Bushaltestelle (6 Std.).

Wanderung 5

Von der Seiser Alm auf den Schlern und zum Tierser Alpl

Charakteristik: Lange Bergtour auf meist guten Wegen, dank gut angelegter Steigserpentinen nicht zu anstrengend. **Dauer:** 7 Std. **Höhenunterschied:** ↑↓ 800 m. **Einkehrmöglichkeit:** Jausenstation Saltner Schwaige, gute Almküche. Schlernhäuser, 2457 m, Anf. Juni bis Mitte Okt., ✆ 0471/612024, schlernhaus.it. *Schutzhaus Tierser Alpl*, privat, unter den Rosszähnen, tolles Ambiente, freundliche Atmosphäre, gutes Essen, ✆ 0471/727958, tierseralpl.com. Wasser und Tagesproviant mitnehmen! **Karte:** Tabacco (1:25.000) Nr. 05, Val Gardena/Gröden. **Ausgangspunkt/Anfahrt:** Auffahrt von Seis mit Pkw möglich vor 9 Uhr (Parken teuer!) oder Seiser-Alm-Bahn nach Compatsch. Der Panorama-Sessellift verkehrt von Juni bis Okt. 8.30–17 Uhr, in der HS bis 18 Uhr.

Wegbeschreibung: In Compatsch (1850 m) wendet man sich nach Süden auf ein Sträßchen, das zur Bergstation des Panoramalifts führt, verlässt es aber bereits nach der ersten Linkskurve und schlägt Weg 10 nach rechts ein. Über Almwiesen geht es sanft aufwärts, man unterquert den Lift zur Laurinhütte und erreicht einen Rücken (1957 m), von dem es 100 m bergab zu einem Sträßchen geht. Diesem folgt man nach links mit Markierung 5 bis zur gemütlichen *Saltnerhütte* (1820 m, 1:45 Std.) am Beginn des Aufstiegs auf den Schlern. Nach Bachquerung rechts auf den „Touristensteig", flotter Aufstieg, kurvenreich, schweißtreibend. Man erreicht durch Legföhrenwald die Wiesen des *Schlernplateaus* (2318 m), über die es fast flach weitergeht bis zu einer Weggabelung (3:15 Std.). Rechts liegen die *Schlernhäuser* (2457 m), die einen Besuch wert sind, wer es eilig hat, geht gleich nach links weiter.

Langer Weg über das Plateau des Schlern (Weg 3/4), schöne Blicke auf

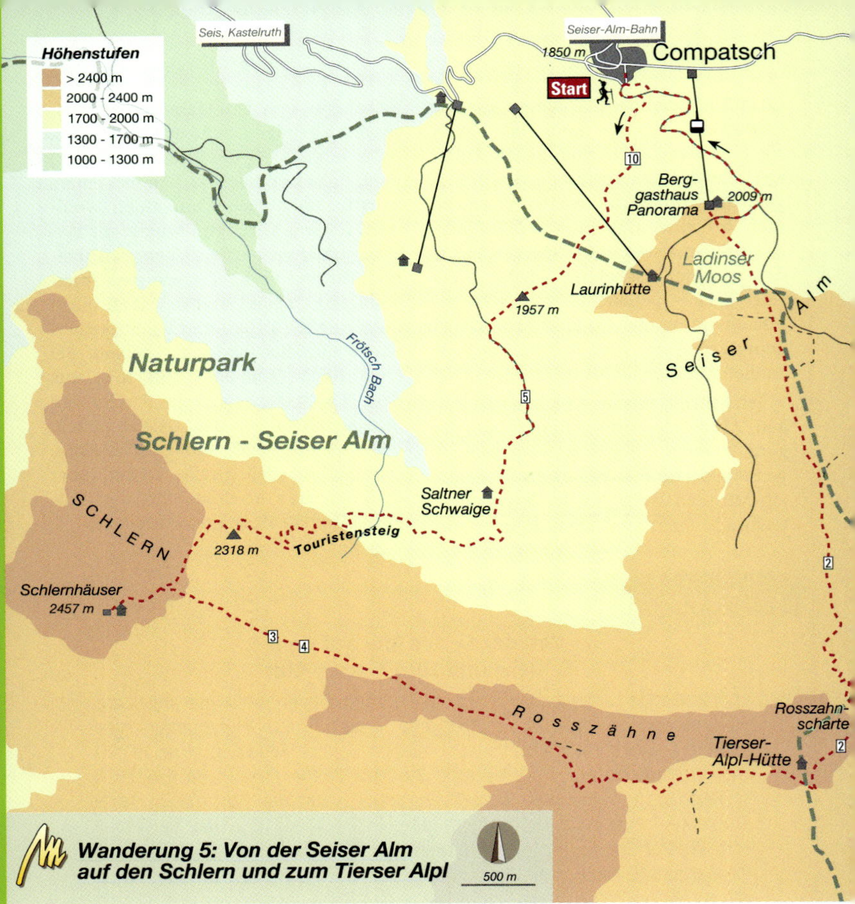

den Rosengarten. Nach einem Sattel muss man nochmals nach oben steigen und wird am Ende des Plateaus unter den Rosszähnen (2520 m, 4 Std.) nach rechts und in eine wilde Schlucht geführt. Für die nächste halbe Stunde sind Trittsicherheit und Schwindelfreiheit Voraussetzung, der Weg ist gut, aber schmal, und wer stürzt, fällt möglicherweise tief. Nach einer Querung am Fuß der Rosszähne (2375 m) und der Abzweigung des Wegs durch das Bärenloch nach Tiers steigt man nochmals auf zur bereits lange vorher zu sehenden *Tierser-Alpl-Hütte* auf ihrem Bergjoch zwischen Rosszähnen und Rosengarten (2440 m, 4:45 Std.).

Nach der Pause jenseits weiter nach links (Weg 2) zur *Rosszahnscharte*, und zwar vorsichtig (Trittsicherheit nötig!) steil über Lockerschutt abwärts in ein Kar oberhalb der Seiser Alm. Der Weg wendet sich nach rechts, ist nun weniger steil, bei einer Gabelung bleibt man links. Almwiesen, ein feuchtes Tälchen (Ladinser Moos), und wir stehen oben beim *Berggasthaus Panorama* (2009 m, 6 Std.) Hier per Sessellift hinunter oder über die geteerte Straße (7 Std.).

Wanderung 6

Von Stern auf die Fanes und nach St. Kassian

Charakteristik: Zweitagestour für ausdauernde Geher, besonders für die letzte Stunde Weg vor der Lavarellahütte ist Trittsicherheit nötig. Dauer: 9:30–12 Std. (2 Tage). Höhenunterschied: ↑ 1300 m, ↓ 1050 m. Einkehr-/Nächtigungsmöglichkeit: Rifugio Lavarella, ✆ 0474/501094, lavarella.it. Rif. (Ücia) de Fanes, ✆ 0474/453001, rifugiofanes.com. Capanna Alpina, ✆ 0471/849418. Karte: Tabacco (1:25.000) Nr. 07, Alta Badia. Ausgangspunkt/Anfahrt: Nach Stern mit Bus/Pkw, zurück von der Bar Saré nach Stern mit Bus oder Taxi.

Wegbeschreibung: Der Kontrast zwischen dem Steilanstieg zwischen abweisenden Felswänden und dem folgenden Marsch über ein welliges Plateau könnte nicht stärker sein. Die Wanderung ist voller Höhepunkte, mit mindestens 9:30 Std. Gehzeit sollte man sich zwei Tage dafür nehmen – die Faneshütte und die Lavarellahütte sind sehr bequem.

In Stern (1420 m) nimmt man die Straße nach St. Kassian und biegt nach der Brücke über den Gaderbach (1385 m) und der folgenden S-Kurve auf den

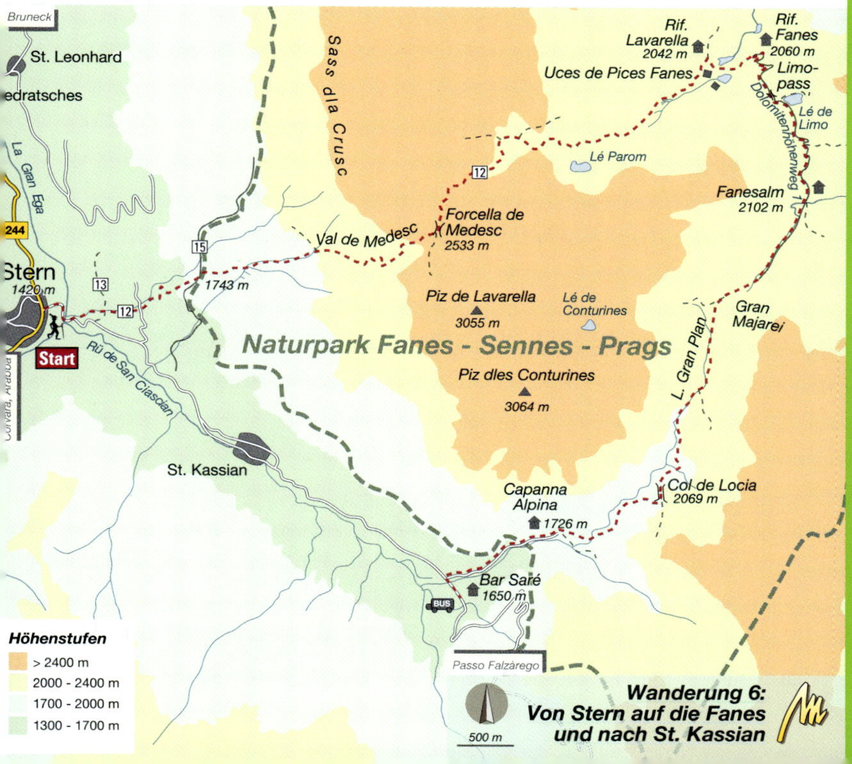

links abzweigenden Weg 12/13 ein, gleich darauf auf Weg 12 (nach rechts). Es geht stetig bergauf, Wiesen, Weiden, im unteren Teil noch einige Häuser, schließlich Wald. An einer Lichtung kreuzt man den Forstweg 15 (1743 m), 10 Min. darauf liegt ein Feuchtgebiet mit mehreren Quellen zur Rechten. Wo man aus dem Wald in Krummholz und dann lockeres Schottermaterial eintritt, gabelt sich der Weg (2000 m), links geht es nach Heiligkreuz, rechts auf die Fanes. Durch das *Val de Medesc* steigt man auf dem rechten Hang auf, Abkürzungen bitte nicht beachten (Erosionsgefahr). Über sehr lockeren Schotter wird etwas mühsam die *Forcella de Medesc* erreicht (2533 m, 3:45 Std.).

Der weitere Weg über das Plateau geht meist leicht abwärts, man passiert den *See Parom* (im Spätsommer fast trocken), dann öffnet sich der Blick auf die 300 m tiefer gelegene Fanesalm. Etwas mühsamer Abstieg durch Wald, die starken Karstquellen des Vigilbachs bleiben rechts. Hinunter zum *Rifugio Lavarella*, das man rechts unter sich liegen sieht, man quert zwischen den beiden Teichen der Alm und steigt jenseits leicht auf zum gemütlichen großen *Rifugio Fanes* (2060 m, 6 Std.).

Am nächsten Tag geht es auf dem Almsträßchen nach Süden weiter (Dolomitenhöhenweg 1; Farbdreiecke mit der 1). Aufstieg zum Limopass und Limosee, weiter zur *Großen Fanesalm* (2102 m, Jausenstation, 7 Std.) und über die Böden dieser Alm zu einer Bergsturzzone, wo sich Tal und Weg teilen, rechts zur Lavarella (leichte Kletterei), links nach St. Kassian und zum *Falzàregopass*. Also links, fast eben, bei der nächsten Weggabelung rechts und über den *Col de Locia* (2069 m, 8:15 Std.) hinunter zur Straße nach St. Kassian, vielleicht mit einer Erfrischungspause an der *Capanna Alpina*. An der Straße Bushaltestelle bei der Bar Saré links (1650 m, 9:30 Std.).

GPS-Wanderung 7

Von der Seceda zur Regensburger Hütte und nach Wolkenstein

Charakteristik: Einfache Bergwanderung, meist gute Wege über Almen. **Dauer:** 2:45–3 Std.; **Höhenunterschied:** ↑ 100 m, ↓ 1000 m. **Einkehrmöglichkeit:** Troier Hütte, Tiroler Küche von Gerstlsuppe bis Kaiserschmarrn, ✆ 339/8212373, troier.com. Regensburger Hütte (Rif. Firenze), Anf. Juni bis Mitte Okt., ✆ 0471/796307, rifugiofirenze.com. Juac-Hütte, ✆ 335/8082321, juac.it. **Karte:** Tabacco (1:25.000) Nr. 05, Val Gardena/Gröden. **Ausgangspunkt/Anfahrt:** Anfahrt mit Seceda-Seilbahn ab St. Ulrich, Rückfahrt mit Bus ab Wolkenstein.

Wegbeschreibung: Wenn man auf der Seceda aussteigt **1**, schlägt das Herz schneller. Selbst die Draufsicht auf die gewaltigen Schutthänge, die von der Seceda nach Westen ziehen, ist abenteuerlich. Oben erwartet einen der Blick auf Geislerspitzen, Puezgruppe und über Almen hinweg auf Sella und Langkofel. Wir nehmen den wenig an Höhe verlierenden Weg zur *Panascharte* (gleich bei der Seilbahn bei Weggabelung **2** links in Richtung Sass Rigais und Geislerspitzen). Bei der Scharte **3** (2450 m) schwindelerregender Blick hinunter auf die Nordseite der Geislerspitzen, vom Villnösser Tal sieht man relativ wenig. Nun rechts und den Hang hinunter, zwei Abzweigungen nach links (4+5) werden ignoriert. Man passiert die *Troier Hütte* 6, das alte Almhaus wurde leider abgerissen. Beim Troier mehr oder weniger geradeaus mit Weg 1 weiter (Wegkreuz 7, hier geradeaus) und mit wenig Höhenverlust, zuletzt aber nach Weidezaun 8 steiler hinunter zur *Regensburger Hütte* 9 (2037 m, 1:15 Std.). Dort beginnt ein Zufahrtssträßchen, dem wir zunächst abwärts folgen, bis nach ca. 20 Min. Weg 3 nach links abbiegt 10. Kurz nach dem modern gestalteten *Gasthof Juac* 11 (1903 m) sieht man von der Bergschulter 12 bereits auf Wolkenstein hinunter. Weg 3 führt meist durch Wald bergab, quert eine Asphaltstraße 13 (rechts Wanderparkplatz) und erreicht den Weiler *Daunëi* 14. Weiter links auf der nach Wolkenstein führenden Straße, die man aber in der ersten großen Rechtskurve 15 verlässt, um auf einen Trampelpfad nach links über eine große Wiese abzukürzen. Am unteren Ende der Wiese 16 geht man auf der Puezstraße hinein nach Wolkenstein, hält sich rechts und erreicht so die Bushaltestelle in der Ortsmitte 17 (1560 m, 3 Std.).

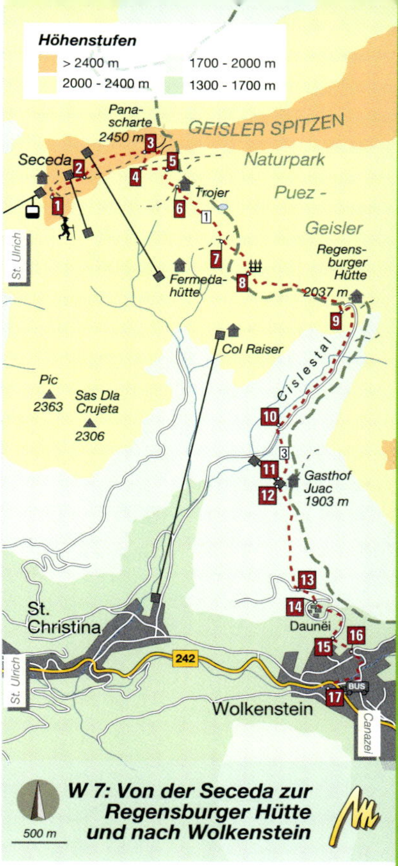

W 7: Von der Seceda zur Regensburger Hütte und nach Wolkenstein

GPS-Wanderung 8

Rund um den Langkofel

Charakteristik: Anstrengende Bergwanderung, einige Strecken nicht ganz leicht zu gehen, Ausdauer erforderlich. **Dauer:** 6:30–7 Std. **Höhenunterschied:** ↑↓ 550 m. **Einkehr-/Nächtigungsmöglichkeit:** Plattkofelhütte, ☏ 0462/601721, plattkofel.com. Rifugio Sandro Pertini, ☏ 339/8482305, rifugiopertini.com. Friedrich-August-Hütte, ☏ 353/3605674, friedrichaugust.it. Passo Sella Dolomiti Mountain Resort, ☏ 0471/795136, passosella-resort.com. Rif. Emilio Comici, ☏ 0471/1930388, rifugiocomici.com. **Karte:** Tabacco (1:25.000) Nr. 05, Val Gardena/Gröden. **Ausgangspunkt/Anfahrt:** An- und Rückfahrt ab Wolkenstein mit Ciampinoi-Bahn, alternativ (1 Std. kürzer) ab Passo Sella Resort.

Wegbeschreibung: Direkt von Wolkenstein führt die Ciampinoi-Bahn auf 2280 m 1, wo unsere Wanderung beginnt. Wir nehmen den Weg hinunter

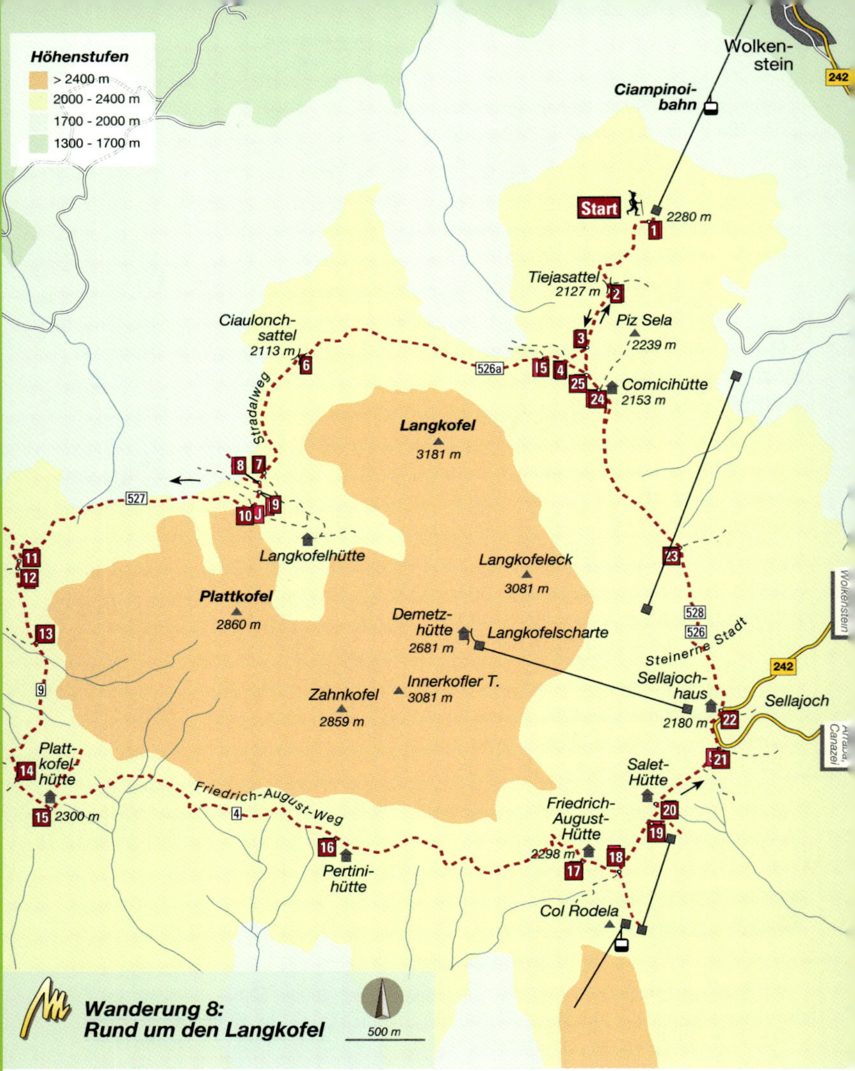

Wanderung 8: Rund um den Langkofel

zum Tiejasattel 2 (2127 m) und knapp danach den deutlichen Weg rechts in Richtung Rif. Comici 3, er setzt sich nach Gabelungen 4 und 5 (jeweils links und oben bleiben) als Weg 526 a fort. Das große Kar nördlich unter den Langkofelwänden wird zuerst leicht absteigend, dann aufsteigend gequert. Viel Geröll, Bergsturzmassen, aber auch schöne alte Zirben – etwas anstrengend der Aufstieg zum *Ciaulonchsattel* 6 mit toller Aussicht vor allem auf Seiser Alm und Schlern (2113 m, 1 Std.). Vorsicht beim etwas ausgesetzten steilen, aber nur kurzen Wegstück nach dem Pass, der ins Langkofelkar führende *Stradalweg* wird gleich wieder ganz brav.

Im *Langkofelkar* (1:30 Std.) gabelt sich der Weg: Links geht es zur *Langkofelhütte* hinauf **7**, wir gehen geradeaus durch Latschenfelder weiter. Zwei Wege münden von unten und rechts (**8** und **9**), bevor man das Hüttensträßchen **10** erreicht und quert. Auf der anderen Seite führt der Weg 527 weiter, senkt sich zunächst durch den Südteil des Langkofelkares und führt dann bergan durch einen Hang mit Lärchenwiesen und Almgelände. Drei Abzweigungen nach rechts (**11**, **12**, **13**) bleiben unbeachtet. Der Weg mündet schließlich in ein steiles Fahrsträßchen **14**, dem man mit Markierung 9 nach links auf den Wiesenrücken unter dem Plattkofel mit der modern ausgestatteten Plattkofelhütte **15** (2300 m, 3 Std., vorbildliche Toiletten) folgt. Dort beginnt der viel begangene, aussichtsreiche *Friedrich-August-Weg* (Nr. 4), benannt nach dem wanderlustigen sächsischen König. Die mehrfach ausgefranste Prachtnelke wächst an mehreren Stellen in den artenreichen Bergwiesen. Der Weg geht fast eben dahin, man passiert die *Pertinihütte* **16**, erreicht dann die *Friedrich-August-Hütte* **17** (2298 m, 4:30 Std.) und kurz danach den *Col Rodella*, wo von rechts die Benutzer des Rodella-Lifts von Campitello und vom Fassatal her strömen. Wir folgen dem hier links beginnenden Fußweg **18** und dann **19** dem Sträßchen nach links, vorbei an der Salethütte **20** zu einem kleinen Joch **21** und auf dem Weg hinunter zum *Passo Sella Resort* **22** (und versuchen, ab und zu einen Blick auf den Boden zu werfen – der Blick auf die Sella ist halt viel spannender).

Beim *Passo Sella Resort* (2180 m, 5:15 Std.), das keineswegs auf dem Sellajoch steht, wenden wir uns jenseits des Parkplatzes auf Wanderweg 526/528 (Schilder zur Comicihütte), der zunächst durch die sog. *Steinerne Stadt* führt, ein wildes Bergsturzgelände, wo man genau aufpassen sollte,

Langkofel-Umrunder nahe der Friedrich-August-Hütte

wie man geht. Überstieg über Weidezaun, an der Wegkreuzung geht es geradeaus **23**. Die *Comicihütte* **24** liegt schon eine Weile dahinter (2153 m, 6 Std.), hier kann man sich für den Endspurt stärken, wieder zum Tiejasattel (vorher Abzweigung links **25** nicht beachten) und zuletzt steil zum Gipfel des Ciampinoi **1** (6:30 Std.).

Hinweis: Man kann die Tour um 1 Std. verkürzen, wenn man sie am *Passo Sella Resort* (Bus/Pkw) beginnt und beendet und auf den Abstecher zum Ciampinoi verzichtet.

Wanderung 9

Vom Ciampedie zur Paolina

Charakteristik: Einfache Wanderung auf guten Steigen, auch mit Kindern machbar. **Dauer:** 2:45–3 Std. **Höhenunterschied:** ↑ 350 m ↓ 250 m. **Einkehrmöglichkeit:** Paolinahütte, ✆ 0471/612008, paolina-huette.com. Rifugio Roda de Vaèl (Rotwandhütte), 2280 m, ✆ 0462/764450, rodadivael.it. Baita M. Pederiva, privat, 2275 m, ✆ 333/9398290, baitapederiva.com. Rif. Negritella, privat, auf 1986 m, ✆ 0462/760276, rifugionegritella.it. Rif. Ciampedie, Rosengarten, 1997 m, an der Bergstation der Ciampedie-Seilbahn, ✆ 347/6066080, rifugiociampedie.com. **Karte:** Tabacco (1:25.000) Nr. 06, Val di Fassa. **Ausgangspunkt/Anfahrt:** Bus nach Vigo und von dort Seilbahn Ciampedie, zurück Paolina-Lift und Bus Karersee – Welschnofen/Fassatal. Sessellift Paolina (Zeiten und Preise → S. 107).

Wegbeschreibung: Den Rosengarten und die Latemarkette sieht man von dieser einfachen Tour aus besonders gut, aber jenseits des Fassatals sind auch die Monzonigruppe und im Hintergrund die Gipfel des Lagorai zu sehen. Man beginnt an der Bergstation der von Vigo zum Ciampedie hinauf-

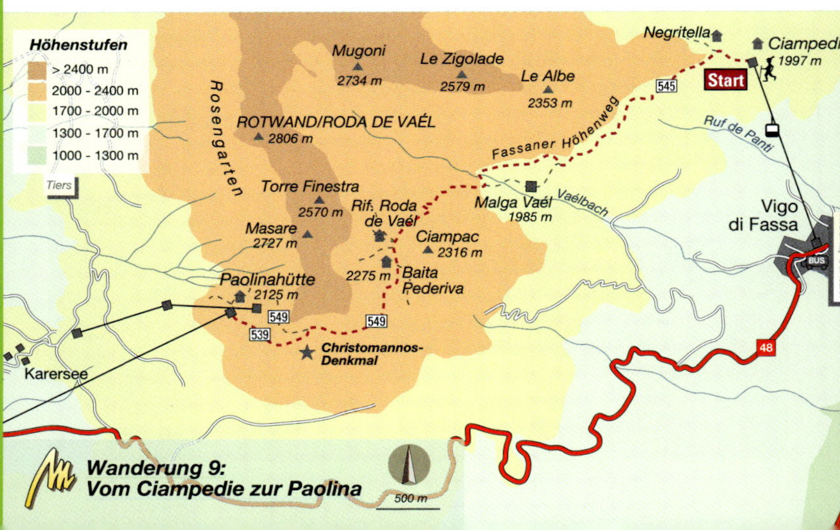

führenden Bahn (1997 m), von wo ein Fahrweg nach links, vorbei an den *Rifugi Ciampedie* und *Negritella*, weiterführt. Kurz nach dem Letzteren zweigt Weg 545 nach rechts ab, der durch wunderschönen Wald und ohne nennenswerte Höhenunterschiede zum Almboden der *Malga Vaél* führt (kurzer Abstecher möglich, beschildert; Milch, Käse). Man quert oberhalb den meist ausgetrockneten *Vaélbach* (1985 m, 45 Min.), dann heißt es ansteigen bis zu den beiden Hütten unter den Wänden des Rosengartens. Die Hütte *Roda de Vaél* und die kleine *Baita Pederiva* laden zur Brotzeit ein (2275 m, 1:45 Std.). Letztere direkt auf dem Pass (die Rotwandhütte steht etwas oberhalb), wie überall Polenta mit Gulasch/Käse/Pilzen, auch eigene Kuchen, Früchte der Jahreszeit mit Schlagsahne, Kaiserschmarrn.

Der Weg führt nun an der Südseite des *Rosengarten* weiter, nämlich unter dem Südgrat der *Rotwand*. Er ist ganz leicht zu gehen, man kann die herrlichen Ausblicke genießen. An einer Stelle steht ein Denkmal mit einem riesigen Adler, es ist dem Dolomitenerschließer *Christomannos* gewidmet (→ S. 105). Noch kurz ebener Weg, dann geht es hinunter zur *Paolinahütte* (2125 m, 2:45 Std.) und zur Abfahrt mit dem Sessellift nach Karersee.

Wanderung 10

Der Bindelweg

Charakteristik: Leichte Bergwanderung auf guten Wegen, stark begangen, im Abstieg zum Fedaia-Stausee Trittsicherheit und Schwindelfreiheit nötig. **Dauer:** 3:15 Std., Variante Alba 5:15 Std. **Höhenunterschied:** Variante Fedaia ↓ 400 m, Variante Alba ↓ 1000 m, Variante Porta Vescovo ↑ 200 m. **Einkehrmöglichkeit:** Rifugio Viel dal Pan, 2432 m, ✆ 339/3865241, rifugiovieldalpan.com. **Karte:** Tabacco (1:25.000) Nr. 06, Val di Fassa. **Ausgangspunkt/Anfahrt:** mit Abstand am unkompliziertesten: von Alba bei Canazei mit der Seilbahn zum Col dei Rossi (Mitte Juni bis Sept. 8.30–17.20 Uhr). Alternativ: mit Bus zum Pordoijoch ab Canazei, Arabba oder Grödner Tal, zurück ab Fedaia zu Fuß (2 Std.) oder mit Bus nach Alba (Anschluss Grödner Tal) oder von Arabba mit dem Bus.

Wegbeschreibung: Der Bindelweg ist einer der schönsten, blumen- und aussichtsreichsten und leider auch überlaufensten Wanderwege der Dolomiten. Wegen der dramatischen Ausblicke auf die Marmolada sollte man ihn sich nicht entgehen lassen, auch wenn die Massen manchmal nerven.

Vom Pordoijoch geht man auf Weg 601 (Dolomitenhöhenweg 2) nach Süden und bergauf zu einer Scharte (2360 m, 30 Min.), wo man zum ersten Mal den großartigen Blick auf die Berge im Süden hat – die Marmolada ist noch verzerrt, auf dem Weg wird sie allmählich ihre ganze Breite zeigen. Der Weg tritt in die Südflanke des *Padonkamms* ein und quert die alpinen Wiesen mit interessanter Flora. Gutes Essen im *Rifugio Viel dal Pan* (2432 m, 1:15 Std.), auf dieser Aussichtsterrasse möchte man länger bleiben. Hier trifft man auf diejenigen, die vom Col dei Rossi von der Seilbahnstation herüberkommen (von der Station 15 Min.). Der Weg wird nun etwas schmaler und ist weniger begangen (die meisten drehen bei der Hütte um), der Fedaia-Stausee rückt näher, bis man sich fast oberhalb befindet. Weggabelung (2349 m,

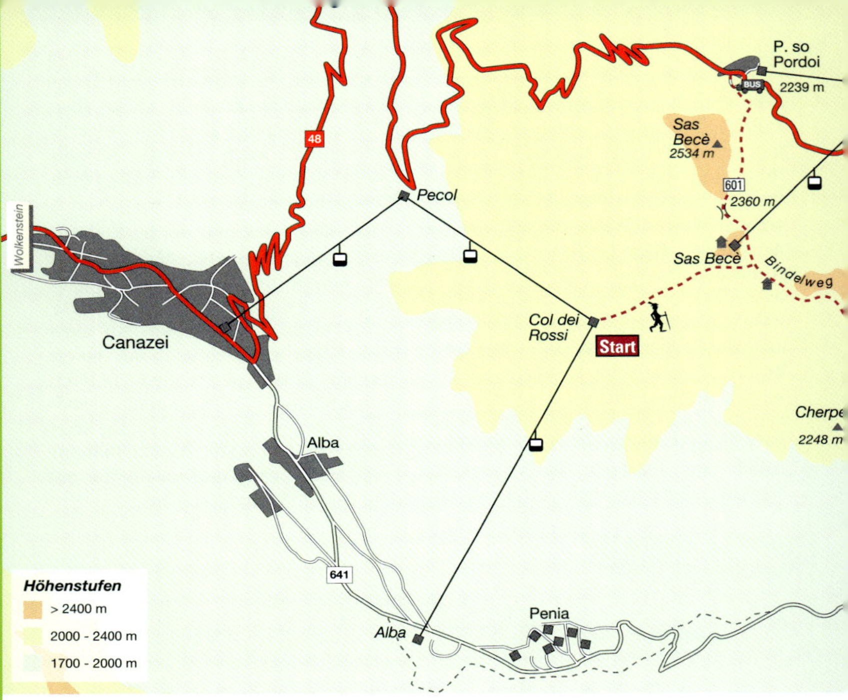

2:30 Std.) nach links und aufwärts zur *Porta Vescovo* (2478 m, 3:15 Std.), von wo man die Kabinenbahn nach Arabba nimmt, oder nach rechts und abwärts, etwas ausgesetzt, aber bei vorsichtiger Gehweise unproblematisch zur Staumauer des *Fedaia-Sees* (2044 m, 3:15 Std.).

Wer noch Schmalz in den Beinen hat, folgt vom See dem Weg 605 Rich-

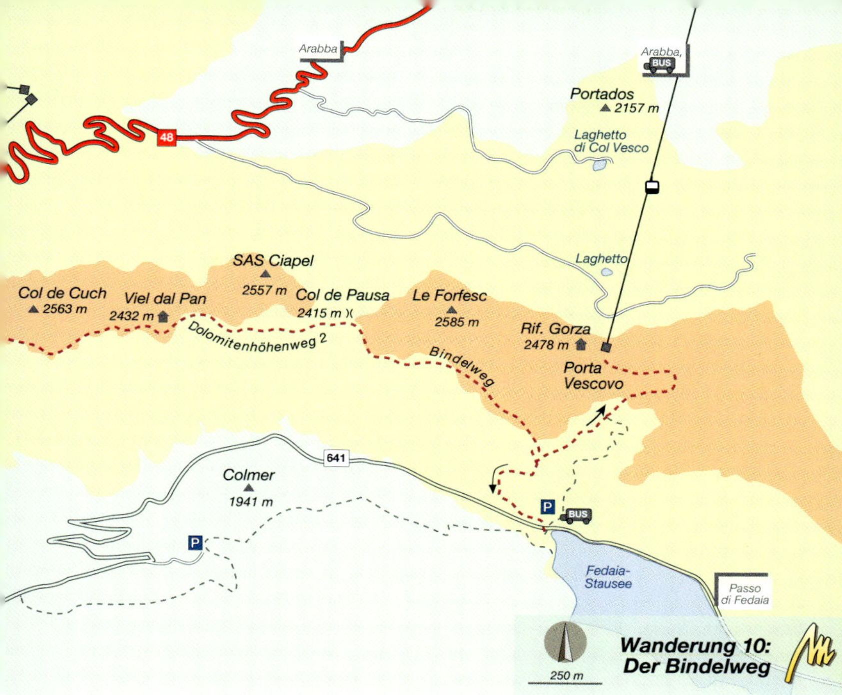

tung Penia, zunächst durch schattigen Wald, passiert man zwei Almhütten und steigt sodann steil am Rande einer Klamm bergab. 1 Std. nach dem Fedaia-See trifft man auf die Pian del Trevisan mit Hotel und Parkplatz. In der Folge geht es über Forstweg, Wiesengrund, geteerte Zufahrtsstraße zu einem Kieswerk, mehrmals die Passstraße kreuzend am Fluss entlang bis zum Parkplatz der Seilbahn bei Alba (5:15 Std.).

Wanderung 11

Zu den Laghi di Colbricon in der Lagoraikette

Charakteristik: Kurze Wanderung im Waldbereich, sehr gut ausgebauter, einfacher Weg. **Dauer:** 2 Std. **Höhenunterschied:** ↑↓ 50 m. **Einkehrmöglichkeit:** Malga Rolle, lokale Küche, eigene Käseherstellung, caseificioprimiero.com, ✆ 0439/768659. Rif. Laghi di Colbricon, 1927 m, privat, ✆ 348/7952430. **Karte:** Tabacco (1:25.000) Nr. 022, Pale di San Martino. **Ausgangspunkt/Anfahrt:** Bus oder Pkw bis Malga Rolle, Bedarfshaltestelle, Parkplatz.

Eine **Variante,** die die Wanderung zur halbtägigen Gipfelrundtour für Schwindelfreie mit Palablick werden lässt, führt auf den **Monte Cavalazza,** mit zahlreichen Stellungen aus dem 1. Weltkrieg, → S. 192.

Wegbeschreibung: Man beginnt den Weg an der *Malga Rolle* (1890 m) an der Straße zum Passo Rolle und nimmt das hier beginnende Sträßchen, das zu den Liftanlagen unter dem Rollepass führt. Noch ehe man diese erreicht, biegt nach rechts der bestens ausgebaute Wanderweg 14 ab, der nur sanft ansteigend durch Wald zu den *Colbriconseen* führt. Die beiden Seen liegen idyllisch in einem Bergsturzgebiet, wunderschön ist der Blick über sie hinweg auf die Berge im Norden. Freundliche kleine Hütte mit gutem Essen (1927 m, 1 Std.). Zurück auf demselben Weg zur Malga Rolle (2 Std.).

Wanderung 12

Rund um die Pale di San Martino

Charakteristik: Großartige Hochgebirgswanderung. Nicht bei Schlechtwetter unternehmen! Trittsicherheit und Schwindelfreiheit sind Voraussetzung, Ausdauer nötig. **Dauer:** 6 Std. **Höhenunterschied:** ↑ 300 m ↓ 1400 m. **Einkehr-/Nächtigungsmöglichkeit:** Rifugio Rosetta, 2581 m, SAT, 80 Lager/Betten, ✆ 349/5331742, rifugiorosetta.it. Rif. Pradidali, Loc. Pradidali, 2278 m, CAI, 64 Lager/Betten, ✆ 0439/64180, rifugiopradidali.com. **Karte:** Tabacco (1:25.000) Nr. 022, Pale di San Martino. **Ausgangspunkt/Anfahrt:** Die Wanderung beginnt und endet in San Martino di Castrozza, Parkplatz an der Talstation, Bushaltestelle unweit.

Wegbeschreibung: Eine der faszinierendsten Wanderungen, die man als Nichtkletterer in den Dolomiten machen kann, kommt man doch hautnah an berühmte Kletterberge heran wie den Sass Maor. Und ein bisschen Pri-

W 11: Zu den Laghi di Colbricon in der Lagoraikette

ckeln ist auch dabei: Ein längeres Band ist mit Drahtseilen versichert, damit auch Bergwanderer die ausgesetzten Stellen passieren können.

Die große Kabinenbahn von San Martino di Castrozza führt auf den *Col Verde*, von dort geht es mit einer kleinen Gondelbahn auf die *Rosetta*. Von der Bergstation (2609 m) wendet man sich zum links gelegenen *Rifugio Rosetta* (2581 m, 15 Min.), das bereits auf der Karsthochfläche des Pala-Massivs liegt. Hier wächst fast nichts, Schutt und Fels überziehen die gewellte Landschaft. Weiter geht es mit Weg 707/709, dann (bei Gabelung rechts) Weg 709 hinauf in die südlichen Berge, es werden Schneefelder gequert, wo bis vor Kurzem noch Gletscher waren, und man erreicht die Scharte *Passo Pradidali Basso* (2658 m). Von hier hat man einen ersten Blick in das Hochkar *Pradidali*, in das es nun abzusteigen gilt. Der Weg sucht die beste Linie zwischen Schutt- und Bergsturzmassen, vor einem kleinen See quert er auf die andere Talseite, da sieht man schon die *Pradidalihütte* (2278 m, 3 Std.) unter dem markanten Gipfel des *Sass Maor*.

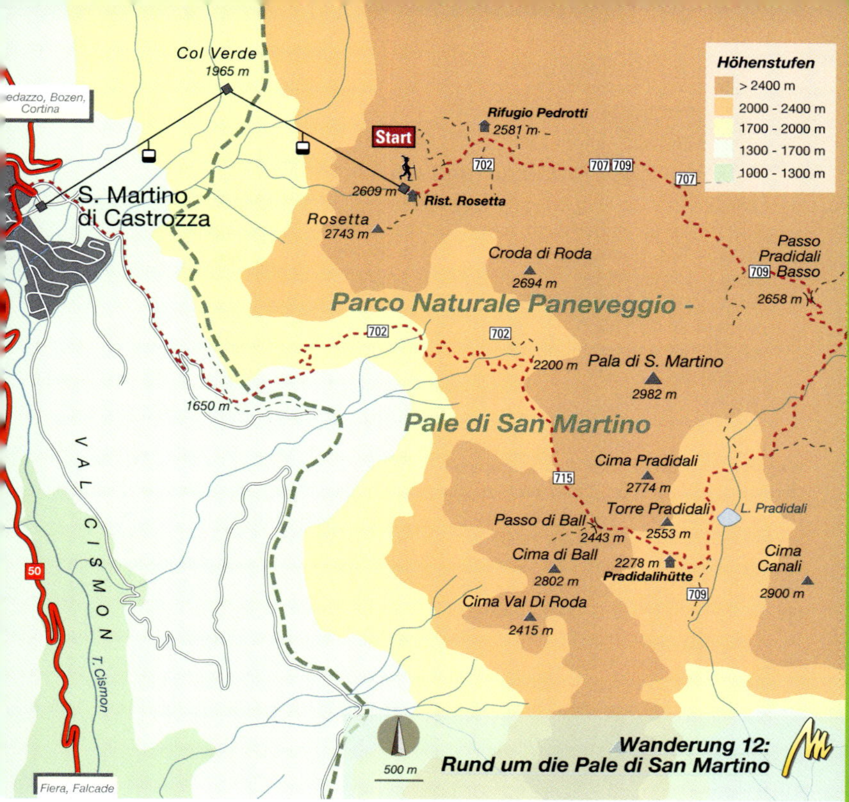

Von der Hütte wieder aufwärts mit Weg 715 (Dolomitenhöhenweg 2) zum *Passo di Ball* (2443 m), benannt nach einem englischen Bergsteiger, und jenseits hinab ins wilde Kar unter der Pala di San Martino (zur Rechten). Eine Passage am Fuß der noch davor gelegenen *Cima Immink* wird mithilfe von Fixseilen gesichert (nichts für Leute, die nicht schwindelfrei sind.). Knapp darauf biegt links Weg 702 vom Dolomitenhöhenweg 2 ab (2200 m), wir nehmen ihn und gehen über schier endlose Serpentinen hinunter in den Waldgürtel, erreichen eine Forststraße (1650 m) und folgen ihr nach rechts bis in den Ort San Martino di Castrozza (1500 m, 6 Std.).

Auf dem Palaronda Trek

Wanderung 13

Vom Passo Falzàrego rund um Averau und Nuvolau

Charakteristik: Nicht schwierige Bergwanderung auf meist guten Steigen, an einer Stelle im Aufstieg zur Averau-Scharte etwas Orientierungssinn nötig. **Dauer:** 4 Std. **Höhenunterschied:** ↑↓ 400 m. **Hütten:** Rifugio Averau, 2413 m, gutes rustikales Essen mit hauseigenen Spezialitäten, ✆ 0436/4660, rifugio averau.it. Rif. Scoiattoli, 2255 m, ✆ 333/8146960, rifugioscoiattoli.it. **Karte:** Tabacco (1:25.000) Nr. 03, Cortina d'Ampezzo. **Ausgangspunkt/Anfahrt:** Mit Bus von Cortina, Arabba und Corvara oder mit Pkw zum Passo Falzàrego, dort großer Parkplatz.

Wegbeschreibung: Vom Falzàregopass (2105 m), wo ein Schild den Weg weist (Nr. 441 zum Nuvolau), geht man – zunächst mit vielen anderen (Gelegenheits-) Wanderern über ein welliges, ziemlich feuchtes Hügelland bergan, bis man schrofigeres Gelände erreicht. In einem Hochtal angekommen, das zum Joch zu führen scheint, wird man plötzlich nach links in einen Felsenspalt geleitet und aus dem Tal zurück auf den Hang. Erst das nächste Hochtal bringt den Pass, die *Forcella Averau*. Hier wechselt man auf die andere Seite des Bergkamms und umgeht damit das steile Massiv des Averau. Nach leichtem Anstieg in lockerem Schutt erreicht man eine weitere Scharte, die *Forcella Nuvolau* mit dem *Schutzhaus Averau* (2413 m, 1:50 Std.), das für seine gute Küche bekannt ist – schöne Sonnenterrasse mit Blick auf die Marmolada.

Aufstieg vom Passo Falzàrego zur Forcella Averau

Nun geht es wieder auf die nördliche, Ampezzaner Seite des Kamms, man hat die seltsame Felsformation der *Cinque Torri* vor sich (Weg 439, Dolomitenhöhenweg 1). Dann über Bergwiesen hinunter zum *Rifugio Scoiattoli* (2255 m, 2:30 Std.) unterhalb der Cinque Torri, einem Kletterparadies und Teil des *Freilichtmuseums Lagazuoi/Cinque Torri*. Vom Rifugio kurz zurück, dann nach rechts und weiter abwärts auf dem Weg 440 (ebenfalls Dolomitenhöhenweg 1). Er führt hinunter zur Straße auf den Lagazuoi, knapp davor (noch vor dem Bach), nimmt man den ansteigenden Weg nach links, der zum *Rifugio Col Gallina* an der Passstraße und zurück zum Falzàregopass führt (4 Std.).

Wanderung 14

Unter den Wänden der Civetta

Charakteristik: Lange, anstrengende, aber technisch einfache Bergwanderung. **Dauer:** 7:30 Std. (Übernachtung im Rif. Tissi empfehlenswert). **Höhenunterschied:** ↑ 500 m, ↓ 1800 m. **Nächtigungs-/Einkehrmöglichkeit:** Rif. Coldai, 2132 m, ✆ 0437/789160, rifugiocoldai.com. Rif. Tissi, 2262 m, ✆ 0437/721644, rifugiotissi.com. Rif. Vazzoler, 1714 m, ✆ 0437/1956619, rifugiovazzoler.com. Capanna Trieste, 1135 m, ✆ 0437/660122, rifugiocapannatrieste.it. In Listolade Gasthof Monte Civetta. **Karte:** Tabacco (1:25.000) Nr. 015, Marmolada–Pelmo–Civetta–Moiazza. **Ausgangspunkt/An- und Rückfahrt:** Mit der Bergbahn von Àlleghe auf die Piani di Pezzè und weiter auf den Col dei Baldi, zurück mit Bus ab Listolade.

Wegbeschreibung: Was von Àlleghe aus so schwierig aussieht, ist dann nur eine ganz normale, aber vom Erlebnis her spektakuläre Bergwanderung. Man nimmt von Àlleghe aus die Bahn auf die Piani di Pezzè und weiter auf den Col dei Baldi (1922 m), wo man sich nach Süden in Richtung Forcella di Àlleghe (1892 m) wendet, die Civetta vor sich, den gewaltigen Bergklotz des Monte Pelmo zur Linken jenseits des oberen Zoldano. Bei der Alm am Pass beginnt der kurvenreiche, durch viele Abschneider teilweise zerstörte Weg

Mächtig, aber besteigbar: Civetta

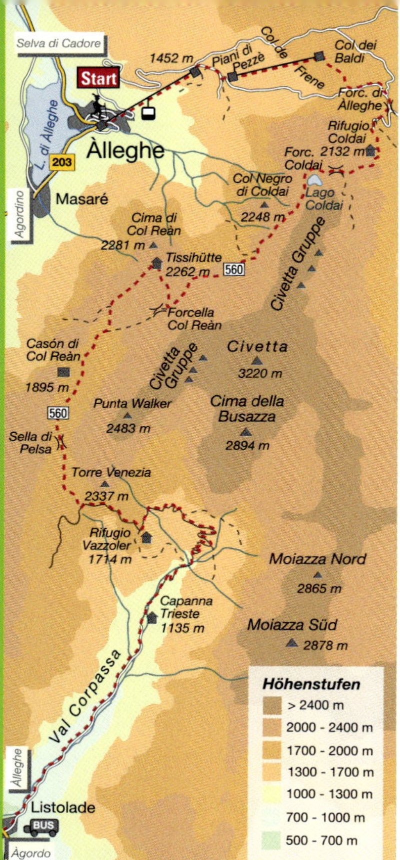

Wanderung 14: Unter den Wänden der Civetta

zum *Rifugio Coldai* (2132 m, 1:15 Std.) zwischen Cima di Coldai (rechts) und Nordgrat der Civetta (links). Über einen niedrigen Pass erreicht man die Mulde des *Lago Coldai*, eines typischen Karstsees ohne oberirdischen Zu- oder Ablauf. Nach links führt der Weg (560, Dolomitenhöhenweg 1) über einen weiteren niedrigen Pass, die weitere Querung unter den wilden Westwänden der Civetta weicht den Schutthängen am Wandfuß nach rechts und etwas nach unten aus. Auf dem rechts ansteigenden Bergpult vor uns liegt die *Tissihütte*, man erreicht sie von der *Forcella Col Reàn* (2107 m) aus in einer halben Stunde (2262 m, 3:15 Std.).

Wieder runter zum Dolomitenhöhenweg und mit ihm immer an den Westabstürzen der Civetta entlang zur *Alm Casón di Col Reàn* (im Verfall) und allmählich absteigend in die Waldregion. Spektakuläre Bilder am Südfuß der Civetta, der senkrechte *Torre Venezia* ist direkt links über uns. Ein Forststräßchen führt weiter, es passiert das im Wald etwas abseits gelegene *Rifugio Vazzoler* (1714 m, 5:15 Std.) mit Alpengarten. Weiter auf dem Forststräßchen, Serpentinen führen ins *Val Corpassa* hinunter. Ab der bewirtschafteten *Capanna Trieste* (1135 m, 6:15 Std.) dann Asphalt bis *Listolade* (663 m, 7:30 Std.).

GPS-Wanderung 15

Rund um die Drei Zinnen

Charakteristik: Einfache Bergwanderung in hochalpinem Gelände mit großartigen Ausblicken. **Dauer:** 3 Std. **Höhenunterschied:** ↑↓ 350 m. **Einkehrmöglichkeit:** Langalm, frische Almmilch, kalte Imbisse, longolbe.com. Dreizinnenhütte (Rif. Locatelli), 2405 m, Ende Juni bis Ende Sept., ✆ 389/9076228 (nur Whats App und im Sommer), dreizinnenhuette.com. Rif. Auronzo, ✆ 0435/39002, rifugioauronzo.it. **Karte:** Tabacco (1:25.000) Nr. 010, Dolomiti di Sesto/Sextener Dolomiten. **Ausgangspunkt/Anfahrt:** Bus ab Toblach (im Sommer bis 5x tgl.), mit dem Pkw Mautstraße ab Misurina oder zu Fuß aus dem Marzontal von Auronzo di Cadore aus (ab Wanderparkplatz auf 1360 m ca. 3 Std. Aufstieg). Rückweg mit Bus/Pkw nach Toblach mit Umsteigen nach Cortina.

Wegbeschreibung: Vom Ende der teuren (30 €) Mautstraße **1**, die von Misurina zu den *Drei Zinnen* hinaufführt, nimmt man nicht wie 98 % der Ankommenden das zum Rifugio Auronzo und als Fahrweg zur Dreizinnenhütte führende Sträßchen, sondern Weg 105 in westlicher Richtung ab Ende des großen Parkplatzes **2**. Großartige Ausblicke auf Cadinspitzen, Monte Cristallo, Hohe Gaisl. Der Weg führt leicht ansteigend unter den Südwänden der Drei Zinnen zur *Forcella del Col de Medo* **3**, wo man einen neuen Ausblick hat: die Almenlandschaft des Rienzbodens (hier oben entspringt der Rienzfluss) und die abweisenden Grate des Rautkofels und der Bullköpfe. Man quert auf gutem Weg einen Schutthang und erreicht einen wieder neuen Ausblick **4** und nach dem kleinen Rienzursprungsee **5** die Hütte der *Langalm* **6** (2245 m, 45 Min.) mit frischer Milch und kaltem Imbiss. Nun hat sich das Panorama der Drei Zinnen aufgefaltet (ihr berühmter Anblick ist ja der von Norden). Um zum Paternkofel rechts von uns und zur Dreizinnenhütte zu kommen, muss noch die Alm gequert werden, 100 m hinunter (Wegweiser **7**), dann nach rechts **8** und wieder rechts **9** und auf Fahrweg links **10** 200 m hinauf. Bei diesem recht steilen Gegenanstieg wird man von Relikten des Dolomitengebirgskriegs (verrosteter Stacheldraht) begleitet.

> **Hinweis für Mountainbiker:** Diese ehemals beliebte Tour ist – wie fast der gesamte Naturpark Sextener Dolomiten – für Fahrräder gesperrt (auch wenn die Tour in Führern auftaucht), offen ist nur der Fahrweg bis zur Dreizinnenhütte. Empfindliche Strafen!

Oben angelangt nach rechts **11** und endlich an der *Dreizinnenhütte* **12** (2405 m, 1:40 Std.): berühmter Dreizinnenblick, auf der anderen Seite des Jochs türmen sich die Gipfel der Sextener Dolomiten. Rückweg auf dem Fahrweg (von der Hütte aus kurzer Steig-Abschneider) zum *Paternsattel* **13** (2454 m, 2:20 Std.) östlich (für uns links) der Drei Zinnen, abwärts auf Steig und oberhalb der *Lavaredohütte* bleibend wieder auf Fahrweg **14**. Eine Kapelle **15** wird passiert, dann die *Auronzohütte* **16**, kurz darauf ist man am Parkplatz bzw. an der Bushaltestelle (3 Std.) **1**.

Dolomiten-Ikone: die Drei Zinnen

Kartenverzeichnis

Zeichenerklärung für die Karten und Pläne

- Autobahn
- Schnellstraße
- Fernstraße (vierspurig)
- Hauptstraße
- Landstraße mit Pass
- Forststraße
- Wanderweg
- Bahnlinie
- Fluss
- Grenze
- Liftanlage
- Tour (mit GPS-Punkt)
- Information
- Innerstädt. Radweg
- Krankenhaus
- Post
- Tankstelle
- Parkplatz
- Bushaltestelle
- Taxistand
- Seilbahn/Sessellift
- Museum
- Kirche
- Kloster
- Burg
- Burgruine
- Sehenswürdigkeit
- Naturattraktion
- Berggipfel
- Berghütte
- Rastplatz
- Wasserfall
- Brunnen
- Gatter
- Nationalpark
- Naturpark

Vielen Dank!

Wir möchten uns bei allen Lesern bedanken, die die Arbeit an diesem Reiseführer durch ihre Zuschriften mit wertvollen Tipps und Hinweisen unterstützt haben.

Alles im Kasten

Fotonachweis

Alle Fotos von **Florian Fritz** außer: S. 231, 258, 308 (Steffen Fietze) | S. 208, 225 (Sibylle Fritz) | S. 212 (Dietrich Höllhuber)

Impressum

Text: Florian Fritz | **Recherche:** Florian Fritz, Sibylle Fritz | **Lektorat:** Eva Wagner | **Redaktion:** Ricarda Böhm | **Layout:** D&M Services GmbH: Christiane Bauer, Jana Dillner, Jessica Jilge, Julia Lüssow, Dirk Thomsen | **Karten:** Judit Ladik, Carlos Borell, Theresa Flenger, Günther Grill, Benedikt Neuwirth, Gábor Sztrecska | **Herausnehmbare Karte:** Benedikt Neuwirth | **GIS-Consulting:** Rolf Kastner | **Innentitel:** Rosengarten vom Val Gardecia aus | **Covergestaltung:** Karl Serwotka | **Covermotiv:** Blick vom Vajolettal (Gardecia) auf den Rosengarten

ISBN 978-3-96685-270-8

© Michael Müller Verlag GmbH, Erlangen 2003–2024. Alle Rechte vorbehalten. Alle Angaben ohne Gewähr. Druck: Livonia Print, Riga.

Hinweise zum Datenschutz und zur Informationspflicht nach Art. 13/14 DSGVO finden Sie unter michael-mueller-verlag.de/datenschutz

Was haben Sie entdeckt?

Haben Sie ein besonderes Restaurant, ein neues Museum oder ein nettes Hotel entdeckt? Wenn Sie Ergänzungen, Verbesserungen oder Tipps zum Buch haben, lassen Sie es uns bitte wissen!

Schreiben Sie an: Florian Fritz, Stichwort „Dolomiten“

c/o Michael Müller Verlag GmbH | Gerberei 19 | D – 91054 Erlangen

florian.fritz@michael-mueller-verlag.de

Haftungsausschluss

Die in diesem Reisebuch enthaltenen Informationen wurden von den Autoren nach bestem Wissen erstellt und von ihnen und dem Verlag mit größtmöglicher Sorgfalt überprüft. Dennoch sind, wie wir im Sinne des Produkthaftungsrechts betonen müssen, inhaltliche Fehler nicht mit letzter Gewissheit auszuschließen. Daher erfolgen die Angaben ohne jegliche Verpflichtung oder Garantie der Autoren bzw. des Verlags. Autoren und Verlag übernehmen keinerlei Verantwortung bzw. Haftung für mögliche Unstimmigkeiten. Wir bitten um Verständnis und sind jederzeit für Anregungen und Verbesserungsvorschläge dankbar.

Aktuelle Infos zu unseren Titeln, Hintergrundgeschichten zu unseren Reisezielen sowie brandneue Tipps erhalten Sie in unserem regelmäßig erscheinenden Newsletter, den Sie im Internet unter **michael-mueller-verlag.de** kostenlos abonnieren können.

Abruzzen ■ Ägypten ■ Albanien ■ Algarve ■ Algarve ■ Allgäu ■ Altmühltal & Fränk. Seenland ■ Amsterdam ■ Andalusien ■ Apulien ■ Australien – Der Osten ■ Auvergne & Limousin ■ Azoren ■ Bali & Lombok ■ Barcelona ■ Berlin ■ Bodensee ■ Bornholm ■ Bremen mit Bremerhaven ■ Bretagne ■ Brüssel ■ Budapest ■ Chalkidiki ■ Chiemgau & Berchtesgadener Land ■ Chios ■ Cilento ■ Comer See ■ Cornwall & Devon ■ Costa Brava ■ Costa de la Luz ■ Costa Rica ■ Côte d'Azur ■ Cuba ■ Dänemark Nordseeküste ■ Dolomiten ■ Dolomiten ■ Dominikanische Republik ■ Dresden ■ Dublin ■ Düsseldorf ■ Ecuador ■ Eifel ■ Elba ■ Elsass ■ Fehmarn ■ Florenz & Chianti ■ Föhr & Amrum ■ Franken ■ Fränkische Schweiz ■ Fränkische Schweiz ■ Friaul-Julisch Venetien ■ Fuerteventura ■ Gardasee ■ Gardasee ■ Golf von Neapel ■ Gomera ■ Gran Canaria ■ Hamburg ■ Harz ■ Haute-Provence ■ Ibiza & Formentera ■ Irland ■ Island ■ Istanbul ■ Istrien ■ Jerusalem ■ Kalabrien & Basilikata ■ Kanada – der Westen ■ Karpathos ■ Kärnten ■ Katalonien ■ Kefalonia & Ithaka ■ Köln ■ Kopenhagen ■ Korfu ■ Korsika ■ Korsika ■ Kos ■ Krakau ■ Kreta ■ Kreta ■ Kroatische Inseln & Küstenstädte ■ Kykladen ■ Lago Maggiore ■ Lago Maggiore ■ La Palma ■ La Palma ■ Languedoc-Roussillon ■ Lanzarote ■ Latium mit Rom ■ Lesbos ■ Ligurien ■ Ligurien ■ Limnos ■ Liparische Inseln ■ Lissabon & Costa de Lisboa ■ Lissabon ■ London ■ Lübeck ■ Lüneburg & Lüneburger Heide ■ Madeira ■ Madeira ■ Madrid ■ Mailand ■ Mainfranken ■ Mainz ■ Mallorca ■ Malta, Gozo, Comino ■ Marken ■ Marseille ■ Mecklenburgische Seenplatte ■ Mecklenburg-Vorpommern ■ Menorca ■ Midi-Pyrénées ■ Mittel- und Süddalmatien ■ Montenegro ■ Moskau ■ München ■ Münster & Münsterland ■ Naxos ■ Neuseeland ■ New York ■ Niederlande ■ Nord- u. Mittelengland ■ Nord- u. Mittelgriechenland ■ Norddalmatien ■ Norderney ■ Nordkroatien ■ Nördliche Sporaden ■ Nordportugal ■ Nordseeküste – Schleswig Holstein ■ Nordspanien ■ Normandie ■ Norwegen ■ Nürnberg, Fürth, Erlangen ■ Oberbayerische Seen ■ Oberitalien ■ Oberitalienische Seen ■ Odenwald ■ Oslo ■ Ostfriesland – Ostfriesische Inseln ■ Ostseeküste – Mecklenburg-Vorpommern ■ Ostseeküste – von Lübeck bis Kiel ■ Paris ■ Peloponnes ■ Pfalz ■ Piemont & Aostatal ■ Piemont ■ Polnische Ostseeküste ■ Porto ■ Portugal ■ Potsdam ■ Prag ■ Provence & Côte d'Azur ■ Provence ■ Regensburg ■ Rhodos ■ Rom ■ Rügen, Stralsund, Hiddensee ■ Rumänien ■ Rund um Meran ■ Salzburg & Salzkammergut ■ Samos ■ Santorini ■ Sardinien ■ Schottland ■ Schwarzwald Mitte/Nord ■ Shanghai ■ Sizilien ■ Sizilien ■ Slowakei ■ Slowenien ■ Spreewald ■ Sri Lanka ■ St. Petersburg ■ Steiermark ■ Stockholm ■ Straßburg ■ Südböhmen – Böhmerwald ■ Südengland ■ Südfrankreich ■ Südnorwegen ■ Südschwarzwald ■ Südschweden ■ Südtirol ■ Südtoskana ■ Südwestfrankreich ■ Sylt ■ Tallinn ■ Teneriffa ■ Teneriffa ■ Tessin ■ Thailand – der Norden ■ Thassos & Samothraki ■ Thüringen ■ Toskana ■ Toskana ■ Tschechien ■ Türkei ■ Türkei – Lykische Küste ■ Türkei – Mittelmeerküste ■ Türkei – Südägäis ■ Türkische Riviera – Kappadokien ■ Umbrien ■ USA – Südwesten ■ Usedom ■ Valdarno, Casentino & Florenz ■ Vancouver & Seattle ■ Varadero & Havanna ■ Venedig ■ Venetien ■ Wachau, Wald- u. Weinviertel ■ Wales ■ Warschau ■ Westböhmen & Bäderdreieck ■ Wien ■ Zakynthos ■ Zypern

MM-Travel **MM-City** **MM-Wandern**

Pressestimmen

„Auch diesmal gilt: ‚Besser kann man es nicht machen.' – Herrliche, einladende Fotos!" *Buchprofile/Medienprofile zur 7. Auflage, Hardy Scharf*

„Nicht nur Wanderer kommen mit den 22 vorgestellten Wanderungen und Touren rund um Sella oder Geislerspitzen, Schlern oder Latemar voll auf Ihre Kosten. [...] Und auch der Pauschaltourist wird mit diesem praktischen Handbuch der Ost-Dolomiten schnell in den Bann dieser schroffen Felsenlandschaft Südtirols gezogen." *Fränkische Nachrichten, Diana Seufert*

„Die Reiseführer aus dem Michael Müller Verlag sind uns seit Jahren treue Begleiter bei unseren Reisen nach Italien. Sie sind umfangreich, ausführlich, gut recherchiert und beschreiben auch Ziele und geben Tipps abseits der normalen Touristenpfade. Geeignet für jeden, der etwas mehr erleben möchte." *italien.info, Klaus Rünagel*

„[E]in Begleiter für alle, die dem Unesco-Welterbe Dolomiten näherkommen wollen." *Badische Zeitung, Stefan Zahler*

„Ob es um die Busverbindungen, Angaben zu Sehenswürdigkeiten oder Reitmöglichkeiten geht: an sehr vieles wurde gedacht und gut recherchiert. Die Heubäder in Völs sind einen eigenen Kasten wert, der sehr gute Campingplatz wird entsprechend gewürdigt. Und wenn man selber kocht, können regionale Produkte in Bioqualität von der Vermarktungsgemeinschaft Völser Bauern genutzt werden. Auf solche Angebote sind wir beim letzten Besuch nur durch Zufall gestoßen. Die Adressen sind im Führer zu finden! [...] Da kennt sich wirklich jemand aus." *Deutscher Alpenverein, Sektion Siegburg, Hanno Pritzkow*

„Dieser hervorragend gestaltete Reiseführer zeigt viele Möglichkeiten für sportliche Betätigungen und kulturelle und kulinarische Entdeckungen in einer einmaligen Landschaft." *Sempacher Woche*

„Schön aufgemacht und übersichtlich aufgebaut, lädt das Buch schon vor dem Urlaub zum Schmökern ein. Mit zahlreichen Tipps und detailliert beschriebenen Wanderwegen wirkt dieser Reiseführer wie ein gut geeigneter Begleiter durch die Dolomiten. Ein persönliches Vorwort des Autors und Ratschläge sowie direkte Ansprachen geben dem Ganzen einen persönlichen Touch." *SpaZz – das Stadtmagazin*

„Die Dolomitentäler sind ein beliebtes Reiseziel für Familien mit Kindern, und der Reiseführer liefert hier eine ganze Reihe von Tipps, die eine familiengerechte Urlaubsplanung erleichtern. Von Hinweisen auf Kinderspielplätze über Anregungen für kindgerechte Sehenswürdigkeiten wie die größte Weihnachtskrippe der Welt bis hin zu Betreuungsangeboten für Kinder, die es den Eltern auch einmal ermöglichen, ohne Nachwuchs auf Entdeckungstour zu gehen, finden sich eine ganze Reihe nützlicher Empfehlungen für Familien in diesem Reiseführer." *TravelWorldOnline, Monika Fuchs*

WANDERN IN DEN DOLOMITEN

Wir empfehlen unseren Wanderführer **Dolomiten** von Florian Fritz. Reichlich Infos zum Wanderziel Dolomiten, 35 detailliert beschriebene, GPS-gestützte und nach Schwierigkeitsgrad eingeteilte Touren inklusive exakter Karten, Höhenprofile und Tipps zu An- und Abfahrt.

1. Auflage 2020 | ISBN 978-3-89953-814-4 | 14,90 €

MM-WANDERN

Dorfidylle in Soraga

Register

Die in Klammern gesetzten Koordinaten verweisen auf die herausnehmbare Karte.

Dolomiten
von Florian Fritz
Unbekanntes Südtirol
Unknown South Tyrol
Seiser Alm Sommer
Der Schlern
Magie und Mythos im Herzen der Dolomiten
Einzigartige Aus- und Einblicke in die Natur und Kultur der Dolomiten finden Sie im Fotobuch „Unbekanntes Südtirol" und den Kalendern „Seiser Alm Sommer" und „Der Schlern".
Direktbestellung via E-Mail unter **kontakt@flofritz.de** oder auf der Webseite **flofritz.de**
Auch erhältlich via amazon.de und calvendo.de

Drei Sprachen, eine wunderschöne Blume:
Edelweiß, Stella Alpina, Steïla da Mont

*12 Monate gratis!

Ihren Freischaltcode finden Sie vorne im Umschlag

Laden im App Store

JETZT BEI Google Play

mmtravel® App

Testen Sie mit Ihrem persönlichen **Freischaltcode** die App zum Buch!

Unsere mmtravel App® bietet Ihnen über **100 vollständige Offline-Reiseführer** mit:

- **97.000 Points of Interest** mit so vielen Eigenschaften wie in keiner anderen Reise-App
- **Such- und Filterfunktion** zur individuellen Gestaltung der Reise
- **GPS** entdecken Sie alle Tipps und Touren in der Nähe
- **vergrößerbarer Schrift** für Ihr perfektes Leseerlebnis

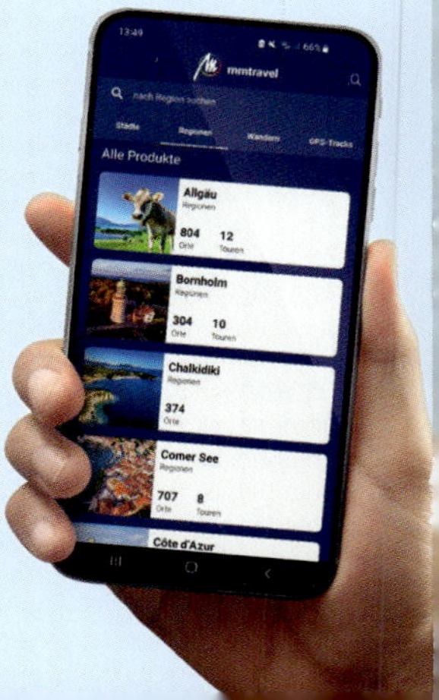

Weniger Handgepäck geht nicht!

Mehr Infos finden Sie auf **mmtravel.com** und **michael-mueller-verlag.de**.